浙江省高等教育重点建设教材

证券投资学

(第二版)

孙伍琴　王朝晖　熊乐星／编著

立信会计出版社
LIXIN ACCOUNTING PUBLISHING HOUSE

图书在版编目(CIP)数据

证券投资学/孙伍琴,王朝晖,熊乐星编著. —2 版.
—上海：立信会计出版社,2015.9
ISBN 978-7-5429-4773-4

Ⅰ. ①证… Ⅱ. ①孙… ②王… ③熊… Ⅲ. ①证券投资—教材 Ⅳ. ①F830.91

中国版本图书馆 CIP 数据核字(2015)第 190665 号

策划编辑　　方士华
责任编辑　　方士华
封面设计　　周崇文

证券投资学(第二版)

出版发行	立信会计出版社			
地　　址	上海市中山西路 2230 号	邮政编码	200235	
电　　话	(021)64411389	传　真	(021)64411325	
网　　址	www.lixinaph.com	电子邮箱	lxaph@sh163.net	
网上书店	www.shlx.net	电　话	(021)64411071	
经　　销	各地新华书店			
印　　刷	上海天地海设计印刷有限公司			
开　　本	787 毫米×960 毫米	1/16		
印　　张	23.25	插　页	1	
字　　数	474 千字			
版　　次	2015 年 9 月第 2 版			
印　　次	2015 年 9 月第 1 次			
印　　数	1—3100			
书　　号	ISBN 978-7-5429-4773-4/F			
定　　价	43.00 元			

如有印订差错,请与本社联系调换

第二版前言

《证券投资学》第一版写成于2007年,出版于2008年,至今已过去近10年了。而在这期间,我国除了成为世界第二大经济体外,也跨入了资本大国的行列。这种变化势必会对证券投资学教材的编写产生重大的影响并提出新的要求。

本次修订在继续保留第一版体现的合理编排教材内容、强化实验教学以及培养学生自主学习和创新能力三大特点的基础上,主要作了如下补充和完善:

第一,补充最新证券市场投资工具和交易方式。在第一版介绍证券投资工具和证券发行与交易市场的基础上,本版第一章补充了包括员工持股计划、阳光私募基金、指数基金、分级基金、伞形基金以及期权等最新证券投资工具;第二章补充了股票发行注册制、证券资产管理业务、证券公司IB业务以及我国融资融券交易方式等证券发行与交易市场上的改革与创新。

第二,新增介绍我国多层次资本市场体系内容。根据国务院发布的《关于进一步促进资本市场健康发展的若干意见》的精神和我国资本市场发展现状,本版第二章新增一节我国多层次资本市场体系,在介绍多层次资本市场概念与结构特征的基础上,系统描述了我国多层次资本市场体系架构,重点介绍了在我国发展最快的两大层次——全国性股权转让市场和场外交易市场。

第三,调整并完善有关股票市场供求关系的内容。中国证券市场走向成功需要进行制度变革,而制度变革的重点是让市场在资源配置中起决定性作用。为此,本版第三章重新调整了有关股票市场供求关系内容的编排,并将影响证券市场供求关系的基本制度变革归纳为市场化、法制化和国际化三方面。

第四,新增产业链与产业价值链分析。面对"新常态"下行业跨界整合、产业链和价值链重构引发投资机会变化莫测等新趋势,本版第四章新增一节产业链与产业价值链分析,在介绍价值链、产业链和产业价值链等概念的基础上,解剖了苹果公司的产业链和产业价值链,以期拓展并加深对产业演变、发展和投资价值的理解。

第五，新增附录量化投资策略。自20世纪90年代以来，量化投资策略以其良好的业绩表现、相对低廉的管理费用而成为国外成熟资本市场相当流行的投资方式。在我国，量化投资策略尚处于从试水逐渐进入主流基金产品线的进程中。由于量化投资技术几乎覆盖了量化选股、量化择时、股指期货套利、统计套利、算法交易、资产配置、风险控制等证券投资的全过程，为此，本版最后一章以附录形式介绍了量化投资定义、策略和理论基础，并展望了量化投资在中国的发展前景。

由于作者学识水平有限，书中出现错误与不足之处在所难免，敬请广大读者批评指正。

作　者

2015年8月

前　言

随着微观金融学理论的发展和我国金融体制改革的推进,各高等学校的金融学科都在探索教学改革,力求在教学内容上顺应金融微观化的发展方向,适当增加微观金融方面的课程,从而构建起宏微观金融相结合的金融学专业核心课程体系。《证券投资学》是微观金融学核心课程之一。

本书作者长期担任金融投资学类课程的研究、教学工作,在教学实践中积累了不少的教学心得。在编写《证券投资学》的过程中,我们借鉴和参考了目前国内外证券投资领域的许多文献资料,在总结前人研究成果的基础上,力求体现以下特点:(1)合理编排教材内容。在教材内容的选择上,充分考虑了各相关课程教学内容交叉的实际情况,在简述证券投资对象、证券市场的基础上,重点放在股票和债券的投资分析与管理。此外,还专门辟出一章,对近年来兴起的行为金融理论在证券投资中的应用做了有益的尝试,体现本学科的最新发展。(2)强化实验教学。由于本课程的部分课时在很多学校都改为实验室教学,因此,本教材增加了有关股票软件的学习内容,以便学生通过虚拟股票买卖更透彻地掌握证券投资的理论、方法与技巧。(3)培养学生自主学习和创新能力。本教材在每一章内容的后面安排了"相关链接"和"思考与练习",在部分章节后还添加了"附录",以开拓学生的视野,培养学生的自主学习和创新能力。其中,"相关链接"为学生提供了涉及证券投资的各类信息、分析方法以及政策与法规等内容的国内外网站;"思考与练习"有助于学生运用证券投资学知识分析现实问题;"附录"旨在为学生提供拓展性知识,如资产证券化、价值投资、金融经济学的发展历程等。

本书的编写虽历经一年多,作者已尽最大的努力,但由于学力所限,本书的错误与不足之处在所难免,恳请广大读者批评指正。

本教材获得了浙江省高等教育重点教材建设专项基金的资助,宁波大学商学院研究生谢瑜宇为本教材绘制了大量的图例,立信会计出版社的方士华先生为本书的出版给予了很大的帮助,我们在此表示衷心的感谢!

作　者

2008 年 1 月

目 录

第一章 证券概述 … 1

第一节 股份公司制度 … 1
一、公司的类型 … 1
二、股份公司的设立程序 … 2
三、股份公司的组织 … 3
四、股份公司的重整、合并与分立 … 6
五、股份公司的破产、解散与清算 … 6

第二节 股票 … 7
一、股票的概念及特征 … 7
二、股票的种类 … 7
三、我国现行的股票类型 … 10
四、股票的价值 … 12
五、股息和红利 … 12
六、除权和除息 … 13

第三节 债券 … 14
一、债券的概念及特征 … 14
二、债券的种类 … 15
三、我国国债的主要种类 … 18

第四节 投资基金 … 20
一、投资基金的概念及特征 … 20
二、投资基金的分类 … 21
三、指数基金及其他 … 24
四、投资基金的价值决定 … 25

第五节 期权 … 26
一、期权的概念及其特征 … 26
二、期权的种类 … 28

三、期权的价值 ·· 30
四、期权交易的损益分析 ······································ 32
五、期权的功能和用途 ·· 33

第六节　股票价格指数 ·· 33
一、股票价格指数概述 ·· 33
二、股票价格指数的主要计算方法 ······························ 34
三、世界几种重要的股票价格指数 ······························ 37
四、我国股票价格指数 ·· 39

第七节　股票指数期货 ·· 40
一、股票指数期货及特征 ······································ 40
二、股票指数期货的功能 ······································ 41
三、股指期货市场的组织结构 ·································· 42
四、股指期货交易的基本制度 ·································· 44
五、股指期货交易策略 ·· 46

附录　资产证券化 ·· 47
相关链接 ·· 50
思考与练习 ·· 51

第二章　证券市场 ·· 52

第一节　证券发行市场 ·· 52
一、证券发行市场的构成 ······································ 52
二、股票发行市场 ·· 53
三、债券发行市场 ·· 59

第二节　证券交易市场 ·· 62
一、证券交易市场结构 ·· 62
二、证券公司主要业务 ·· 63
三、证券交易方式 ·· 66
四、证券交易程序 ·· 69

第三节　国债发行与交易 ·· 72
一、我国国债的发行方式 ······································ 72
二、国债承销程序 ·· 73
三、上市国债的交易特点 ······································ 74

四、国债的回购交易 ··· 75
　　五、国债回购标准券和抵押券的规定 ··· 76

第四节　二板市场 ··· 76
　　一、二板市场及特征 ··· 76
　　二、二板市场的基本功能 ·· 77
　　三、美国 NASDAQ 市场 ··· 78

第五节　我国多层次资本市场体系 ································· 80
　　一、多层次资本市场概念与结构特征 ··· 80
　　二、我国多层次资本市场体系架构 ·· 80
　　三、全国性股权转让市场 ·· 81
　　四、场外交易市场 ··· 82
　　相关链接 ··· 83
　　思考与练习 ·· 83

第三章　宏观经济分析 ··· 85

第一节　宏观经济分析方法 ·· 85
　　一、经济指标法 ·· 85
　　二、计量经济模型 ··· 86
　　三、概率预测法 ·· 86

第二节　宏观经济分析与证券投资 ································ 87
　　一、宏观经济运行分析 ·· 87
　　二、宏观经济政策分析 ·· 91

第三节　股票市场的供求关系 ····································· 97
　　一、影响我国证券市场供求关系的基本制度变革 ······························· 97
　　二、股票市场的供给及决定因素 ··· 100
　　三、股票市场的需求及决定因素 ··· 101
　　相关链接 ·· 104
　　思考与练习 ··· 104

第四章　行业分析 ·· 106

第一节　行业的一般特征分析 ···································· 106
　　一、行业市场类型分析 ·· 106

二、行业竞争结构分析 107
　　三、行业生命周期分析 108
　　四、行业经济周期分析 110
　第二节　影响行业发展的因素 113
　　一、技术进步 113
　　二、政府的影响和干预 113
　　三、社会习惯的改变 115
　　四、经济全球化 116
　第三节　产业链与产业价值链分析 117
　　一、价值链与产业链 117
　　二、产业价值链 119
　　三、苹果公司的产业链与产业价值链 120
　相关链接 123
　思考与练习 123

第五章　公司分析 125
　第一节　公司基本素质分析 125
　　一、公司行业地位分析 125
　　二、公司经济区位分析 126
　　三、公司产品分析 127
　　四、公司管理水平分析 128
　第二节　公司财务分析 129
　　一、公司财务信息来源 129
　　二、公司主要财务报表 131
　　三、财务报表分析的目的与方法 141
　　四、公司财务比率分析 142
　附录　价值投资：格雷厄姆与巴菲特 151
　相关链接 155
　思考与练习 155

第六章　技术分析 156
　第一节　技术分析概述 156
　　一、技术分析的涵义 156

二、技术分析的假设前提……………………………………………… 157
三、技术分析的要素：价、量、时、空………………………………… 158
四、技术分析的理论基础——道氏理论……………………………… 158
五、技术分析常用语…………………………………………………… 160

第二节　盘面分析……………………………………………………… 161
一、分时图的基础知识………………………………………………… 161
二、K线图………………………………………………………………… 162
三、移动平均线………………………………………………………… 163
四、压力和支撑………………………………………………………… 165
五、形态分析…………………………………………………………… 166
六、缺口………………………………………………………………… 172

第三节　常用技术分析指标…………………………………………… 172
一、指数平滑异同平均线……………………………………………… 172
二、能量潮……………………………………………………………… 173
三、相对强弱指数……………………………………………………… 174
四、随机指数…………………………………………………………… 175
五、乖离率……………………………………………………………… 176
六、腾落指数…………………………………………………………… 177

附录　股票常用软件基本技能…………………………………………… 178
　　相关链接…………………………………………………………… 180
　　思考与练习………………………………………………………… 180

第七章　股票价值评估……………………………………………… 181

第一节　股票内在价值………………………………………………… 181
一、未来收益的贴现…………………………………………………… 181
二、风险收益的贴现率………………………………………………… 182

第二节　股利贴现模型………………………………………………… 183
一、股利贴现基本模型………………………………………………… 183
二、固定增长股利贴现模型…………………………………………… 184
三、变动型股利贴现模型……………………………………………… 185

第三节　每股盈余估价法……………………………………………… 186
一、每股盈余估价模型………………………………………………… 186
二、盈余、股息与股票价值的关系……………………………………… 186

三、正常每股盈余的估计方法 188
　　四、预期市盈率的估计方法 190
　　五、每股盈余估价法缺陷 190
　　相关链接 190
　　思考与练习 191

第八章 证券的收益与风险 193
第一节 收益率的计算 193
　　一、收益的衡量 193
　　二、平均收益率 194
　　三、时间权重收益率 195
　　四、连续复利收益率 196
　　五、应计利息与税后收益 197
　　六、名义利率与实际利率 200
第二节 证券的期望收益率与风险 201
　　一、期望收益率 201
　　二、风险的含义 202
　　三、风险的度量 203
　　四、系统性风险与非系统性风险 204
第三节 风险溢价与风险厌恶 206
　　一、风险溢价 206
　　二、风险厌恶 208
　　三、投资者效用 209
　　四、均值—方差准则 210
　　相关链接 211
　　思考与练习 212

第九章 资产组合选择 214
第一节 资产组合的收益与风险 214
　　一、资产组合的含义 214
　　二、资产组合的收益 215
　　三、资产组合的风险 216
第二节 资产组合的风险分散效应 217
　　一、资产组合中的协方差与相关系数 217

二、组合中资产的数量与风险分散效应 ················· 221
　第三节　风险资产与无风险资产之间的资本配置 ············ 224
　　一、风险资产与无风险资产组合 ···················· 224
　　二、投资者对资产配置的选择 ····················· 227
　　三、投资者认选行为的几何表达 ···················· 228
　第四节　效率投资组合的建立 ······················ 229
　　一、以两种风险资产做分析基础 ···················· 229
　　二、马科维茨的组合理论及投资者选择 ················· 232
　第五节　最优资产组合及选择 ······················ 236
　　一、直线效率边界 ·························· 236
　　二、投资者的风险承担及组合选择 ··················· 238
　　相关链接 ····························· 239
　　思考与练习 ···························· 239

第十章　风险资产定价模型 ·························· 242
　第一节　资本资产定价模型的基本内容 ·················· 242
　　一、资本资产定价模型的前提假设 ··················· 242
　　二、资本资产定价模型的基本结论 ··················· 243
　　三、市场组合与资本市场线 ······················ 244
　第二节　资本资产定价模型的推导 ···················· 245
　　一、资本资产定价模型的推导(方法一) ················· 245
　　二、资本资产定价模型的推导(方法二) ················· 248
　第三节　资本资产定价模型的经济学含义 ················· 250
　　一、资本资产定价模型的意义 ····················· 250
　　二、证券市场线 ··························· 250
　　三、资本资产定价模型中的阿尔法 ··················· 251
　　四、资本资产定价模型与资产组合理论的关系 ·············· 252
　　五、资本资产定价模型的应用及局限 ·················· 252
　第四节　因素模型与单指数模型 ····················· 254
　　一、影响收益的因素 ························· 254
　　二、风险的系统性和非系统性 ····················· 255
　　三、因素模型 ···························· 255
　　四、单指数模型 ··························· 257
　　五、投资组合与因素模型 ······················· 258

第五节 套利定价模型 ········ 260
一、套利举例 ········ 260
二、套利定价模型的推导 ········ 262
三、套利定价理论和资本定价模型 ········ 265
附录 从"华尔街革命"追溯到1900年
——金融经济学的发展历程 ········ 267
相关链接 ········ 270
思考与练习 ········ 270

第十一章 有效市场理论 ········ 272
第一节 有效市场的假说 ········ 272
一、股票价格的随机游走与有效市场 ········ 272
二、有效市场是竞争的结果 ········ 273
三、有效市场假说 ········ 273
四、积极与消极的资产组合管理 ········ 274
五、资产组合在有效市场中的作用 ········ 275
第二节 有效市场的检验 ········ 275
一、弱式有效市场检验 ········ 275
二、半强式有效市场检验——事件研究 ········ 276
三、强式有效市场检验 ········ 278
四、市场上的异常事件 ········ 279
相关链接 ········ 280
思考与练习 ········ 281

第十二章 行为金融学 ········ 282
第一节 行为金融学概述 ········ 282
一、行为金融学的定义 ········ 282
二、行为金融学与传统主流金融学的关系 ········ 283
三、行为金融学的产生 ········ 285
第二节 行为金融对认知偏差的研究 ········ 286
一、投资者认知偏差的原因 ········ 287
二、投资者认知偏差的表现行为 ········ 289
第三节 行为金融的基础理论——前景理论 ········ 293
一、前景理论的理论基础 ········ 293

二、个人的风险决策过程 …………………………………………… 294
　　三、价值函数 ……………………………………………………… 294
　　四、参考点 ………………………………………………………… 296
　　五、决策权重函数 ………………………………………………… 296
 第四节　行为金融学的主要理论模型 …………………………………… 298
　　一、噪声交易模型 ………………………………………………… 298
　　二、行为资产定价模型 …………………………………………… 299
　　三、行为组合理论 ………………………………………………… 300
 第五节　行为金融学对异象的解释 ……………………………………… 302
　　一、行为金融学对"波动性之谜"的解释 ………………………… 302
　　二、行为金融学对"股权溢价之谜"的解释 ……………………… 302
　　三、行为金融学对"时间序列收益可预测性"的解释 …………… 303
　　四、行为金融学对"封闭基金之谜"的解释 ……………………… 305
 相关链接 …………………………………………………………………… 305
 思考与练习 ………………………………………………………………… 305

第十三章　债券价值与风险 …………………………………………… 306
 第一节　债券价值评估 …………………………………………………… 306
　　一、债券价值评估概述 …………………………………………… 306
　　二、债券价值评估基本公式 ……………………………………… 307
　　三、债券价值与利息支付频率 …………………………………… 307
 第二节　债券收益率 ……………………………………………………… 309
　　一、当前收益率 …………………………………………………… 309
　　二、到期收益率 …………………………………………………… 309
　　三、持有期收益率 ………………………………………………… 311
　　四、赎回收益率 …………………………………………………… 311
　　五、预期收益率 …………………………………………………… 311
 第三节　利率期限结构 …………………………………………………… 312
　　一、收益率曲线 …………………………………………………… 312
　　二、利率期限结构理论——对收益率曲线形状的解释 ………… 313
 第四节　债券风险分析 …………………………………………………… 315
　　一、债券投资风险种类 …………………………………………… 315
　　二、债券的利率风险分析 ………………………………………… 316
　　三、债券利率风险的测度 ………………………………………… 320

相关链接……………………………………………………………………326
　　思考与练习…………………………………………………………………326

第十四章　证券投资管理与业绩评价……………………………………328
　第一节　证券组合管理………………………………………………………328
　　一、证券组合的含义与类型…………………………………………………328
　　二、证券组合管理……………………………………………………………329
　　三、证券投资的形式…………………………………………………………331
　第二节　债券组合管理………………………………………………………334
　　一、债券的利率免疫…………………………………………………………334
　　二、主动型债券投资管理……………………………………………………337
　第三节　证券组合投资业绩评价……………………………………………339
　　一、单因素整体业绩评价模型………………………………………………339
　　二、多因素整体业绩评估模型………………………………………………344
　　三、市场时机选择的业绩评估模型…………………………………………345
　附录　量化投资策略…………………………………………………………346
　　相关链接……………………………………………………………………352
　　思考与练习…………………………………………………………………352

参考文献……………………………………………………………………354

第一章 证券概述

凡是在证券市场上发行和交易的股票、债券等有价证券,大多都是由股份有限公司提供的,有价证券与股份公司制度有着千丝万缕的联系。因此,了解股份公司的类型、特征、组织机构等内容,有助于认识证券本身。有价证券是以证明或者设定权利为目的的凭证,有广义和狭义之分。广义的有价证券包括货币证券、资本证券、货物证券、不动产证券等;而狭义的有价证券一般指货币证券和资本证券,更多的时候仅指股票、债券之类的资本证券。股票价格是股票市场最重要的经济现象之一。由于经济、技术、市场、政治等各种因素的影响,股票价格经常处于变动中。为了能够综合反映这种变化,世界各大金融市场都编制或参考制作股票价格指数,以反映股票行市的变化和股票市场的发展趋势,从而有利于投资者进行投资选择、观察股票市场的变动。为此,本章主要介绍四方面的内容:一是股份公司制度;二是股票、债券、基金、期权等资本证券的概念及种类;三是股票价格指数;四是股票指数期货。

第一节 股份公司制度

一、公司的类型

公司是依照公司法成立的,以营利为目的的企业法人。各种公司的组成有其不同的特征,因而可划分为不同的类型。以股东的责任范围的不同为依据,公司可分为以下几类。

1. 无限(责任)公司

简单地说,无限公司(Unlimited Company)就是全体股东对公司债务承担连带无限责任的公司。所谓无限责任是指股东必须以个人的全部财产作为清偿债务的责任。连带责任,是公司的各个股东必须对公司的全部债务承担清偿责任,而不得仅按出资比例承担部分责任。当公司的资本不足清偿其债务时,公司的债权人可以要求所有股东或其中任何一个股东清偿全部债务。

无限公司是以个人信用为前提,具有明显的"人的联合"的性质。股东一般参与公司管理,即所有权与经营权结合在一起。一方面,由于公司股东对债务负无限责任,保证了债权人的利益,因此,公司信誉较高,无需向公众公开业务内幕,保密性强,有利于竞争。

另一方面,由于股东要对公司债务负连带无限责任,因此,投资风险较大。同时,若要转让股份,必须得到全体股东的同意,这无疑加大了公司集资的难度。

2. 有限(责任)公司

有限公司(Limited Liability Company)是指股东对公司债务责任仅以自己出资额为限的公司。有限责任公司以资本的结合为基础,但股东人数有最高限额的规定。如我国《公司法》规定,有限责任公司的股东人数不超过50人。公司的所有权与经营权可以合二为一,即公司股东既是公司财产的所有者,又可直接参加公司的经营管理。同时,有限公司的资本不必分为等额股份,股东出资额由股东们协商确定,也不公开发行股票,股东持有的公司股票可以在公司内部股东之间自由转让,若向公司以外的人转让,须经过公司股东的同意。由于股东少,因此公司设立手续非常简便,而且公司也无须向社会公开公司营业状况,增强了公司的竞争能力。

3. 两合公司

两合公司(Limited Partnership)是指由无限责任股东和有限责任股东结合组成的公司。这种公司要求至少有一名股东是无限责任股东,在公司中享有控制权,管理公司的业务活动,并对公司债务负连带清偿的无限责任。有限责任股东仅以出资额为限对公司负责,不参与公司的经营管理,也不能对外代表公司,若要转让股份,还必须得到半数以上无限责任股东的同意。

4. 股份有限公司

股份有限公司(Company Limited by Shares)简称为股份公司,是指把确定的资本划分为若干股份,通过向公众发行股票筹集资本,按照法律程序组建的股份公司。在西方国家,股份有限公司是最有代表性、采用最广泛的企业组织形式。

股份公司具有以下特征:① 股份有限公司是独立的经济法人;② 股份有限公司的股东人数不得少于法律规定的数目;③ 股份有限公司的全部资本划分为等额的股份,通过向社会公开发行的办法筹集资金,任何人在缴纳了股款之后,都可以成为公司股东,没有资格限制;④ 股份公司的所有权不属于某一个人,而是属于所有出资认购公司股份的人,各所有者享有与他们所持有的股份相对应的权利和义务,即以其所持有的股份分享利润,并以出资额为限承担公司的债务清偿责任;⑤ 公司股份可以自由转让,但不能退股;⑥ 公司账目须向社会公开,以便社会监督和公众选择投资;⑦ 公司设立和解散有严格的法律程序,手续复杂。

不难理解,股份公司可以迅速地实现资本集中,且实行所有权和经营权的分离,满足了现代化社会大生产对企业组织形式的要求。

二、股份公司的设立程序

股份公司设立的一般程序如下。

1. 确定发起人

发起人是指依照国家法律的规定订立发起人协议,提出设立公司申请,并对公司设立承担责任的人。发起人通常有法定的最低人数和法定资格的规定。

2. 制定公司章程

公司章程是规定公司组织和业务活动等事项的条件。通过制定章程向公众申明公司的设立宗旨、经营范围、资本数额等,并对公司业务活动起到法律约束作用。

公司章程由发起人制定,交法院或公证人认可,呈报政府有关部门进行登记,申请批准,并在指定的报刊上予以公布。公司章程包括以下内容:① 公司名称;② 公司期限;③ 公司设立的宗旨,即公司的营业性质和范围;④ 公司资本总额及每股的金额;⑤ 公司所在地;⑥ 公告方法;⑦ 订立章程的日期等;⑧ 公司创办人姓名、住址;⑨ 其他条款,例如特别股的种类及权利义务,发起人是否有特别利益等。

3. 认购股份

公司股份的认购方式有两种,人们常以此为标准将公司的设立方式分为相应的两种形式:一是发起设立,也称一次设立或同时设立,即公司第一次发行股份由发起人自己全部认购,不向外公开招股;二是招股设立,也称渐次设立,即发起人只认购公司首次发行的部分股份,其余部分向社会公开招股,由公众认购。

股东可以用货币出资,也可以用土地使用权、工业产权、非专利技术、实物等经过评估后作价出资。

4. 选举管理机构

股本募足以后,发起人便可召集认股人召开公司创立大会。创立大会的任务是:① 听取发行人关于公司设立事项的报告及公司设立的经过;② 选举公司董事及监事;③ 修改公司章程。

5. 办理公司设立登记手续

办理公司设立登记时,应向政府部门提供公司章程、创立大会的决议等文件,经过批准,取得法人资格,宣告公司成立。

三、股份公司的组织

在通常情况下,公司的组织管理机构由股东大会、董事会及董事会下设的专门委员会、监事会、总经理、副总经理等组成。这种组织管理机构的设置借鉴了西方政治理论中三权分立的学说,即把股东大会视作立法机关、决策机构,把董事会视为行政机关、业务执行机构;把监事会视为司法机关、监督机构,以实现公司内部的权力自我制衡和公司内部自治。

(一)股东大会

股东大会是公司最高权力机关,拥有决定公司最重要事项的权限,并拥有选举董事、组成董事会和其他机构成员、罢免有关成员、追究机构和成员责任的权限。

一般说来,股东大会一年召开一次,且应在每个会计年度终结之后一年期限内召开。必要时,公司也可以召开临时股东大会。股东大会的出席人一般应是股东本人。股东也可以委托其代理人出席股东大会,委托时应出具委托书,一个股东只能委托一个代理人,但一个代理人可以同时接受多个委托人的委托,代他们行使权力。股东表决的基础是股票数量。每股一票,而不是每个股东一票。

(二) 董事会

股份公司董事会是由股东大会选举产生,在股东大会闭会期间行使股东大会职权的常设机构,负责处理公司诸种重大经营管理事项。

董事会行使的职权主要包括:执行股东大会的各项决议;决定召集股东大会并向股东大会报告工作;审查、批准公司的发展规划、年度经营计划、年度财务决算、盈利分配方案;选举、监督和罢免公司正、副总经理(经理)等公司的高级职员;公司章程规定的其他职权。董事会和股东大会在职权上的关系是:两者都行使公司所拥有的全部职权,但董事会所作的决议必须符合股东大会决议,如有冲突,要以股东大会决议为准;股东大会可以否决董事会决议,直至改组、解散董事会。

董事会下设三个专门委员会:发展战略委员会、审计委员会和薪酬与考核委员会,其各自的职责如下:

发展战略委员会的主要职责包括:

(1) 对公司长期发展战略规划进行研究并提出建议。

(2) 对《公司章程》规定须经董事会批准的重大投融资方案进行研究并提出建议。

(3) 对《公司章程》规定须经董事会批准的重大资本运作、资产经营项目进行研究并提出建议。

(4) 对其他影响公司发展的重大事项进行研究并提出建议。

(5) 对以上事项的实施进行检查。

(6) 董事会授权的其他事宜。

审计委员会的主要职责包括:

(1) 提议聘请或更换外部审计机构。

(2) 监督公司的内部审计制度及其实施。

(3) 负责内部审计与外部审计之间的沟通。

(4) 审核公司的财务信息及其披露。

(5) 审核公司内控制度,对重大关联交易进行审核。

(6) 董事会授权的其他事宜。

薪酬与考核委员会主要职责包括:

(1) 根据董事及高级管理人员的职责制定薪酬政策与方案,主要包括但不限于绩效评价标准、程序及主要评价体系,奖励和惩罚的主要方案及制度。

(2) 审查公司董事(非独立董事)及高级管理人员履行职责的情况,并对其进行年度绩效考评。

(3) 负责对公司薪酬制度执行情况进行监督。

(4) 董事会授权的其他事宜。

(三) 监事会

监事会,也称公司监察委员会,是股份公司法定的必备监督机关,在股东大会领导下,与董事会并列设置,对董事会和总经理行政管理系统行使监督的内部组织。

(四) 总经理

总经理或总裁是公司中对内有业务管理权限、对外有商业代理权限的人,其职责是辅助董事会等法定业务执行机关执行公司具体业务,也就是说具体实施董事会的决议。

例如,中国联合通信股份有限公司组织机构如下图1-1所示,各部门的职能为:① 投资者关系部负责与证券监管部门的交流、协调投资者关系、协调信息披露等事务;② 财务部负责财务计划、资金管理、会计、税务等事务;③ 综合部负责日常行政、法律、物业管理、外事等事务。

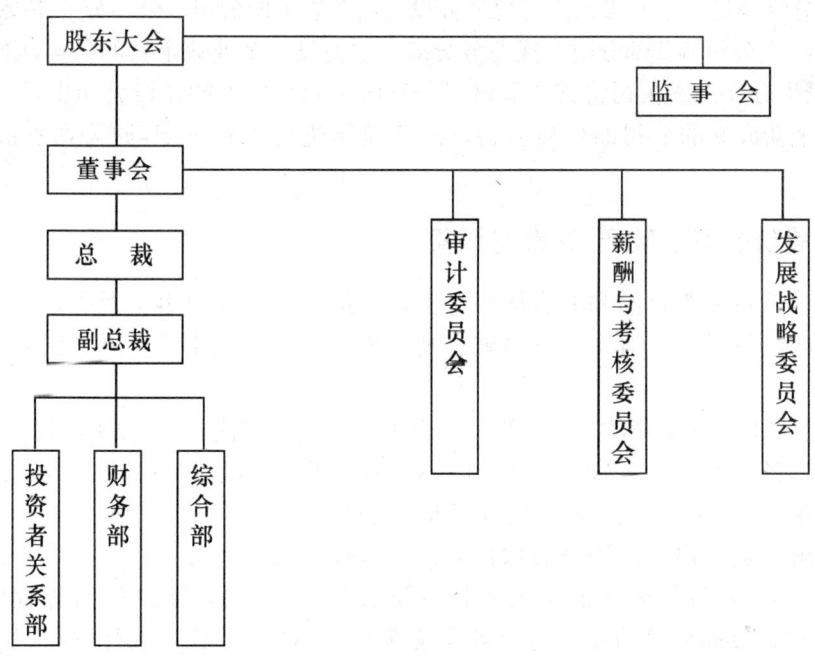

图1-1 中国联合通信股份有限公司组织机构

四、股份公司的重整、合并与分立

1. 股份公司的重整

公司重整一般是由于其财务上的困难而产生的,即当公司财务严重困难或有破产危险时,为维护公司的存在和使之振兴复苏,并保护股东及公司债权人的利益,经法院裁定而进行的停业整顿,在法律上叫公司的重整。

公司财务的重整包括:① 改变公司的资本结构;② 增加公司的营运资本;③ 找出并改正经营管理上导致公司财务困难的根本原因。

2. 股份公司的合并

公司合并是指两个或两个以上的公司依照法律规定或合同约定而合并为一个公司。公司的合并一般采取两种方式:一是吸收合并;二是新设合并。所谓吸收合并,是指在两个或两个以上的公司合并过程中,其中一个公司继续存在,而其他公司则在取消原有法人资格后归入前一公司。所谓新设合并,是指在合并过程中,参加合并的所有公司都被取消原有法人资格,而形成了一个新的法人实体。从实践情况看,公司合并以吸收合并,也就是我们常说的兼并为多数。

3. 股份公司的分立

公司分立是指一个公司依法定程序分设为两个以上的公司。公司分立主要采取两种方式进行:① 公司将其部分财产或业务分离出去另设一个或数个新的公司,原公司继续存在,即派生分立;② 公司将其全部财产分别归于两个以上的新设公司中,原公司的财产按照各个新成立的公司的性质、宗旨、经营范围进行重新分配,原公司解散,即新设分立。

五、股份公司的破产、解散与清算

公司破产可分为自愿和非自愿两种。自愿破产必须在董事会及股东大会的表决同意下,向法院提出申请。非自愿破产则是债权人向法院申请,强制债务(即公司)破产。

公司解散是公司生命的结束。当公司因不能清偿到期债务,且提不出切实可行的重整方案时,该公司就必须宣告破产,并由人民法院依照有关法律规定,组织股东、有关机关及有关专业人员成立清算组,对公司进行破产清算。

公司解散是公司法人资格被取消的法律程序和公司业务经营活动终止的法律事实。但公司解散以后,公司的法人资格并没有马上消失,还要经过清算程序。公司清算就是被解散的公司结束一切业务经营活动后,对公司财产进行清理、催收债权、偿还债务、把公司剩余财产分给股东而进行的程序。只有完成清算的程序,公司才正式消失。

第二节 股　　票

一、股票的概念及特征

股票是股份证书的简称,是股份公司为筹集资本而发行给股东作为持股凭证并借以取得股息和红利的一种有价证券,代表着持有者在公司的地位与权利。

股票作为直接投资工具,具有如下特征。

1. 稳定性

股票投资是一种没有期限的长期投资。股票一经买入,只要股票发行公司存在,任何股票持有者都不能退股,即不能向股票发行公司要求抽回本金。同样,股票持有者的股东身份和股东权益也不能改变,但他可以通过股票交易市场将股票卖出,以收回自己原来的投资。

2. 风险性

任何一种投资都是有风险的,股票投资也不例外。首先,股票投资者能否获得预期的回报,取决于企业的盈利情况;其次,股票作为交易对象,就如同商品一样,有着自己的价格。而股票的价格除了受制于企业的经营状况之外,还受经济的、政治的、社会的甚至人为的诸多因素的影响。股票市场上股票价格的波动虽然不会影响上市公司的经营业绩,从而影响股息与红利,但股票贬值会使投资者蒙受部分损失。

3. 权利性

根据公司法的规定,股票的持有者就是股份有限公司的股东,他有权或通过其代理人出席股东大会、选举董事会、参与公司经营决策和盈利分配。股东权利的大小,取决于其占有股票的多少。在公司解散或破产时,股东需向公司承担有限责任,即按其所持有的股份比例对债权人承担清偿债务的有限责任。在债权人的债务清偿后,股东对公司剩余资产亦可按其所持有股份的比例请求清偿。

4. 流动性

股票可以在股票市场上随时转让,也可以继承、赠与、质押,但不能退股。无记名股票只要把股票交付给受让人,即可达到转让的法律效果;记名股票则要在卖出人签章背书后才可转让。由于电子技术的发展与应用,我国沪深股市股票的发行和交易都借助于电子计算机及电子通讯系统进行,上市股票的日常交易已实现了无纸化,所以现在的股票仅仅是由电子计算机系统管理的一组组二进制数字而已。

二、股票的种类

股票种类很多,其形成和权益各异。按照不同的分类方法可将股票分为若干种。

(一) 按股东权利分类,股票可分为普通股、优先股和后配股

1. 普通股

普通股是构成股份有限公司资本最基本的股份,具有股票最一般的特性,即与公司共命运。因此,普通股比较其他种类的股票有着更多的权利,主要包括:

(1) 经营参与权。普通股股东是公司所有者之一,可以参与公司经营管理,拥有选举表决的权利。

(2) 收益分配权。普通股股东有权凭借其所持有的股份参加公司盈利分配,其收益与公司经营状况直接相关,具有不确定性,且普通股的盈利分配须在公司支付了债息和优先股的股息之后才能分得。

(3) 剩余资产分配权。股份公司破产清算时,普通股东有权按其所持有的股份分得公司剩余资产,但须在公司清偿债务和分配给优先股股东之后。

(4) 认股优先权。当公司增发新普通股时,现有股东有权优先(可能还以低价)购买新股,以保证其对股份公司的持股比例保持不变。

2. 优先股

优先股是指股份有限公司在筹集资本时给予认购者某些优先条件的股票。优先股有以下几个特征:

(1) 预先约定股息率。优先股股东的收益先于普通股股东支付,且股息率通常预先确定,其收益与公司经营状况不直接相关。

(2) 优先清偿剩余资产。当股份公司破产清算时,优先股股东有先于普通股参与公司剩余资产的分配权。

(3) 经营参与权受限制。优先股股东一般没有选举权和被选举权,对公司的重大经营事项一般没有表决权。

优先股又因不同情况分为以下几种类型:

累积优先股和非累积优先股。累积优先股是指在某个营业年度内,如果公司所获的盈利不足以分派规定的股利,日后优先股的股东对往年未分配或未给足的股息,有权要求如数补给。非累积优先股则以当年公司所得赢利为限分派股息,如该年公司所获得的盈利不足以按规定的股利分配时,非累积优先股的股东不能要求公司在以后年度中予以补发。

参与优先股与非参与优先股。当企业利润增大,除享受既定比率的股息外,还可以跟普通股共同参与利润分配的优先股,称为参与优先股。除了既定股息外,不再参与利润分配的优先股,称为非参与优先股。

可转换优先股与不可转换优先股。可转换优先股是指允许优先股持有人在特定条件下把优先股转换成为一定数额的普通股;反之,不能转换为普通股的优先股称为不可转换优先股。可转换优先股是近年来日益流行的一种优先股。

可收回优先股与不可收回优先股。可收回优先股是指允许发行该类股票的公司,按

原来的价格再加上若干补偿金将已发行的优先股收回。当该公司认为能够以较低股利的股票来代替已发行的优先股时,就往往行使这种权利;反之,就是不可收回的优先股。

3. 后配股

后配股又称劣后股,是指在规定的日期或规定的事件发生以后才能分享股息红利和公司剩余资产的股票。具体说来,后配股股东行使的收益权顺序位于普通股股东之后,但行使的股东权和普通股股东一致,即可通过股东大会参与股份公司的经营决策。换句话说,后配股股票的收益极不稳定且没有保障,但其股东地位要强于优先股股东。事实上,后配股股票一般都是无偿地向公司发起人或参与公司经营的股东管理人赠送,故后配股股票也称为发行人股或管理人股。

(二)按股票是否记名分类,股票可分为记名股票和无记名股票

1. 记名股票

记名股票是指股票票面上载有股东姓名,并将股东姓名登记于股东名册上的股票。记名股票只有记名的股东才可以行使股权,其买卖必须通过法定程序办理过户手续,这在很大程度上保护了股东的权利。证券交易所流通的大都是记名股票。

2. 无记名股票

无记名股票是指股票票面上不记载有股东姓名的股票。无记名股票持有人可直接享受股东资格,行使股东权利。由于股票不记名,因此可以自由流通,不需要过户。

(三)按股票有无标明票面金额分类,股票可分为面额股票和无面额股票

1. 面额股票

面额股票,也称为面值股票,是指股票票面上记载一定金额的股票。记载的票面金额叫票面价值。股票面额为公司资本的基本单位,是股东的基础出资额,可借以确定每股所代表的股权比例。一方面,由于股票面额总和是一个相对稳定的数额,而公司实际资产却经常发生增减变化,因而股票面额往往不能真实地反映它所代表的公司实际资产的价值;另一方面,股票面额是一个不变的量,而股票价格却是一个跌宕起伏的变量,随着时间推移,股票市价与面额的关系将日益偏离。因此,股票一经上市,其面额往往没有多少实际意义。

2. 无面额股票

无面额股票,又称份额股票,是指股票票面上不记载金额,只注明它是股本总额若干分之几的股票。无面额股票没有票面价值,但有账面价值,其价值随股份公司财产的增减而增减。为便于会计处理,无面额股票在发行时由董事会规定每股价值,称为设定价值,以作为公司记账的依据。

(四)按股票的收益能力划分,股票可分为成长股、绩优股、周期股、防守性股、投机性股

1. 成长股

成长股是指处于成长阶段公司发行的股票。这类公司在发行股票时规模并不大,但产品在市场上有竞争力,销售额和利润正处于上升之势。优秀的成长型企业一般具有如下特

征:公司利润在每个经济周期的高涨期间都达到新的高峰,而且一次比一次高;产品与市场开发能力强;拥有优秀的管理班子。成长型公司常将经营利润投资于公司的未来发展,派发很少的股息或根本不派息,但股价正稳步上升,旨在为股东带来长远的投资收益。

2. 绩优股

绩优股是指那些业绩优良,但增长速度较慢的公司的股票。这类公司虽不能创造振奋人心的利润,但有实力抵抗经济衰退。因为这类公司业务较为成熟,不需要留存大量收益进行再投资,可为投资者带来稳定的股息。

3. 周期股

周期股是指经营业绩随着经济周期的涨缩而变动的公司的股票。航空工业、汽车工业、钢铁及化学工业都属于此类。当经济从衰退中开始复苏时,周期股的价格涨得比一般成长股快;反之,当经济走向衰退时,周期股的价格跌幅也较大。

4. 防守性股

防守性股是指在面临不确定性和经济波动时收益都比较稳定的股票。这类股票与周期股正好相反,在商业条件恶化时,它的收益要比其他股票优厚,并且具有相对的稳定性。水、电以及交通等公用事业公司发行的普通股是防守性股的典型代表。

5. 投机性股

投机性股是指那些价格很不稳定或公司前景很不确定的普通股。由于这种股票价格波动大且涨落频繁,这就为证券投机者赚取巨额差价带来了可能性,其收益与风险均超过一般的普通股。

三、我国现行的股票类型

我国现行的股票按投资主体不同可分为国有股、法人股、公众股和外资股等类型。

(一) 国有股

国有股是指有权代表国家投资的部门或机构以国有资产向公司投资形成的股份,包括以公司现有国有资产折算成的股份。由于我国大部分股份制企业都是由原国有大中型企业改制而来的,因此,国有股在公司股权中占有较大的比重。国有股的形成并不是国家以现金方式直接投资,基本上全部是以该企业的土地、房产、机械设备等作价出资。

按我国证监会出台的办法,国有股包括两部分:① 纯国有股(又分中央的和地方的两种);② 国有法人股(指具有法人资格的国有企业、事业及其他单位以其依法占用的法人资产向独立于自己的股份公司出资形成或依法定程序取得的股份)。

(二) 法人股

法人股是指企业法人或具有法人资格的事业单位和社会团体以其依法可经营的资产向公司非上市流通股权部分投资所形成的股份。根据法人认购的对象,可将法人股进一步分为境内发起法人股、外资法人股和募集法人股等三类。

(三) 公众股

公众股有两种基本形式：员工持股和社会公众股。

1. 员工持股

员工持股(Employee Stock Option Plan，简称ESOP)是目前通行于国外企业的内部产权制度，它是指企业内部员工出资认购本公司部分股权，委托专门机构（一般为员工持股会）集中管理运作，并参与持股分红的一种新型企业内部股权形式。

员工持股和内部职工股是两个完全不同的概念。在我国进行股份制试点初期，出现了一批不向社会公开发行股票，只对法人和公司内部职工募集股份的股份有限公司，被称为定向募集公司，内部职工作为投资者所持有的公司发行的股份称为内部职工股。2014年6月20日我国证监会发布的《关于上市公司实施员工持股计划试点的指导意见》首次明确了员工持股计划的性质，即是上市公司根据员工意愿，通过合法方式使员工获得本公司股票并长期持有，股份权益按约定分配给员工的制度安排。此外，还对员工持股计划的资金和股票来源、持股期限和规模、持股计划的管理等内容给出了指导意见。

2. 社会公众股

社会公众股是指股份公司采用募集设立方式设立时向社会公众（非公司内部员工）募集的股份。在社会募集方式情况下，股份公司发行的股份，除了由发起人认购一部分外，其余部分应该向社会公众公开发行。因此，公司内部员工持股计划以外的个人认购的股份，就构成了社会公众股。《公司法》规定公司总股本在4亿元人民币以下的，向社会公众发行股份不得少于股份总数的25%；公司总股本超过4亿元人民币的，向社会公开发行股份的比例为15%以上。

(四) 外资股

外资股是指股份公司向外国和我国香港、澳门、台湾地区投资者发行的股票。这是我国股份公司吸收外资的一种方式。外资股按上市地域不同，可以分为境内上市外资股和境外上市外资股。

1. 境内上市外资股

顾名思义，境内上市外资股就是指股份有限公司向境外投资者募集并在我国境内上市的股份，又称为B股。B股与我国A种股票的不同在于：A种股票以人民币标明面值，在境内上市，供境内投资者用人民币认购。B股虽然也以人民币标明股票面值，在境内上市，但原先只供外国和我国香港、澳门、台湾地区的投资者以外币认购、买卖。2001年2月19日，中国证监会正式宣布允许境内居民以合法持有的外汇开立B股账户，交易B股股票。

2. 境外上市外资股

境外上市外资股是指股份有限公司向境外投资者募集并在境外上市的股份。它也采取记名股票形式，以人民币标明面值，以外币认购。如H股即为注册地在内地、上市地在香港的外资股，取香港英文(Hong Kong)的字首，称在港上市的外资股为H股。以此类推,纽约和新加坡上市的股票分别称为N股和S股。在境外上市时,可以采取境外存股证形式或者股票的其他派生形式。在境外上市的外资股除了应符合我国的有关法规外,还须符合上市所在地国家或者地区证券交易所制定的上市条件。

四、股票的价值

股票是拥有某一种所有权的凭证,是虚拟资本的一种形式,它本身没有价值。股票之所以有价值,是因为股票的持有人即股东,不但可以参加股东大会,对股份公司的经营决策施加影响,还享有参与分红与派息的权利,获得相应的经济利益。股票的价值可分为面值、净值、清算价格及市价等四种。

1. 面值

股票的面值是指股份公司在所发行的股票票面上标明的票面金额,它以元/股为单位,其作用是用来表明每一份股票所包含的资本数额。但股票面值对于其价值而言只有象征性的意义,它不代表股东的资产。在我国,规定所有的股票必须有面值,且均为1元。

2. 净值

股票的净值又称为账面价值,也称为每股净资产,用以说明每股股票所包含的资产净值。其计算方法是用公司的净资产(包括注册资金、各种公积金、累积盈余等)除以总股本。股份公司的账面价值越高,则股东实际拥有的资产就越大。由于账面价值是根据财务报表计算的,数据较精确而且可信度很高,所以它是股票投资者评估和分析上市公司实力的重要依据之一。但股票净值也不一定等于股票的实际价值,因为公司的信誉、商标、管理能力等部分无形资产和房地产等有形资产的增值是不能由股票净值表现出来的。

3. 清算价格

股票的清算价格是指一旦股份公司破产或倒闭后进行清算时,每股股票所代表的实际价值。从理论上讲,股票的每股清算价格应与股票的账面价值相一致,但企业在破产清算时,其财产价值是以实际的销售价格来计算的,而在进行财产处置时,其售价一般都会低于实际价值。所以股票的清算价格常与股票的账面价值不一致。股票的清算价格只是在股份公司因破产或其他原因丧失法人资格而进行清算时才被作为确定股票价格的依据,在股票的发行和流通过程中没有意义。

4. 市价

股票的市价是指股票在交易过程中交易双方达成的成交价,常说的股票价格就是指市价。股票的市价直接反映股票市场的行情,是股民购买股票的依据。由于受众多因素的影响,股票的市价总是处于变化之中。

五、股息和红利

股息、红利作为股东的投资收益,是以股份为单位计算的。根据同股同权的原则,每一股份派送的现金或红利是相等的。上市公司实施具体分派时,其形式可以有四种:现金股利、财产股利、负债股利和股票股利。

现金股利是指上市公司以现金向股东分派股利,称为股息。现金股利是股利支付的主要方式。公司支付现金股利除了要有累计盈余(特殊情况下可用弥补亏损后的盈余公积金支付)外,还要有足够的现金。

财产股利是指上市公司用现金以外的其他资产向股东分派股利。它可以是上市公司持有的其他公司的有价证券,如债券、股票,也可以是实物。

负债股利是指上市公司通过建立一种负债,用债券或应付票据作为股利分派给股东。这些债券或应付票据既是公司支付的股利,又确定了股东对上市公司享有的独立债权。

股票股利是指上市公司用股票的形式向股东分派的股利,也就是通常所说的送红股。采用送红股的形式发放股利实际上是将应分给股东的现金留在企业作为发展再生产之用,与股份公司暂不分红派息没有太大的区别。股票红利使股东手中的股票数量增加了,但实际拥有的总资产含量没有变化。

根据公司法的规定,上市公司分红的基本程序为:首先由公司董事会根据公司盈利水平和股息政策,确定股利分派方案,然后提交股东大会审议通过。股利分配方案通过后,董事会即可向股东宣布,并在规定的付息日在约定的地点以约定的方式派发。在我国沪深股市,股票的分红派息都由证券交易所及登记公司协助进行。

六、除权和除息

上市公司发放股息、红利的形式虽然有四种,但我国沪深股市的上市公司进行利润分配一般只采用股票红利和现金红利两种,即常说的送红股和派现金。

当一家上市公司宣布上年度有利润可供分配并准备予以实施时,则该只股票就称为含权股,因为持有该只股票就享有分红派息的权利。在这一阶段,上市公司一般要宣布某一天为"股权登记日"。在登记日这一天,股票在谁手上谁就享有分红的权利。

股权登记后,股票将要除权除息,也就是将股票中含有的分红权利予以解除。换句话说,当上市公司向股东分派股息时,就要对股票进行除息;当上市公司向股东送红股时,就要对股票进行除权;当上市公司向股东既分股息,又配股、送红股时,则要对股票进行除息又除权。除权除息都在股权登记日的收盘后进行,也就是说登记日之后的一天为除权除息日。当股票名称前出现 XD(Exclude Dividend 的简写)字样时,表示当日是这只股票的除息日;当股票名称前出现 XR(Exclude Right 的简写)字样时,表示当日是这只股票的除权日;当股票名称前出现 DR 字样时,表示当日是这只股票的除息除权日。除权除息日之后(包括除权除息日)再购买股票的股东将不再享有分红派息的权利。因此,除权除息日之前(不包括除权除息日)的收盘价格为含权价格(Right-on Price),除权除息日之后(包括除权除息日)的开盘价格为除权价格(Ex-right Price)。

除息价格、除权价格、除息除权价格的具体计算公式为：

除息价格＝含权价格－股息

$$除权价格 = \frac{含权价格}{1+送股比率}$$

$$除息除权价格 = \frac{含权价格-股息+配股比率\times配股价格}{1+送股比率+配股比率}$$

第三节 债 券

一、债券的概念及特征

债券是依照法定程序发行,承诺按规定利率支付利息并约定在一定期限内偿还本金的有价证券。债券的本质是债权凭证,具有法律效力。债券购买者与发行者之间是一种债权债务关系,债券发行人是债务人,投资者(或债券持有人)是债权人。

在正常条件下,所有债券券面都必须明确记载以下事项：

(1) 发行单位的名称。债券券面应明确记载发行单位的名称,以便投资者了解发行单位的状况,并起到区别不同债券的作用。

(2) 发行单位的地址。除众所周知的单位外,其他单位发行的债券都应明确记载发行单位住所地址,以便于投资者与发行者之间进行联系和核实。

(3) 债券的票面金额。债券的票面金额代表投资者购买债券的本金数额,它是到期偿还本金和计算利息的基本依据。因此,债券券面都应注明金额,还附带注明币种。

(4) 债券的价格。债券是一种可以买卖的有价证券,其价格是由面值、收益和市场供求等因素共同决定的。一般而言,债券的发行价格与债券票面价值是一致的,即平价发行。但在实践中,也可能折价或溢价发行。

(5) 债券的票面利率和计息方法。债券是按照规定的利率定期支付利息的。利率和计息方法由双方按法规和资金市场情况进行协商确定,并共同遵守。

(6) 还本期限和还本方式。债券的特点是期满归还本金。因此,债券券面应明确记载其还本期限和还本方式,它对投资者利益有重大影响。

此外,债券还有发行时间、债券类别、批准单位以及批准文号等方面的规定。

债券有以下几方面的基本特征：

(1) 偿还性。如前所述,债券一般都规定偿还期限,发行人必须按约定条件偿还本金并支付利息。

(2) 流动性。债券期满后,可以随时按规定向发行单位一次收回本金和利息。在到期前,债券一般都可以在流通市场上自由转让。

(3) 安全性。与股票相比,债券通常有固定的利率,且期满时本金偿还,与企业绩效没有直接联系,收益比较稳定,风险较小。此外,在企业破产时,债券持有者享有对企业剩余资产的优先索取权。

(4) 收益性。债券的收益性主要表现在两个方面:一是投资债券可以给投资者定期或不定期地带来利息收入;二是投资者可以利用债券价格的变动,买卖债券赚取差额。

二、债券的种类

债券的种类划分有很多,这里主要阐述以下 7 种。

(一) 按债券发行主体不同,可分为政府公债券、金融债券和企业债券

1. 政府公债券

政府公债券是指政府或政府代理机构为弥补预算赤字、筹集建设资金等目的而发行的债券。它又可以分为国债、政府机构债券、地方债券等。

2. 金融债券

金融债券是指银行或其他金融机构为筹措中长期信用资金而发行的债券。

3. 企业债券

企业债券是指企业为筹集投资资金而发行的债券,有广义和狭义之分。广义的企业债券泛指一般企业和股份公司发行的债券,狭义的企业债券仅指股份公司发行的债券。

(二) 按债券付息方式不同,可分为附息债券和贴现债券

1. 附息债券

附息债券是指在债券上附有各期息票的中、长期债券。息票上一般标有利息额、支付利息的期限和债券号码等内容。在利息到期时,持有人可从债券上剪下息票,并凭此息票领取利息。附息债券的利息支付方式一般应在偿还期内按期付息,如每半年或 1 年付息一次,目前我国很少采用这种形式。

2. 贴现债券

贴现债券又称无息票债券或零息债券。这种债券的券面上不附息票,筹资人以面额为基础,将债券利息用贴现的方式先行扣除,以低于面额的价格发行,到期后按面额偿还。债券发行价格与其面额的差额即为利息。

(三) 按债券利率是否变动,可分为固定利率债券和浮动利率债券

1. 固定利率债券

固定利率债券是指在发行时规定利率在整个偿还期内不变的债券。固定利率债券不考虑市场变化因素,因而其筹资成本和投资收益可以事先预计,不确定性较小,但债券发行人和投资者仍然必须承担市场利率波动的风险,如果未来市场利率下降,发行人能以更低的利率发行新债券,则原来发行的债券成本就显得相对高昂,而投资者则获得相对现行市场利率更高的报酬,原来发行的债券价格将上升;反之,如果未来市场利率上升,新发行债券的成本增大,则原来发行的债券成本就显得相对较低,而投资者的报酬则低于购买新

债券的收益,原来发行的债券价格将下降。

2. 浮动利率债券

浮动利率债券是指与固定利率债券相对应的一种债券,它是指发行时规定债券利率可随市场利率的变动而作相应调整的债券。浮动利率债券的利率通常根据市场基准利率加上一定的利差来确定。美国浮动利率债券的利率水平主要参照 3 个月期限的国债利率,欧洲则主要参照伦敦同业拆借利率(指设在伦敦的银行相互之间短期贷款的利率,该利率被认为是伦敦金融市场利率的基准)。浮动利率债券的种类较多,如规定有利率浮动上、下限的浮动利率债券,规定利率到达指定水平时可以自动转换成固定利率债券的浮动利率债券,附有选择权的浮动利率债券,以及在偿还期的一段时间内实行固定利率而其余时间内实行浮动利率的混合利率债券等。浮动利率债券往往是中长期债券。

浮动利率债券可以避免债券的实际收益率与市场收益率之间出现重大差异,使发行人的成本和投资者的收益与市场变动趋势相一致。但债券利率的浮动性,也使得发行人的实际成本和投资者的实际收益事前带有很大的不确定性,从而导致较高的风险。

(四)按债券偿还期限长短,可分为短期债券、中期债券和长期债券

在短、中、长期债券的具体年限的划分上,各国有所不同。一般说来,短期债券偿还期限为 1 年以下;中期债券的偿还期限为 1 年以上(包括 1 年),10 年以下(包括 10 年);长期债券的偿还期限为 10 年以上。

我国国债的期限划分与上述标准相同。但企业债券的期限划分另有标准,具体规定为:偿还期限在 1 年以内的为短期企业债券,偿还期限在 1~5 年的为中期企业债券,偿还期限在 5 年以上的为长期企业债券。

(五)按债券募集方式不同,可分为公募债券和私募债券

1. 公募债券

公募债券是指按法定手续,经证券主管机构批准在市场上公开发行的债券。公募债券的发行人一般有较高的信誉,同时必须遵守信息公开制度。公募债券允许在二级市场流通转让。

2. 私募债券

私募债券是指向特定的投资对象发行的债券。私募债券发行手续简单,一般不用到证券管理机关注册,不公开上市交易,不能流通转让。

(六)按债券担保性质不同,可分为无担保债券和担保债券

1. 无担保债券

无担保债券亦称信用债券,是指不提供任何形式的担保,仅凭筹资人的信用而发行的债券。一般说来,国债、地方政府债券和金融债券都属于信用债券。此外,一些信誉较高的企业也可发行信用债券,但为保证投资者的利益,发行信用债券的企业常要受

到很多限制,如企业不得随意增加债务,在信用债券未清偿之前,股东分红也须有限制等。

2. 担保债券

担保债券又可分为抵押债券、质押债券和保证债券等多种形式。

抵押债券是指筹资人为保证债券的还本付息,以土地、设备、房屋等不动产做担保而发行的债券。当债券发行单位不能履行还本付息义务时,债券持有人有权变卖抵押物来抵偿。在现代企业债券中,抵押公司债券占很大的比重。

质押债券,亦称抵押信托债券,是指以公司拥有的其他单位的有价证券(股票或债券)作为担保品而发行的债券。通常情况下,发行这种债券须将作为担保品的证券,交给作为受托人的信托机构,当债券发行单位到期不能清偿时,即由受托人处理质押的证券并代为偿债。

保证债券是指由第三者担保偿还本息的债券,担保人一般是政府、银行、其他企业等。

(七)按债券本金不同偿还方式,可分为偿债基金债券、分期偿还债券、通知偿还债券、延期偿还债券、可转换债券和永久债券

1. 偿债基金债券

偿债基金债券是指债券发行者在债券到期之前,定期在每年的盈余中按发行总额的一定比例提取偿还基金,逐步积累。等债券到期后,用提取的基金一次偿还。这种债券一方面有较可靠的还款保证,另一方面也具有提前偿还债券的性质,即可按市场价格的变动情况决定偿还或赎回,因此,这种债券对投资者和发行者而言都比较有利。

2. 分期偿还债券

分期偿还债券是指债券发行者在债券有效期内,规定几个偿还期,每期偿还一定比例,直至债券到期时,本金全部偿清。

3. 通知偿还债券

通知偿还债券亦称可提前偿还债券,是指债券发行人具有可以选择在债券到期之前偿还本金的权利。

4. 延期偿还债券

延期偿还债券是指可以延期偿本付息的债券。它又有两种类型:一是指发行者在债券到期时无力偿还,且又不能借新款还旧债时,在征得债权人同意后,可将到期债券予以延期;二是指投资者在债券到期时有权根据发行者提出的新利率,要求发行人给予延期兑付的债券。

5. 可转换债券

可转换债券是指发行人事先规定债权人可以选择有利时机,按发行时约定的条件将债券转换成股票的债券。可转换债是一种混合型的债券形式。当投资者不太清楚发行公

司的发展潜力及前景时,可先投资于这种债券。待发行公司经营业绩显著,股票行情看涨时,则可将债券转换为股票,以受益于公司的发展。因此,可转换债券对于投资者来说,多了一种投资选择机会。由于可转换债券具有可转换成股票这一优越条件,因而其发行利率较普通债券低。可转换债券在发行时预先规定三个基本转换条件:① 转换价格或转换比率;② 转换时发行的股票内容;③ 请求转换期间。可转换债券持有人行使转换权利时,须按这三个基本转换条件进行。

6. 永久债券

永久债券又称不还本债券或利息债券,是指一种不设到期日的债券。永久债券不可赎回,但可提供永久的利息收入。可见,永久债券已基本失去了一般债券的基本性质,更具有股票的某些性质。

三、我国国债的主要种类

(一) 按国债的券面形式,可分为无记名式国债、凭证式国债和记账式国债

1. 无记名式国债

无记名式国债是指一种票面上不记载债权人姓名或单位名称的债券,通常以实物券形式出现,又称实物券或国库券。券面上印有"中华人民共和国国库券"字样,通常面额有100元、500元、1000元等券种,背面印有"中华人民共和国财政部"印章,并印有防伪识别符号。我国20世纪50年代发行的国债和从1981年起发行的国债主要是无记名式国库券。无记名式国库券的一般特点为:不记名、不挂失,可以上市流通。由于不记名、不挂失,其持有的安全性不如凭证式和记账式国库券,但购买手续简便。由于可上市转让,流通性较强。上市转让价格随二级市场的供求状况而定,当市场因素发生变动时,其价格会产生较大波动,因此具有获取较大利润的机会,同时也伴随着一定的风险。一般来说,无记名式国库券更适合金融机构和投资意识较强的购买者。

2. 凭证式国债

凭证式国债是指国家采取不印刷实物券,而用填制"国库券收款凭证"的方式发行的国债。我国从1994年开始发行凭证式国债。凭证式国债具有类似储蓄、又优于储蓄的特点,通常被称为"储蓄式国债",是以储蓄为目的的个人投资者理想的投资方式。

与储蓄相比,凭证式国债的主要特点是安全、方便、收益适中。具体说来:

(1) 国债发售网点多,购买和兑取方便、手续简便。

(2) 可以记名挂失,持有的安全性较好。

(3) 利率比银行同期存款利率高1~2个百分点(但低于无记名式和记账式国债),提前兑取时按持有时间采取累进利率计息。

(4) 凭证式国债虽不能上市交易,但可提前兑取,变现灵活,地点就近,投资者如遇特殊需要,可以随时到原购买点兑取现金。

(5) 利息风险小,提前兑取按持有期限长短,选取相应档次利率计息,各档次利率均高于或等于银行同期存款利率,没有定期储蓄存款提前支取只按活期计息的风险。

(6) 没有市场风险,凭证式国债不能上市,提前兑取时的价格(本金和利息)不随市场利率的变动而变动,可以避免市场价格风险。

3. 记账式国债

记账式国债又称无纸化国债,是指将投资者持有的国债登记于证券账户中,投资者仅取得收据或对账单以证实其所有权的一种国债。我国于1994年推出记账式国债。记账式国债有以下特点:

(1) 以无券形式发行,可防止证券的遗失、被窃与伪造,安全性好。

(2) 可上市转让,流通性好。

(3) 期限有长有短,但更适合短期国债的发行。

(4) 通过交易所电脑网络发行,降低了国债的发行成本。

(5) 上市后价格随行就市,有获取较大收益的可能,但同时也伴有一定的风险。

比较说来,无记名式、凭证式和记账式三种国债各有特点。就收益性而言,无记名和记账式国债要略好于凭证式国债,通常无记名式和记账式国债的票面利率要略高于相同期限的凭证式国债;就安全性而言,凭证式国债略好于无记名式国债和记账式国债,后两者中记账式又略好于无记名式国债;就流动性而言,记账式国债略好于无记名式国债,无记名式国债又略好于凭证式国债。

(二) 按国债的利息支付方式,可分为零息国债、附息国债和贴现国债

1. 零息国债

零息国债是指国债到期时和本金一起一次性付息,利随本清,也可称为到期付息债券。零息国债付息特点有二:一是利息一次性支付;二是国债到期时支付。我国发行的无记名国债一般属于零息国债。零息国债有确定的票面利率,利息额根据面值、利率和偿还期限计算,其计算公式为:

$$利息 = 面额 \times 票面利率 \times 期限$$

2. 附息国债

附息国债是指票券上附有息票,每年(或者每半年、每季度)在规定的日子剪息票分期付息的国债。无记名式附息国债附有息票,凭剪息票每年(半年或季)领取;记账式无纸化附息国债无息票,可凭证券账户在分期付息的付息日期内领取利息。附息国债也有规定的票面利率,每次的利息额(以按年取息为例)等于面值与票面利率的乘积,即:

$$年利息 = 本金 \times 利率$$
$$到期利息 = 年利息 \times 期限$$

需要指出的是,附息国债每期利息是按年利率的单利计息方法计算,由于分期所得利息收入可存入银行或购买债券等进行再投资,所以附息国债在全部偿还期间从性质上说

相当于按复利计息的债券,其票面利率与相同期限的零息国债相比要低些。附息国债满足那些依靠一定的资本定期取得收入的投资者的需求。

3. 贴现国债

贴现国债又称贴息发行国债,是指券面上不含利息或不附有息票、以贴现方式发行的国债。贴现国债发行价格与票面额的差额即为所得利息。贴现国债票面上不规定利率,其发行价低于票面额,到期按票面额偿还。因此,其利率可根据每百元面值贴现国债的发行价和贴现国债的期限计算出来,计算公式为:

$$利率=[(面值-发行价)\div(发行价\times 期限)]\times 100\%$$

如投资者以 70 元的发行价格认购了面值为 100 元的 5 年期国债。5 年到期后,投资者可兑付到 100 元的现金,其中,30 元的差价即为国债的利息,年利息率为 8.57%,即:

$$[(100-70)\div(70\times 5)]\times 100\%=8.57\%$$

贴现国债一般期限较短,我国 1996 年推出贴现国债品种。根据财政部 1997 年规定,期限在 1 年以内(不含 1 年)以贴现方式发行的国债归入贴现国债类别,期限在 1 年以上以贴现方式发行的国债归入零息国债的类别。

第四节 投资基金

一、投资基金的概念及特征

根据我国《证券投资基金管理暂行办法》的定义,证券投资基金是一种利益共享、风险共担的集合证券投资方式,即通过发行基金的受益凭证集中社会公众投资者的零星资金,由基金托管人托管、基金管理人管理和运用资金,从事股票、债券等金融工具投资。证券投资基金在美国称为"共同基金",在英国和我国香港特别行政区称为"单位信托基金",而在日本和我国台湾地区则称为"证券投资信托基金"。

投资基金在具体的发起、运行中会涉及一系列的当事人,具体包括基金持有人、基金管理人、基金托管人及基金销售机构、注册登记机构、基金投资咨询、注册会计师、律师等基金服务机构。

基金持有人即基金单位或受益凭证的投资人。基金持有人可以是自然人,也可以是法人。基金持有人的权利包括:本金受偿权、收益分配权、剩余财产分配权及参与持有人大会表决等。基金管理人指负责基金发起设立与经营管理基金资产的机构。根据《中华人民共和国证券投资基金法》的规定,证券投资基金的管理人由基金管理公司担任。基金管理公司通常由证券公司、信托投资公司或其他机构等发起成立,具有独立法人地位。基金托管人指依据"管理与保管分开"的原则对基金管理人进行监督和保管基金资产的机构,在我国通常由取得托管资格的商业银行担任。

基金当事人之间所体现的是一种信托关系:持有人与管理人之间的关系是委托人(受益人)与受托人的关系;管理人与托管人之间的关系是委托人和受托人的关系;持有人与托管人之间的关系在公司型基金中是委托人与受托人的关系,在契约型基金中是收益人与受托人的关系。

与其他投资工具相比,投资基金具有以下特点:

(1) 证券投资基金是由专家运作、管理并专门投资于证券市场的基金。基金资产由专业的基金管理人负责管理。基金管理人配备了大量的投资专家,他们不仅掌握了广博的投资分析和投资组合理论知识,而且在投资领域也积累了相当丰富的经验。

(2) 证券投资基金是一种间接的证券投资方式。投资者是通过购买基金份额将资金交给专门的投资机构,由其在金融市场上进行再投资。与直接购买股票相比,投资者与上市公司没有任何直接关系,不参与公司决策和管理,只享有公司利润的分配权。

(3) 证券投资基金具有投资小、费用低的优点。在我国,每份基金单位面值为人民币1元。证券投资基金最低投资额一般较低,投资者可以根据自己的财力,多买或少买基金单位,从而满足了那些不能、不愿、不便直接参与股票、债券等证券买卖的投资者需求。基金的申购、赎回、管理等费用通常较低。

(4) 证券投资基金具有组合投资、分散风险的好处。投资学上有一句谚语:"不要把所有的鸡蛋放在同一个篮子里"。根据投资专家的经验,要在投资中做到起码的风险分散,通常要持有十种左右的股票。然而,中小投资者通常无力做到这一点。而证券投资基金通过汇集众多中小投资者的小额资金,形成雄厚的资金实力,再进行一篮子证券投资,以期用某些证券涨价的盈利来弥补另一些证券跌价造成的损失,从而分散了投资风险。

二、投资基金的分类

根据不同的标准,基金可以划分为许多类型。下面介绍一些比较重要的基金类别。

(一) 根据基金规模和基金存续期限的可变性不同,可分为封闭式投资基金和开放式投资基金

1. 封闭式投资基金

封闭式投资基金是指经核准的基金份额总额在基金合同期限内固定不变,基金份额可以在依法设立的证券交易所交易,但基金份额持有人不得申请赎回的投资基金。

2. 开放式投资基金

开放式投资基金是指基金发行总额不固定,在基金合同约定的时间和场所可随时申购或者被投资人赎回的投资基金。

比较说来,封闭式投资基金与开放式投资基金有以下区别:

(1) 基金规模和存续期限不同。封闭式投资基金的规模是固定不变的,并有明确的存续期限;开放式投资基金由于投资者可随时申购或赎回基金单位,所以基金的规模和存续期限是变化的。

(2) 基金价格影响因素不同。封闭式投资基金的市场交易价格既受单位基金净资产的影响,也受市场供求关系的影响,价格波动较大;开放式投资基金的买卖价格是以单位基金的资产净值为基础,不会出现折价现象。

(3) 收益与风险不同。由于封闭式投资基金的收益主要来源于二级市场的买卖差价和基金分红,其风险也包括来自于二级市场以及基金管理人能力两方面。开放式投资基金的收益则主要来自于赎回价格与申购价格之间的差价,其风险也仅为基金管理人能力高低。

(4) 投资策略不同。在封闭式投资基金条件下,管理人没有随时要求赎回的压力,可以实行长期的投资策略;开放式投资基金因为可随时申购或赎回,因此必须留出一部分资金应对赎回。因此,进行长期投资会受到一定限制。另外,开放式基金的投资组合等信息披露的要求也比较高。

(二) 根据基金的组织形式的不同,可分为契约型投资基金和公司型投资基金

1. 契约型投资基金

契约型投资基金,又称信托型投资基金,是指由基金管理公司、基金托管机构和投资者(受益人)三方通过信托投资契约而建立的一种投资基金。其中,基金管理公司根据契约运用信托财产,基金托管机构负责保管信托资产,而投资者(受益人)则享有投资成果。

2. 公司型投资基金

公司型投资基金是按照《公司法》组建的投资基金,投资者购买公司股份而成为股东,由股东大会选出董事、监事,再由董事、监事投票委托某一投资管理公司来管理公司的资产。这种投资基金股份的出售一般都委托专门的承销公司来进行。

比较说来,契约型投资基金与公司型投资基金有以下区别:

(1) 法律形式不同。契约型投资基金不具有法人资格,是虚拟公司。公司型投资基金是依据《公司法》成立的,具有法人资格。

(2) 投资者地位不同。契约型投资基金的投资者是基金契约的当事人,通过购买受益凭证获取投资收益。但对资金的运用没有发言权。公司型投资基金的投资者既是基金持有人,又是公司的股东,可以参加股东大会,行使股东权利,并以股息形式获取投资收益。

(三) 根据基金的风险—收益特征不同,可分为成长型投资基金、收入型投资基金和平衡型投资基金

1. 成长型投资基金

成长型投资基金以资本长期增值为目标,重点投资有较大升值潜力的公司和成长性行业。为实现最大限度的增值目标,成长型基金通常很少分红,而是将投资所得的股息、红利和盈利进行再投资。

2. 收入型投资基金

收入型投资基金以追求现金股息收益为目标，重点投资收入稳定的绩优股、债券、可转让大额定期存单等有价证券，同时倡导现金分红。

3. 平衡型投资基金

平衡型投资基金的风险和收益特征介于成长型和收入型投资基金之间，既追求长期资本增值，又追求现金收益，主要投资于债券、优先股和部分普通股，且上述各类有价证券在投资组合中有比较稳定的组合比例。

（四）根据基金募集方式与对象的不同，可分为公募基金和阳光私募基金

1. 公募基金

公募基金（Public Offering of Fund）是指以公开方式、向社会公众投资者发行受益凭证的证券投资基金。这些基金在政府主管部门监管下，具有信息披露、风险分担、利润分配、运行限制等行业规范。

2. 私募基金

私募基金（Privately Offered Fund）是指通过非公开方式、向少数特定投资者募集资金而设立的基金，其销售和赎回都是基金管理人通过私下与投资者协商进行的，因此又称为"向特定对象募集的基金"。

阳光私募基金是私募基金适应监管政策要求的创新模式，表现为借助信托公司发行，经过监管机构备案，资金实现第三方银行托管，而私募基金公司受聘于信托公司，负责管理募集的资金，并定期公布业绩报告。这种"信托公司＋保管银行＋私募公司"的模式，既使得私募基金公司可以用"投资顾问"的身份，正大光明地进入基金管理领域，又保证了客户资金的安全和业绩的真实性，已成为我国私募基金发展的主要方向。

比较说来，公募基金与私募基金有如下区别：

（1）募集对象不同。公募基金的募集对象是广大社会公众，即社会不特定的投资者；而私募基金募集的对象是少数特定的投资者，包括机构和个人。

（2）募集方式不同。公募基金通过公开发售的方式募集资金，可以利用一切媒体发布广告，可以在一级及二级证券市场上公开发行甚至交易；而私募基金则是通过非公开发售的方式募集，只以口碑相传。

（3）信息披露要求不同。公募基金对信息披露有非常严格的要求，其投资目标、投资组合、投资方式、是否使用杠杆、投资收益、管理人变动等信息都要披露；而私募基金则对信息披露的要求很低，具有较强的保密性。

（4）投资限制不同。公募基金在投资品种、投资比例以及与基金类型的匹配上有严格的限制；而私募基金的投资限制完全由协议约定。

（5）业绩报酬不同。公募基金不提取业绩报酬，只收取管理费；而私募基金则收取业绩报酬，一般不收管理费。也就是说，公募基金的业绩仅仅是排名时的荣誉，而私募基金

的业绩则是报酬的基础。

三、指数基金及其他

1. 指数基金

指数基金(Index Fund),顾名思义就是以特定指数(如沪深 300 指数、标普 500 指数、纳斯达克 100 指数、日经 225 指数等)为标的指数,并以该指数的成份股为投资对象,通过购买该指数的全部或部分成份股构建投资组合,以追踪标的指数表现的基金产品。通常而言,指数基金以减小跟踪误差为目的,使投资组合的变动趋势与标的指数相一致,以取得与标的指数大致相同的收益率。根据交易机制的不同,指数基金可分为封闭式指数基金、开放式指数基金、指数型 ETF、指数型 LOF。这里重点介绍指数型 ETF 和指数型 LOF。

ETF(Exchange Traded Funds)通常被称为"交易所交易基金",是以某类证券价格指数为标的物、在交易所上市交易的开放式投资基金。ETF 的申购是以组合证券(所谓一篮子股票)换取相应的基金份额,赎回则是以基金份额换取相应的组合证券。一般来说,这一组合与该 ETF 跟踪的指数的样本股同比例对应。

以上证 50ETF 为例,其对应的就是上证 50 指数 50 只样本股按每个股票所占权重同比例配置的证券组合。不难理解,ETF 可以让投资者以较低的成本投资于标的指数中的成份股票,以实现充分的分散投资,从而有效地规避股票投资的非系统性风险。

LOF(Listed Open-end Funds)是指在交易所上市交易的开放式投资基金,也称为"上市型开放式基金",具体说来,上市型开放式基金发行结束后,投资者既可以在指定网点申购与赎回基金份额,也可以在交易所买卖该基金。必须指出,如果投资者是在指定网点申购的基金份额,想要上网抛出,须办理一定的转托管手续。同理,如果投资者是在交易所网上买进的基金份额,想要在指定网点赎回,也要办理一定的转托管手续。

LOF 采用交易所交易和场外代销机构申购、赎回同时进行的交易机制。这种交易机制为投资者带来了全新的套利模式——跨市场套利:当二级市场价格高于基金净资产的幅度超过手续费率时,投资者就可以从基金公司申购 LOF 基金份额,再在二级市场上卖出;如果二级市场价格低于基金净资产,投资者就可以先在二级市场买入基金份额,再到基金公司办理赎回业务,以完成套利过程。当然,由于套利过程中进行跨系统转登记手续的时间较长,且需要手续费,当一、二级市场的价格差异并不明显时,套利行为可能并不能获利。

ETF 和 LOF 作为证券投资基金的新品种,综合了开放式基金和封闭式基金的优点,即投资者既可以向基金管理公司申购或赎回基金份额,又可以在证券市场上按市场价格进行买卖。

2. 分级基金(杠杆基金)

分级基金(Structured Fund)又叫结构型基金,是指在一个投资组合下,通过对基金收益或净资产的分解,形成两级(或多级)风险收益表现有别的基金份额的基金品种。它的主要特点是将基金产品分为两类或多类份额,并分别给予不同的收益分配。

分级基金各个子基金的净值与份额占比的乘积之和等于母基金的净值。例如,拆分成两类份额的母基金净值＝A类子基金净值×A份额占比(%)＋B类子基金净值×B份额占比(%)。如果母基金不进行拆分,其本身是一个普通的基金。

以某分级基金产品甲为例,分为A份额(优先)和B份额(进取),A份额约定一定的收益率,甲基金扣除A份额的本金及应计收益后的全部剩余资产归入B份额,亏损以B份额的资产净值为限,并由B份额持有人承担。当甲的整体净值下跌时,B份额的净值优先下跌;与此相对应,当甲的整体净值上升时,B份额的净值也将相对于A份额更快增值。优先份额一般可以优先获得分配基准收益,进取份额通常以较大程度参与剩余收益分配或者承担损失而获得一定的杠杆,从而拥有更为复杂的内部资本结构,非线性收益特征使其隐含期权。

上述分级基金通俗的解释就是,A份额和B份额的资产作为一个整体投资,其中持有B份额的人每年向A份额的持有人支付约定利息,至于支付利息后的总体投资盈亏都由B份额承担。

3. 伞形基金

伞式基金(Umbrella Fund)实际上是开放式基金的一种组织结构。在这一组织结构下,基金发起人根据一份总的基金招募书发起设立多只相互之间可以根据规定的程序进行转换的基金,这些基金称为子基金或成分基金(Sub-funds)。而由这些子基金共同构成的这一基金体系就合称为伞形基金。

因此,伞式基金的主要特点是在基金内部为投资者提供多种选择,即投资者可根据自己的需要转换基金类型(不用支付转换费用)。

四、投资基金的价值决定

(一)基金的资产净值

投资基金的价值取决于基金的单位资产净值。

单位资产净值是指每一基金单位代表的基金资产的净值。在实务中,一般简称为NAV(Net Asset Value),其计算公式为:

$$单位资产净值 = \frac{基金的资产总值 - 各种费用}{基金单位数量}$$

基金的资产总值是指基金拥有的所有资产(包括股票、债券、银行存款和其他有价证券等)按照公允价格计算的资产总额。由于基金分散投资于证券市场的各种投资工具,如股票、债券等,而这些资产的市场价格是不断变动的,因此,基金资产估值是计算单位基金资产净值的关键。

基金资产估值原则如下:① 上市股票和债券按照计算日的收市价计算,该日无交易的,按照最近一个交易日的收市价计算;② 未上市的股票以其成本价计算;③ 未上市国债及未到期定期存款,以本金加计至估值日的应计利息额计算;④如遇特殊情况而无法或不宜以上述规定确定资产价值时,基金管理人依照国家有关规定办理。

一般而言,基金的单位资产净值与基金单位价格的变动是一致的。基金的单位资产净值越高,基金单位价格也越高;反之,基金单位价格就越低。这种正比例关系在开放式基金中得到了较好的体现。

(二)开放式基金的价格决定

开放式基金的价格分为两种:申购价格和赎回价格。

1. 申购价格

开放式基金的基金证券买卖是在证券交易所场外进行的。投资者买入基金证券时,除支付资产净值外,还要支付一定的销售附加费用。因此,开放式基金的申购价格为:

$$申购价格 = \frac{资产净值}{1 - 附加费用}$$

2. 赎回价格

开放式基金承诺在任何时候可以根据投资者的个人意愿赎回基金证券。但赎回要收取费用。赎回费率通常依基金投资时间长短而定,持有基金证券时间越长,费率越低。当然,也有一些基金是按统一费率收取的。因此,收费型的开放式基金的赎回价格为:

$$赎回价格 = \frac{资产净值}{1 + 赎回费率}$$

(三)封闭式基金的价格决定

封闭式基金的价格也分为两种:发行价格和交易价格。封闭式基金的发行价格由两部分组成:一是基金面值;二是基金发行费用。封闭式基金发行期满后一般都申请上市交易,因此,它的交易价格和股票价格的表现形式一样,可分为开盘价、收盘价、最高价、最低价、成交价等。由于封闭式基金不承担赎回基金证券的义务,只能在交易市场上进行交易才能转让,这就使得封闭式基金的交易价格除受基金资产净值的影响外,还受基金市场供求关系的影响,其交易价格的决定可参照普通股票的价格决定公式。

第五节 期 权

一、期权的概念及其特征

期权(Option)又称为选择权,是指赋予持有者在未来一段期限内(或未来某一特定日期),按买卖双方约定的价格[称为协议价格(Striking Price)或执行价格(Exercise Price)]购买或出售一定数量特定标的资产(Underlying Assets)权利的合约。期权持有者为了获得选择权,必须支付给期权出售方一定的费用,所支付的费用称为权利金、期权费(Option

Premium)或期权价格(Option Price)。

期权的标的资产包括股票、股价指数、外汇、大宗商品等,相应的期权合约各有不同的特点。但所有期权合约的基本要素相差无几,主要包括标的资产、执行价格、期权价格、单位合约数量以及到期日等。表 1-1 是上证 50ETF 期权合约基本条款。

表 1-1

上证 50ETF 期权合约基本条款

合约标的	上证 50 交易型开放式指数证券投资基金("50ETF")
合约类型	认购期权和认沽期权
合约单位	10 000 份
合约到期月份	当月、下月及随后两个季月
行权价格	5 个(1 个平值合约、2 个虚值合约、2 个实值合约)
行权价格间距	3 元或以下为 0.05 元,3 元至 5 元(含)为 0.1 元,5 元至 10 元(含)为 0.25 元,10 元至 20 元(含)为 0.5 元,20 元至 50 元(含)为 1 元,50 元至 100 元(含)为 2.5 元,100 元以上为 5 元
行权方式	到期日行权(欧式)
交割方式	实物交割(业务规则另有规定的除外)
到期日	到期月份的第四个星期三(遇法定节假日顺延)
行权日	同合约到期日,行权指令提交时间为 9:15~9:25,9:30~11:30,13:00~15:30
交收日	行权日次一交易日
交易时间	上午 9:15~9:25,9:30~11:30(9:15~9:25 为开盘集合竞价时间) 下午 13:00~15:00(14:57~15:00 为收盘集合竞价时间)
委托类型	普通限价委托、市价剩余转限价委托、市价剩余撤销委托、全额即时限价委托、全额即时市价委托以及业务规则规定的其他委托类型
买卖类型	买入开仓、买入平仓、卖出开仓、卖出平仓、备兑开仓、备兑平仓以及业务规则规定的其他买卖类型
最小报价单位	0.000 1 元
申报单位	1 张或其整数倍
涨跌幅限制	认购期权最大涨幅=max{合约标的前收盘价×0.5%,min[(2×合约标的前收盘价−行权价格),合约标的前收盘价]×10%} 认购期权最大跌幅=合约标的前收盘价×10% 认沽期权最大涨幅=max{行权价格×0.5%,min[(2×行权价格−合约标的前收盘价),合约标的前收盘价]×10%} 认沽期权最大跌幅=合约标的前收盘价×10%

(续表)

熔断机制	连续竞价期间,期权合约盘中交易价格较最近参考价格涨跌幅度达到或者超过50%且价格涨跌绝对值达到或者超过5个最小报价单位时,期权合约进入3分钟的集合竞价交易阶段
开仓保证金最低标准	认购期权义务仓开仓保证金＝[合约前结算价＋max(12%×合约标的前收盘价－认购期权虚值,7%×合约标的前收盘价)]×合约单位 认沽期权义务仓开仓保证金＝min[合约前结算价＋max(12%×合约标的前收盘价－认沽期权虚值,7%×行权价格),行权价格]×合约单位
维持保证金最低标准	认购期权义务仓维持保证金＝[合约结算价＋max(12%×合约标的收盘价－认购期权虚值,7%×合约标的收盘价)]×合约单位 认沽期权义务仓维持保证金＝min[合约结算价＋max(12%×合约标的收盘价－认沽期权虚值,7%×行权价格),行权价格]×合约单位

对比股票、债券以及基金等投资工具而言,期权具有以下特征：

(1) 期权的本质是权利的买卖。以特定证券的期权作为交易对象,是期权与其他证券的根本区别。权利人可以选择行使期权,也可以选择不行使期权或将期权转给其他投资者,但他必须事先支付一笔期权费作为拥有选择权的代价。因此,期权也称为选择权。

(2) 期权买卖双方在享有权利或者承担义务上存在着明显的不对称。期权合约赋予买方的是选择权,即在规定期限内(或某一特定日期)有权选择是否行使权利,或者转让其权利;而合约赋予卖方的则是履约的义务,即当期权买方选择行使权利时,卖方必须根据合约内容与买方进行交易。

(3) 期权以未来的现货交割为内在前提。期权是金融衍生工具,其价值依赖于其他证券的价值,且期权交易的是权利,交易双方甚至可以不关心标的资产本身的存在,期权的买方在遇到合适的价格时,可以直接将期权卖给其他投资者,但从期权交易的整体来说,它不能脱离标的资产现货交易而存在。

(4) 期权合约是标准化合同。所谓标准化合同,是指除了期权的价格是在市场上公开竞价形成外,合约的其他条款,包括期权类别、有效期、数量和价格等都是事先制定好的,具有普遍性和统一性。期权合约的标准化意味着所有市场参与者交易的都是有限制且统一的证券,保证了期权交易的便捷性和流动性。

二、期权的种类

期权种类很多,这里主要介绍以下两种。

(一) 按期权权利行使方向的不同,可分为看涨期权和看跌期权

1. 看涨期权

看涨期权(Call Option)又称认购期权或买入期权,是指赋予期权持有人在规定期限

内(或规定的日期),按约定的价格从期权合约卖方购买一定数量的标的资产的选择权利。看涨期权合约表明,买方预期标的资产的市场价格将上涨;卖方则预期标的资产的市场价格不会上涨或可能下跌。

2. 看跌期权

看跌期权(Put Option)又称认沽期权或卖出期权,是指赋予期权持有人在规定期限内(或规定的日期),按约定的价格卖给期权合约卖方一定数量的标的资产的选择权利。看跌期权合约表明,买方预期标的资产的市场价格将下跌;卖方则预期标的资产的市场价格不会下跌或可能上涨。

必须指出,无论是看涨期权还是看跌期权,合约赋予期权买方的只有权利而无义务,因为支付了权利金;相反,合约赋予期权卖方的只有义务而无权利,因为收取了权利金。以股票期权为例,买卖双方的权利与义务如图1-2所示。

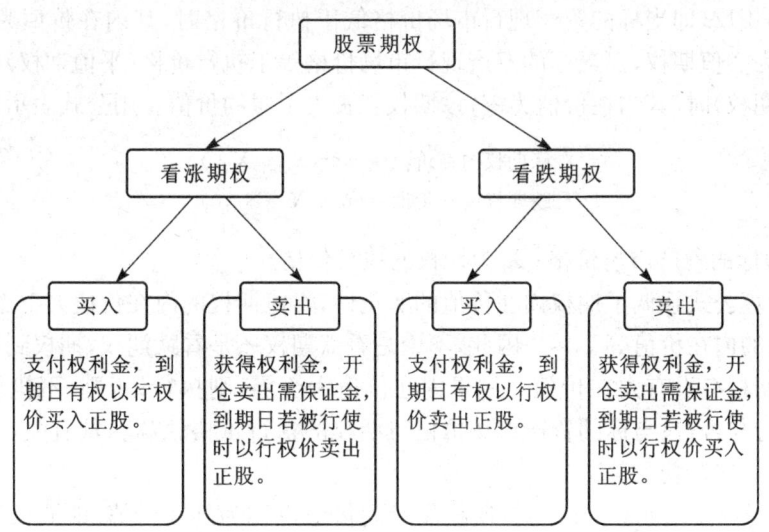

图1-2 期权买卖双方的权利与义务

(二)按期权履约时间不同,可分为美式期权和欧式期权

1. 美式期权

美式期权(American Option)是指期权合约买方在期权有效期内任何一个交易日都有权行使其交易权利。

2. 欧式期权

欧式期权(European Option)是指期权合约买方只能在期权到期日才有权行使其交易权利。

不难看出,对期权购买者来说,美式期权比欧式期权享有更大的行权灵活性。相反,对期权出售者来说，美式期权比欧式期权承担更频繁的履约义务。因此，在其他条件相同的情况下，美式期权的期权费高于欧式期权。

三、期权的价值

1. 期权价值的组成

期权的价值主要由内在价值和时间价值两部分组成。

（1）内在价值（Intrinsic Value）。期权内在价值又称为内含价值，即期权的买方立即履约时可以获得的收益。就看涨期权而言，若标的资产现行市场价格高于执行价格，则其内在价值为正，即存在履约价值，称为实值期权（In-the-money Option）；而当标的资产现行市场价格等于或低于执行价格时，其内在价值为零，该期权就丧失了履约价值，前者称为平值期权（At-the-money Option），后者称为虚值期权（Out-of-the-money Option）。看跌期权刚好相反，即当标的资产现行市场价格低于执行价格时，其内在价值为正，存在履约价值，称为实值期权；而当标的资产现行市场价格等于执行价格（平值期权）或高于执行价格（虚值期权）时，其内在价值为零，该期权就丧失了履约价值。用公式表示如下：

$$看涨期权内在价值 = \max(S_T - X, 0)$$

$$看跌期权内在价值 = \max(X - S_T, 0)$$

式中，S_T 为标的资产市场价格；X 为期权的执行价格。

上述计算公式强调了期权内在价值的非负性，实值期权的内在价值大于零，平值期权和虚值期权的内在价值等于零。因此，不论是看涨期权还是看跌期权，期权到期后是否执行，取决于期权有没有内在价值。如果内在价值大于零，则执行；否则，不执行。也就是说，期权执行与否，只与标的资产市场价格与期权的执行价格孰高孰低有关，与签订期权合约时支付的期权费无关。

（2）时间价值（Time Value）。期权的时间价值也称为外在价值，即期权价格与内在价值之差。时间价值主要与期权合约距到期日时间长短以及标的资产价格波动程度有关。这是因为：一方面，期权的时间价值随着到期日的临近而下降，期权到期日的时间价值为 0；另一方面，在有效期内，如果标的资产价格波动程度越大，则期权变为价内期权进而被执行的机会也就越大。也就是说，离期权到期日时间越长，标的资产价格波动程度越大，那么执行时标的资产市价高（低）于看涨（看跌）期权执行价格的概率就越大，期权持有人执行时可获得的价差空间也就越大。

不难理解，实值期权的价格等于内在价值与时间价值之和，平值期权和虚值期权的价格等于时间价值。

2. 影响期权价值的因素

本质上说，如果市场定价合理，期权费就等于期权价值。影响期权价值的因素主要包括:标的资产市价、执行价格、到期期限、标的资产价格波动性以及无风险利率等。

(1) 标的资产市价。就看涨期权而言,期权的内在价值等于标的资产市价与执行价格之差。因此,看涨期权的价值随着标的资产市价上涨而增加。相反,看跌期权的内在价值等于执行价格与标的资产市价之差。因此,看跌期权的价值则随着标的资产市价下降而增加。

(2) 执行价格。看涨期权的执行价格越高,标的资产在未来超过执行价格的可能性下降,因此,期权价值就越小。与此相反,看跌期权的执行价格越高,标的资产在未来跌破执行价格可能性增加。因此,期权价值就越大。

(3) 到期期限。到期期限越长,看涨(跌)期权在到期前成为实值期权的概率越大,从而期权价值也越大。需要注意的是,期权价值与到期期限的关系常常是非线性的,而不是简单的倍数关系。

(4) 标的资产价格波动性。标的资产价格大幅度上涨或下跌,使得看涨期权从价格上涨中获利增大且不会因为价格下跌而遭受更多损失;而看跌期权则从价格下降中获利增大且不会因为价格上涨而遭受更多损失。因此,标的资产价格波动性越大,期权价值也越大。

(5) 无风险利率。当无风险利率上升时,为执行看涨期权,买方支付执行价格的现值下降,从而期权价值增大。而看跌期权的情况正好相反。

总之,在其他因素保持不变情况下,某个因素变化对期权价值的影响方向如表 1-2 所示。

表 1-2

影响期权价值的因素及其影响方向

变量增大	看涨期权	看跌期权
标的资产价格	＋	－
执行价格	－	＋
到期期限	＋	＋
价格波动率	＋	＋
无风险利率	＋	－

那么,期权到底应该如何定价呢?在期权市场中,人们广泛地使用着 Black-Scholes 模型(简称"BS 模型")。BS 模型适用于欧式期权,即在期权到期日之前不可执行。具体公式如下:

看涨期权的价值:$C = S \times N(d_1) - Xe^{-rt} \times N(d_2)$

看跌期权的价值:$P = X \times e^{-rt} \times [1 - N(d_2)] - S \times [1 - N(d_1)]$

其中:

$$d_1 = \frac{\ln\left(\frac{S}{X}\right) + (r + 0.5\sigma^2) \times t}{\sigma\sqrt{t}}; d_2 = d_1 - \sigma\sqrt{t}$$

式中，S 为标的资产市场价格；X 为执行价格；r 为无风险利率；$N(\cdot)$ 为累积正态分布概率；σ 为标的资产的价格波动率；t 为期权的存续期限（以年为单位）。

四、期权交易的损益分析

如前所述，期权交易的达成以买卖双方对标的资产行情做相反预期为前提条件。交易者买入看涨（看跌）期权表明其预期标的资产的市场价格将上涨（下跌）。如果判断正确，则行使权利从中盈利；如果判断失误，则损失期权费。由于期权的买方有权选择是否履行合约，因此，买方盈利无限而亏损有限（限于期权费）；而对于卖方而言，即使标的资产行情出现对己不利的情况时，仍然必须按买方提出的履约要求执行合约，因此，卖方盈利有限（限于期权费）而亏损无限。

持有到期的期权交易损益状况主要取决于标的资产的市场行情。以股票期权为例，反映期权持仓在到期日相对正股股价的损益状况称为期权到期日损益图。图 1-3 反映了看涨（跌）期权买卖双方到期日损益情况（不含交易成本）。不难理解，期权交易是一种"零和博弈"，买方的盈利就是卖方的亏损，而买方的亏损就是卖方的盈利。

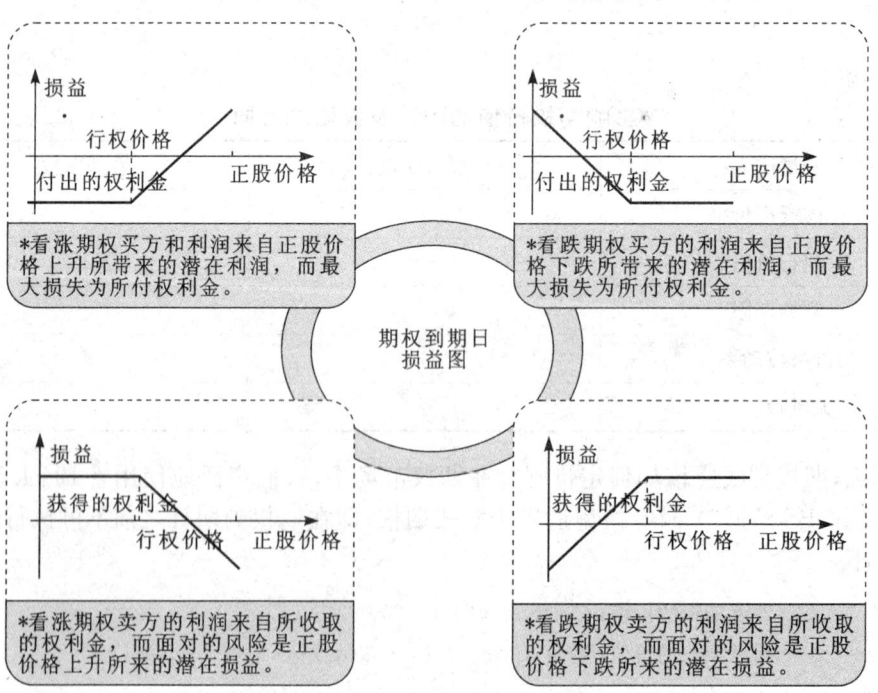

图 1-3　看涨（跌）期权买卖双方的损益分析

五、期权的功能和用途

1. 高财务杠杆——损失有限而获利无穷

投资者之所以愿意选择投资期权,其根本原因在于其所具有的高财务杠杆功能。以购买股票看涨期权为例,一方面,如果投资者对正股的后市走势判断正确,则期权的投资回报率往往会高于直接购买正股的投资回报率。因为投资股票期权时只需缴纳一定的权利金,就可控制比该权利金高出数倍的正股认购权,获利在理论上可随着正股价格的不断上涨而无限增加;另一方面,当正股的后市行情与投资人的预期相反时,投资人则可选择不行使权利。此时他的最大损失只是买入期权时所支付的权利金,这比直接投资正股的损失要小得多,说明风险有限。

2. 多空皆宜——风险对冲工具

由于期权既可在看涨时做多,又可在看跌时做空,因此,对于已有或即将持有现货、期货仓位的投资人,期权可成为一种有效的避险工具。例如,张先生看淡正股走势,欲在股市做空,却又担心判错行情。为保险起见,他可在股市放空股票的同时,用少许的资金成本买进一个看涨期权。此时,如股市下跌,则由股市获利,并放弃行使期权(虽然也因此损失了一笔权利金,但毕竟数额较少);如股市上扬,他便可通过转让或行使看涨期权来获利以弥补股市的损失。反之亦然,即当投资者看涨正股走势又担心判断失误时或当投资者手持的正股已有账面利润又开始对该股票的前景感到不明朗时,就可以买进一个看跌期权,对冲风险,锁定账面利润。

3. 策略众多——增加利润

作为一种衍生金融工具,期权源于股票、指数或其他资产等基础金融工具,与股票等基础工具一样可以作为投资人投资理财的工具,并纳入其投资组合。一方面,由于投资期权最初只需付出一笔权利金就可获得将来认购或认沽标的资产的权利,满足了投资人用较少的资金调度,以达到灵活调整其投资组合的目的,提高了理财效率与绩效;另一方面,投资人可配合其对基础工具的投资而购进不同类型的期权买卖策略,锁定风险,增加利润。很明显,期权作为杠杆式的投资工具能让投资者更加有效地运用资金及分散投资,收益—风险特征是一般基础证券所无法有效提供的。

第六节 股票价格指数

一、股票价格指数概述

股票价格指数是用来表示多种股票平均价格水平及其变动情况,以反映股票市场行情的指标,简称股价指数。由于股票价格起伏无常,投资者必然面临市场价格风险。对于某种股票的价格变化,投资者容易了解,而对于多种股票的价格变化,要逐一了解,既不容易,也不胜其烦。为了适应这种情况和需要,一些金融服务机构就利用自己的业务知识和熟悉市场的优势,编制出股票价格指数,公开发布,作为衡量市场价格变动的依据。

编制股票指数,通常以某一时间为基期,并将基期的股票价格作为100或1000,用以后各时期的股票价格和基期价格比较,计算出升降的百分比。投资者根据指数的升降,可以判断出股票价格的变动趋势。为了能实时地向投资者反映股市的动向,所有的股市几乎都是在股价变化的同时即时公布股票价格指数。

二、股票价格指数的主要计算方法

计算股价指数,要考虑三个因素:一是样本,即在众多股票中抽取少数具有代表性的成份股;二是加权,即把各个不相同的股票价格折合为综合价格,以描述股票价格总体水平;三是计算程序,即计算出股票价格的算术平均数、几何平均数,或兼顾价格与总值。

计算股价平均数或指数时应符合以下要求:① 样本股票必须具有典型性、普遍性。为此,选择样本时应综合考虑其行业分布、市场影响力、股票等级、适当数量等因素。② 计算方法应具有高度的适应性。要采用恰当的方法进行科学的计算,以期能对不断变化的股市行情作出相应的调整或修正,使股票指数或平均数有较好的敏感性。③ 要有科学的计算依据和手段。计算口径必须统一,一般均以收盘价为计算依据,但随着计算频率的增加,有的以每小时价格甚至更短的时间价格计算。④ 基期应有较好的均衡性和代表性。

计算股票指数时,往往把股票指数和股价平均数分开计算。股价平均数是反映多种股票价格变动的一般水平,通常以算术平均数表示。人们通过对不同的时期股价平均数的比较,可以认识多种股票价格变动水平。而股票指数是反映不同时期股价变动情况的相对指标,也就是将计算期的股价平均数与基期股价平均数进行对比,以了解计算期的股价比基期的股价上升或下降的百分比率。

(一)股价平均数的计算

股票价格平均数旨在反映一定时点上市场上所有股票价格的平均水平,它可分为简单算术股价平均数、修正股价平均数、加权股价平均数三类。通过对不同时点股价平均数的比较,可以看出股票价格的变动情况及趋势。

1. 简单算术股价平均数

简单算术股价平均数是将样本股票每日收盘价之和除以样本数得出的,即:

$$简单算术股价平均数 = \frac{1}{n}(P_1 + P_2 + \cdots + P_n) = \frac{1}{n}\sum_{i=1}^{n} P_i$$

式中，n 为样本的数量；P_i 为第 i 只股票的价格。

现假设从某一股市采样的股票为 A、B、C、D 四种，在某一交易日的收盘价分别为 10 元、16 元、24 元和 30 元，则该市场该日股价平均数为 20 元，即：

$$股价平均数=(10+16+24+30)/4=20(元)$$

简单算术股价平均数最大优点在于简便易懂，但有两个缺点：一是未考虑各种样本股票的权数。由于各种股票的发行量和交易量各不相同，从而它们对股票市场价格的影响程度也不相同，而简单算术股价平均数却无法区分股票的重要性程度。二是当样本股票发生拆股、增资、发放红股时，股票价格也会相应降低，使股价平均数时间序列前后的比较发生困难。

例如，当上述 D 股票发生 1 股分割为 3 股时，股价势必从 30 元下调为 10 元，这时平均数就变为 15 元[(10+16+24+10)/4]，而不再是原来的 20 元。也就是说，由于 D 股分割技术上的变化，导致股价平均数从 20 元下跌为 15 元。显然，简单算术股价平均数不符合平均数作为反映股价变动指标的要求。

2. 修正股价平均数

为了克服因企业增资、拆股等原因导致的股价平均数的不合理变化，有必要采取调整的办法来修正算术股价平均数。修正方法一般有两种：一是修正除数；二是修正股价。

除数修正法。除数修正法又称道式修正法，是美国道·琼斯在 1928 年创造的一种计算股价平均数的方法。该方法的核心是求出一个新除数，以修正因增资、拆股造成股价平均数的不合理变化。具体计算公式为：

$$新除数=变动后的新股价总额/旧的股价平均数$$
$$修正股价平均数=报告期股价总额/新除数$$

以上述例子来说明，即

$$新除数=(10+16+24+10)/20=3，则：$$

$$修正股价平均数=(10+16+24+10)/3=20(元)$$

可见，修正股价平均数不受企业增资、拆股等因素影响。

股价修正法。股价修正法是将发生拆股等变动后的股价还原为变动前的股价，以保持股价平均数不变。美国《纽约时报》编制的 500 种股价平均数就是采用股价修正法来计算。

假设第 $n-1$ 项的股票发生分割，在分割前该股票价格为 P_{n-1}，分割后新增加的股份数为 R，股价为 P'_{n-1}，则

$$修正股价平均数=\frac{1}{n}[P_1+P_2+\cdots+(1+R)P'_{n-1}+P_n]$$

仍以上述例子来加以说明,即

$$修正股价平均数=[10+16+24+(1+2)\times 10]/4=20(元)$$

可见,修正股价平均数也与未分割时计算的一样。

3. 加权股价平均数

加权股价平均数是根据各种样本股票的相对重要性进行加权平均计算的股价平均数,其权数(Q)可以是成交量、发行量等,其计算公式为:

$$加权股价平均数=\frac{\sum_{i=1}^{n}P_iQ_i}{\sum_{i=1}^{n}Q_i}$$

式中,P_i 为第 i 只股票的价格;Q_i 为 i 只股票的成交量或发行量。

(二)股票指数的计算

股票指数是反映不同时点上股价变动情况的相对指标。通常是将报告期的股票价格与基期价格相比,并将两者的比值乘以基期的指数值,即得该报告期的股票指数。股票指数的计算方法有主要有两种:一是简单算术股价指数;二是加权股价指数。

1. 简单算术股价指数

计算简单算术股价指数的方法又有两种:相对法和综合法。

相对法。相对法又称平均法,就是先计算各样本股票指数,再加总求出总的算术平均数。其计算公式为:

$$股价指数=\frac{1}{n}\sum_{i=1}^{n}\frac{P_{1i}}{P_{0i}}$$

式中,P_{1i} 为第 i 种股票的报告期价格;P_{0i} 为第 i 种股票的基期价格;n 为样本数。

例如,采样的 A、B、C 和 D 四种股票,基期价格分别为 20 元、45 元、25 元和 18 元,报告期价格分别变化为 30 元、60 元、24 元和 18 元,则

$$报告期的股价指数=\frac{1}{4}\times\left(\frac{30}{20}+\frac{60}{45}+\frac{24}{25}+\frac{18}{18}\right)=119.75\%$$

这说明报告期的股价比基期上升了 19.75%。

综合法。综合法是先将样本股票的报告期和基期价格分别加总,然后相比求出股价指数。即:

$$股价指数=\frac{\sum_{i=1}^{n}P_{1i}}{\sum_{i=1}^{n}P_{0i}}$$

仍以上例数据来计算,则

$$报告期的股价指数=\frac{30+60+24+18}{20+45+25+18}=122.22\%$$

即报告期的股价比基期上升了 22.22%。

2. 加权股价指数

不难理解，不同发行量或交易量的各种采样股票，其价格变化对整个股票市场的平均股价的影响是不相同的。而平均法和综合法计算的股价指数均未考虑这种权衡轻重的因素，因此，计算出来的指数亦不够准确，需要计算加权的股价指数。

加权股价指数是根据各期样本股票的相对重要性予以加权，其权数可以是成交量、发行量等。按时间划分，权数又可以是基期权数，用 Q_0 表示；也可以是报告期权数，用 Q_1 表示。

以基期成交量（或发行量）为权数的指数称为拉氏指数。设 Q_{0i} 代表第 i 种股票的基期成交量（或发行量），则拉氏股价指数的计算公式为：

$$股价指数 = \frac{\sum_{i=1}^{n} P_{1i} Q_{0i}}{\sum_{i=1}^{n} P_{0i} Q_{0i}}$$

以报告期成交量（或发行量）为权数的指数称为派氏指数。设 Q_{1i} 代表第 i 种股票的报告期成交量（或发行量），则派氏股价指数的计算公式为：

$$股价指数 = \frac{\sum_{i=1}^{n} P_{1i} Q_{1i}}{\sum_{i=1}^{n} P_{0i} Q_{1i}}$$

三、世界几种重要的股票价格指数

世界各地的股票市场都有自己的股票指数，比较著名并有一定代表性的有以下 6 种。

1. 道·琼斯股票价格指数

道·琼斯股票价格指数，又称为道·琼斯股票价格平均数，由道·琼斯公司的创始人查理斯·道于 1884 年开始编制，是世界上历史最为悠久、影响最为广泛的股票指数。该指数最初是根据 11 种具有代表性的铁路公司的股票，采用算术平均法进行计算编制而成的，发表在查理斯·道自己编辑出版的《每日通讯》上。

目前，道·琼斯股票价格平均指数共分四组：第一组是工业股票价格平均指数，由 30 种有代表性的大工商业公司的股票组成，旨在反映各个时期美国整个工商业股票的价格水平，这也就是人们通常所引用的道·琼斯工业股票价格平均数。第二组是运输业股票价格平均指数，包括 20 种有代表性的运输业公司的股票，其中铁路运输公司 8 家，航空公司 8 家，公路货运公司 4 家。第三组是公用事业股票价格平均指数，由代表着美国公用事业的 15 家煤气公司和电力公司的股票所组成。第四组是平均价格综合指数，是综合前三组股票价格平均指数所选用的、共 65 种股票而得出的综合指数。

2. 标准普尔 500 种股票价格指数

标准·普尔 500 种股票价格指数是由标准·普尔公司 1957 年开始编制的。最初的成份股由 425 种工业股票、15 种铁路股票和 60 种公用事业股票组成。从 1976 年 7 月 1 日开始,其成份股改由 400 种工业股票、20 种运输业股票、40 种公用事业股票和 40 种金融业股票组成。几十年来,虽然有股票更迭,但始终以保留 500 种成份股为前提,维持一增一减。与道·琼斯股票价格指数不同,标准·普尔公司股票价格指数以上市股票发行量为权数加权计算,基期为 1941 年至 1943 年抽样股票的平均市价,基点数为 10。也就是说,用每种股票报告期的价格乘以已发行的数量的总和为分子,以基期的股价乘以股票发行数量的总和为分母,相除之数再乘以 10 即得股票价格指数。

3. 纽约证券交易所股票价格指数

纽约证券交易所股票价格指数是由纽约证券交易所编制的股票价格指数,包括在纽约证券交易所上市的 1 500 家公司的 1 570 种股票,其中工业股票 1 093 种,公用事业股票 189 种,交通运输业股票 65 种,金融业股票 223 种。

纽约证券交易所分别计算和公布上述四种类型的股价指数和综合指数,以 1965 年 12 月 31 日确定的 50 点为基数,采用的是以在交易所上市的股票交易量为权数的综合指数形式。纽约证券交易所每半个小时公布一次指数的变动情况。虽然纽约证券交易所编制股票价格指数的时间不长,但它可以全面及时地反映其股票市场活动的综合状况,因而较受投资者欢迎。

4. 日经道·琼斯股票价格指数(日经平均股价)

日经道·琼斯股票价格指数系由日本经济新闻社编制并公布的反映日本股票市场价格变动的股票价格平均数。该指数的前身为 1950 年 9 月开始编制的"东证修正平均股价"。1975 年 5 月 1 日,日本经济新闻社向道·琼斯公司买进商标,采用美国道·琼斯公司的修正法计算,这种股票指数也就改称为"日经道·琼斯平均股价"。1985 年 5 月 1 日在合同期满 10 年时,经两家商议,将名称改为"日经平均股价"。

按计算对象的采样数目不同,该指数分为两种,一种是日经 225 种平均股价指数。它是从 1950 年 9 月开始编制的,其所选样本均为在东京证券交易所第一市场上市的股票,样本选定后原则上不再更改。由于日经 225 种平均股价从 1950 年一直延续下来,因而其连续性及可比性较好,成为考察和分析日本股票市场长期演变及动态的最常用和最可靠的指标。该指数的另一种是日经 500 种平均股价指数。这是从 1982 年 1 月 4 日起开始编制的。由于其采样包括 500 种股票,其代表性就相对更为广泛,但它的样本是不固定的,每年 4 月份要根据上市公司的经营状况、成交量和成交金额、市价总值等因素对样本进行更换。

5. 《金融时报》股票价格指数

《金融时报》股票价格指数的全称是"伦敦《金融时报》工商业普通股股票价格指数",是由英国《金融时报》公布发表的。该股票价格指数包括从英国工商业中挑选出来的具有代表性的 30 家公开挂牌的普通股股票。它以 1935 年 7 月 1 日作为基期,其基点为 100

点。该股票价格指数以能够及时显示伦敦股票市场情况而闻名于世。

6. 香港恒生指数

香港恒生指数是香港股票市场上历史最悠久、影响最大的股票价格指数,由香港恒生银行于1969年11月24日开始发表。恒生股票价格指数包括从香港500多家上市公司中挑选出来的33家有代表性且经济实力雄厚的大公司股票作为成份股,其中金融业股票4种,公用事业股票6种,房地产业股票9种,其他工商业股票14种。

恒生股票价格指数以1964年7月31日为基期,基点为100,其计算方法是将33种股票按每天的收盘价乘以各自的发行股数为计算日的市值,在与基数的市值相比较以后,乘以100即得当天的股票价格指数。

四、我国股票价格指数

1. 上证综合指数

上证综合指数,全称"上海证券交易所综合股价指数",是国内外普遍采用的反映上交所全部A股、B股上市股票的股价走势。该指数由上海证券交易所编制,以1990年12月19日为基准日,基日指数定为100点,自1991年7月15日开始发布。

上证综合指数采用派氏指数,即以报告期发行股数为权数进行加权计算。具体计算公式为:

$$报告期指数 = \frac{报告期采样股的总市值}{基期采样股的总市值} \times 100$$

其中,总市值 $= \sum ($市价 $\times$ 发行股数$)$。

2. 深证成份指数

深证成份股指数,是深圳证券交易所编制的一种成份股指数。该指数以1994年7月20日为基准日,基日指数定为1000点。

深证成份指数是从上市的所有股票中抽取具有市场代表性的40家上市公司作为成份股,并以成份股的可流通股数为权数计算得出的加权股价指数,综合反映深交所上市A、B股的股价走势。具体计算公式为:

$$报告期指数 = \frac{报告期成份股的总市值}{基期成份股的总市值} \times 100$$

为保证指数的代表性,必须视上市公司的变动更换成份股。深圳证券交易所定于每年1、5、9月对成份股的代表性进行考察,讨论是否需要更换。

3. 沪深300指数

沪深300指数是由上海和深圳证券市场中选取300只A股作为样本编制而成的成份股指数。该指数以2004年12月31日为基准日,基日指数定为1000点。

沪深300指数也为派氏指数,即以成份股的报告期发行量为权数进行加权计算,具体计算公式为：

$$报告期指数 = \frac{报告期成份股的总市值}{基期成份股的总市值} \times 100$$

沪深 300 指数样本选择标准为：对样本空间股票在最近 1 年（新股为上市以来）的日均成交金额由高到低排名，剔除排名后 50% 的股票，然后对剩余股票按照日均总市值由高到低进行排名，选取排名在前 300 名的股票作为样本股。样本调整原则为：① 指数成份股原则上每半年调整一次，一般为 1 月初和 7 月初实施调整，调整方案提前两周公布；② 每次调整的比例不超过 10%，样本调整设置缓冲区，排名在 240 名内的新样本优先进入，排名在 360 名之前的老样本优先保留；③ 最近一次财务报告亏损的股票原则上不进入新选样本，除非该股票影响指数的代表性。

沪深 300 指数覆盖了沪深市场 60% 左右的市值，具有良好的市场代表性。指数的编制目标是反映中国证券市场股票价格变动的概貌和运行状况，并能够作为投资业绩的评价标准，为指数化投资及指数衍生产品创新提供基础条件。

第七节 股票指数期货

一、股票指数期货及特征

股票指数期货是一种以股票市场的股价指数为交易标的物，由交易双方订立的、约定在未来某一特定时间按约定价格进行股价指数交易的一种标准化金融期货合约，合约价值以一定的货币乘数与股票指数报价的乘积来表示。中国金融期货交易所已推出沪深 300 指数期货、上证 50 指数期货和中证 500 指数期货等三个品种。表 1-3 是我国沪深 300 指数期货交易合约表。

表 1-3

沪深 300 指数期货合约表

合约标的	沪深 300 指数
合约乘数	每点 300 元
合约价值	沪深 300 指数点 × 300 元
报价单位	指数点
最小变动价位	0.2 点
合约月份	当月、下月及随后两个季月
交易时间	上午 9:15～11:30，下午 13:00～15:15

(续表)

最后交易日交易时间	上午 9:15~11:30,下午 13:00~15:00
每日价格最大波动限制	上一个交易日结算价的正负 10%
最低交易保证金	合约价值的 8%
交割方式	现金交割
最后交易日	合约到期月份的第三个周五,遇法定节假日顺延
交割日期	同最后交易日
手续费	30 元/手(含风险准备金)
交易代码	IF
上市交易所	中国金融期货交易所

与其他期货合约相比,股指期货除具有标准化合约、杠杆机制、集中交易、对冲机制、每日无负债结算等期货交易的一般特征外,还有如下特点:

(1) 股指期货合约以股票价格指数为标的物。长期的实践使人们发现,股票价格指数和整个股票市场价格之间存在着正相关关系,股票价格指数基本上代表了全市场股票价格变动的趋势和幅度。这样,股票指数就具备了成为金融期货的条件。当然,股票指数期货合约所代表的指数必须是具有代表性的权威性指数,以保证期货市场具有较强的流动性和广泛的参与性。如芝加哥商业交易所的 S&P 500 指数期货合约是以标准·普尔公司公布的 500 种股票指数为基础的。

(2) 股指期货合约以股票指数的"点"为报价单位。股票指数的点数是该指数期货合约的价格。以指数点乘以一个确定的合约乘数就是合约的金额。例如,美国规定每份合约的价值为指数点数的 500 倍,即指数每升降一点,指数期货价格就增减 500 美元。

(3) 股票指数期货合约采用现金交割。股票指数期货合约之所以采用现金交割,主要有两个方面的原因:第一,股票指数是一种特殊的股票资产,其变化非常频繁,而且是众多股票价格的平均变化,如果采用实物交割,势必涉及繁琐的计算和实物交接手续;第二,股指期货合约的交易者并不愿意交收该股指所代表的实际股票,他们的目的在于保值和投机,而采用现金交割和最终结算,既简单快捷,又节省费用。

二、股票指数期货的功能

股票指数期货的功能可以概括如下。

1. 转移风险

股指期货的引入,为股票现货市场提供了对冲风险的途径,能满足市场参与者,特别是机构投资者回避股市系统风险的要求。股指期货交易实质上是投资者将其对整个股票市场价格指数的预期风险转移至期货市场的过程,通过对股票趋势持不同判断的投资者的买卖来对冲股票市场的风险。例如,当预期股票市场下跌时,投资者可通过卖出股指期货合约对冲股市整体下跌的系统性价格风险,在继续享有相应股东权益的同时维持所持股票资产的原有价值,减轻集中性抛售对股票市场造成的恐慌性影响。相反,如果投资者预计市场要上涨而来不及全面建仓,则可以通过买进一定数量的多头股指期货合约以避免踏空。此外,一些承销发行机构、上市公司的大股东,为规避股市总体下跌的风险,可通过预先卖出相应数量的股指期货合约以对冲风险、锁定利润。

2. 发现价格

发现价格是指在股指期货市场通过公开、公正、高效、竞争的交易机制,形成具有真实性、预期性、连续性和权威性股票价格的过程。期货市场形成的价格之所以为公众所承认,一是由于股指期货交易的参与者众多。成千上万的买家和卖家聚在一起进行竞争,可以代表供求双方的力量,有助于权威价格的形成。二是由于参与股指期货交易的人士大都具有丰富的证券、期货市场知识,广泛的信息渠道以及一套科学的分析、预测方法,他们对股指期货价格进行判断、分析和预测,并报出自己的理想价格于众多的对手竞争,在此基础上形成的股指期货价格实际上反映了大多数人的预测,因而能够比较直接地代表供求变动趋势。

3. 丰富投资策略

股指期货交易给市场引入了做空机制,使得投资者的投资策略从买入股票→等待股票价格上升→卖出股票的单向获利模式变为双向投资模式,让投资者在行情下跌过程中也能有所为而非被动等待。股指期货有利于投资者合理配置资产,投资者想增加或减少某一类股票或资产的持有量时,只需买进或卖出相应的股指期货合约即可;股指期货提高了资产配置的效率,股指期货市场的现金交割和保证金制度使投资者在买卖股指期货时只需少量的资金,大大降低了成本;股指期货交易完善了组合投资方式,有利于投资者根据自己的风险偏好构筑不同收益—风险水平的投资组合,为投资者提供了根据期货市场和现货市场价差进行指数套利的机会。

三、股指期货市场的组织结构

现代期货市场是一个体系完整、层次分明、高度组织化和规范化的市场。一般而言,成熟期货市场的组织结构是以交易所为载体、投资者为主体、期货公司为中介的完整体系。

1. 期货交易所——交易和结算的场所

期货交易所是专门进行期货合约买卖的场所,是期货市场的核心,其自身不参与交易活动,不干涉交易价格的形成,也不拥有期货合约标的产品,只是为期货交易提供设施和服务。

我国投资者买卖股指期货合约通过中国金融期货交易所(简称中金所)进行。中金所成立于2006年9月8日,是我国第一家上市金融期货合约的交易所,总部位于上海。为顺应国际期货市场的公司化趋势,促进交易所的创新、活力与效率,中金所采用了公司制形式,由上海期货交易所、大连商品交易所、郑州商品交易所、深圳证券交易所和上海证券交易所五家股东共同出资筹建。

与我国商品期货交易所非结算会员同时也是结算会员的会员结构不同,中金所采用了国际通用的分层结算架构,即交易所只对结算会员进行结算,结算会员对非结算会员进行结算,结算会员收取非结算会员的结算佣金,负责对非结算会员的结算和风险管理。这种分层的风险管理模式和多元化市场组织架构,在提高金融期货市场风险控制能力的同时又保证了市场参与主体的广泛性。

2. 期货公司——中介服务机构

期货公司和证券公司一样属于金融服务行业,它们的存在拓展了期货市场参与者的范围,扩大了市场规模,提高了交易效率,增强了期货市场竞争的充分性,有助于形成权威、有效的期货价格。

期货公司实行业务许可证制度,公司要开展某种业务,必须符合法律法规的有关要求,通过中国证监会审核,并取得其颁发的相应业务许可证。当前,我国期货公司仅能从事期货经纪业务,但随着市场的发展和期货公司内控制度的不断完善,监管部门将逐渐放开对期货公司的业务限制。根据业务需要,期货公司可以设立营业部并对营业部实行统一管理。营业部不具有法人资格,在公司授权范围内依法开展业务,其民事责任由期货公司承担。

除了期货公司外,介绍经纪商将随着股指期货的上市而成为我国另一重要的市场中介机构。介绍经纪商是指为期货公司介绍投资者、协助期货公司办理投资者开户和下单,并收取一定报酬的机构或个人。在我国股指期货市场中,介绍经纪商主要由证券公司担任,它们拥有大量的投资者资源,但是不具有期货代理资格,可以与具有结算资格的期货公司建立合作关系,传输投资者的下单指令和结算清单,为投资者做好服务、咨询工作,并根据该投资者的交易量从期货公司处收取一定比例的佣金。投资者可以通过介绍经纪商开户和下单,但介绍经纪商只是中介行为,它将投资者开户和下单申请传递给期货公司,由期货公司进行处理。

3. 期货投资者——期货市场的基础和主体

期货投资者是期货市场的主体,正是因为投资者的套保或投机赢利的需求,才促进了期货市场的产生和发展。投资者可以有不同的分类标准,如按照投资者的身份可以分为个人投资者和机构投资者等。但在期货交易中,最常见的是按照参与期货交易的目的不同,将投资者分为套期保值者和投机者(包括套利者)。

套期保值者是指为回避现货价格风险为目的的期货投资者,其目的是通过期货交易寻求价格保障,尽可能消除不愿意承担的现货交易的价格风险,取得正常的生产经营或投资利润。在股指货交易中,套期保值者主要有股票投资者、证券公司、基金公司、保险公司等持有股票的机构和个人。

投机者是指在期货市场上以获取价差收益为目的的期货投资者,他们往往是风险偏好者。由于期货交易实行保证金交易,投机者可以用少量的资金做数倍于其资金的交易,因此,有机会获得高额利润。投机者是期货市场重要的参与主体,他们的参与增加了市场交易量,提高了流动性,承担了套期保值者所希望转嫁的价格风险。

套利交易者也是投机者,但和纯粹的投机者相比,投机方式有所区别。套利交易者针对市场上两个相同或相关资产暂时出现的不合理价差同时进行买低卖高,其利润和亏损都不会像纯粹的投机者那么大,是一种风险较小但获利较稳定的投机交易。

四、股指期货交易的基本制度

股指期货交易的基本制度主要包括以下内容。

1. 保证金制度

投资者在进行期货交易时,必须按照其买卖期货合约价值的一定比例缴纳资金,作为履行期货合约的财力保证,然后才能参与期货合约的买卖。这笔资金就是我们常说的保证金。例如,假设沪深300股指期货的保证金为8%,合约乘数为每点300元,那么,当沪深300指数为1380点时,投资者交易一张期货合约,需要支付保证金33 120元(1 380×300×0.08)。

2. 每日无负债结算制度

每日无负债结算制度也称为"逐日盯市"制度,简单说来,就是期货交易所要根据每日市场的价格波动对投资者所持有的合约计算盈亏并划转保证金账户中相应的资金。

期货交易实行分级结算,交易所首先对其结算会员进行结算,结算会员再对非结算会员及其客户进行结算。交易所在每日交易结束后,按当日结算价格结算所有未平仓合约的盈亏、交易保证金及手续费、税金等费用,对应收应付的款项同时划转,相应增加或减少会员的结算准备金。

交易所将结算结果通知结算会员后,结算会员再根据交易所的结算结果对非结算会员及客户进行结算,并将结算结果及时通知非结算会员及客户。若经结算,会员的保证金不足,交易所应立即向会员发出追加保证金通知,会员应在规定时间内向交易所追加保证金。若客户的保证金不足,期货公司应立即向客户发出追加保证金通知,客户应在规定时间内追加保证金。目前,投资者可在每日交易结束后上网查询账户的盈亏,确定是否需要追加保证金或转出盈利。

3. 价格限制制度

价格限制制度包括涨跌停板制度和价格熔断制度。

涨跌停板制度主要用来限制期货合约每日价格波动的最大幅度。根据涨跌停板的规定,某个期货合约在一个交易日中的交易价格波动不得高于或者低于交易所事先规定的涨跌幅度,超过这一幅度的报价将被视为无效,不能成交。

涨跌停板一般是以某一合约上一交易日的结算价为基准确定的,也就是说,合约上一交易日的结算价加上允许的最大涨幅构成当日价格上涨的上限,称为涨停板,而该合约上一交易日的结算价格减去允许的最大跌幅则构成当日价格下跌的下限,称为跌停板。

此外,价格限制制度还包括价格熔断制度。价格熔断制度是指在每日开盘后,如果某一合约申报价上升或下跌超过预先设定的一定幅度且持续一分钟,则暂停交易一段时间①。熔断制度是启动涨跌停板制度前的缓冲手段,旨在让投资者在价格波动剧烈时有一段时间的冷静期,也便于交易所采取一定措施控制市场风险。

4. 持仓限制制度

交易所为了防范市场操纵和少数投资者风险过度集中的情况,对会员和客户手中持有的合约数量上限进行一定的限制,这就是持仓限制制度。限仓数量是指交易所规定结算会员或投资者可以持有的、按单边计算的某一合约的最大数额。一旦会员或客户的持仓总数超过了这个数额,交易所可按规定强行平仓或者提高保证金比例。

5. 强行平仓制度

强行平仓制度是与持仓限制制度和涨跌停板制度等相互配合的风险管理制度。当交易所会员或客户的交易保证金不足并未在规定时间内补足,或当会员或客户的持仓量超出规定的限额,或当会员或客户违规时,交易所为了防止风险进一步扩大,将对其持有的未平仓合约进行强制性平仓处理。

6. 大户报告制度

大户报告制度是指当投资者的持仓量达到交易所规定的持仓限额时,应通过结算会员或交易会员向交易所或监管机构报告其资金和持仓情况。

7. 结算担保金制度

结算担保金是指由结算会员依交易所的规定缴存的,用于应对结算会员违约风险的共同担保资金。当个别结算会员出现违约时,在动用完该违约结算会员缴纳的结算担保金之后,可要求其他会员的结算担保金要按比例共同承担该会员的履约责任。结算会员联保机制的建立确保了市场在极端行情下的正常运作。

结算担保金分为基础担保金和变动担保金。基础担保金是指结算会员参与交易所结

---

① 沪深300股指期货的熔断点为前一日结算价的±6%,熔断时间为10分钟。当熔断时间结束后,价格波动范围扩大到涨跌停板。

算交割业务必须缴纳的最低担保金数额。变动担保金是指结算会员随着结算业务量的增大,须向交易所增缴的担保金部分。

五、股指期货交易策略

根据交易者交易目的不同,股指期货交易行为可分为三类:套期保值、投机、套利。下面分别介绍这三种期货交易。

1. 套期保值

套期保值是指在期货市场上买入(或卖出)与现货市场交易方向相反、数量相等的同种商品的期货合约,进而无论现货市场价格怎样波动,最终都能取得在一个市场上亏损同时在另一个市场盈利的结果,且亏损额与盈利额大致相等,以期达到规避风险的目的。

按照在期货市场上所持的头寸,股指期货套期保值又分为卖出套期保值和买入套期保值。卖出套期保值是套期保值者首先卖出期货合约即卖空,持有空头头寸,以保护他在现货市场中的多头头寸(股票投资组合),旨在避免价格下跌的风险。基金、承销股票的券商等通常采用卖出套期保值。买入套期保值是套期保值者首先买进期货合约即买多,持有多头头寸,以保障他在现货市场的空头头寸(股票上涨时资金没有到位),旨在避免价格上涨的风险。资金头寸较为紧张的机构投资者通常采用买入套期保值。

2. 投机

投机指根据对市场的判断,把握机会,利用市场出现的价差进行买卖从中获得利润的交易行为。投机者可以"买空",也可以"卖空"。

根据持有股指期货合约时间的长短,投机可分为三类:第一类是长线投机者。这类交易者在买入或卖出股指期货合约后,通常将合约持有几天、几周甚至几个月,待价格对其有利时才将合约对冲。第二类是短线交易者。这类交易者大多进行当日或某一交易时段的股指期货买卖,持仓一般不过夜。第三类是逐小利者。这类交易者的技巧是利用价格的微小变动进行交易来获取微利,一天之内他们可以做多个回合的买卖交易。

"投机"一词用于期货交易行为中,并不是"贬义词",而是"中性词",投机者也是股指期货市场的重要组成部分,是市场必不可少的润滑剂。投机交易增强了市场的流动性,承担了套期保值交易转移的风险,是股指期货市场正常运营的保证。

3. 套利

套利是指同时买进和卖出两张不同到期日的股指期货合约。交易者买进自认为是"便宜的"合约,同时卖出那些"高价的"合约,从两合约价格间的变动关系中获利。在进行套利时,交易者注意的是合约之间的相互价格关系,而不是绝对价格水平。

股指期货的套利一般可分为三类:跨期套利、跨市套利和跨品种套利。跨期套利是套利交易中最普遍的一种,是利用同一股指期货但不同交割月份之间的价格出现异常变化时进行对冲而获利的,又可分为牛市套利(Bullspread)和熊市套利(Bearspread)两种形式。例如,在进行股指期货的牛市套利时,套利者买入近期交割月份的股指期货合约,同时卖出远期交割月份的股指期货合约,希望近期合约价格上涨幅度大于远期合约价格的上涨幅度;而熊市套利则相反,即卖出近期交割月份合约,买入远期交割月份合约,并期望远期合约价格下跌幅度小于近期合约的价格下跌幅度。

跨市套利是在不同的市场之间的套利交易行为。当同一股指期货合约在两个或更多的交易所进行交易时,由于区域间的时区差别和地理差别,各合约间存在一定的价差关系。例如,日经225指数期货在东京、新加坡和芝加哥分别上市交易。另外,股票现货市场与期货市场也存在跨市套利的机会,例如,纽约股票现货市场与芝加哥股指期货市场,每年两个市场间会出现几次价差超出正常范围的情况,这为交易者的跨市套利提供了机会,最常见的套利类型就是标准普尔指数的ETF与标准普尔指数期货之间的套利。

跨品种套利指的是利用两种不同的、但相关联的指数期货产品之间的价差进行交易。这两种指数之间具有相互替代性或受同一供求因素制约。跨品种套利的交易形式是同时买进和卖出相同交割月份但不同种类的股指期货合约。例如,在道·琼斯指数期货与标准普尔指数期货之间进行套利交易。

附录　资产证券化

一、资产证券化概述

资产证券化是指发起人将缺乏流动性、但又可以产生稳定可预见未来现金收入的资产或资产组合(即基础资产),出售给特定的发行人,或者将该基础资产信托给特定的受托人,通过创立一种以该基础资产产生的现金流为支援的一种金融工具或权利凭证(即资产支援证券),在金融市场上出售变现该资产支援证券的一种结构性融资手段。本质上说,资产证券化是一个再融资过程。以住宅抵押贷款证券化为例,贷款发放机构将其所持有的抵押贷款资产,汇集重组成抵押贷款组群,经过担保或信用增级,以证券的形式出售给投资者。住宅抵押贷款的原始发放者将其贷款资产从资产负债表上消除(因为发行的是无追索权的债券),同时得到了现金或其他流动性较强的资产。

根据产生现金流的资产证券化类型不同,我们常常把资产证券化划分为住房抵押贷款证券(Mortgage-backed Security,MBS)和资产支持证券(Asseted-backed Security,ABS)。MBS与ABS之间最大的区别在于:前者的基础资产是住房抵押贷款;后者的基础资产是除住房抵押贷款以外的其他资产。与MBS相比,ABS的种类更加繁多,包括汽车消费贷款与学生贷款证券化、信用卡应收款证券化、贸易应收款证券化、设备租赁费证券化,等等。

资产证券化最早起源于 20 世纪 60 年代末美国的住宅抵押贷款市场。在其发展过程中,经历了三个比较重要的时期。

资产证券化技术初步兴起和繁荣时期(1970~1984 年)。在这个时期,资产证券化有两个特点:一是可被证券化的资产仅限于居民住宅抵押贷款证券;二是尚处于美国本土化的金融创新技术,没有引起国际金融界的重视。

资产证券化技术开始泛化时期(1985~1991 年)。在这个时期,资产证券化的最大特点是:在居民住宅抵押贷款领域继续扩大规模的同时,开始向其他各类金融资产领域发展,类似信用卡融资、租赁融资、汽车贷款融资等领域都相继尝试这种技术。

资产证券化非美国本土化时期(1992~1997 年)。这个时期的特点有二:一是证券化技术成为 20 世纪 90 年代全球最领先的融资技术;二是证券化技术的衍生模式发展迅速,向原来的模式提出了全面的挑战。

总之,20 世纪 80 年代以来,资产证券化的内涵和外延发生了新的变化,资产证券化的概念也按以下顺序进一步扩展:住宅抵押贷款证券化→银行信用证券化→资产证券化。

二、资产证券化的操作原理

资产证券化的基本运作程式为:发起人将需要证券化的资产出售给一家特设信托机构(Special Purpose Vehicle,SPV),或者由 SPV 主动购买可证券化的资产,然后将这些资产汇集成资产池,再以该资产池产生的现金流为支撑在金融市场上发行有价证券融资,最后用资产池产生的现金流来清偿所发行的有价证券。在这一过程中,SPV 以证券销售收入向资产权益人偿付资产出售价款,以资产产生的现金流向投资者偿付所持证券的权益。

(一)资产证券化过程中的参与者

资产证券化作为一种新兴的金融工具,由于其具有比传统融资方式更为经济的优点,因而发展迅速,被证券化的金融资产种类越来越多,证券化交易的组织结构也越来越复杂。一般来说,资产证券化过程的主要参与者包括:发起人、特设信托机构(SPV)、承销商、投资银行、信用提高机构、信用评级机构、托管人、投资者等。

(二)资产证券化的操作步骤

资产证券化的基本运作程序主要有以下几个步骤:

(1)确定资产证券化目标,组成资产池。发起人一般是发放贷款的金融机构,首先分析自身的资产证券化融资要求,根据清理、估算、信用考核等程序决定借款人信用、抵押担保贷款的抵押价值等,将应收和可预见现金流资产进行组合,根据证券化目标确定资产数,最后将这些资产汇集形成一个资产池。

(2) 组建特设信托机构(SPV),实现真实出售。特设信托机构是一个以资产证券化为唯一目的的、独立的信托实体,注册后的特设信托机构的活动必须受法律的严格限制,其资金全部来源于发行证券的收入。特设信托机构成立后,与发起人签订买卖合同,发起人将资产池中的资产出售给特设信托机构(SPV)。这一交易必须以真实出售的方式进行,即出售后的资产在发起人破产时不作为法定财产参与清算,从而达到"破产隔离"的目的。破产隔离使得资产池的质量与发起人自身的信用水平分离开来,投资者就不会再受到发起人信用风险的影响。

(3) 完善交易结构,进行信用增级。为了吸引更多的投资者,改善发行条件,特设信托机构必须提高资产支持证券的信用等级,使投资者的利益能得到有效的保护和实现。因为资产债务人的违约、拖欠或债务偿还期与SPV安排的资产证券偿付期不相配合都会给投资者带来损失,所以信用提高技术代表了投资银行的业务水平,成为资产证券化成功与否的关键之一。

(4) 资产证券化的评级。资产支持证券的评级为投资者提供证券选择的依据,因而构成资产证券化的又一重要环节。资产证券化的评级与一般债券评级相似,但又有自身特点。信用评级由专门评级机构应资产证券发起人或投资银行的请求进行。评级考虑因素不包括由利率变动等因素导致的市场风险,而主要考虑资产的信用风险。被评级的资产必须与发起人信用风险相分离。由于出售的资产都经过了信用增级,因此,资产支持证券的信用级别会高于发起人的信用级别。

(5) 安排证券销售,向发起人支付购买价格。在信用提高和评级结果向投资者公布之后,由投资银行负责向投资者销售资产支持证券,销售的方式可采用包销或代销。特设信用机构(SPV)从投资银行处获取证券发行收入,再按资产买卖合同中规定的购买价格,把发行收入的大部分支付给发起人。

(6) 证券挂牌上市交易,资产售后管理和服务。资产支持证券发行完毕后到证券交易所申请挂牌上市,从而真正实现金融机构的信贷资产流动性的目的。但资产证券化的工作并没有全部完成。发起人要指定一个资产池管理公司或亲自对资产池进行管理,负责收取、记录由资产池产生的现金收入,并将这些收款全部存入托管行的收款专户。托管行按约定建立积累金,交给特设信托机构,由其对积累金进行资产管理,以便到期对投资者还本付息。待资产支持证券到期后,还要向聘用的各类机构支付专业服务费。资产池产生的收入在还本付息、支付各项服务费之后,若有剩余,再按协议规定在发起人和SPV之间进行分配。到此为止,整个资产证券化过程即告结束。

三、资产证券化收益与风险分析

1. 资产证券化收益分析

在资产证券化过程中,各参与者的收益各不相同。

(1) 发起人。资产证券化的发起人通常是金融机构。通过证券化的资产在公开市场中出售,金融机构可迅速获得流动性。

(2) SPV。通过购买、证券化和出售,SPV几乎将信用风险全部分散给投资者承担,降低其所有者权益成本,因为这些资产将不再出现在资产负债表中。

(3) 信用增级机构。信用增级机构可以是母公司、子公司或者其他金融机构(担保公司或者保险公司)。它作为第三方实体更适合于使这类交易成为"真实出售",信用增级机构通常按比例收取一定的服务费用,如按担保金额的 0.5% 收取。

(4) 投资银行。投资银行在资产证券化过程中充当承销商的角色,并获得其发行收入。

(5) 投资者。证券化过程为投资者在市场中提供了高质量的投资选择机会。由于大多数组合资产都是由许多小额信用资产集合而构成,促进了组合的多样化,即使其中的一两个贷款违约,也不会对整个组合有质的影响。

2. 资产证券化风险分析

由于资产证券化非常复杂,尽管每一次交易都经过相当好的结构化,并被彻底地加以研究和精确地用文件证明,但仍然存在一些风险。常见的资产证券化风险有如下4种:

(1) 欺诈风险。美国证券市场及其他国家证券市场中,由于欺诈的发生而使投资者受损的例子屡见不鲜。陈述书、保证书、法律意见书、会计师的无保留意见书及其他类似文件仍不足以控制欺诈风险的发生。

(2) 法律风险。法律函件及意见书原本是为了消除外部的风险因素,但有时法律的不明确性及条款的变化本身往往成为整个交易过程中的风险因素。因此,法律风险是资产证券化过程中一直相伴且起关键作用的一种风险。

(3) 金融管理风险。资产证券化是金融管理发展的高峰,它是履约、技术和结构技巧等方面的完美平衡,任一因素发生故障,就会导致整个交易面临风险。

(4) 等级下降风险。从已有的证券化实例中人们已经证实,资产证券化特别容易受到等级下降的损害。因为资产证券化交易的基础包含许多复杂多样的因素,如果这些因素之一恶化,整个证券发行的等级就会陷入危险境地,从而对市场产生巨大的影响。

除了上述4种风险之外,资产证券化还存在一些其他风险,诸如政策性风险、财产和意外风险、合同协议或证券失效、对专家的依赖风险等。

相关链接

http://www.csrc.gov.cn——中国证监会
http://www.chinabond.com.cn——中国债券信息网
http://www.cnfund.cn——中国基金网

http://www.qiquanchina.com——期权中国网

http://www.cfachina.org——中国期货业协会

思考与练习

1. 股份公司的种类有哪些？它们各有何特点？
2. 什么是股票？它的主要特性是什么？它有哪些主要种类？
3. 我国现行的股票类型有哪些？造成我国股票类型多样化的原因在哪里？
4. 什么是债券？它的基本特性是什么？它有哪些主要种类？
5. 可转换公司债券的主要特点是什么？试找出我国某一上市公司发行的可转换债券，并加以说明。
6. 什么是投资基金？它有哪些特点和分类？
7. 试比较股票、债券和投资基金的区别。
8. 权证价格和股票价格之间有什么关系？你是如何理解权证的杠杆作用的？
9. 什么是期权？它有哪些分类？
10. 影响期权价值的因素有哪些？如果股票价格上涨，则该股票的看涨期权价格和看跌期权价格是上涨还是下跌？
11. 根据下列资料，分别画出期权的损益图：
(1) 买进一份看跌期权，执行价格为30元，期权费为2元。
(2) 卖出一份看涨期权，执行价格为50元，期权费为3元。
12. 成份指数和综合指数各有什么利弊？我国上证综合指数和深成指数的编制有哪些不同？
13. 股票指数期货交易和股票交易的主要区别在哪里？资金管理是期货交易的一个关键，你怎么理解这个问题？

第二章 证券市场

证券市场是各种有价证券发行与交易场所及其与此相联系的组织与管理体系的总称。证券市场是完整的市场体系的重要组成部分，发挥着筹集资金、配置资源、处理信息、管理风险以及解决激励与约束等多种功能，是国家进行宏观经济调控的重要平台。按照证券市场自身的特点，可以划分为不同的类型。如根据证券期限长短不同，可以分为货币市场和资本市场；根据市场功能不同，可以分为发行市场和交易市场；根据市场形态不同还可以分为有组织的证券交易所市场和松散场外交易市场。本章旨在关注股票和国债的发行与交易，具体包括五方面的内容：一是证券发行市场；二是证券交易市场；三是国债发行与交易；四是二板市场；五是我国多层次资本市场体系。

第一节 证券发行市场

一、证券发行市场的构成

证券发行市场由发行者、投资者和中介机构等三个主体相互联结而成。发行者的证券发行规模和投资者的实际投资能力，决定着证券发行市场的容量和发达程度；同时，为了确保发行事务的顺利进行，使发行者和投资者都能顺畅地实现自己的目的，承购和包销证券的中介机构经常代发行者发行证券，并向发行者收取手续费。这样，证券发行市场就形成了以中介机构为中心，连接发行者与投资者，既满足资金需求者筹措资金，又为资金供给者提供投资的机会。

1. 发行者

发行者即证券发行公司，是指在证券发行市场上公开发行证券的机构。作为发行市场的主体，它们是资金需求者。发行者的多少、发行规模的大小、发行证券的种类和质量决定着证券发行市场的规模和活跃程度。

2. 投资者

投资者，即资金供应者，其数量多少和资金实力大小同样制约着证券发行市场的规模。投资者包括私人投资者和机构投资者，后者主要是证券公司、信托公司、基金公司等金融机构和企业、事业机构、社会团体等。

3. 中介机构

在证券发行市场上,中介机构主要包括证券承销商、资产评估事务所、会计师事务所、审计事务所、律师事务所等。这些中介机构各有各的职能、权利和责任,且相互配合。

二、股票发行市场

(一)股票的发行方式

根据不同的分类方法,股票发行方式可以概括如下。

1. 公开发行与不公开发行

这是根据发行的对象不同来划分的。

公开发行又称公募,是指事先没有特定的发行对象,向社会广大投资者公开推销股票的方式。采用这种方式,可以扩大股东的范围,分散持股,防止囤积股票或被少数人操纵,有利于提高公司的社会性和知名度,为以后筹集更多的资金打下基础。此外,公开发行还可增加股票的适销性和流通性。

不公开发行又叫私募,是指发行者只对特定的发行对象推销股票的方式。通常在两种情况下采用:一是股东配股,这种新股发行价格往往低于市场价格,事实上成为对股东的一种优待,一般股东都乐于认购;二是私人配售,又称第三者分摊,即股份公司将新股票分售给股东以外有特殊关系的第三者。采用这种方式往往出于两种考虑:一是为了按优惠价格将新股分摊给特定者,以示照顾;二是当新股票发行遇到困难时,向第三者分摊以求支持,无论是股东配股还是私人配售,发行对象都是既定的。

2. 直接发行与间接发行

这是根据发行者推销股票的方式不同来划分的。

直接发行又叫直接招股,是指股份公司自己承担股票发行的一切事务和发行风险,直接向认购者推销出售股票的方式。在一般情况下,不公开发行的股票或因公开发行有困难(如信誉低所致的市场竞争力差、承担不了大额的发行费用等)的股票,或是实力雄厚,有把握实现巨额私募以节省发行费用的大股份公司股票,才采用直接发行的方式。

间接发行又称间接招股,是指发行者委托证券发行中介机构出售股票的方式。这些中介机构作为股票的推销者,办理一切发行事务,承担一定的发行风险并从中提取相应的收益。股票的间接发行有三种方法:

(1)代销。代销又称为代理招股,推销者只负责按照发行者的条件推销股票,在约定期限内能销多少算多少,期满仍销不出去的股票退还给发行者。由于全部发行风险和责任都由发行者承担,因此,代销手续费较低。

(2)承销。承销又称余股承购,股票发行者与证券发行中介机构在签订推销合同时明确规定:在约定期限内,如果中介机构实际推销的结果未能达到合同规定的发行数额,其差额部分由中介机构自己承购下来。这种发行方法的特点是能够保证完成股票发行额度,一般较受发行者的欢迎,而中介机构因需承担一定的发行风险,故承销费高于代销费。

(3) 包销。包销又称包买招股,当发行新股票时,证券发行中介机构先用自己的资金一次性地把将要公开发行的股票全部买下,然后再根据市场行情逐渐卖出,中介机构从中赚取买卖差价,若有滞销股票,中介机构减价出售或自己持有。由于发行者可以快速获得全部所筹资金,而推销者则要全部承担发行风险,因此,包销费高于代销费和承销费。

3. 有偿增资、无偿增资和搭配增资

这是按照投资者认购股票时是否缴纳股金来划分的。

有偿增资是指认购者必须先按股票的某种发行价格支付现款,方能获得股票的一种发行方式。一般公开发行的股票和私募中的股东配股、私人配售都采用有偿增资的方式。采用这种方式发行股票,可以直接从外界募集股本,增加股份公司的资本金。

无偿增资是指认购者不必向股份公司缴纳现金就可获得股票的发行方式。一般说来,发行对象只限于原股东。采用这种方式发行股票,不能直接从外界募集股本,而是依靠减少股份公司的公积金或盈余结存来增加资本金,一般只在股票派息分红、股票分割和法定公积金或盈余转作资本配股时才采用无偿增资的发行方式。无偿增资通常按比例将新股票无偿交付给原股东,其目的是为了增强股东信心和公司信誉;或为了调整资本结构。由于无偿发行要受资金来源的限制,因此,不能经常采用这种方式发行股票。

搭配增资是指股份公司向原股东分摊新股时,仅让股东支付发行价格的一部分就可获得一定数额股票的方式。例如,股东认购面额为 100 元的股票,只需支付 50 元就可以了,其余部分无偿发行,由公司的公积金充抵。这种发行方式也是对原股东的一种优惠,而公司则可从他们那里再征集部分股金,以期快速实现增资计划。

上述这些股票发行方式,各有利弊及条件约束,股份公司在发行股票时,可根据自己的实际情况采用其中的某一方式,或同时采用几种方式。当前,世界各国采用最多、最普遍的方式是公开和间接发行。

(二) 股票发行上市的步骤和核准程序

按照证监会的相关规定,我国企业首次发行股票,至少需要经过以下几个环节:

(1) 改制和设立。公司拟定改制重组方案,并聘请有证券从业资格的会计师事务所、律师事务所和有主承销商资格的证券公司等中介机构对拟改制的资产进行审计、评估、签署发起人协议和起草公司章程等文件,设置公司内部组织机构,设立股份有限公司。

(2) 上市辅导。企业聘请辅导机构对其进行尽职调查、问题诊断、专业培训和业务指导,学习上市公司必备知识,完善组织结构和内部管理,规范企业行为,明确业务发展目标和募集资金投向,对照发行上市条件对存在的问题进行整改,准备首次公开发行申请文件。

(3) 申请文件的申报与审核。企业和所聘请的中介机构,按照证监会的要求制作申请文件,保荐机构向证监会推荐并申报申请文件,证监会对申请文件进行初审,提交股票发行审核委员会审核。

(4) 路演和询价。企业及保荐机构在主要的路演地对可能的投资者进行巡回推介活动,加深投资者对即将发行的股票的认知程度,并从中了解投资人的投资意向,发现投资需求和价值定位。

(5) 发行与上市。发行申请经股票发行审核委员会审核通过后,证监会进行核准,企业在报刊上刊登招股说明书摘要及发行公告,公开发行股票,提交上市申请,办理股份的托管与登记,挂牌上市。

(三) 股票的发行价格

1. 发行价格的种类

股票的发行价格就是股票在发行时向公众投资者出售的价格。股票发行价格可以分为以下几种:

(1) 平价发行。平价发行又称为等价发行或面额发行,指股票的发行价格与股票的票面金额相等。例如,某公司股票面额为1元,发行时价格也是1元。股票平价发行,使股票的发行价格不受股票市场价格的影响,简单易行,但也缺乏灵活性。特别是在公司有可能溢价发行股票的情况下,等于自愿减少资本收益。

(2) 溢价发行。溢价发行是指股票的实际发行价格超过其票面金额。例如,面额1元的股票按10元的价格发行,多收的9元即为溢价。溢价带来的收益归该股份公司所有。股票溢价发行,使发行股票的公司可以以少量投入筹集最大量的资本,为公司以后长远发展奠定良好的基础。股票有可能溢价发行的主要原因在于投资者预期该股票的收益率将大大高于同期银行存款或债券的利息率,也高于其他公司的股票收益率,愿意高价购买。

(3) 时价发行。时价发行是指以流通市场上的股票价格(即时价)为基础确定发行价格。一般说来,时价要高于股票的面额,两者的差价即为溢价。时价发行与溢价发行的主要区别在于:前者既考虑资产增值,又考虑该股票在流通市场上的价格;后者只考虑资产增值。

(4) 折价发行。折价发行是指以低于面额的价格发行。折价发行有两种情况,一种是优惠性的,通过折价使认购者分享权益。例如,公司为了充分体现对现有股东优惠而采取搭配增资方式时,新股票的发行价格通常为票面价格的某一折扣,不足股票面额的部分由公司公积金抵补。另一种情况是该股票行情不佳,发行有一定困难,发行者与承销商共同议定一个折扣率,以吸引投资者认购。折价发行股票,会导致发行公司实收股本低于注册资本或章程中规定的已发行股票的金额,有悖于资本维持原则,对公司债权人非常不利。为此,各国一般都规定发行价格不得低于股票面额。

(5) 中间价发行。所谓按中间价发行,是指股票的发行价格取股票面额和市场价格的中间值。这种价格通常是在时价高于面额,公司既需要增资又需要照顾原有股东的情况下采用。中间价格发行对象一般为原股东。

2. 影响发行价格的因素

（1）净资产。国有企业依法改组设立的公司，发行人改制当年经评估确认的净资产所折股数可作为定价的重要参考。

（2）经营业绩。公司经营业绩特别是税后利润水平直接反映了一个公司经营状况的好坏，其高低直接关系着股票的发行价格。在总股本和市盈率已定的前提下，税后利润越高，股票发行价格也就越高。

（3）发展潜力。公司发展潜力越大，意味着公司未来盈利趋势越确定，为此市场所能接受的发行市盈率也就越高，从而股票发行价格也就越高。

（4）发行数量。一般而言，如本次股票发行数量过大，为了确保销售期内顺利发行股票，取得预定金额的资金，发行价格就应定得低一些；若发行量较少，询价期间申购情况较好，那发行价格可略高一些。

（5）行业特点。公司的成长受制于其所属产业和行业的兴衰、技术经济特点等因素的约束。如果公司属成长性行业，其发展前景就会比较好，从而对投资者的吸引力也就大；反之，如果公司属于夕阳产业，其发展前景欠佳，投资收益就相应较低。同时，行业的技术经济特点也不容忽视，如有的行业具有垄断性，有的行业市场稳定，有的行业投资周期长、见效慢等，都会对发行价格产生影响。此外，同行业上市公司的发行价格、当前市盈率也是决定发行价格高低的重要因素。

（6）股市状态。二级市场的股票价格水平直接关系到一级市场的发行价格。一般而言，若二级市场处于"熊市"，则发行价格应定得低一些；若二级市场处于"牛市"，则发行价格可定得高一些。同时，发行价格的确定要给二级市场的运作留有适当的余地，以免股票上市后在二级市场上的定位发生困难，影响公司的声誉。

3. 确定发行价格的方法

（1）市盈率定价法。市盈率是指股票市场价格与盈利的比率，其本质意义在于测算投资的回收期，所以又称为本益比（P/E）。其计算公式为：

$$市盈率 = \frac{股票市价}{每股收益}$$

其中，每股收益等于税后利润总额除以总股本数。

通过市盈率法确定股票发行价格，首先应依据注册会计师审核后的盈利预测计算出发行人的每股收益；然后根据二级市场的平均市盈率、发行人的行业情况、发行人的经营状况及其成长性等拟订发行市盈率；最后确定发行价格，即

$$发行价格 = 每股收益 \times 发行市盈率$$

（2）协商定价法。协商定价法是指由股票发行人与主承销商协商确定发行价格。发行人和主承销商在议定发行价格时，主要考虑二级市场股票价格的高低（通常用平均市盈

率等指标来衡量)、市场利率水平、发行公司的未来发展前景、发行公司的风险水平和市场对新股的需求状况等因素。一般有两种方式:

固定价格方式。固定价格方式是指由发行人和主承销商在新股公开发行前商定一个固定价格,然后根据这个价格进行公开发售。

市场询价方式。这种方式确定新股发行价格一般包括两个步骤:首先,根据新股的价值、股票发行时二级市场运行状况、公司所处行业股票的市场表现等因素确定新股发行的价格区间;其次,主承销商协同上市公司的管理层进行路演,向投资者介绍和推介该股票,并向投资者发送预订邀请文件,征集在各个价位上的需求量,通过对反馈的投资者的预订股份单进行统计,主承销商和发行人对最初的发行价格进行修正,最后,确定新股发行价格。

(3) 竞价定价法。竞价定价法是指由各股票承销商或者投资者以投标方式相互竞争确定股票发行价格。具体实施中有三种形式:

网上竞价。网上竞价指通过证券交易所电脑交易系统按集中竞价原则确定新股发行价格。新股竞价发行申报时,主承销商作为唯一的"卖方",其卖出数为新股实际发行数,卖出价格为发行公司宣布的发行底价,投资者作为买方,以不低于发行底价的价格进行申报。

机构投资者(法人)竞价。新股发行时,采取对法人配售和对一般投资者上网发行相结合的方式,通过法人投资者竞价来确定股票发行价格。一般由主承销商确定发行底价,法人投资者根据自己的意愿申报申购价格和申购股数,申购结束后,由发行人和主承销商对法人投资者的有效申购数按照申购价格由高到低进行排序,根据事先确定的累计申购数量与申购价格的关系确定新股发行价格。

承销商竞价。在新股发行时,发行人事先通知股票承销商,说明发行新股的计划、发行条件和对新股承销的要求,各股票承销商根据自己的情况拟定各自的标书,以投标方式相互竞争股票承销业务,中标标书中的价格就是股票发行价格。

(4) 净资产倍率法。净资产倍率法又称资产净值法,是指通过资产评估和相关会计手段确定发行人拟募股资产的每股净资产值,然后根据证券市场的状况将每股净资产值乘以一定的倍率,以此确定股票发行价格的方法。其公式为:

$$发行价格=每股净资产值×溢价倍率$$

(5) 贴现现金流量定价法。现金流量法是指选定恰当的折现率,将公司未来的收益折算为现值,借以确定股票发行价格。这是一种完全基于未来预测数据的方法,其基本原理是一项资产的价值等于该资产预期在未来所产生的全部现金流的现值总和。它是国际上评估企业价值的基本方法(详见本教材第八章)。

(四) 股票发行与监管制度

发行与监管制度的核心内容是股票发行决定权的归属,目前国际上有两种倾向:一种是政府主导型,即核准制,要求发行人在发行证券过程中不仅要公开披露有关信息,而且必须符合一系列实质性的条件,这种制度赋予监管当局决定权;另一种是市场主导型,即注册制,股票发行之前,发行人必须按法定程序向监管部门提交有关信息,申请注册,并对信息的完整性、真实性负责,这种制度强调市场对股票发行的决定权。

自我国证券市场建立以来,股票发行制度经历了几次大的变革。

1. 审批制

自1990年我国证券市场建立,直至2000年,我国股票发行制度一直实施的是行政审批制度。这种"审批制"是完全计划发行的模式,主要表现在:① 额度管理。由国务院证券委会同国家计委制定年度或跨年度全国股票发行总额度,然后把总额度按条块分配给各地方政府和中央部委。② 两级行政审批。企业首先向其所在地地方政府或主管中央部委提交额度申请,再报送证监会复审,形成第二级审批。证监会对企业的质量、前景进行实质审查,并对发行股票的规模、价格、发行方式、时间等作出安排。③ 价格限制。基本上采用定价发行方式,通过规定发行市盈率限制股票的发行价格。

2. 核准制

随着我国资本市场的发展,审批制的弊端日益显现,阻碍了资本市场的规范发展。为此,1999年实施的《证券法》明确规定:"国务院证券管理机构依照法定条件负责核准股票发行申请。"2000年3月6日,《股票发行核准程序》颁布实施,标志着核准制的正式施行。核准制是证券监管部门根据法律法规所规定的股票发行条件,对按市场原则推选出的公司的发行资格进行审核,并做出核准与否决定的制度。核准制取消了由行政方法分配指标的做法,改为由主承销商推荐、发行审核委员会表决、证监会核准的办法。

与审批制相比,核准制的主要特点为:一是由主承销商培育、选择和推荐企业,增加了主承销商的责任;二是企业可根据资本运营的需要选择股票发行规模,以适应企业持续成长的需要;三是由发行审核逐步转向强制性信息披露和合规性审核,以发挥股票发行审核委员会的独立审核功能;四是由发行人与主承销商协商决定发行价格,以充分反映公司股票的内在价值和投资风险;五是提倡和鼓励发行人和主承销商自主选择和创新股票发行方式,建立由证券发行人和承销商共担风险的机制。

核准制最初的实现形式是通道制,即对券商每年授予一定的发行股票的数目。通道的分配根据证券公司的规模大小而定,大的不超过8个通道,小的不少于2个通道。

通道制为监管部门调控市场供求关系提供了一种相对公平的机制,通过不良记分制、通道暂停与扣减等措施,提高了证券公司执业水准。但通道制没有改变股票发行"名额有限"的特点,且带有平均主义的色彩,也不能有效地敦促主承销商勤勉尽责。

3. 核准制的优化

为了在现有框架内最大限度地发挥核准制的作用,中国证券监管部门引入了保荐代表人制度,并于2004年2月1日起正式实施。

保荐制是指由保荐机构(证券公司)负责发行人的上市推荐和辅导,核实公司发行文件中所载资料的真实、准确和完整,协助发行人建立严格的信息披露制度,不仅承担上市后持续督导的责任,还将责任落实到个人。通俗地讲,就是让证券公司和责任人对其承销发行的股票,负有一定的持续性连带担保责任。

保荐机构和保荐代表人资格不是终身制的。已注册登记为保荐代表人的,应当持续符合相关要求,同时两年内至少担任一个证券发行项目的保荐代表人,否则将被除名。保荐代表人可以正常有序流动。

4. 注册制

注册制是目前成熟股票市场普遍采用的发行制度。在我国,"注册制"是与"审批制"、"核准制"相对而称的。2013年11月30日,中国证监会发布《中国证监会关于进一步推进新股发行体制改革的意见》,这是逐步推进股票发行从核准制向注册制过渡的重要步骤。

注册制即所谓的公开管理原则,实质上是一种发行公司的财务公开制度。它要求证券发行申请人必须依法将与证券发行有关的一切信息和资料公开,制成法律文件并送交主管机构审查。证券监管机构的职责是对申报文件的全面性、准确性、真实性和及时性作形式审查,不对发行人的资质进行实质性审核和价值判断。由此可见,形式审核(注册制)与实质审核(核准制)的区分在于审核机关是否对公司的价值作出判断。

与核准制相比,注册制有四个基本特征:一是股票发行的权利是法律赋予而非政府授予;二是证券监管部门对发行人的申报材料只做形式审查;三是注册制遵循公开主义原则;四是强调事后审查和处罚。

三、债券发行市场

(一)债券发行条件

债券发行条件是指债券发行人在以债券形式筹集资金时所涉及的各项条款和规定,主要由发行额、票面金额、票面利率、期限、发行价格、付息方式、偿还方式、发行费用以及有无担保等方面的内容构成。

1. 发行额

发行额是一次发行债券所筹集的资金总额。企业应根据自身的资信状况、资金需求程度、市场承受能力、债券种类及该种债券对市场的吸引力等因素进行综合判断后再确定一个合适的发行额。发行额定得过高,会造成发售困难,进而影响发行人信誉,并对发行后债券的转让产生不良影响;发行额太小,又不易满足筹资的需求。

2. 票面金额

票面金额是债券券面所表示的金额。债券票面金额的确定要考虑两个因素:① 投资者的购买能力。一般说来,如果采用公募方式向社会公众发行债券,票面金额不宜定得过高,否则会将小额投资者拒之门外;如果采用私募方式向法人投资者发行债券,则可考虑适当提高票面金额。② 成本测算。如果票面金额过低,就会增加发行数量,不仅增加印刷成本,还会使发行工作复杂化。因此,企业应根据不同投资者的需要,使债券面值多样化。

3. 票面利率

票面利率又称名义利率,是债券票面所载明的利率,反映的是发债人每年向投资者支付的利息占票面金额的比率。票面利率的高低直接影响到发债人的融资成本和投资者的投资收益。票面利率可分为固定利率和浮动利率两种。一般地,企业应根据自身资信情况、公司承受能力、利率变化趋势、债券期限的长短以及对投资者的吸引力等因素决定选择何种利率形式与利率的高低。同时,债券票面利率高低还要符合国家相关政策。

4. 债券的期限

从债券发行日起到偿还本息日止的这段时间称为债券的期限。企业通常要根据所需资金的性质和用途、对市场利率水平的预期、流通市场的发达程度、物价的变动趋势、市场上其他债券的期限构成及投资者的投资偏好等因素来确定发行债券的期限结构。一般而言,当资金需求量较大,债券流通市场较发达,利率有上升趋势时,可发行中长期债券,否则,应发行短期债券。

5. 发行价格

发行价格是指债券投资者认购新发行的债券时实际支付的价格。债券的发行价格可以分为三种:一是平价发行,即按票面金额发行,一般是在债券利率与市场利率相同时采用;二是溢价发行,即以高于票面金额的价格发行,一般是在债券利率高于市场利率时采用;三是折价发行,即以低于票面金额的价格发行,一般是在债券利率低于市场利率时采用。因此,市场利率是确定债券利率的重要依据。

6. 付息方式

付息方式是指发债人在债券的有效期内,一次或按一定的时间间隔分次向债券持有人支付利息的方式。一次性付息又可分为利随本清方式(即债券到期时一次性还本付息)及利息预扣方式(即贴现发行方式)。企业可根据债券期限情况、筹资成本要求、对投资者的吸引力等因素确定不同的付息方式。一般而言,中长期债券可采取分期付息方式,短期债券则采取一次性付息方式。

7. 偿还方式

债券偿还方式需规定偿还金额、偿还日期以及偿还形式。按照债券的偿还日期的不同,可分为期满偿还、期中偿还和延期偿还三种或可提前赎回和不可提前赎回两种;按照债券的偿还形式的不同,可分为货币偿还、债券偿还和股票偿还三种。企业可根据自身实际情况和投资者的需求灵活做出决定。

8. 发行费用

发行费用是指发债人支付给有关发行中介机构、服务机构的各种费用。发债人应尽量减少发行费用,以降低发行成本。

9. 担保情况

有无担保是债券发行的重要条件之一。担保可以增加债券投资的安全性,减少投资风险,提高债券的吸引力。因此,企业可以根据自身的资信状况决定是否以担保形式发行债券。一般来说,除政府以及大的金融机构发行的债券可以没有担保外,其余的债券都应有担保条款。担保可分为信用担保和财产担保。

(二)债券发行程序

由于我国企业债券的发行总量须纳入国家信贷计划,发行审核程序也就随信贷计划而设定。一般需经过配额审核与资格审核两个环节。

1. 配额审核程序

申请企业债的发行配额审核要经过下列环节:

(1)发行人在发行债券前,须向其行业主管部门提出申请,只有在行业主管部门正式批准并且推荐的前提下,才能申请发行债券;

(2)该企业主管部门向省、自治区、直辖市或计划单列市的中国人民银行分行、计委申报发行配额;

(3)省、自治区、直辖市或计划单列市的中国人民银行分行、计委共同编制当地全国企业债券年度发行计划,并报中国人民银行总行和国家计委审核;

(4)中国人民银行总行、国家计委综合各地申报的发行计划,共同编制全国企业债券年度发行计划,并报国务院批准;

(5)全国企业债券年度发行计划被批准之后,由中国人民银行总行、国家计委联合将发行配额分给各省、自治区,直辖市和计划单列市;

(6)各省,自治区、直辖市和计划单列市人行分行与计委共同将发行配额分给企业或主管部门,企业获得发行配额,需得到中国人民银行各省、自治区、直辖市和计划单列市中国人民银行分行发放的"发行企业债券申请表";

(7)发行债券所筹的资金如果用于固定资产的投资,还必须被列入我国的"固定资产投资规模"之中。

2. 资格审核程序

公司在得到债券发行的配额之后,应向有权审核发行申请的国务院证券管理部门报送相关的申请文件。证券管理部门在对发行申请进行审核时,主要考虑三个方面的问题,即发行人的资格、发行条件、禁止发行事由,在对这几个方面进行审查之后,做出批准发行或不予批准的决定,并且就不批准发行的理由向企业做出说明。

第二节　证券交易市场

一、证券交易市场结构

证券交易市场也称流通市场或二级市场,是已发行证券进行转让、买卖的场所。证券只有一次发行,却可以多次换手。因此,证券交易市场的规模要比发行市场大得多,影响也更大。

证券交易市场可分为集中交易市场即证券交易所和场外交易市场两大类。

（一）证券交易所

证券交易所是由证券管理部门批准的,为证券的集中交易提供固定场所和有关设施,并制定各项规则以形成公正合理的价格和有条不紊的秩序的正式组织。

证券交易所有固定的交易地点和交易时间,接受和办理符合有关法律规定的证券买卖。但证券交易所与证券公司等证券经营机构不同,其本身不持有证券,也不从事证券买卖,更不能决定各种证券的价格。它只是为证券交易提供服务,并履行对证券交易的监管职能。

证券交易所的组织形式一般分为会员制和公司制两种。

1. 会员制证券交易所

会员制证券交易所是以会员协会形式成立的、不以营利为目的的法人团体,主要由作为会员的证券商出资组成。只有会员及享有特许权的经纪人,才有资格在交易所中进行交易。交易所的一切费用由各会员分担,会员实行自治、自律、自我管理,交易中的一切责任由交易双方自行负责,交易所不负赔偿责任。会员制证券交易所的最高决策管理机构是理事会,理事会成员由会员选举产生。会员制证券交易所的优点是:会员制交易所不以营利为目的,收取的证券交易成交佣金一般较低;会员制证券交易所内部实行自律,各个会员不但自我约束,还相互约束,没有破产倒闭的可能。它的不足在于:会员制证券交易所内买卖双方需自负交易责任,不能取得交易所的赔偿,风险相对较大。

目前,大多数国家的证券交易所都是会员制。我国的上海、深圳证券交易也实行会员制。

2. 公司制证券交易所

公司制证券交易所是由投资者出资入股建立起来的、以营利为目的的公司法人。公司制证券交易所的参加者主要是证券经纪人和证券自营商,它们与交易所签订合同,并缴纳营业保证金,交易所依法收取证券交易的佣金。交易所对在本所内的证券交易负有担保责任,必须设有赔偿基金。公司制证券交易所本身不参加证券买卖,只提供交易场地、设施和服务,其最高决策管理机构是董事会,董事和监事由股东大会选举产生,并规定证券商及其股东,不得担任证券交易所的董事、监理或经理,以确保交易所的经营者和参与者相分离。公司制证券交易所的优点是:既能提供比较完善的设备和服务,又能保证证券交易的公正性。它的缺点是:因以营利为目的,交易所的收入主要来自于收取的佣金,因此,对交易者而言,成本较高。

瑞士的日内瓦证券交易所、香港联合交易所都采用公司制。

(二)场外交易市场

场外交易市场是相对于证券交易所交易而言的,凡是在证券交易所之外的证券交易活动都可称作场外交易。由于这种交易起先主要是在各证券商的柜台上进行的,因而也称为柜台交易(Over-the-counter),是分散的、非组织化的市场。场外交易市场主要包括柜台市场、第三市场和第四市场。

1. 柜台市场

柜台市场是指在证券公司开设的柜台上进行交易。柜台交易市场上交易的证券主要是依照证券交易法公开发行但未在证券交易所上市的证券,有时也包括部分已上市证券;证券交易价格依照议价制方式确定;交易方式仅限于现货交易。

2. 第三市场

第三市场是指在证券商柜台上从事已在证券交易所上市证券的交易。因此,有人称第三市场是上市证券的场外交易市场。这部分交易原属于柜台市场范围,近年来由于交易量增大,其地位日益提高,以至许多人都认为它实际上已变成独立的市场。第三市场是为了适应大额投资者的需要发展起来的。一方面,机构投资者买卖证券的数量较大,如果由交易所的经纪人代理,须支付相当数量的佣金。为降低交易费用,机构投资者便把目光转向了交易所以外的柜台市场。另一方面,一些非交易所会员的证券商为了招揽业务,赚取较大利润,常以较低廉的费用吸引机构投资者,在柜台市场大量买卖上市证券。第三市场的交易价格,原则上是以交易所的收盘价为准。

3. 第四市场

第四市场是指证券交易不通过经纪人,而是通过电子计算机网络直接进行大宗证券买卖的场所。其特点是:证券交易活动完全脱离证券商的参与,由证券的买卖双方直接进行交易;证券交易活动借助计算机联网方式直接获得证券价格信息并完成证券的买进和卖出,买卖双方亦无须当面接洽;证券交易的数额较庞大。第四市场目前主要在美国开放,其他国家多停留于试验阶段。

二、证券公司主要业务

证券交易不是通过买卖双方的直接接触实现的,而是由第三者——证券商来进行的。

根据《证券法》规定,我国证券公司的证券业务包括四类,即证券经纪业务、证券自营业务、证券承销业务以及经国务院证券监督管理机构核定的其他证券业务。其中,综合类证券公司可同时经营上述四类业务中的数项,而经纪类证券公司只能从事证券经纪业务。这里主要介绍开展于证券交易市场的证券业务。

1. 证券经纪业务

证券经纪业务,是证券公司在核定业务范围内,根据投资者发出的证券买卖指令,以投资者的名义和账户进行证券买卖并赚取佣金收入的行为。证券经纪业务是随着集中交易制度的实行而产生和发展起来的。由于在证券交易所内交易的证券种类繁多,数额巨大,而交易厅内席位有限,一般投资者不能直接进入证券交易所进行交易,只能通过特许的证券经纪商作中介来促成交易的完成。

在开展证券经纪业务过程中,证券公司与投资者之间属于委托关系。投资者是委托方,证券公司为受托方,投资者向证券经纪公司发出证券交易指令,证券公司依照该指令办理证券买卖业务。同时,投资者应向证券公司缴纳必要费用或佣金,并自行承担投资风险。

世界各国都是根据本国证券交易制度特点,来限定和分类证券经纪业务的。如纽约证券交易所将经纪业务分为五类,专门有五种经纪人来办理:① 佣金经纪人,专门代理客户买卖证券收取佣金;② 二元经纪人,接受佣金经纪人的委托买卖证券;③ 专业经纪人,专门买卖交易所某一柜台的一种或几种证券;④ 零股经纪人,专门办理一股至九十九股之间的证券交易;⑤ 债券经纪人,在债券交易厅中代理客户买卖债券从中收取佣金。

从上海、深圳两个证券交易所实际运作情况看,我国证券经纪业务分为两大类。第一类是A股、基金及债券代理买卖业务,所有证券经营机构依法设立的证券营业部都可经营此项业务。第二类是B股代理买卖业务,由B股特许证券商来代理。B股特许证券商又分为境内B股特许证券商和境外特许证券商。境内B股特许证券商代理B股买卖业务,可在其已开通交易的A股席位上进行;境外特许证券商可通过其拥有的B股特别席位完成代理买卖业务,也可以委托境内B股特许证券商完成代理买卖业务。

2. 证券自营业务

证券自营业务,是指证券公司以自有资金和依法筹集的资金,通过以自己名义开设的账户买卖有价证券、赚取差价并承担相应风险的行为。证券自营业务按业务场所一般分为两类:即场外(如柜台)自营买卖和场内(交易所)自营买卖。场外自营买卖是指证券经营机构通过柜台交易等方式,由客户和证券经营机构直接洽谈成交的证券交易;场内自营买卖是指证券经营机构在集中交易场所(证券交易所)自营买卖证券。在我国,证券自营业务一般是指场内自营买卖业务。

世界各国对场内自营买卖业务的规定较为复杂,如在美国纽约证券交易所,经营证券自营业务的从业者又分为交易厅自营商和自营经纪人。前者只进行证券的自营买卖业务,而不办理委托业务;后者则在自营证券买卖业务的同时兼营代理买卖证券,但其代理的客户仅限于交易厅里的经纪人与自营商。此外,自营经纪人自营证券的目的并不像自营商那样追逐利润,而是为其所专业经营的几种证券维持连续市场,防止证券价格的暴跌与暴涨。

在我国,证券自营业务专指证券经营机构为自己买卖上市证券的行为。上市证券包括在证券交易所挂牌交易的A股、基金、认股权证、国债、企业债券等。

3. 证券资产管理业务

证券资产管理业务,是指证券经营机构开办的资产委托管理,即委托人将自己的资产交给受托人、由受托人为委托人提供理财服务的行为。资产管理业务是证券经营机构在传统业务基础上发展的新型业务。国外较为成熟的证券市场中,投资者大都愿意委托专业人士管理自己的财产,以取得稳定的收益。证券经营机构通过建立附属机构来管理投资者委托的资产。投资者将自己的资金交给训练有素的专业人员进行管理,避免了因专业知识和投资经验不足而可能引起的不必要风险,对整个证券市场发展也有一定的稳定作用。

资产管理业务的一般运作程序如下:

(1) 审查客户申请。资产管理机构要求委托人提供相应的文件,并结合有关的法律条文决定是否接受其委托。委托人可以是个人,也可以是机构(商业银行由于不能从事信托和股票业务,因此不得成为委托人)。其中,个人委托人应具有完全民事行为能力,机构委托人合法设立并有效存续,对其所委托资产拥有合法所有权。按法规规定不得进入证券市场的资金,如信贷资金、上市公司募集资金以及国家指定专款专用的资金都不得用于资产委托管理。

(2) 签订资产委托管理协议。协议必须对委托资金的数额、委托期限、收益分配、双方权利与义务等作出具体规定。

(3) 管理运作。待客户资金到位后,管理便开始运作。操作中应做到专户管理、单独核算,不得挪用客户资金,不得骗取客户收益。同时还应遵守法律上的有关限制,防范投资风险。

(4) 返还本金及收益。委托期满后,按照资产委托管理协议要求,在扣除受托人应得管理费和报酬后,将本金和收益返还委托人。

世界各国对证券经营机构从事资产管理业务都有较为严格的规定。目前,我国只对资产管理业务中的证券投资基金制定了专门的法规。

4. 证券公司IB业务

IB(Introducing Broker)制度,是指机构或者个人接受期货经纪商的委托,介绍客户给期货经纪商并收取一定佣金的业务模式。IB制度起源于美国,在金融期货交易发达的国家和地区(美国、英国、韩国、我国台湾地区等)得到普遍推广,并取得了成功。

目前我国采用券商IB制度。券商IB制度是指券商担任期货公司的介绍经纪人或期货交易辅助人,具体业务包括招揽客户、代理期货商接受客户开户等。

三、证券交易方式

(一) 主要方式

1. 现货交易

现货交易又叫现货现金交易,它是指证券买卖成交以后,按当时的成交价格清算和交割的交易方式。它是证券交易中最古老的交易方式。从成交到交割的时间,各国长短不一,各种不同证券交易所也有所不同,包括当日交割(T+0)、次日交割(T+1)以及第三日交割等几种。可见,证券现货交易要求持有证券现货才能卖出证券,拥有足额资金才能买入证券。

2. 期货交易

期货交易又称期货合约交易,是指交易双方成交后,交割和清算要按契约中规定的价格和时间进行。在期货交易中,买卖双方签订合约时只需缴纳少量的保证金,只有到了约定的交割期时,买方才付货款,卖方才交出证券。

按交易性质来分,股票期货交易的参加者可分为套期保值者和投机者,其中套期保值者的目的主要是想将股票的价格固定,以减少投资风险;而投机者则通过自己对市场的预测来购买股票期货合约,如果其估计正确,则套期保值者少赚的利润就被投机者获取;如果其预测错误,则投资者的风险就被转嫁给投机者。

3. 信用交易

信用交易,又叫保证金交易或垫头交易,也就是通常所说的买空卖空,是指投资者在交付一定数额的保证金,并在允许的限度内,可通过经纪商借入资金购买证券或借入证券将其卖出。开展信用交易时,投资者必须签订一份抵押协议。协议赋予经纪商有将投资者利用保证金账户购买的证券作为贷款的担保品的权利。

保证金交易可分为保证金多头交易和保证金空头交易。

保证金多头交易是指当预料证券行情将上涨时,投资人可按照规定预缴一部分现款以买入价值较大的证券,证券价值超过自有资金的差额由经纪人设法垫付。当证券行情上涨后,投资者可将证券抛出,再将借款本息偿还与经纪人,从而获得较多的盈利。

同样,当投资者预期证券价格将下降时,便可向经纪人缴纳一定比例的保证金,而后由该经纪人垫付证券,并将其出售,这就是保证金空头交易。当证券价格下跌后,投资人再以市价买进同等数额的证券归还与经纪人,扣除佣金和垫款的利息后,其余额就是投资人卖出买进的差价收入。

4. 期权交易

期权是一种选择权,期权的买方向卖方支付一定数额的权利金后,就拥有在一定时间内以一定的价格购买或出售一定数量的证券的权利。期权的买方行使权利时,卖方必须按期权合约规定的内容履行义务。但买方可以放弃行使权利,此时买方只是损失权利金,同时,卖方则赚取权利金。总之,期权的买方拥有执行期权的权利,无执行的义务;而期权的卖方只是履行期权的义务。

(二)我国融资融券业务

1. 融资融券交易简介

融资融券交易又称"证券信用交易"或"保证金交易",是指投资者向具有融资融券业务资格的证券公司提供担保物,借入资金买入证券(融资交易,称为"买空")或借入证券并卖出(融券交易,称为"卖空")的行为。目前国际上存在的融资融券模式主要有四种:证券融资公司模式、投资者直接授信模式、证券公司授信模式以及登记结算公司授信模式。我国融资融券模式包括券商对投资者的融资、融券和金融机构对券商的融资、融券。

2. 融资融券交易申报

为维护证券市场秩序,保护投资者合法权益,我国证券监管部门要求证券公司加强投资者适当性管理,明确规定了投资者参与融资融券交易应具备的资产、交易经验等条件,以引导投资者在充分了解融资融券业务特点的基础上合法合规地参与交易。投资者参与融资融券交易时,先要开立信用证券账户和信用资金账户。

证券公司接受投资者融资融券交易委托,要按照证券监管部门所规定的格式进行融资融券交易申报,主要内容包括:①投资者信用证券账户号码;②交易单元代码;③标的证券代码;④买卖方向;⑤价格;⑥数量;⑦融资融券标识。

3. 初始保证金比例与维持担保比例

融资融券交易的特点在于一个"融"字,有"融"就要求投资者必须提供一定的担保和支付一定的费用,并在约定期内归还借贷的资金或证券。

融资融券交易有一个初始的保证金比例要求,即投资者自有资金的比例,称之为初始保证金比例。保证金包括投资者拥有的可上市交易的股票、证券投资基金、债券、货币市场基金、证券公司现金管理产品及其他证券充抵。其中,可充抵保证金的证券,在计算保证金金额时应当以证券市值或净值按一定的折算率进行折算。初始保证金比例由有关的金融监管部门规定,并且随时可以根据需要而调整。我国规定融资融券初始保证金比例不得低于50%。

根据融资融券交易的不同,初始保证金比例分为融资保证金比例和融券保证金比例。

融资保证金比例是指投资者融资买入时交付的保证金与融资交易金额的比例,计算公式为:

$$融资保证金比例 = 保证金 \div (融资买入证券数量 \times 买入价格) \times 100\%$$

融券保证金比例是指投资者融券卖出时交付的保证金与融券交易金额的比例,计算公式为:

$$融券保证金比例 = 保证金 \div (融券卖出证券数量 \times 卖出价格) \times 100\%$$

由于证券的价格是时刻变化的,因此,投资者提供的保证金的实际价值也处于时刻变化中。为了保证融资融券的安全,证券交易所通常设定一个最低的实际保证比例,称之为维护担保比例。

维持担保比例是指投资者担保物价值与其融资融券债务之间的比例,计算公式为:

$$\frac{维持担}{保比例} = \left(\begin{array}{c}现金+信用证券账户内\\证券市值总和\end{array}\right) \div \left(\begin{array}{c}融资买\\入金额\end{array} + \begin{array}{c}融券卖出\\证券数量\end{array} \times \begin{array}{c}当前\\市价\end{array} + \begin{array}{c}利息及\\费用总和\end{array}\right)$$

我国规定投资者维持担保比例不得低于 130%。证券公司有权按自己的要求将维护担保比例适当提高,但不能降低。一旦投资者账户的实际担保比例降至维护担保比例之下,证券公司便发出通知,要求投资者在 2 个工作日内通过存入现金或证券、偿还部分借款、卖出部分证券以偿还借款等措施追加担保物,确保追加担保物后的维持担保比例在 150% 以上。如果投资者未能按期交足担保物或者到期未偿还融资融券债务,证券公司有权卖出部分证券。

4. 融资融券交易功能

(1) 融资融券为投资者提供了新的赢利模式。融资融券交易为投资者提供了"买空"、"卖空"的可能。对于资金不足或长线持有蓝筹股的投资者而言,在股票上升趋势明朗的情况下,可以手头上的证券作为抵押,通过融资交易"买空"证券,只要证券价格上涨带来的差价收入足以抵消投资者需要支付的融资利息,投资者就可以获得收益。同样,融券交易将为投资者带来选择高估股票"卖空"的机会,再在该股票下跌后以更低的价格买入还给券商来获取差价收入。

(2) 融资融券的杠杆效应放大了投资者的收益与风险。融资融券最基本的投资策略之一就是向证券公司借钱或者借券放大交易,即利用融资融券的杠杆作用,投资者可以建立超出自有资金规模的多头(融资)或者空头(融券)头寸,放大自己的投资收益。必须指出,融资融券的杠杆效应也是一把"双刃剑",在放大了收益的同时,风险也随之增大。投资者在将股票作为担保品进行融资时,既要承担原有的股票价格变化带来的风险,又得承担新投资股票带来的风险,还得支付相应的利息或费用,如交易方向判断失误或操作不当,则投资者的亏损可能相当严重。

(3) 融资融券有助于发现证券内在价值和维护证券市场稳定。融资融券交易有助于投资者表达自己对某种股票实际投资价值的预期,引导股价体现其内在价值,并在一定程度上减缓了证券价格的波动,维护了证券市场的稳定。以融券交易为例,当市场上某些股票价格因为投资者过度追捧或恶意炒作而变得虚高时,敏感的投机者会及时地察觉这种现象,并通过借入股票卖空,从而增加股票的供给量,缓解市场对这些股票供不应求的紧张局面,抑制股票价格泡沫的继续生成和膨胀。而当这些价格被高估股票因泡沫破灭而使价格下跌时,先前卖空这些股票的投资者为了锁定已有的利润,将适机重新买入这些股票以归还融券债务,这样又增加了市场对这些股票的需求,在某种程度上起到"托市"的作用,从而达到稳定证券市场的效果。

四、证券交易程序

投资者买卖证券,要经过开户、委托、竞价与成交、交割与清算、过户等程序。

(一) 开户

投资者买卖证券一般通过委托经纪人的方式进行,需要在证券商处办理开户手续。同时,证券商要对要求开设账户的投资者进行资信等状况调查。开户时要同时开设证券账户和资金账户,证券交易以转账的方式进行。

(二) 委托

投资者开户后,即可委托证券经纪商代为买卖证券。对不同的交易市场而言,可允许的委托种类是不同的。

1. 市价委托

市价委托(Market Order)是指投资人限定数量而不限定价格,要求经纪商按当时最好的市价买卖证券。市场价委托的主要特点是速度快,交易量大,一般在投资者迫切需要买卖时使用,以消除不能及时成交所带来的价格风险。从国外经验来看,散户使用这种委托方式较机构多,说明散户对交易的即时性要求较高。另外,在卖出时使用市价委托较买进时的比例较高,表明投资人在出仓时对时机的要求比进仓要高。

2. 限价委托

限价委托(Limit Order)是指投资人除明确委托数量外,也限定了价格,经纪商不能违背客户指令以高于指定价格买入或低于指定价格卖出。换句话说,对于买入委托,投资者给出最高限价,经纪商只能以低于或等于最高限价的价格买入;对于卖出委托,投资者给出最低限价,经纪商只能以高于或等于最低限价的价格卖出。限价委托的好处是有利于客户控制买入成本和保证卖出收益,但也承担着因价格逆向变动所带来的无法成交的风险。

3. 止损委托

止损委托(Stop Order)可分为止损买进委托(Stop Order to Buy)和止损卖出委托(Stop Order to Sell)。前者是指投资者给定一个高于现行市价的止损价格,一旦市价涨至或高于该止损价格时,立即按市价委托买入;后者是指投资者给定一个低于现行市价的止损价格,一旦市价跌至或低于该止损价格时,立即按市价委托卖出。

投资人设立止损卖出委托的原因:① 保护既得利益。如某投资人以 8 元买入股票,现股价达到 10 元,他已获得 2 元的账面利润。这时他希望股价继续上涨以获得更多的利润,但又担心股价下跌使其利润减少甚至亏损,于是他将止损价定在 9.5 元,以保证每股可得利润1.5元(实际成交价可低于9.5元),进而防止股价继续或突然下跌而蒙受更大的损失。② 通过卖空建立空头头寸。如某投资人通过技术分析判断某股票价格只要跌穿某一价位,就会继续下跌,于是他就在此价位设定止损卖出委托。

投资者设立止损买进委托的原因:① 保证已建立的空头头寸的盈利。如某投资人以20元的价格卖空某股票,目前该股票市价为16元,他必须在数天内买进以完成结算。为防止市价上升遭受损失,他将买入价设在18元。② 如果指定价格处的交易产生技术买进信号,就买进某只股票。

止损委托与限价委托的主要区别在于指令对股价变动方向的影响不同。止损委托会加剧股价单边运动,而限价委托的成交会使股价呈相反方向运动。

4. 止损限价委托

止损限价委托(Stop Limit Order)是指对止损委托再作价格限制。也就是说,当市价触及所设止损价格时,该委托自动变成限价委托,必须比所限价格好或相同时才能成交。这种委托须设定两个价格:一个是止损价,另一个是限定成交价,二者可相同也可以不同。止损买进限价委托通常是后者高于前者,且二者均比市价高;止损卖出限价委托通常是后者低于前者,且二者均比市价低。这种委托并不能保证在市价触及或穿过止损价时一定能成交,对比止损委托而言,止损功能较差,一般较少使用。

例如,某股票市价为20元,一投资人提交止损限价卖出指令,止损价为18元,即市价落入18元或以下时,立即卖出;同时,再给出限定成交价17元,即只能在17元及以上成交。两者共同构成止损限价委托,即只能在17~18元之间卖出。

5. 触及市价委托

触及市价委托(Market-if-touched,MIT)是指一旦市价触及所设定价格时,该委托自动变成市价委托。MIT的委托功能与限价委托类似,但交易所交易规则一般不利于限价委托的执行,比较而言,MIT具有更高的成交概率。MIT与止损委托的最大区别在于,买进委托所设价格通常较市价低,卖出委托所设价格通常较市价高。

(三)竞价与成交

1. 竞价原则

证券交易所内的证券交易按"价格优先、时间优先"的原则竞价成交。

(1)价格优先。价格优先原则表现为:价格较高的买进申报优先于价格较低的买进申报,价格较低的卖出申报优先于价格较高的卖出申报。

(2)时间优先。时间优先原则表现为:同价值申报,依照申报时序决定优先顺序,即买卖方向、价格相同的,先申报者优先于后申报者。先后顺序按证券交易所交易主机接受申报的时间确定。

2. 竞价方式

目前,证券交易所一般采用集合竞价和连续竞价两种方式。

(1) 集合竞价。所谓集合竞价,是将全部有效委托进行一次集中撮合处理的过程。集合竞价确定成交价的原则:首先,在有效价格范围内,选取所有有效委托产生最大成交量的价位。如果有两个以上这样的价位,则依以下规则选取成交价:高于选取价格的所有买方有效委托和低于选取价格的所有卖方有效委托价格能够全部成交,与选取价格相同的委托的一方必须全部成交。如满足以上的价位仍有多个,则选取离上日收市价最近的价位。其次,进行集中撮合处理。所有买方有效委托按照委托限价由高到低的顺序排列,限价相同者按照进入撮合主机的时间先后排列。所有委托卖方有效委托按照委托限价由低到高的顺序排列,限价相同者按照进入撮合的时间先后排列,即按照"价格优先,同等价格下时间优先"的成交顺序一次成交,直到成交条件不满足为止。所有成交都以同一成交价成交。

集合竞价结束后,集合竞价中未能成交的委托,自动进入连续竞价。

(2) 连续竞价。连续竞价是指当买卖双方连续委托买进或卖出证券时,只要彼此符合成交条件,交易均可在交易时段中任何时点发生,成交价格也不断依买卖供需而出现涨跌变化。具体又可分为口头竞价、牌板竞价、书面竞价和电脑竞价等几种。

口头竞价是指场内交易员在交易柜台或指定区域内大声喊出自己买入卖出的证券价格、数量直至成交。同时辅以手势,以手指变动表示不同的数字,掌心向内表示买进,掌心向外表示卖出。

牌板竞价指买方的出价和卖方的要价都书写在交易牌板上,经纪通过牌板竞价直至成交。

书面竞价是场内交易员将买卖要求填写在买卖登记单上交给交易所的中介人,通过中介人撮合成交。

电脑终端申报竞价是指证券公司交易员在电脑终端机上将买卖报价输入到交易所的电脑主机,然后由电脑主机配对成交。

连续竞价确定成交价的原则:第一,最高买入申报与最低卖出申报价值相同,以该价格为成交价;第二,买入申报价格高于即时揭示的最低卖出申报价格时,以即时揭示的最低卖出申报价格为成交价;第三,卖出申报价格低于即时揭示的最高买入申报价格时,以即时揭示的最高买入申报价格为成交价。

目前,我国上海、深圳证券交易所同时采用集合竞价和连续竞价两种方式。在每个交易日上午9:15～9:25电脑撮合系统对接收的全部有效委托进行集合竞价处理,对其余交易时间的有效委托进行连续竞价处理。

3. 竞价结果

竞价的结果有三种可能:全部成交、部分成交、不成交。

(1) 全部成交。委托买卖全部成交,证券公司应及时通知委托人按规定的时间办理交割手续。

(2) 部分成交。委托人的委托如果未能全部成交,证券公司在委托有效期内可继续执行,直到有效期结束。

(3) 不成交。委托人的委托如果未能成交,证券公司在委托有效期内可继续执行,等待机会成交,直到有效期结束。对委托人失效的委托,证券公司须及时将冻结的资金或证券解冻。

(四) 清算与交割

证券的清算与交割是指证券交易达成后价款结算和证券交收的过程。清算和交割统称证券的结算,是证券交易中的关键一环,关系到买卖达成后交易双方责权利的了结,是市场交易持续进行的基础和保证。

证券的结算方式有逐笔结算和净额结算两种。逐笔结算是指买卖双方在每一笔交易达成后对应收应付的证券和资金进行一次交收,可以通过结算机构进行,也可以由买卖双方直接进行,比较适合以大宗交易为主、成交笔数少的证券市场和交易方式。净额结算是指买卖双方在约定的期限内将已达成的交易,按资金和证券的净额进行交收。该方式比较适合于投资者较为分散、交易次数频繁、每笔成交量较小的证券市场和交易方式。净额结算通常需要经过两次结算,即首先由证券交易所的清算中心与证券商之间进行结算,称为一级结算;然后由证券商与投资者之间进行结算,称为二级结算。

证券结算的时间安排,在不同的证券交易所因其传统和交易方式的不同而不同。目前在交收日的安排上可分为两种:一是会计日交收,是指在一个时期内发生的所有交易在交易所规定的日期交收;二是滚动交收,是指所有的交易安排与交易日后固定天数内完成。大多数国家的证券市场都采用滚动交收方式。但具体规定有别,有的规定在成交日后的第一个营业日,称其为 T+1 规则,有的规定在成交日后的第四个营业日,称其为 T+4 规则,等等。

我国目前证券结算对 A 股实行 T+1 交收,对 B 股实行 T+3 交收。

(五) 过户

所谓过户是指股权(债权)在投资者之间的转移。

从上述的结算过程可以看出,我国证券交易所的证券已实行"无纸化交易",对于交易过户而言,结算的完成即实现了过户,所有的过户手续都由交易所的电脑自动过户系统一次完成,无须投资者另外办理过户手续。

第三节 国债发行与交易

一、我国国债的发行方式

改革开放以来,我国国债发行方式经历了 20 世纪 80 年代的行政分配、90 年代初的承购包销和现在定向发售、承购包销和招标发行并存的发展过程,是一个不断趋向低成本、高效率的过程,且逐步走向规范化与市场化。

1. 定向发售

定向发售方式是指定向向养老保险基金、失业保险基金、金融机构等特定机构发行国债的方式,主要用于国家重点建设债券、财政债券、特种国债等品种。

2. 承购包销

承购包销方式始于1991年,主要用于不可流通的凭证式国债,它是由各地的国债承销机构组成承销团,通过与财政部签订承销协议来决定发行条件、承销费用和承销义务。这种发行方式已带有一定的市场因素。

3. 招标发行

招标发行是指通过招标的方式来确定国债的承销商和发行条件。根据发行对象的不同,招标发行又可分为缴款期招标、价格招标、收益率招标三种形式:

(1) 缴款期招标。缴款期招标是指在国债的票面利率和发行价格已经确定的条件下,按照承销机构向财政部缴款的先后顺序获得中标权利,直至满足预定发行额为止。

(2) 价格招标。价格招标主要用于贴现国债的发行,按照投标人所报买价自高向低的顺序中标,直至满足预定发行额为止。如果中标规则为"荷兰式",那么中标的承销机构都以相同价格(所有中标价格中的最低价格)来认购中标的国债数额;如果中标规则为"美国式",那么承销机构分别以其各自出价来认购中标数额。也就是说,"荷兰式"招标的特点是"单一价格",而"美国式"招标的特点是"多种价格"。

例如,在一场招标中,有三个投标人A、B、C,他们投标价格分别是85元、80元、75元,那么按照"荷兰式"招标,中标价格为75元。倘若按照"美国式"招标,则A、B、C三者的中标价分别是85元、80元和75元。

从2003年起,财政部对国债发行招标规则进行了重大调整,即在原来单一"荷兰式"招标基础上,增加"美国式"招标方式,招标的标的确定为三种,依次是利率、利差和价格。

(3) 收益率招标。收益率招标主要用于付息国债的发行,它同样可分为"荷兰式"招标和"美国式"招标两种形式,原理与上述价格招标相似。

招标发行是将市场竞争机制引入国债发行过程,从而能反映出承销商对利率走势的预期和社会资金的供求状况,推动国债发行利率及整个利率体系的市场化进程。此外,招标发行还有利于缩短发行时间,促进国债一级、二级市场之间的衔接。基于这些优点,招标发行已成为我国国债发行体制改革的主要方向。

二、国债承销程序

(一) 记账式国债的承销程序

1. 场内挂牌分销的程序

承销商在分得包销的国债后,向证券交易所提供一个自营账户作为托管账户,将在证券交易所注册的记账式国债全部托管于该账户中。同时,证券交易所为每一承销商确定当期国债各自的承销代码。在此后发行期中的任何交易时间内,承销商按自己的意愿确定挂牌卖出国债的数量和价格,进行分销。投资者通过交易所购买债券,买卖成交后,客户认购的国债自动过户至客户的账户内,并完成国债的认购登记手续。

2. 场外分销的程序

发行期内承销商也可以在场外确定分销商或客户,并在当期国债的上市交易日前向证券交易所申请办理非交易过户。证券交易所根据承销商的要求,将原先注册在承销商托管账户中的国债依据承销商指定的数量过户至分销商或客户的账户内,完成债券的认购登记手续。国债认购款的支付时间和方式由买卖双方场外协商确定。

(二)无记名国债的承销程序

1. 场内挂牌分销的程序

承销商在分得包销的国债后,立即确定各自无记名国债场内的注册数量和场外分销数量,以及各种券面的需求情况,由中央国债登记结算有限公司在发行期之前完成实物券的调运工作。同时承销商必须向证券交易所提供无记名国债托管的席位和注册账户。

2. 场外分销的程序

承销商在分得包销的国债后,所确定的那部分用于场外分销的国债,由承销商在发行开始前从中央国债登记结算有限公司在全国各大城市中的指定库房提取。发行期内,承销商以发售实物券的形式进行柜台销售或提供给分销商,完成国债的发行。

(三)凭证式国债的承销程序

凭证式国债是一种不可上市流通的储蓄型债券,主要由银行承销,各地财政部门和各国债一级自营商也可参与发行。承销商在分得所承销的国债后,通过各自的代理网点发售。

三、上市国债的交易特点

1. 国债的交易方式

国债现货交易采取 T+0 制,即国债现货交易允许实行回转交易,当天买进的债券当天可以卖出,当天卖出的债券当天可以买进。

2. 国债代码编制

深交所国债现货证券编码为10****,中间2位数字为该期国债的发行年份,后2位数字为其顺序编号。上交所国债现货证券代码为01****,中间2位数字为该国债的发行年份,后2位数字为其顺序编号。

3. 国债净价交易

所谓国债净价交易,是指在现券买卖时,以不含有自然增长应计利息的价格报价并成交的交易方式。也就是将国债成交价格与国债的应计利息分解,让交易价格随行就市,而应计利息则根据票面利率按天计算,从而使国债的持有人享有持有期间应得的利息收入。因此,在净价交易条件下,由于国债交易价格不含有应计利息,其价格形成及变动能够更加准确地体现国债的内在价值、供求关系及市场利率的变动趋势。

国债净价交易应计利息额的计算方法为:

$$应计利息额=票面利率\div 365(天)\times 已计息天数$$

上述公式各要素具有以下含义:

(1) 应计利息额:零息国债中是指发行"起息日"至"成交日"所含利息金额;附息国债中是指本付息期"起息日"至"成交日"所含利息金额。

(2) 票面利率:固定利率国债中是指发行票面利率;浮动利率国债中是指本付息期计息利率。

(3) 年度天数及已计息天数:1年按365天计算,闰年2月29日不计算利息;已计息天数是指"起息日"至"成交日"实际日历天数。

此外,国债交易计息原则是"算头不算尾",即"起息日"当天计算利息,"到期日"当天不计算利息;交易日挂牌显示的"每百元应计利息额"是包括"交易日"当日在内的应计利息额;若国债持有到期,则应计利息额是自"起息日"至"到期日"(不包括到期日当日)的应计利息额。

四、国债的回购交易

所谓国债回购交易,是指资金需求方以所持有的国债现券作为抵押,通过证券交易所向资金供应方借入资金并按期还本付息的融资方式。

(一) 国债回购的参与主体

国债回购交易的主体由融资方和融券方两个交易主体构成。

融资方是指放弃一定时间内的国债抵押券,获得相同时间内对应数量的资金使用权,期满后,以购回国债抵押权的方式归还借入的资金,并按照交易时的市场利率支付利息。在交易时做"买入"申报。融券方是指放弃一定时间内的资金使用权,获得相同时间内对应数量的国债抵押权,期满后,以卖出国债抵押权的方式收回借出的资金,并按照成交时的市场利率获取利息收入。在交易时做"卖出"申报。

一笔国债回购交易包括了成交日和到期日的两次交易,并通过"两次清算"的方式将回购的两次交易合并,投资者只需在成交日进行正向交易即可。

(二) 交易所国债回购的申报规定

(1) 申报方向:融资方申报"买入";融券方申报"卖出";

(2) 申报账号:回购交易按席位号进行交易清算,交易申报时可不输入证券账号或基金账号;

(3) 报价方法：按回购国债每百元资金应收（付）的年收益率报价。报价时，可以省略百分号(%)；

(4) 最小报价变动：0.005 或其整数倍；

(5) 申报单位：以"手"为申报交易单位，1 手等于 1 000 元面值；

(6) 最小交易单位：面值 10 万元，即 100 手；

(7) 每笔申报限量：最大不得超过 1 万手。

（三）交易所国债回购品种

目前上海交易所国债回购交易品种共有九种：1 天、2 天、3 天、4 天、7 天、14 天、28 天、91 天和 182 天等品种。

五、国债回购标准券和抵押券的规定

凡是在证券交易所挂牌交易的国债现券，均可用作国债回购的抵押券，国债回购一般实行百分之百足额抵押制度，有效控制风险。同时，为方便投资者，实行"标准券"抵押制度。所谓标准券，是指交易所对回购交易抵押的国债现券，实行标准化管理，即不分券种，统一按照面值及其折算率进行计算，成员单位国债回购结算主席位持有的现券量可作为抵押券，也称为"标准券"。

当前为了维护国债回购参与者的利益，体现市场的公正性，证券交易所在维持百分之百足额券抵押的原则下，又实行了按照季度调整上市国债现券折算成回购标准券比率的做法，折算后记入回购标准券的比率与该券在上一季度的平均值接近，但低于市值。

在回购融资成交后，因托管数量小于融资数量，后者因卖券行为导致库存减少，或者因为记账式国债未经"回购登记"即用作回购抵押，或因国债现券折算后比例下调等原因均会造成回购抵押标准券不足。产生这种情况后，交易所登记结算公司依其清算制度，以"卖空"国债现货的规定对融资方进行处罚。具体内容包括：① 扣留"卖空"部分资金；② 责令 3 天之内补充实物券；③ 从卖空发生后的第四个交易日起进行强行平仓，由此引起的损失由券商承担；④ 登记公司视情节轻重予以罚款、通报批评等处罚。

第四节 二板市场

一、二板市场及特征

二板市场又称第二板市场、第二交易系统，是与现有证券市场即第一板或主板市场相对应而存在的、主要面向中小企业的证券市场。目前，二板市场已成为全球资本市场的亮点。以 1971 年成立的美国纳斯达克市场为样板，欧洲 12 个国家 90 多家金融机构以欧洲证券经纪商协会（EASD）为母体，于 1996 年 9 月成立了欧洲证券经纪商协会自动报价市

场(EASDAQ);英国、德国也分别于1995年、1997年设立了"新市场";日本店头市场(OTC)、加拿大温哥华风险投资证券交易所、新加坡证券交易所的交易自动报价系统、马来西亚吉隆坡推出的二板市场、韩国首尔"高斯达克"、泰国的另类投资商场等相继建立并发挥重要作用;中国香港于1999年11月推出创业板;2009年10月中国创业板正式上市。

从近40年海外二板市场的实践来看,二板市场具有如下特征。

1. 前瞻性市场

二板市场对公司历史业绩要求不严,过去的表现不是融资的决定性因素,关键是公司是否有发展前景和成长空间,是否有较好的战略计划与明确的主题概念,市场认同的也是公司的独特概念与高成长性。以NASDAQ市场的@Home Network公司为例。@Home Network于1996年7月发行,该公司主要业务是利用公司在技术上的突破,即通过自己的网络提供因特网服务,使下载信息的速度大大超过传统的拨号方式。独特的概念刺激了投资者的需求,公司因此扩大了发行规模,并将发行价提高至9~11美元之间。发行日,公司股票涨幅超过130%,市值达15亿美元,随后,超过20亿美元。但是公司第一季度只有8万美元的收入,开支却达1 100万美元。显然投资者购买的是一家概念公司,而不是一家盈利丰厚的成熟公司。从这个意义上来讲,二板市场并非只是主板市场之外的一个市场,它具有很强的针对性,主要是吸纳那些能提供新产品与新服务,或公司运作有创意,具有较大增长潜力的公司。

2. 上市标准低

因为二板市场是前瞻性市场,因此其上市的规模与盈利条件都较低,甚至不对盈利作要求。如美国NASDQ小盘股市场仅需要10万股,中国香港创业板也仅要求公众持股的最低量为3 000万港元,均不要求有盈利记录。

3. 高风险市场

二板市场是高风险市场。与主板相比,二板市场上公司规模小、业务属于初创时期,有关企业业务属于新兴行业,缺乏盈利业绩,面临的技术风险、市场风险、经营风险以及内幕交易和操纵市场风险都很大,上市公司破产倒闭的概率也比主板要高。

4. 针对熟悉投资的个人投资者与机构投资者

由于投资高风险的特性,二板市场主要针对寻求高回报、愿意承担高风险、熟悉投资技巧的机构和个人投资者,包括:专项基金,如小盘股基金、高科技、电信或生物科技等行业基金;创业投资公司;共同基金;有经验的私人投资者。

二、二板市场的基本功能

从发达国家的实践来看,二板市场有如下基本功能。

1. 为中小型科技企业和处于初创阶段的企业提供一个持续融资的渠道

中小型科技企业在初创和成长阶段普遍需要大量的资本投入。尽管拥有先进的技术,但由于市场尚未开发或科技成果产业化尚未实现等因素的影响,这一时期的创利能力并不强,从而导致资本高投入与低产出之间的矛盾。无论在国内还是国外,中小型科技企业都曾经或正在面临融资的困境。二板市场的设立将使中小型科技企业或部分成长潜力较好的中小企业通过初次上市、增发新股、配股等途径获得企业发展所必需的资金。

2. 为风险资本提供一个退出渠道

二板市场作为风险资本市场的重要组成部分,它的功能是作为风险资本的退出渠道而刺激风险资本市场的发展。众所周知,如果没有便捷的退出渠道,风险投资资金就无法实现增值和循环流动,也无法吸引更多的资金投入风险资本市场。因此,从这个意义上讲,退出机制是风险资本市场的核心机制。现实中可供选择的退出渠道是多种多样的,包括在二板市场公开上市、股权协议转让和企业回购等。其中在二板市场公开上市是最为重要同时也是投资收益率最高的一种风险资本退出渠道。

3. 调整证券市场结构,完善资本市场体系

在经济发达的国家和地区,证券市场都体现出适应不同资本供给与需求的多层次特征。不同层次的市场服务于不同的企业,满足不同的资本供给与需求:主板市场主要是为国内、国际较大型的成熟企业融资提供支持,而二板市场则为成长潜力较大但规模不足的中小型企业融资提供服务,此外还有一些为更小型的企业提供服务的场外交易市场等。二板市场是资本市场体系中的一个重要层次。

三、美国 NASDAQ 市场

纳斯达克(NASDAQ),即全美证券交易商协会自动报价系统(National Association of Securities Deal ers Automated Quotations, NASDAQ),是全美证券交易商协会(National Association of Securities Dealers Inc, NASD)于 1971 年在华盛顿建立并负责其组织和管理的十个自动报价系统,是世界第一个电子股票市场。其最大特色在于利用现代信息技术建立了自己的电子交易系统,现已成为全世界最有影响的场外交易市场。

NASDAQ 之所以会取得成功,并成为世界各国"二板市场"或"创业板"学习的榜样,是因为 NASDAQ 有其极好的内在运行机制,具体包括以下内容。

1. 分层的市场结构

为了适应不同企业的发展需要,NASDAQ 市场最初分为二层:NASDAQ 全国市场(The NASDAQ National Market)和 NASDAQ 小型资本市场(The NASDAQ Small-CAP Market),在上市方面实行的是双轨制。小型资本市场的对象是高成长的中小企业或新兴公司,其中高科技企业占有很大比重;NASDAQ 全国市场的对象是具有一定规模的企业或经过小型资本市场发展起来的企业。2006 年 2 月,NASDAQ 宣布将市场分为三个层次:纳斯达克全球精选市场、纳斯达克全球市场(即原来的纳斯达克全国市场)以及

纳斯达克资本市场(即原来的纳斯达克小型股市场),进一步优化了市场结构。就财务和流通性方面而言,纳斯达克全球精选市场的标准高于世界上任何其他市场。

2. 独特的做市商制度

做市商制度(Market Maker Rule)是 NASDAQ 市场的核心之一,也是 NASDAQ 不同于其他交易所的主要区别所在。所谓做市商制度,也称为庄家制度。做市商是一些独立的股票交易商,为投资者承担某一只股票的买进和卖出。在 NASDAQ 做市商制度下,买卖双方无须等待对方的出现,只要有做市商出面承担另一方的责任,交易便算完成。这对于市值较低,交易次数较少的证券尤为重要。做市商为每只股票的买卖提供报价,有别于传统交易中由买卖双方出价形成的差价。它的透明度极高,投资者只要连通适当的通信系统,比如路透社网络,即可对市场上的买卖一目了然,而做市商也乐于报出最佳的可行价格。

NASDAQ 是一个由报价导向的股票市场,它采用先进的做市商制度,极大地推动市场交易的活跃和资金的流动性。一般每家公司至少应有两家做市商为其股票报价。为确保每只股票在任何时候都有活跃交投,每个做市商都承担资金,以随时应付任何买卖。

3. 高效率的电脑交易系统

NASDAQ 是一个完全电子化的交易市场,其在世界各地装置数量庞大的计算机终端,运用最先进的通讯技术向世界各个角落的交易商、基金经理和经纪人传送 5 000 多种证券的全面报价和最新交易信息。有 99.9% 的股票交易场所可以利用 NASDAQ 的交易系统进行交易,其管理与运作的效率很高。

4. 通畅的信息渠道

NASDAQ 的交易信息,依据使用需求提供不同的服务,分为三个层次:一是查询。一般是金融从业人员、投资者和其他有兴趣的人,利用市场信息终端查询实时交易资料,包括各种证券实时的最低卖价和最高买价报价、OTCBB(Over the Counter Bulletin Board)市场上做市商的报价、NASDAQ 市场指数、NASDAQ 市场各种证券,以及 OTCBB 市场中本国证券的收盘价和成交量、ADR 及 OTCBB 市场中的外国证券的收盘价和成交量。NASDAQ 的报价通过 30 多万个电脑终端输送到全世界,但不能输入交易指令和取得成交回报。二是经纪公司、金融机构通过 NASDAQ II 型工作站、市场信息机、终端/报价资讯,传输服务系统(Nasdaq Quotation Dissemination Service,NQDS)服务或电子通讯网络(Electronic Communication Network,ECN)查询做市商报价,且可以输入交易指令和得到成交回报。查询内容包括除第一层次的内容之外,还可以看到做市商的报价、查询每天的各项统计数据、每天的成交量和成交金额最大的证券、各种指数的最高、最低、收盘情况,还可以通过 NASDAQ 自动委托系统报单。三是做市商通过 NASDAQ II 型工作站以及交互应用程序查询、输入指令和报价。这是 NASDAQ 市场的核心,仅限于做市商,除了第一、第二层次的功能外,可以购入任何数量的证券、通过自动委托系统输入和执行指令、进行成交回报和清算、随市场变化输入指令、撤销、更新和调整报价、在90秒内报出各市场内的成交情况。在这里做市商得到的信息量最详细。

5. 严格的风险控制

NASDAQ的风险控制,其手段和措施已经法制化和程序化。它有两个手段:股票发行监管和交易活动监管。前者对在纳斯达克上市发行活动实行紧密监督,以维护市场秩序和投资者利益。其手段主要通过检查所有在媒体上披露的有关公司股票发行信息,并有权事先得到公司某些重要信息。对违规公司该部门有权责令其停止上市交易活动。交易活动监管是指该系统对所有上市企业的交易活动实行实时监管,以保证交易活动的真实性和秩序化。它通过这种监控系统的自动搜索和分析功能实时监视所有交易活动。对上市公司提供纳斯达克有关交易管理规定和有关法律法规。若发现违规则交有关部门进一步落实办理。这两种做法和分工并没有其他特别之处,但其手段的先进性和严密性有效地维护了市场秩序和投资者利益。

第五节 我国多层次资本市场体系

一、多层次资本市场概念与结构特征

所谓多层次资本市场,是指为满足不同投融资市场主体的资本要求而建立起来的有层次的配置资本性资源的市场体系。成熟的多层次资本市场应当能够同时为处于不同发展阶段、具有不同风险—收益特征的企业提供融资平台和股份交易服务,从而也为具有不同风险偏好特征的投资者提供匹配的证券产品。在市场规模上,多层次资本市场体现为"金字塔"型的结构特征。

通常来说,多层次资本市场包括以下几个层次:

(1)主板市场,是指在证券交易所内进行集中竞价交易的市场,主要为大型、成熟企业的融资和资本转让提供服务。这类市场如同金字塔的塔尖,是资本市场少而精的部分。

(2)二板市场,是指与主板市场相对应,专门为处于产业化阶段初期的成长型中小企业以及高科技企业提供资金融通的市场,由此构成金字塔的中间部位。

(3)场外交易市场(OTC),主要是帮助处于初创阶段中后期和成长阶段初期的中小企业解决资本金筹集、股权流转等问题,场外交易市场构成了资本市场金字塔的底座部分。

二、我国多层次资本市场体系架构

经过多年的发展,我国已基本形成股票市场和债券市场同步快速发展的格局。在股票市场内部,主板市场不断壮大,中小企业板、创业板创新发展,全国中小企业股份转让系

统快速做大,区域性股权市场定位渐趋清晰,证券公司柜台市场探索开始起步。从顶层设计的角度,我国正在构建交易所、全国性股权转让市场(简称"新三板")和场外交易市场三大层次,其中,交易所包括主板和中小板(简称"一板")、创业板(简称"二板"),场外交易市场包括区域性股权交易市场(简称"四板")及券商柜台市场(简称"五板"),最终将形成"正金字塔形"的多层次资本市场体系(见图2-1),以期更好地服务于多元化国民经济发展需求和多层次投资者投资需求。各层次的上市或挂牌企业准入门槛、投资者资质管理、信息披露要求、流动性、交易方式和监管方式等方面均有所不同,但本质上不是对立的,在满足相应板块准入要求的情况下可以自由转板。场内市场与场外市场之间的界限也是模糊的且也可以转化,差别仅在于流动性、价格发现模式、券商参与方式等。本节重点介绍我国发展最快的两大层次——全国性股权转让市场和场外交易市场。

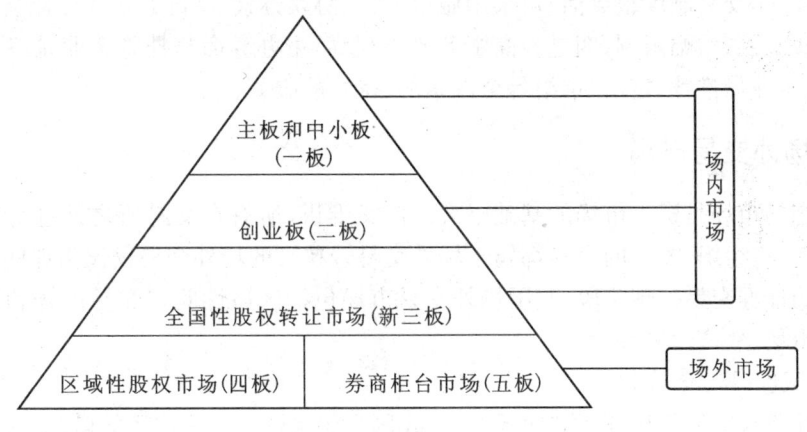

图2-1 我国多层次资本市场体系

三、全国性股权转让市场

全国性股权转让市场,即全国中小企业股份转让系统(National Equities Exchange and Quotations,NEEQ),又称"新三板",是经国务院批准设立的全国性证券交易场所,全国中小企业股份转让系统有限责任公司[①]为其运营管理机构。"新三板"市场将以较低准入条件和更便捷核准为特色,主要为创新型、创业性、成长性的中小微企业提供融资、并购等相关业务,为市场参与人提供信息、技术和培训服务。境内符合条件的股份公司均可通过主办券商申请在全国股份转让系统挂牌,公开转让股份,进行股权融资、债权融资、资产

---

① 2012年9月20日,公司在国家工商总局注册成立,上海证券交易所、深圳证券交易所、中国证券登记结算有限责任公司、上海期货交易所、中国金融期货交易所、郑州商品交易所、大连商品交易所为公司股东单位。

重组等。达到股票上市条件的挂牌公司，可以直接向证券交易所申请上市交易。因此，"新三板"是主板和创业板上市资源的"孵化器"和"蓄水池"。

"新三板"最早可以追溯到2006年1月开展的中关村科技园非上市公司股份报价转让系统。由于试点园区只有一个，规模和交易非常不活跃。2012年8月，国务院批准将试点园区扩展到武汉、上海和天津。2013年，受益于股转系统公司的成立及国务院、证监会的政策支持，代办股份转让业务推广到全国，对活跃交易起到了关键性作用。2014年8月，新三板做市商业务正式上线，开启了新三板发展的大时代。

与主板和创业板市场相比，"新三板"市场具有以下特点：一是企业准入门槛很低，对现金流、净资产和股本总额没有特别要求，只要具有持续盈利能力即可；二是投资者要求很高，以风险承受能力较强的机构投资者为主，个人投资者名下证券资产市值需达到500万元以上；三是交易制度很灵活，可采用做市方式、协议方式、竞价方式或证监会批准的其他转让方式，无涨跌幅限制；四是券商服务要求很高，主办券商与挂牌企业是终身捆绑关系，需要为企业做推荐、定增、重组等全链条的、持续的服务。

四、场外交易市场

场外交易市场是资本市场的基础层次。广义上讲，所有在交易所之外进行的各类证券交易，包括有组织、零散的交易都属于场外交易。狭义的场外交易仅仅指那些交易所之外有组织的证券交易。现阶段，我国场外交易市场包括区域性股权交易市场和证券公司柜台交易市场。

1. 区域性股权交易市场

区域性股权交易市场（简称"四板"），是我国多层次资本市场体系的塔基，为特定区域内的企业提供股权、债券转让和融资服务的私募市场，一般以省级为单位，由省级人民政府监管。目前，全国建成并初具规模的区域股权市场有：青海股权交易中心、天津股权交易所、齐鲁股权托管交易中心、上海股权托管交易中心、武汉股权托管交易中心、重庆股份转让系统、前海股权交易中心、广州股权交易中心、浙江股权交易中心、江苏股权交易中心、大连股权托管交易中心、海峡股权托管交易中心等三十几家股权交易市场。区域性股权交易市场将帮助解决更多基础层面的企业的融资和改制需求，促进企业完善治理结构、增强透明性以及接受市场监督与约束，为高层次资本市场提供储备。

就区域性股权交易市场挂牌推荐制度而言，大致形成了三大类型：一是以上海股权托管交易中心为代表的机构推荐与审核相结合的挂牌"推荐"机制；二是天津股权交易所的机构保荐与审核相结合的挂牌"保荐"机制；三是前海股权交易中心的注册制下无推荐或无保荐挂牌机制。大多数交易场所采用的是第一种类型的挂牌推荐机制。随着我国资本市场领域市场化改革的推进，结合区域性股权交易市场的定位，无机构推荐加注册制的挂牌核准方式将成为区域股权交易市场的主流。

2. 证券公司柜台交易市场

从成熟市场发展历史来看,证券公司柜台市场是整个资本市场体系的重要组成部分,是交易债券和衍生品的最大市场。在我国,证券公司柜台市场交易尚在试点中。中国证券业协会发布的《证券公司柜台市场管理办法(试行)》明确指出:证券公司柜台市场是指证券公司为与特定交易对手方在集中交易场所之外进行交易或者为投资者在集中交易场所之外进行交易提供服务的场所或平台。《管理办法》还明确,中国证券业协会委托中证机构间报价系统股份有限公司[①]为柜台市场提供互联互通服务。随着多层次资本市场体系的完善,证券公司柜台交易市场除了实现券商间联网或联盟外,还将走向与区域性场外市场的相互融合或协作。

证券公司柜台交易市场发行、销售与转让的产品包括:证券公司及其子公司以非公开募集方式设立或者承销的资产管理计划、公司债务融资工具等产品;银行、保险公司、信托公司等其他机构设立并通过证券公司发行、销售与转让的产品;金融衍生品及中国证监会、协会认可的产品。证券公司可以采取协议、报价、做市、拍卖竞价、标购竞价等方式发行、销售与转让私募产品,不得采用集中竞价方式。开展柜台市场业务的证券公司可以为在其柜台市场发行、销售与转让的私募产品提供登记、托管与结算服务。

相关链接

http://www.sse.com.cn——上海证券交易所

http://www.szse.cn——深圳证券交易所

http://www.cffex.com.cn——中国金融期货交易所

http://www.neeq.cc/index——全国中小企业股份转让系统

思考与练习

1. 如何正确理解证券发行市场与交易市场的关系?

2. 我国新股的发行方式有哪些?试找出近期上市公司招股说明书就该股发行方式加以说明。

3. 影响股票发行价格的因素有哪些?

[①] 原名中证资本市场发展监测中心有限责任公司,2013 年 2 月 27 日成立,是经中国证监会批准并授权中国证券业协会按照市场化原则管理的金融机构。2014 年 6 月 4 日,中国证监会批准市场监测中心变更经营范围,主要负责运营机构间私募产品报价与服务系统。中证资本市场发展监测中心有限责任公司于 2015 年 2 月 10 日完成改制工作,并更名为"中证机构间报价系统股份有限公司"。

4. 确定股票发行价格的方法有哪几种?
5. 证券交易市场的类型有哪些?
6. 我国股票成交竞价和成交的原则是什么?开盘价格是如何形成的?
7. 股指期货交易有哪些特点?
8. 目前我国国债的主要发行方式有哪些?上市国债交易有哪些特点?
9. 从企业融资的角度看,股权融资和债权融资各有什么利弊?
10. 什么是多层次资本市场?你认为我国构建多层次资本市场体系将对证券市场产生哪些影响?

第三章 宏观经济分析

证券投资基本分析认为证券都有其内在价值,且这一价值的高低取决于公司的股利和盈利前景。而公司的盈利前景又与宏观经济、行业环境息息相关。为此,证券投资基本分析通常从分析整体的经济状况开始,继而考察公司经营所处行业的外部环境对公司的影响,最后考察公司在行业内的相对地位以及盈利状况,借以确定公司股票的内在价值,并判断证券在市场上是否恰当定价。在这一章,我们主要介绍证券投资基本分析中的宏观经济分析。在证券投资领域中,宏观经济分析非常重要。只有掌握国民经济运行状况以及发展变化的大方向,才能判断证券市场的总体变动趋势,以期做出正确的长期投资决策;只有密切关注宏观经济政策因素的变化及其对证券市场的影响力度与方向,才能抓住证券投资的良机。本章主要包括三方面的内容:一是宏观经济分析方法;二是宏观经济分析与证券投资;三是股票市场的供求关系。

第一节 宏观经济分析方法

一、经济指标法

经济指标是反映经济活动结果的一系列数据和比例关系。证券投资的宏观经济分析可通过计算、分析和对比一系列反映经济活动的经济指标,以观察社会经济的发展轨迹或推断未来的发展趋势。习惯上,我们把经济指标分为三大类:

(1) 先行指标(Leading Indicator)。这类指标先于整体经济周期而动,包含着未来经济走向的提示性信息,可以用来判断未来经济发展的状况和变动方向,如货币供应量增减、股票价格指数变动率、社会平均或行业平均利润率等。根据历史经验和统计结果来看,这类指标大致超前实际现象数月到数年不等。

(2) 同步指标(Concurrent Indicator)。这类指标则与经济周期同步而动,反映的是国民经济正在发生着的情况,并不预示未来经济的变化趋势,如失业率、国内生产总值、居民储蓄率等。

(3) 滞后指标(Lagging Indicator)。这类指标的变动时间往往落后于国民经济情况的变动,反映国民经济已经发生的变化,如存贷款利率、结售汇汇率以及国家对外的负债率、偿债率等。通过观察滞后指标,可以推断下一阶段将可能采取的宏观经济政策。

不难理解,反映宏观经济的指标有很多。证券投资的宏观经济分析,关键是要选取那些能从各方面综合反映国民经济的基本状况,并与证券投资密切相关的经济指标。

二、计量经济模型

把影响宏观经济走势的指标作直接对比,只能抽象出一般的看法,要精确把握这些现象、因素与宏观经济的关系,就应借助于计量经济模型。所谓计量经济模型就是表示经济变量之间数量关系的方程式。通过计量经济模型,可以进一步研究、发现经济关系和经济活动数量规律,预见政策变化、行业调整、经济波动等方向甚至范围。

计量经济模型有三个要素:经济变量、参数、随机误差。经济变量是反映国民经济变动情况的量,分为内生变量和外变量两种。内生变量是由模型本身加以说明的量,是模型中的未知数,其数值需要通过方程求解。外生变量则是指不能由模型本身加以说明的量,是模型中的已知变量,由统计机构或其他部门定期或不定期公布,也可由自己推算。参数是一个常数,它反映变量之间相对稳定的比例关系。一般在分析某个变量的变动而引起另一变量的数值变化时,通常假定与之相关的其他变量保持不变。例如,我们为预测国民经济增长速度,往往假定在特定时期内,与此相关的资本输出、输入保持相对稳定,这里资本输出、输入的量就是参数。随机误差则是计量经济模型中那些不可预测的、随机产生的差错,主要用来纠正或调整模型中由于统计误差或者数据在整理、综合过程中产生的与实际存在之间的差错。随机误差有正有负,最终正负误差大致可以相抵,所以通常忽略不计。

证券投资的宏观经济分析,主要应用的是宏观计量经济模型,旨在总量上把握宏观经济运行的特征,说明宏观经济主要指标之间的数量关系。

运用计量经济模型的主要缺陷是容易忽略某些作用较大的变量,使模型的使用价值受影响。此外,即使对变量的预测结果正确,但由于转化为现实所需的时间无法确定,也会削弱模型的实际应用意义。

三、概率预测法

所谓概率,是指在一定状态和条件下,随机事件发生的可能性。概率论是一门研究随机现象规律的学科,虽发端于赌博,但很快在现实生活中找到多方面的应用。

在宏观经济分析中引入概率论的方法,在西方国家开始于 20 世纪初期,但到第二次世界大战后才开始蓬勃发展。这是因为当时政府干预经济取代自由市场自发调节措施成为各国解决经济衰退问题的主要手段,在多种市场并存、经济关系复杂的发达市场经济国家,要制定既反映经济主流又能把握数量标准的宏观政策,靠传统的直观对比、简单推算方法已力不从心,各种辅助决策的数学工具被开发利用起来,如计量经济学、管理运筹学、概率论等应运而生,各种宏观经济预测实践已成为政府制定财政、货币以及对外经济政策的主要依据。概率预测法的基本原理就是观察过去并预测未来，以现有的统计数字制定将来的发展规划。

概率预测方法运用得较多、且较成功的是对宏观经济的短期预测。宏观经济短期预测是指对实际国民生产总值及其增长率、通货膨胀率、失业率、利息率、个人收入、个人消费、企业投资、公司利润及对外贸易差额等指标的下一时期水平或变动率的预测。随着网络系统、通讯工具的广泛应用，概率预测所需的可靠、及时、精确、完善的信息资料更加充足，所预测对象的发展跨度也逐渐扩大。

第二节 宏观经济分析与证券投资

经济全球化是世界经济发展的重要趋势，其最突出的表现就是在全球范围内配置资源。国际经济环境一方面会通过影响公司的经营状况、投资者的心理预期等直接影响我国证券市场；另一方面又通过我国宏观经济运行和政策间接影响我国证券市场。因此，证券投资的宏观经济分析理应从全球经济入手。但就目前而言，人民币还没有实现完全自由兑换，同时证券市场是有限度的开放。因此，我国的证券市场受国际经济环境的直接冲击相对较小。为此，本节旨在分析国内宏观经济对证券市场的影响，即国内宏观经济运行和宏观经济政策对证券市场的影响。

一、宏观经济运行分析

证券市场素有"经济晴雨表"之称，这一方面表明证券市场是宏观经济的先行指标，另一方面也表明宏观经济运行将决定证券市场的长期趋势。而宏观经济运行是一动态、连续的过程，它既受经济系统内部因素的影响，如生产能力、消费水平等，又受系统外部因素的干扰，如自然灾害、政治与社会动荡等，且其变化与结果也不能为人们所直接接触到，只能通过经济增长、经济周期、失业、通货膨胀、利率、汇率等一系列互有联系的经济指标予以反映。以下就说明上述经济指标变动对证券投资的影响。

1. 经济增长对证券市场的影响

经济增长率也称经济增长速度，是反映一定时期经济发展水平变化程度的动态指标，也是反映一个国家经济是否具有活力的基本指标。经济增长的衡量方法是多种多样的。一般用国内生产总值(GDP)、国民生产总值(GNP)或人均国民生产总值等指标的增长速度来衡量。我国习惯于用国内生产总值(GDP)增长速度来表示。

那么，证券市场将对GDP的变动作出怎样的反应呢？我们可以将经济增长划分为持续、稳定、高速的经济增长、失衡状态下的经济增长、宏观调控下的经济减速增长等几种类型。这里，我们着重分析第一种，即国内生产总值持续、稳定、高速增长对证券市场的影响。

当国内生产总值持续、稳定、高速增长时，社会总需求与总供给协调增长，经济结构逐步趋向合理平衡,社会经济增长受需求刺激,并使得原来利用率不高的资源得到充分的利用,它表明经济发展势头良好,证券市场也必然呈上升走势。这是因为:

(1) 伴随总体经济增长,上市公司利润持续上升,股息与红利也会不断增加,企业经营环境改善,产销两旺,投资风险也越来越小,从而公司的股票与债券全面升值,促使价格上扬。

(2) 人们对经济形势形成良好的预期,投资积极性提高,从而增加了对证券的需求,促使证券价格上升。

(3) 随着国内生产总值的持续增长,国民收入和个人收入都不断提高,收入增加也刺激证券投资的需求,从而推动证券价格上涨。

不难理解,失衡状态下的经济增长是经济形势恶化的征兆,此时经济矛盾将显现出来,企业经营面临困境,居民实际收入也将降低,从而导致证券市场下跌;宏观调控下的经济减速增长,说明宏观调控措施较为有效,经济矛盾逐步得以缓解,为进一步增长创造了有利条件,从而促使证券市场呈平稳渐升的态势。

2. 经济周期对证券市场的影响

经济周期是宏观经济运行周期性变动的外部特征。所谓经济周期,是指经济活动沿着经济发展的总体趋势所经历的有规律的扩张和收缩。一般说来,经济周期大体上经历周期性的四个阶段:繁荣、衰退、萧条和复苏。

按照西方经济学的说法,假定开始时经济处于繁荣阶段,表明此时经济活动处于高水平的时期,就业增加,消费扩大,社会总产出逐渐达到了最高水平。但繁荣阶段不可能长时间维持下去。当消费增长放慢引起投资减少时,或投资本身下降时,经济就会开始下滑,继而使经济处于衰退阶段。在衰退阶段初期,一方面,由于消费需求与生产能力的偏离,使投资增加的势头受到抑制,随着投资减少,开始出现生产下降,失业增加;另一方面,因消费减少,出现产品滞销,价格下降,企业利润减少,从而使企业的投资进一步减少,最终使经济跌落到萧条阶段。此阶段的明显特征是需求严重不足,生产严重过剩,销售量下降,价格低落,企业赢利水平极低,生产萎缩,大量企业出现破产倒闭,失业增加。但萧条时期也不可能无限延长。随着现有设备的不断损耗,以及由消费引起的企业存货的减少,促使企业考虑增加投资,从而就业开始增加,产量逐渐扩大,使经济转入复苏阶段。在这一阶段,生产和销售回升,就业增加,价格也有所提高,整个经济呈现出上升的势头。随着生产和就业的进一步的扩大,价格上升,整个经济又开始走向繁荣,进入一个新的经济周期。

股票市场作为经济的晴雨表,将提前反映经济周期变化。总体上说,从经济繁荣初期开始,人们表现出对未来经济形势较好的预期,从而对公司的利润和发展前景也有好的预期,投资者开始购入股票,从而使得市场价格随之上扬。当经济走向繁荣时,更多的投资者认识到良好的经济形势已经到来,且此时公司经营形势已经好转,生产、销售以及利润的增加也支撑了证券价格的上升,即使证券价格的上升缓慢,投资者也可以从公司利润增加中获取较高的股息、债息,从而市场必然呈现大牛市走势。当经济繁荣接近顶峰时,部分投资者在综合分析经济形势的基础上,认为经济将不会再创高潮,于是悄然抛出股票,此时股价虽然还在上涨,但供需力量已逐渐发生转变。当经济形势逐渐被更多的投资者所认识,供求趋于平衡直至供大于求时,股价便开始下跌。当经济开始衰退时,股市将加速下跌。

3. 失业对证券市场的影响

失业率是评价一个国家或地区失业状况的主要指标。目前,国际上通用的失业率概念,是指失业人数同从业人数与失业人数之和的比例关系,反映一定时期内可以参加社会劳动的人数中实际失业人数所占的比重。而我国政府部门公布的失业率统计数字,是城镇登记失业率,是指城镇登记失业人数同城镇从业人数与城镇登记失业人数之和的比例关系[①]。一般认为,失业率更能准确反映就业水平和失业状况。

失业率高低是反映经济萧条还是繁荣的重要信号,萧条时期失业率通常较高;反之,繁荣时期失业率很低。

失业率高低将通过以下机制对证券市场产生影响。首先,失业率很高,表明企业资源未充分利用,存货积压很多,企业利润下降,股票价格必然随之下降;其次,失业率提高,意味着居民收入下降,从而对证券投资的需求下降;再次,失业率过高,必然促使人们对未来经济预期悲观,进一步降低证券投资需求。相反,失业率下降,表明经济转入复苏,社会资源将得到充分利用,企业利润增加,导致股票价格上涨。同时,人们收入提高,且对未来经济预期乐观,增加了证券投资需求。

4. 通货膨胀对证券市场的影响

通货膨胀是指一般价格水平的持续和显著的上涨,其实质是货币购买力下降。通货膨胀的程度通常用通货膨胀率来衡量。而通货膨胀率被定义为从一个时期到另一个时期一般价格水平变动的百分比。这里的价格不是单一的某个商品或某种服务的价格,而是一组能够反映社会商品和服务的总体价格水平变动的商品和服务的价格,通常用消费价格指数(Consumer Price Index,CPI)来表示。通货膨胀按其成因不同,可区分为需求拉动型、成本推动型和结构失调型等多种。

一般来说,通货膨胀不利于经济的长期发展,尤其是通货膨胀在社会财富和收入分配方面的影响以及由此引发的社会政治后果,是每一个国家的政府必须认真对待、审慎处理的问题。

由于通货膨胀在产量、就业、收入分配等方面所产生的影响比较复杂,分析通货膨胀对证券市场的影响一定要具体情况具体分析,必须从该时期通货膨胀的原因、程度、经济

---

① 目前,世界上许多国家一般都采用两种失业统计方法:一种是行政登记失业率;另一种是劳动力抽样调查失业率。

背景及政府可能采取的干预措施等方面入手。这里，我们只能就一般性的原则作以下几点说明。

（1）温和的、稳定的通货膨胀对股价的影响较小，在某种程度上还会对证券市场产生积极的影响。这种类型的通货膨胀，通常被理解是一种积极的经济政策结果，旨在调整某些商品的价格并以此推动经济增长。温和的通货膨胀可使企业名义资产增值，导致股票价格上涨。同时，温和的通货膨胀常伴随着经济增长，使人们对未来经济产生比较乐观的预期，从而推动股票价格上扬。

（2）如果通货膨胀在一定的可容忍范围内持续，而经济处于景气（扩张）阶段，产量和就业都持续增长，那么股价也将持续上升。

（3）严重的通货膨胀是很危险的，经济将被严重扭曲，货币加速贬值。这可能从两个方面对证券市场产生不利影响：其一，投资者对证券市场走势失去信心，开始囤积商品、购买房屋以期对资金保值，导致资金大量流出证券市场；其二，经济扭曲和失去效率，企业原材料、劳务价格等成本上升，经营严重受挫，赢利水平下降，甚至倒闭，股票价格随之下降。

（4）政府通常会运用某些宏观经济政策工具来抑制通货膨胀，这些政策必然对证券市场造成影响（宏观经济政策对证券市场的具体影响在后面阐述）。

（5）通货膨胀时期，并不是所有商品的价格（包括各种生产要素的价格，如工资、租金、利率等）都按同一比率变动，而是相对价格发生变化。这种相对价格变化会引起财富和收入的再分配，某些公司可能从中获利，而另一些公司可能蒙受损失。与之相对应的是获利的公司股票价格上涨，受损的公司股票价格下跌。

（6）通货膨胀不仅产生经济影响，还可能产生社会影响，并影响公众的心理和预期，从而对证券市场产生影响。

5. 利率对证券市场的影响

一般而言，利率是人们用以折现未来收益、评估证券价值的依据，也就是说某种证券价格实际上是未来该证券所能带来的所有收益的贴现值。因此，利率水平与证券价格之间表现为负相关。利率对证券市场的作用途径有二：一是影响上市公司的业绩；二是影响投资者的投资决策和资产选择。在这里，预期是一个不容忽视的因素，发挥着重要的作用。下面我们以利率上升为例加以说明。

（1）利率上升对上市公司业绩的影响。利率上升，首先会增加公司融资成本，从而降低利润；其次利率上升还会增加公司融资难度，有可能使公司不得不缩小生产规模。

（2）利率上升对投资者投资决策和资产选择的影响。由于证券市场的指数波动在很大程度上与证券市场的资金供求关系有关，因此，利率对证券市场的影响，更直接地体现为投资者通过利率与资产收益率的相互比较，从而调整其金融资产组合。投资者的金融资产主要分为两种：一种是无风险资产，主要是储蓄与国债；另一种是风险资产，主要是股票和企业债券。与此对应，投资者的投资收益也来源于无风险收益与风险收益。利率上升增加了投资者股票投资的机会成本,促使其将更多地投资于储蓄、国债等无风险资产,从而资金从证券市场流出,导致股票价格下挫。

(3) 利率上升对证券价值评估的影响。当利率上升时,投资者评估股票价值所用的折现率也会上升,股票价值会因此下降,从而股票价格相应下降。

必须指出,在开放经济条件下,利率上升将导致资本流入增加,股票价格受其影响可能会上涨。

6. 汇率对证券市场的影响

汇率变动主要包含两方面内涵:一是汇率水平波动;二是汇率制度变动。后者往往在短期内导致前者的发生并加剧其波动程度。汇率变动将促使资本流动方向、规模和速度发生变化,诱发投机现象,影响证券市场走势。

汇率对证券市场的影响是多方面的。一般来讲,汇率变动对国际化程度较高的证券市场影响程度较大,本币币值的大幅波动会影响国际投资者对该国的信心,造成资本外流,导致股价下跌。但对国际化程度较低的证券市场影响较小。具体说来,汇率变动通过三条途径影响证券市场:

一是通过影响证券市场决策行为来影响资本流动,最终影响证券市场价格。如外汇市场对本国货币形成升值预期,将在短期内吸引国际资本流入,以获得以本币计价资产升值的收益,导致证券资产价格上涨,并吸引更多的国际资本流入,进一步加大升值压力,推动证券价格上涨;反之,如果外汇市场产生本币贬值预期,则资本大量流出,造成证券价格剧烈波动,并加剧货币贬值。如果市场的上述预期因汇率制度变革而实现,那么这种预期将得以强化,推动汇率水平进一步的上涨或下跌。

二是影响上市公司进出口及收益水平。本币贬值意味着本国产品竞争力提高,短期内将刺激出口,限制进口。这样,出口型企业将增加收益,因而该类企业的股票和债券价格将上涨;相反,依赖于进口的企业成本增加,利润受损,该类企业的股票和债券价格将下跌。同时,本币贬值意味着进口商品价格提高,进而带动国内物价水平上涨,引起通货膨胀。为避免本币大幅贬值,政府则会提高利率以维持本币汇率水平,从而公司经营成本上升,利润减少,证券价格因而下跌;反之,本币升值则可提高购买力,降低进口成本,可以较低的价格收购国外企业,扩大对外投资。同时,本币升值则会抑制出口。

三是通过公开市场、外汇市场等领域操作影响证券市场。本币贬值时,为稳定汇率水平,政府可动用国际储备,抛售外汇,减少本币供应量,导致证券价格下跌。此外,也可利用债市与股市的联动关系进行操作,如在抛售外汇的同时回购国债,使国债市场价格上扬。

二、宏观经济政策分析

宏观经济政策一般包括财政政策、货币政策、收入政策和产业政策,其中,财政政策、货币政策、收入政策属于总量调控政策,将影响证券市场的总体波动,而产业政策是一结构性调控政策,它不影响证券市场的总体波动,仅影响行业、区域板块以及个股的价格变动。这里只阐述财政政策、货币政策和收入政策对证券市场的影响。有关产业政策对证券市场的影响将在第四章作详细阐述。

(一) 财政政策

1. 财政政策概述

财政政策是政府依据客观经济规律制定的指导财政工作和处理财政关系的一系列方针、准则和措施的总称。

财政政策有长期、中期、短期之分。各种财政政策都是为相应时期的宏观经济调控总目标服务的。财政政策的短期目标是促进经济稳定增长,主要通过预算收支平衡或财政赤字、财政补贴和国债政策等手段影响社会总需求,促进社会总需求和社会总供给趋向平衡。财政政策的中长期目标,首先是资源的合理配置,主要通过对供给方面的调控来制约经济结构形式,为社会总供求的均衡提供条件。比如,政府支出方向直接作用于经济结构的调整,财政贴息手段引导社会投资方向,以配合产业政策为经济持续稳定增长创造均衡条件。中长期财政政策另一个重要目标是促进收入的公平分配,主要做法是运用财政政策中的税收和转移支付手段来调节各地区和各阶层的收入差距,达到兼顾平等与效率,促进经济社会协调发展。

2. 财政政策的手段及功能

财政政策手段主要包括国家预算、税收、国债、财政补贴、财政管理体制、转移交付制度等。这些手段可以单独使用,也可以配合协调使用。

(1) 国家预算。国家预算是财政政策的主要手段,旨在全面反映国家财力规模和平衡状态。国家预算可以调节社会供求的总量平衡。在一定时期内,当其他社会需求总量不变时,财政赤字具有扩张社会总需求的功能;财政采用结余政策和压缩财政支出具有缩小社会总需求的功能。同时,国家预算的支出方向可以调节社会总供求的结构平衡。财政投资的多少和投资方向直接影响和制约国民经济的部门结构,因而具有造就未来经济结构框架的功能,也有矫正当期结构失衡状态的功能。

(2) 税收。税收是国家凭借政治权力参与社会产品分配的重要形式。由于税收具有强制性、无偿性和固定性特征,使得它既是筹集财政收入的主要工具,又是调节宏观经济的重要手段。

税收调节经济的首要功能是调节收入的分配。如通过税制的设置调节和制约企业间的税负水平;通过设置个人所得税以调节个人收入的差距。其次,税收可以调节社会总供求的结构。税收可以根据消费需求和投资需求的不同对象设置税种或在同一税种中实行差别税率,以控制需求数量和调节供求结构。此外,税收对促进国际收支平衡也具有重要的调节功能。出口产品的退税政策可用来鼓励出口,进口关税的设置用来调节进口商品的品种和数量。

(3) 国债。国债是国家按照有偿信用原则筹集财政资金的一种形式,同时也是实现政府财政政策、进行宏观调控的重要工具。

第一,国债可以调节国民收入初次分配形成的格局,将部分企业和居民收入以信用方式集中到政府手中,以扩大政府收支的规模。第二,国债可以调节国民收入的使用结构和产业结构,使部分用于消费的资金转化为投资基金,用于农业、能源、交通和基础设施等国民经济的薄弱部门和"瓶颈"产业的发展,调整固定资产投资结构,促进经济结构的合理化。第三,国债可以调节资金供求和货币流通量。政府可通过扩大或减少国债发行、降低或提高国债利率和贴现率以及中央银行的公开市场业务来调节资金供求和货币供应。

(4) 财政补贴。财政补贴是国家为了某种特定需要,将一部分财政资金无偿补助给企业和居民的一种再分配形式。

(5) 财政管理体制。财政管理体制是中央与地方、地方各级政府之间以及国家与各个企事业单位之间资金管理权限和财力划分的一种根本制度,其主要功能是调节各地区、各部门之间的财力分配。

(6) 转移支付制度。转移支付制度是中央财政将集中的一部分财政资金,按一定的标准拨付给地方财政的一项制度,其主要功能是调整中央政府与地方政府之间的财力纵向不平衡,以及调整地区间的财力横向不平衡。

3. 财政政策对证券市场的影响

从财政政策的运作来看,可分为松的财政政策、紧的财政政策和中性财政政策。总的来说,紧的财政政策将使得过热的经济受到控制,证券市场也将走弱;而松的财政政策刺激经济发展,证券市场走强。

松的财政政策主要通过降低税率、扩大财政支出以及减少国债发行等途径来实施。

降低税率的经济效应是:增加微观经济主体的收入以刺激经济主体的投资需求,从而扩大社会供给。对证券市场的影响为:增加人们的收入,并同时增加他们的投资需求和消费支出。前者直接引起证券市场价格上涨,后者则使得社会总需求增加。同时,企业税后利润增加,也将刺激企业扩大生产规模的积极性,进一步增加利润总额,从而促使股票价格上涨。此外,因市场需求活跃,企业经营环境改善,赢利能力增强,进而降低了还本付息风险,债券价格也将上扬。

扩大财政支出的政策效应是:扩大社会总需求,从而刺激投资,扩大就业。政府通过购买和公共支出增加商品和劳务需求,激励企业增加投入,提高产出水平,于是企业利润增加,经营风险降低,由此使得股价和债券价格上升。同时居民在经济复苏中增加了收入,持有货币增加,景气的趋势更增加了投资者的信心,买气增强,股市和债市趋于活跃,价格自然上扬。特别是与政府购买和支出相关的企业将最先从财政政策中获益,因而有关企业的股价和债券价格将率先上涨。

减少国债发行的政策效应是:缩减证券市场上国债的供给量,从而对证券市场原有的供求平衡发生影响。由于国债是证券市场上重要的交易券种,国债发行规模的缩减,将促使更多的资金转向股票、企业债券,整个证券市场价格水平趋于上涨。

紧的财政政策的实施途径、经济效应及其对证券市场的影响与上述分析相反,不再叙述。

（二）货币政策

1. 货币政策概述

所谓货币政策,是中央银行采用各种工具调节货币供求以实现宏观经济调控目标的方针和策略的总称,是国家宏观经济政策的重要组成部分。

货币政策对经济的调控是全方位的,其作用突出表现在以下几方面：

（1）通过调控货币供应总量保持社会总供给与总需求的平衡。在现代经济社会中,社会总需求表现为具有货币支付能力的总需求。货币政策可通过调控货币供应量达到对社会总需求和总供给两方面的调节,使经济达到均衡。当总需求膨胀导致供求失衡时,可通过控制货币量达到对总需求的抑制；当总需求不足时,可通过增加货币供应量,提高社会总需求,使经济继续发展。同时,货币供给的增加将促使利率下降,刺激投资增长和生产扩大,从而增加社会总供给；反之,货币供给的减少将促使利率上升,从而抑制社会总供给的增加。

（2）通过调控利率和货币总量控制通货膨胀,保持价格总水平的稳定。无论通货膨胀的形成原因多么复杂,从总量上看,都表现为流通中的货币超过社会所能提供的商品和劳务总量。提高利率可使现有货币购买力推迟,减少即期社会需求,同时也使银行贷款需求减少。降低利率的作用则相反。中央银行还可以通过金融市场直接调控货币供应量。

（3）调节国民收入中消费与储蓄的比例。货币政策通过对利率的调节能够影响人们的消费倾向和储蓄倾向。低利率鼓励消费,高利率则有利于动员储蓄。

（4）引导储蓄向投资的转化并实现资源的合理配置。储蓄是投资的来源,但储蓄不能自动转化为投资,储蓄向投资的转化依赖于一定的市场条件。货币政策可以通过利率的变化影响投资成本和投资的边际效率,提高储蓄转化为投资的比重,并通过金融市场的有效运作实现资源的合理配置。

2. 货币政策的目标与中介指标

在现代社会,货币政策的目标总体上包括:稳定币值（物价）、充分就业、经济增长和国际收支平衡。货币政策的目标之间关系十分复杂,有的比较协调,如充分就业和经济增长；有的存在矛盾,如稳定物价与充分就业；有的相对独立,如充分就业与国际收支平衡等。这就要求货币政策应在四个目标之间进行权衡,并根据当时经济环境有所侧重,解决主要矛盾。

由于货币政策目标本身不能操作、计量和控制,因而为实现货币政策目标需要选定可操作、可计量、可监控的金融变量,即中介指标。在市场经济比较发达的国家一般选择利率、货币供应量和基础货币等金融变量作为中介指标。其中利率和货币供给量对中央银行来说,调控力度和方便程度相对较弱,但作用过程离最终政策目标较近;而基础货币,中央银行对它们的调控能力和方便程度较强,但其作用过程离货币政策最终目标较远。根据我国实际情况,中国人民银行的货币政策的中介指标为:货币供应量、信用总量、利率和超额准备金率等。

3. 货币政策工具

货币政策工具又称货币政策手段,是指中央银行为实现货币政策目标所采用的政策手段。货币政策工具可分为一般性政策工具和选择性政策工具。

(1) 一般性货币政策工具。一般性政策工具是指中央银行经常采用的法定存款准备金率、再贴现政策和公开市场业务三大政策工具。

法定存款准备金率。法定存款准备金率是指一国金融当局规定商业银行提缴存款准备金的比率。中央银行调整法定存款准备金率,旨在通过增加或减少商业银行应缴存的存款准备金,进而影响商业银行的贷款能力和派生存款能力,以达到调节货币供应量的目的。

再贴现政策。贴现,是票据持票人在票据到期之前,为获取现款而向银行贴付一定利息的票据转让,是商业银行向企业提供资金的一种方式。再贴现,是商业银行或其他金融机构将贴现所获得的未到期票据,向中央银行作的票据转让,是中央银行向商业银行提供资金的一种方式。可见,贴现与再贴现都是以转让有效票据——银行承兑汇票为前提的。

再贴现政策一般包括再贴现率的确定和再贴现的要求两个方面。再贴现率主要着眼于短期政策效应。中央银行根据市场资金供应状况调整再贴现率,可以影响商业银行借入资金成本,进而影响商业银行对社会的信用量。中央银行对再贴现资格条件的规定则着眼于长期的政策效用,以发挥抑制或扶持作用,并改变资金流向。

公开市场业务。公开市场业务是指中央银行在金融市场上公开买卖有价证券,以此来调节市场货币供应量的政策行为。当中央银行认为应该增加货币量时,就在金融市场上买进有价证券(主要是政府债券);反之,就出售所持有的有价证券。

(2) 选择性货币政策工具。随着中央银行宏观调控作用的重要性加强,货币政策工具也趋向多元化,因而出现了一些供选择使用的新措施,这些措施被称为"选择性货币政策工具"。选择性政策工具主要有两类:直接信用控制和间接信用指导。其中,直接信用控制是指以行政命令或其他方式,直接对金融机构尤其是商业银行的信用活动进行控制,其具体手段包括规定利率限额与信用配额、信用条件限制、规定金融机构流动性比率和直接干预等;间接信用指导是指中央银行通过道义劝告、窗口指导等办法来间接影响商业银行等金融机构信用活动的做法。

4. 货币政策对证券市场的影响

货币政策的运作通常可分为松的货币政策和紧的货币政策。

松的货币政策的手段包括增加货币供应量、降低利率、买进有价证券、放松信贷控制等；相反，紧的货币政策的主要手段包括减少货币供应量、提高利率、出售有价证券、加强信贷控制等。

不同的货币政策对证券市场的影响也不相同。总体说来，松的货币政策会导致证券市场价格上涨，而紧的货币政策则导致证券市场价格下跌。下面以松的货币政策为例加以说明。

（1）松的货币政策意味着货币供应量增加，企业生产发展所需要的资金充足，利润上升，从而股票价格上扬。

（2）在松的货币政策下，社会总需求增大，刺激生产发展；同时居民收入提高，因而对证券投资的需求增加，两者均导致证券价格上扬。

（3）在松的货币政策下，银行利率随货币供应量增加而下降，致使证券价格上升。

（4）货币供应量的增加将引发通货膨胀，进而影响证券市场。

（三）收入政策

1. 收入政策概述

收入政策是国家为实现宏观调控总目标和总任务，针对居民收入水平高低、收入差距大小在分配方面制定的原则和方针。与财政政策、货币政策相比，收入政策具有更高层次的调节功能，一方面它制约着财政和货币政策的作用方向和力度，另一方面它最终也要通过财政和货币政策来实现。

收入政策目标包括收入总量目标和收入结构目标。收入总量目标着眼于近期的宏观经济总量平衡，着重处理积累和消费、人们近期生活水平改善和国家长远经济发展的关系，以及失业和通货膨胀的问题。收入结构目标则着眼于处理各种收入的比例，以解决公共消费和私人消费关系、收入分配差距等问题。

2. 收入政策对证券市场的影响

收入总量调控政策主要通过财政、货币机制来实施，当然还可以通过行政干预和法律调整等机制来实施。其中，财政机制主要通过调控预算、税收、补贴以及国债等手段来贯彻收入政策，货币机制则通过调控货币供应量、货币流通量、信贷方向和数量、利息率等手段来贯彻收入政策。

收入总量调控政策有紧分配和超分配两种。紧分配政策导致社会可分配收入减少，从而使流入证券市场的资金减少；同时，由于企业、居民收入增长率降低，使人们对未来经济预期不乐观，因而对证券投资的需求下降。而超分配政策则将刺激证券市场走强。当然，超分配政策必须适度，如果超越合理界限，则会导致通货膨胀，反而对证券市场产生不利影响。

收入结构政策也会对证券市场产生影响。如降低财政收入在社会总收入中的比重，则自然会增加企业与居民可支配收入，从而促进资金流入证券市场；反之，提高财政收入比重,则将减少企业与居民可支配收入,从而减少资金流入证券市场。

第三节 股票市场的供求关系

从长期来看,证券价格由其内在价值决定,但就中、短期而言,证券价格是由供求关系决定的,也就是说,证券价格的变化轨迹可以用证券供给曲线和需求曲线的变化来解释。由于各国证券市场的成熟程度不同,供求关系对证券价格的作用机制也不尽相同。比较说来,成熟证券市场的供求关系是由资本收益率引导的供求关系,即资本收益率水平对证券价格有着决定性的影响。而我国这样的新兴证券市场,证券价格在很大程度上由证券的供求关系决定,即由一定时期内证券的供给总量和需求总量的对比力量决定。由于我国债券市场较为不发达,这里仅介绍股票市场的供求关系。

一、影响我国证券市场供求关系的基本制度变革

中国证券市场走向成功需要进行制度变革。制度变革的重点,是让市场在资源配置中起决定性作用。为此,这里将影响证券市场供求关系的基本制度变革归纳为市场化、法制化和国际化三方面。

(一) 市场化

市场化是证券市场发展的重要驱动力。这里重点介绍股权分置改革、股票发行注册制改革和汇率制度改革。

1. 股权分置改革

股权分置是指上市公司的一部分股份上市流通,一部分股份暂不上市流通的现象。股权分置破坏了股份制同股同权同利的基本原则,扭曲了证券市场定价机制,导致公司治理缺乏共同利益基础,使得国有股权不能实现市场化的动态估值,以致不能形成对企业强化内部管理和增强资产增值能力的激励机制,制约了我国资本市场创新和国际化进程,不利于形成稳定的市场预期。

为此,2004年1月31日国务院发布了《关于推进资本市场改革开放和稳定发展的若干意见》,明确提出"积极稳妥解决股权分置问题"。2005年4月29日,中国证监会发布了《关于上市公司股权分置改革试点有关问题的通知》,标志着股权分置改革正式启动。同年5月9日,推出了三一重工、清华同方、紫江企业和金牛能源等4家股权分置改革的试点公司。2005年9月4日,中国证监会颁布了《上市公司股权分置改革管理办法》,意味着股权分置改革从试点开始转入全面铺开的新阶段。

股权分置改革是我国证券市场发展史上的"革命",其本质是要推动中国股市的市场化进程,强化资源配置、价格发现、解决激励与约束等资本市场的固有功能,稳定市场预期,谋求资本市场的长期稳定发展。

2. 股票发行注册制改革

股票发行审核制度是一个国家证券监管部门对股票市场进行监管的具体体现。自 1990 年上交所设立以来,证券监管部门直接设计和实施了股票市场从发行、上市、交易到退市的所有制度,拥有对股市各项制度安排的决策权、管制权和干预权,使得股市运行状况和发展路径带有较强的政府意志。股票发行审批制就是政府管制表现之一,谁能上市、什么时候上市、发行多少新股、每股卖多少钱等都被行政审批牢牢把控,企业无法自主。

推进股票发行注册制改革,是涉及市场参与主体的一项牵牛鼻子的系统工程,更是证监会推进监管转型的重要突破口,是将公司上市决策权交还给市场的表现。注册制意味着主管机构将大幅减少行政审查的环节,只负责审查发行申请人提供的信息和资料是否履行了信息披露义务,上市与否、定价高低都由市场决定,股票发行成败的责任(以及发股后的履责)由发行人全部承担,自主判断、自由选择也被认为是投资者不可剥夺的权利,即"卖者有责,买者有责"。因此,注册制将激活中国人创新和创业的热情,提升企业直接融资比例,使股票市场逐步成为未来中国最大的资金池。

3. 汇率制度改革

2005 年 7 月 21 日,中国人民银行发布公告:经国务院批准,我国开始实行以市场供求为基础、参考一篮子货币进行调节、有管理的浮动汇率制度。从单一盯住美元到参考一篮子货币,实行以市场供求为基础的、有管理的浮动汇率制度,体现了中国市场化改革的方向和目标。2010 年 6 月 19 日,中国人民银行再次宣布,在 2005 年汇率改革基础上进一步推进人民币汇率形成机制改革,增强人民币汇率的弹性。

汇率制度改革将给我国证券市场带来重大的影响,实质是证券资产价格的重新估值问题。就其影响途径来看,主要来源于两方面:一是人民币汇率变动必将改变我国现有进出口状况,进而影响对进出口依存度大的上市公司的基本面及业绩,同时汇率杠杆也将促进行业格局重整优胜劣汰,提升企业竞争力;二是人民币汇率变动将吸引国际投机资本,以正规和非正规渠道进入中国证券市场。可见,汇率制度改革将改变我国资本市场的投资价值和境外资本流动,从而改变证券市场的资金供应状况。

(二) 法制化

法制化是证券市场发展的另一驱动力。这就要求《证券法》的修订与《公司法》、《刑法》同步进行。

2005 年 10 月 27 日,中共十届全国人大常委会第十八次会议审议通过了新修订的《中华人民共和国证券法》和《中华人民共和国公司法》,并于 2006 年 1 月 1 日开始施行。《证券法》和《公司法》的修订出台,标志着中国证券市场法制建设迈入一个新的历史阶段,其主要内容和基本精神包括:①积极稳妥推进市场创新;②切实加大对投资者的保护力度;③完善上市公司治理和监管;④促进证券公司的规范和发展;⑤完善证券发行、上市制度。此外,新《证券法》还调整了证券登记结算制度,充实了证券监督机构的执法权限和手段,细化了对证券违法行为的处罚等。

不难理解,《证券法》和《公司法》的修订完成,表明我国资本市场改革和发展的基础性工作已取得重要进展,并为今后从根本上解决影响我国资本市场发展的深层次问题和结构性矛盾创造了条件。随着贯彻执行新《证券法》和新《公司法》的各项工作的进一步深入,资本市场的外部环境将会不断优化,市场发展的内在基础也将更加稳固,我国的资本市场将真正走上一条持续健康、稳定发展的道路。

（三）国际化

证券市场国际化意味着资本市场对外开放,包含两方面的含义,即服务性开放和投资性开放。

服务性开放是金融服务业开放的主要内容之一,具体内容包括:①允许投资银行、可以经营证券的商业银行、资产管理公司、各种基金(如养老基金、对冲基金、保险基金等)及基金管理公司、律师事务所、投资咨询公司等外国资本市场中介机构在本国资本市场上为证券投融资提供各种服务;②允许本国资本市场中介机构在其他国家的资本市场上为证券投融资提供各种服务。

投资性开放是与资本账户自由化相关的一个概念,是指资金在国内与国际资本市场之间的自由流动。资本市场的投资性开放又包括两方面的含义:①融资开放,即允许本国居民在国际资本市场上融资和外国居民在本国资本市场上融资;②投资开放,即允许外国居民投资于本国的资本市场和允许本国居民投资于国际资本市场。投资性开放的结果是资本可在全球范围内充分配置,使全球任何地方的资本资产的价格趋于一致。

B股的发行开启了中国证券市场向境外投资者开放的步伐。以1992年年初上海、深圳在中国率先向海外发行B股为标志,中国证券市场开始了向境外投资者发行人民币特种股票,并在两个交易所挂牌交易的有益尝试。2001年2月19日,中国证监会等作出了允许境内居民用自有外汇投资B股市场的决定,由此局部实现了证券市场投资的双向国际化。

境外筹资打通了中国证券市场国际化的融资渠道。在证券筹资方面,内地企业开始在境外多个市场上发行股票与基金。1993年起,中国允许部分国有大型企业到香港股票市场发行股票,即H股。此后,部分企业在美国纽约证券交易所发行股票,称为N股。进入2000年后,部分民营高科技企业到香港地区创业板和美国NASDAQ上市筹集资金,标志着中国证券市场市场国际化进入一个新的发展时期。

QFII和QDII促进了证券市场的国际化对接。QFII(Qualified Foreign Institutional Investors),称为"合格的境外机构投资者",是指允许经核准的合格境外机构投资者,在一定规定和限制下汇入一定额度的外汇资金,并转换为当地货币,通过严格监管的专门账户投资当地证券市场,其资本利得、股息等经审核后可转为外汇汇出的一种市场开放模式。2002年11月5日,中国人民银行和中国证监会联合发布了《合格境外机构投资者境内证券投资管理暂行办法》,正式决定推出 QFII,这是一国在货币没有实现完全可自由兑换、资本项目尚未开放的情况下,有限度地引进外资、开放资本市场的一项过渡性的制度。QDII(Qualified Domestic Institutional Investors),称为"合格的境内机构投资者",是指在一国境内设立的,经该国有关部门批准从事境外证券市场的股票、债券等有价证券业务的证券投资基金。2006 年 7 月 21 日,国家外汇管理局公布了首批获得代客境外理财资格的银行及购汇额度。和 QFII 一样,它也是在货币没有实现完全可自由兑换、资本项目尚未开放的情况下,有限度地允许境内投资者投资境外证券市场的一项过渡性的制度安排。

沪港通的推出标志着证券市场的国际化进入新的历史阶段。沪港通是指上海证券交易所和香港联合交易所允许两地投资者通过当地证券公司(或经纪商)买卖规定范围内的对方交易所上市的股票,是沪港股票市场交易的互联互通。沪港通由中国证监会在 2014 年 4 月 10 日正式批复,并开展互联互通机制试点。2014 年 11 月 17 日,沪港通开通仪式在香港交易所举行,标志着沪港通正式开通。随着沪港通的落地和运行,深港通和台沪通的实施也逐步走向前台,标志着我国证券市场的国际化进程进入一个新的历史阶段。

二、股票市场的供给及决定因素

(一)股票市场的供给方

经过 20 多年的发展,我国初步形成了由交易所内的主板、中小板、创业板和全国中小企业股份转让系统以及区域性股权交易场所构成的股票市场体系。沪深交易所是股票市场的主体。股票市场的供给主体是上市公司,股票供给总量由已经上市的股票存量和新上市的股票增量两部分构成。自 1990 年我国设立证券交易所以来,上市公司数量逐年增加,2014 年我国沪、深证券交易所上市公司达到 2613 家,全国中小企业股份转让系统 1572 家,区域性股权交易市场 14952 家;股票市值位居世界第二。

(二)股票市场供给的决定因素

股票市场的供给主体是上市公司,其数量多少取决于以下因素。

1. 制度因素

除了前述的影响我国证券市场供求关系的基本制度变革外,影响股票市场供给的具体性制度因素主要有发行上市制度、市场设立制度和股权流通制度等。

从发行上市制度来看,1999 年前,我国采取的是额度控制和地方政府推荐企业的股票发行制度。随着 1999 年 7 月 1 日《证券法》的颁布实施,股票发行制度逐步走向市场化,2001 年 3 月 17 日正式取消额度制,改而采取股票发行核准制。中共十八届三中全会明确提出推进股票发行注册制改革,其本质是股票发行过程更加制度化、透明化和可预测。注册制将打开直接融资通道,使上市资格不再稀缺,促使大量处于不同发展阶段的中小企业获得公平竞争的上市机会,增加股票供给。

从市场设立制度来看,市场的增加或减少会影响市场股票的供给,新增市场会增加整个市场股票的供给;反之,则相反。多层次资本市场体系建设使得我国资本市场从交易所市场扩展到全国性股权转让、区域性股权市场以及券商间的柜台市场,有些市场还将根据企业发展的不同阶段作进一步的细分。不难看出,中国股票市场体系在形式上已呈现出"层次性",必将促进更多企业成为上市公司,从而增加股票供给。

从股权流通制度来看,由于历史原因,我国证券市场做出了国有股、法人股暂不流通的安排。非流通股的存在扭曲了证券市场定价机制,导致了公司治理缺乏共同利益基础,降低了证券市场运行效率,从而制约了我国证券市场的规范发展。为此,国务院证券监督管理部门于2005年4月实施股权分置改革,使中国证券市场股权流通制度出现根本性变革。随着越来越多的上市公司完成股权分置改革,市场上的流通股供给将不断增加。

2. 宏观经济环境

如果宏观经济运行良好,企业增加投资的愿望强烈,从而融资需求增加,这时将有更多的企业申请公开发行股票,包括增发或首发。同时,投资者因预期良好从而积极参与认购,使公司公开发行股票成为可能。这样,上市公司数量日益增加,股票市场的供给也相应增加。

3. 上市公司质量

上市公司的质量状况直接影响投资者的收益和心理,从而影响股票市场的供给。质量高的上市公司,易于为股票市场所接受,因而有利于股票供给的增加;反之,质量低的上市公司,其股票难以被市场接受,因而对股票的供给增加不利。

三、股票市场的需求及决定因素

(一)股票市场的需求方

股票市场的需求主体就是股票投资者。根据投资者的行为主体不同,可分为个人投资者和机构投资者。

1. 个人投资者

个人投资者为自然人,指从事证券买卖的居民。个人投资者是否直接参与股票买卖,也与股票市场的成熟程度有关。在发达股票市场上,个人投资者大多不直接参加股票市场的买卖。他们有的通过股票经纪人买卖股票,有的通过购买投资基金的方法来间接地参与股票买卖。

2. 机构投资者

机构投资者是相对于个人投资者而言的。广义地说来,一切参与证券市场投资的法人机构都可以称作机构投资者。它既包括开放式基金、封闭式基金、社保基金,也包括参与证券投资的保险公司、证券公司、合格境外机构投资者,还包括一些投资公司和企业法人。

到 2014 年年底,我国沪、深两市共有账户 24 346.35 万户,其中,个人投资者 21 725.17 万户,占总账户数的 89.23%,机构投资者 2 621.18 万户,占总账户数的 10.77%,这说明目前在我国股票市场上仍然是以个人投资者为主。但从开户的增长率来看,2014 年期末机构投资者开户数比 2000 年增加 2 594.02 万户,年均增长 38.5%;个人投资者开户数 2014 年期末比 2000 年增加 15 629.11 万户,年均增长 9.5%。这说明在我国股票市场上,机构投资者的力量正在快速壮大。

根据投资股票市场的目的不同,投资者还可分为长期投资者和短期投资者。长期投资者强调长期持有股票,只要基本面没有发生变化,不会轻易卖出,旨在获得公司的分红。而短期投资者注重短期买进卖出股票以获得差价收入。有时也将短期投资者称为"投机者"或信息驱动交易者(Information-motivated Traders),他们相信自己拥有关于某种股票的尚未被他人掌握的信息,由此认定该股票被市场错误定价,可通过买卖该股票来获利。由于信息驱动交易者的存在,各种股票的内在价值总能被挖掘出来,并且反映在股票价格上。

(二)股票市场需求的决定因素

股票市场的需求总量是指能够进入股票市场购买股票的资金总量,其大小除了受前述影响我国证券市场供求关系的基本制度变革外,主要受以下因素影响。

1. 政策因素

除了前述影响我国证券市场供求关系的基本制度变革外,影响股票市场需求的政策因素主要包括:

(1)市场准入。由于中国股票市场还处于不太成熟的发展阶段,有关部门为了防范股票市场的风险,对进入股票市场的投资主体有着严格的规定,一些不符合规定的资金不能进入股票市场,场外交易市场准入更为严格。随着中国股票市场的不断成熟,有关部门会逐步开放股票市场,使进入股票市场的投资主体越来越多,为股票市场提供新的增量资金,扩大股票市场的资金供应量。

(2)证券公司增资扩股。证券行业是资金密集型行业。有关部门为了进一步提升证券公司的抗风险能力和竞争力,大力扶持有条件的证券公司增资扩股,使得证券公司的自身资金实力得到明显的增强。证券公司资金实力的增强,有助于增加股票市场资金的供应量。

(3)银证保合作。尽管中国目前选择的是分业经营模式,但分业不等于业务上不合作。有关部门提出在坚持分业经营的基础上,鼓励金融机构开展中间业务,鼓励商业银行、证券公司和保险公司进行业务创新和相互代理,从而拓展了银行和证券在分业体制下的合作范围。例如,利用银行营业网点分布广的优势,储户可在银行的柜台上进行证券代理服务,从而扩大了投资者队伍,增加了股票市场的资金供应量。随着银证合作范围的进一步扩大,银行资金将会通过各种渠道逐步间接地进入股票市场,股票市场的资金供应量也将随之增加。

(4) 融资融券。融资融券允许投资者借钱买股票或借股票卖出,且我国融资融券模式包括券商对投资者的融资、融券和金融机构对券商的融资、融券,不但为投资者利用融资融券的杠杆来建立超出自有资金规模的多头或者空头提供了可能,还打通了银行与券商之间的资金流动,必然导致股票市场的资金供应量随之增加。

2. 宏观经济环境

如果宏观经济运行良好,银根较松,整个社会的资金供给就会呈现出比较充裕的局面。同时,由于宏观经济向好,上市公司盈利前景改善,将会促进投资者增加对股票的需求,有效增加股票市场的资金供给量。反之,如果宏观经济的前景堪忧,整个社会的资金供给就会呈现出比较紧张的局面,而且由于投资者调低对上市公司业绩的预期,会减少对股票市场的投资,减少股票市场的资金供应量。

3. 居民金融资产结构的调整

居民的金融资产主要由银行存款、基金、股票、债券及信托资产等构成。中国居民以前金融资产的绝大部分是银行储蓄,股票、基金等证券投资占金融资产的比例相当小。就目前而言,股票、基金等证券投资占中国居民金融资产的比例仍然偏低。但是,随着人民生活水平的不断提高、金融投资意识的加强,股票与基金投资占个人金融资产的比例会不断提高,而且这种变化趋势是长期的。可以预计,居民金融资产结构的调整将给股票市场带来大量的增量资金,增加我国股票市场的资金供应量。

4. 机构投资者的培育和壮大

机构投资者与个人投资者相比,具有投资管理专业化、投资结构组合化、投资行为规范化等特点,因而其发育程度被视为评价市场稳定性和成熟程度的重要指标。20世纪90年代以来,美国等发达国家股票市场上机构投资者得到了快速的发展。这是因为以个人投资者为主的市场结构及其所形成的股权结构的高度分散影响了股票市场的有效性,而机构投资者的发展不但改变了股票市场的投资者结构,还通过参与公司治理提高了上市公司的竞争力和可持续发展能力。

1999年,我国政府允许国有企业、国有控股企业、上市公司等三类企业资金进入股票市场,标志着证券市场开始了由散户投资者为主体向以机构投资者为主体的结构转变过程。如上所述,尽管我国股票市场仍以个人投资者为主,但机构投资者的力量正在快速壮大,年均增长速度是个人投资者同期增长速度的4倍。为了培育机构投资者,我国有关部门也采取了一系列政策措施。不难想象,随着证券市场的发展,我国也将形成以证券投资基金、证券公司、保险公司、社会保障基金、QFII、信托公司、财务公司和企业法人等为主体的成熟的机构投资者的格局。随着机构投资者队伍的不断成熟与壮大,股票市场的资金供应总量也将不断增加。

相关链接

http://www.sdpc.gov.cn——中华人民共和国国家发展和改革委员会
http://www.pbc.gov.cn——中国人民银行
http://www.stats.gov.cn——国家统计局
http://www.mof.gov.cn——中华人民共和国财政部

思考与练习

1. 证券投资宏观经济分析的主要方法有哪些？
2. 什么是宏观经济先行指标、同步指标和滞后指标？
3. 只要是经济增长，就一定有利于证券市场吗？试就近五年我国 GDP 增长和上证指数变化情况加以说明。
4. 通货膨胀对证券市场的影响是很复杂的，请根据不同程度的通货膨胀加以具体分析。
5. 试说明利率变化对证券市场的影响。
6. 影响我国证券市场的政策主要有哪些？请阐述具体的作用机制。
7. 试阐述股票市场供给与需求的决定因素。
8. 试简述本币升值或贬值对一国证券市场的影响。
9. 查找、阅读相关研究部门发布的关于股市的宏观经济分析报告，并谈谈你的体会。

第四章 行业分析

证券投资的行业分析是介于宏观经济分析与公司分析之间的中观层次的分析,是证券投资基本分析的重要环节。行业是指由提供相近或者替代的商品或服务,在相同或相关价值链上共同构成的,具有某种共同特性的企业的集合。因此,行业的主体是企业集合,核心是商品或劳务。不同行业之间经营状况的差别是明显的,其风险-收益特征也各不相同,因此,我们需要分析各行业所属的市场类型、竞争结构、所处的生命周期、在经济周期的不同阶段的业绩表现以及行业的业绩对证券价格的影响,界定行业在国民经济中的地位,了解技术进步、政府政策、社会习惯以及经济全球化等因素对行业兴衰的影响,并借助产业链和价值链分析,以期在产业发展和演变中筛选出最具增长潜力的行业,进而确定最具投资价值的上市公司。本章主要介绍两方面的内容:一是行业的一般特征分析;二是影响行业发展的因素;三是产业链与产业价值链分析。

第一节 行业的一般特征分析

行业的市场类型、竞争结构、对经济周期的敏感性、所处生命周期阶段等因素,将影响其赢利水平和经营的稳定状况。

一、行业市场类型分析

市场类型就是市场竞争或垄断的程度。根据该行业中企业数量、产品性质、价格制定和其他一些因素,各行业基本上可以分为四种市场类型:完全竞争、垄断竞争、寡头垄断、完全垄断。

1. 完全竞争型

完全竞争型市场是指竞争不受任何阻碍和干扰的市场。其主要特点是:

(1) 生产者众多,各种生产资料可以完全自由流动。

(2) 所有企业向市场提供的产品都是同质的、无差别的。

(3) 企业是价格的接受者,而不是价格的制定者,也就是说企业不能够影响产品的价格。

(4) 生产者和消费者对市场情况非常了解,并且可随意进入或退出此行业。

显然,完全竞争只是一种理论上的假设,在现实经济中很少见,其实质在于所有的企业都无法控制市场的价格和使产品差异化。一些初级产品和某些农产品的市场类型比较接近完全竞争市场的情况。

2. 垄断竞争型

垄断竞争型市场是指既有垄断又有竞争的市场。换句话说,在垄断竞争型市场上,每个企业在市场上都具有一定的垄断力,但它们之间又存在着激烈的竞争。其主要特点是:

(1) 生产者众多,各种生产资料可以自由流动。

(2) 企业生产的产品同种不同质,即产品在质量、商标、包装、大小以及卖者的服务态度、信用等方面存在一定的差别。

(3) 由于产品差异性的存在,生产者可以树立自己产品的信誉,从而对其产品的价格有一定的控制能力,从某种程度上说是价格的制定者。

不难理解,在该市场类型中,垄断现象是由产品差异引起的,而竞争则是因为产品同种,即产品的可替代性。在国民经济各产业中,大多数制成品的市场类型都属于垄断竞争型。

3. 寡头垄断型

寡头垄断型市场是指相对少量的生产者在某种产品的生产中占有很大的市场份额,从而控制了这个行业的供给的市场。其主要特点是:

(1) 这类行业初始投入资本较大,阻止了大量中小企业的进入,生产者较少;

(2) 每个企业的经营方式和竞争策略都会对其他企业产生重要影响;

(3) 产品差别可有可无。当产品无差别时称为纯粹寡头垄断;当产品有差别时称为差别寡头垄断。

可以看出,在这个市场上,通常存在着一个起领导作用的企业,其他企业跟随该企业定价与经营方式的变化而相应地进行某些调整。资本密集型、技术密集型行业(如钢铁、汽车等)以及少数储量集中的矿产品(如石油、有色金属等)的市场多属于寡头垄断型。

4. 完全垄断型

完全垄断型是指独家企业生产某种特质产品的市场。特质产品是指那些没有或基本没有其他替代品的产品。完全垄断又可分为两种类型:一是政府完全垄断,如国有铁路、邮电等部门;二是私人完全垄断,如政府赋予的特许专营、拥有专利的独家经营以及由于极其强有力的竞争实力而形成的私人垄断经营。其主要的特点是:

(1) 一个行业仅有一个企业,也就是说这个垄断企业就构成了一个行业,其他企业进入这个行业几乎是不可能的。

(2) 产品没有或缺少合适的替代品。因此垄断企业能够根据市场的供需情况制定理想的价格和产量,在高价少销和低价多销之间进行选择,以获取最大利润。但是,垄断者的自由性也是有限度的,要受到政府管制和反垄断法的约束。

在现实经济生活中,公用事业(如铁路、煤气公司、自来水公司和邮电通信等)和某些资本、技术高度密集型行业或稀有金属矿藏的开采等行业属于这种完全垄断的市场类型。

由上面分析可知,如果按照经济效率的高低和产量的大小排列,上述四种市场类型依次为完全竞争、垄断竞争、寡头垄断和完全垄断;而按照价格的高低和可能获得的利润的大小排列,则次序正好相反,即依次为完全垄断、寡头垄断、垄断竞争和完全竞争。

二、行业竞争结构分析

行业的竞争结构决定行业的平均业绩。根据迈克尔·波特(Michaele Porter)的核心竞争力理论,竞争结构取决于五个基本竞争因素:新进入公司的威胁、同业者的竞争、替代产品的压力、购买者的谈判能力以及供应商的谈判能力。

1. 新进入公司的威胁

行业的新进入者可能带来市场份额的改变,从而对原有公司的价格和利润造成威胁。即使一家公司还未进入一个行业,但是它潜在的进入行为将给价格带来压力,因为高价格和高边际利润率会驱使新的竞争者进入这个行业。因此,进入壁垒是行业获利的重要决定因素。进入壁垒可以有多种,如规模经济、产品的差异化、长期固定的产销关系、知识产权等。

2. 同业者的竞争

行业内的公司为了扩大各自的市场份额会进行激烈的竞争,最常见的就是价格战,从而边际利润率也随之下降。如果行业本身增长缓慢,那么竞争就会更加激烈,因为此时扩张就意味着掠夺竞争对手的市场份额。

3. 替代品的压力

如果一个行业的产品存在着替代品,那么该行业就将面临相关行业的企业的竞争。例如,毛纺厂将面临合成纤维制造企业的竞争,石油将面临核能、太阳能等其他能源产品的竞争。替代品的存在使得消费者有了选择权,从而限制了一个产业潜在的收益。

4. 购买者的谈判能力

购买者参与产业竞争的最重要的手段就是压低价格,或者要求更好的产品和服务,其谈判能力与购买数额直接相关。假定少量的购买者购买了一个行业的大部分产品,它们就会掌握很大的谈判主动权,从而使该行业面临价格下降的压力,最终削弱该行业的盈利能力。

5. 供应商的谈判能力

产品供应商的谈判地位是在与购买者的实力较量中形成的。如果关键投入品的供应商在行业中处于垄断地位,它就可以为产品索取高价,从而挤压需求方行业的利润空间。决定供应者谈判能力的关键因素为是否存在替代品。如果存在替代品,供应者就失去了讨价还价的资本,因此难以向需求方索取高价。

三、行业生命周期分析

一般而言,每个行业都要经历一个由成长到衰退的发展演变过程,这个过程称为行业的生命周期。行业的生命周期通常可分为四个阶段,即初创阶段、成长阶段、成熟阶段和衰退阶段。

1. 初创阶段

在这一阶段,新行业刚刚诞生或初创不久,只有为数不多的创业公司投资于这个新兴的产业。由于行业的创立投资和产品的研究、开发费用较高,而产品市场需求狭小,销售收入较低,因此这些创业公司财务上可能不但没有赢利,反而普遍亏损,甚至可能破产。同时,企业还面临着由较高的产品成本和价格与较小的市场需求导致的投资风险。

在初创阶段后期,随着行业生产技术的提高、成本的降低和市场需求的扩大,新行业将逐步由高风险、低收益的初创期转入高风险、高收益的成长期。

2. 成长阶段

在成长阶段,新行业的产品通过各种渠道以其自身的特点赢得了大众的认可,市场需求逐渐上升,与此同时,产品的供给方面也发生了一系列变化。由于市场前景看好,投资于新行业的厂商大量增加,产品也逐步从单一、低质、高价向多样、优质和低价的方向发展,因此新行业出现了生产厂商和产品相互竞争的局面。这种状况会持续数年或数十年。期间,市场竞争不断加剧,产品产量不断增加,生产厂商数量也不断增加。这种状况的持续将使市场需求趋于饱和。为此,处于这一阶段的生产厂商不能单纯依靠扩大产量、提高市场份额来获得竞争优势,还必须依靠提高生产技术、降低成本以及研制和开发新产品来战胜竞争对手,以维持企业的生存与发展。因此,这一时期的企业虽然利润增长很快,但所面临的竞争风险也很大,那些财力与技术较弱,经营不善,或新加入的企业(因产品的成本较高或不符合市场的需要)往往被淘汰或被兼并。在成长阶段的后期,由于市场竞争优胜劣汰规律的作用,市场上生产厂商的数量在经历大幅度下降以后便开始稳定下来。由于市场需求基本饱和,产品的销售增长率减慢,迅速赚取利润的机会减少,整个行业开始进入成熟期。

在成长阶段,由于受不确定因素的影响较小,行业的增长具有可预测性,行业的波动也较小。因此,投资者蒙受经营失败而导致投资损失的可能性大大降低,分享行业增长带来的收益的可能性则会大大提高。此外,拥有一定市场营销和财务力量的企业逐渐主导市场,其资本结构比较稳定,因而它们开始定期支付股利并扩大经营。

3. 成熟阶段

行业的成熟阶段是一个相对较长的时期。在这一时期里,在竞争中生存下来的少数大厂商垄断了整个行业的市场,每个厂商都占有一定比例的市场份额。厂商、产品之间的竞争手段逐渐从价格手段转向各种非价格手段,如提高质量、改善性能、加强售后服务等。此时,行业的利润由于一定程度的垄断达到了很高的水平,而风险却因市场结构比较稳定、新企业难以进入而降低。

在行业成熟阶段,行业增长速度降到一个更加适度的水平。在某些情况下,整个行业的增长可能完全停止,其产出甚至下降,因此行业的发展很难保持与国民生产总值同步增长,当国民生产总值减少时,行业甚至可能蒙受更大的损失。当然,由于技术创新、产业政策、经济全球化等原因,某些行业也可能会在进入成熟期之后迎来新的增长。

4. 衰退阶段

行业在经历了较长的稳定阶段后,就进入衰退阶段。这主要是因为新产品和大量替代品的出现,使得原行业的市场需求减少,产品的销售量开始下降,某些厂商开始向其他更为有利可图的行业转移资金,从而原行业的厂商数目减少,利润下降。至此,整个行业便进入了生命周期的最后阶段。在衰退阶段,市场逐渐萎缩,当正常利润无法维持或现有投资折旧完毕后,整个行业便解体了。

综上所述,在一个行业生命周期的不同阶段,行业的市场类型、销售收入、利润与风险等方面都会表现出不同特征,详见表 4-1。

表 4-1

行业生命周期各阶段特征

	初创阶段	成长阶段	成熟阶段	衰退阶段
企业数量	少	增加	减少	少
产品价格	高	下降	稳定	稳定
销售收入	快速递增	稳定增长	缓慢增长	低速增长甚至负增长
企业利润	亏损	增加	高	减少甚至亏损
投资风险	大	大	降低	增大

如果将各个不同行业标在生命周期曲线的不同位置上,则可借以判断行业的投资价值和投资风险。图 4-1 是一些典型的行业所处的生命周期阶段。

以上分析表明,处于行业生命周期不同阶段的企业具有不同的收益-风险特征。为此,投资者应选择处于成长和成熟阶段的行业,这些行业有较大的发展潜力,基础逐渐稳定,赢利逐年增加,股息红利相应提高,有望得到丰厚而稳定的收益。一般说来,投资者应避免初创阶段的行业,如目前的太阳能、遗传工程等,因为这些行业的发展前景尚难预料,

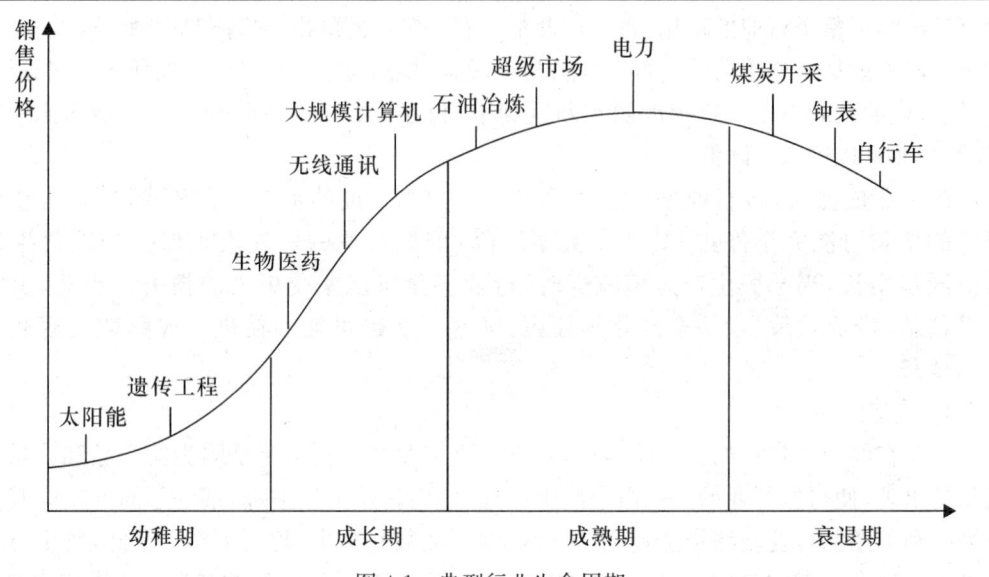

图 4-1 典型行业生命周期

投资风险较大,且介入这一行业的公司一般只有那么几家,可选择的余地非常小,只适合投机者,或者是风险投资基金。同理,投资者也不应选择已处于衰退期的行业,因为这类行业投资收益较低,风险则较大,在证券市场上往往只剩下结构性功能,对它的投资只是一些特殊机构投资者的特殊需要。

四、行业经济周期分析

行业的经济周期分析旨在反映不同行业对经济周期的敏感程度,可从三个方面来衡量。

1. 销售额变动的敏感性

一般而言,对经济周期敏感程度较低的行业,其销售额通常在经济周期的不同阶段不会有太大的变化,而那些对经济周期十分敏感的行业,其销售额在经济周期的不同阶段将会发生极其明显的变化。如果以销售额的增长速度来衡量行业发展状况,那么根据经济周期与行业发展的相互关系,可以将行业分为增长型行业、周期型行业、防御型行业三种类型。

(1) 增长型行业。增长型行业是指预期增长速度超过各行业平均增长速度的行业,且这样的增长不论经济衰退是否发生。换句话说,增长型行业的发展变动状态与经济周期没有必然的联系。在经济高涨时期,它们保持着高速的增长;在经济衰退时期,它们所受的影响也很小甚至仍然保持一定的增长。这些行业主要依靠技术的进步、新产品的推出及更优质的服务等途径来促使其呈现出增长态势,因此其收入增长速度不受经济周期的同步影响。在过去的几十年内,办公设备制造行业(计算机、复印机等)就表现出了这种态势。然而，由于此类行业的股票价格不会随着经济周期的变化而变化，投资者较难把握精确的购买时机。

(2) 周期型行业。周期型行业是指随经济周期而变化的行业。当经济处于上升时期，这些行业会相应扩张；当经济衰退时，这些行业也随之衰落。这是因为，当经济上升（或衰退）时，对这些行业相关产品的购买会相应增加（或减少）。消费品业、耐用品制造业及其他需求弹性较高的行业，就属于典型的周期型行业。

(3) 防御型行业。防御型行业是指在经济周期的各个阶段都很稳定的行业。这些行业的产品往往是生活必需品或必要的公共服务，公众对它们产品的需求相对稳定，因而行业中有代表性的公司的盈利水平也相对较稳定。食品和公用事业就属于防御型行业。正因为如此，投资者对防御型行业投资属于收入型投资，而非资本利得型投资。

2. 行业经营杠杆系数

经营杠杆系数（Degree of Operating Leverage, DOL）是指在其他条件不变的情况下，由于产品固定成本的存在而导致息税前利润变动率大于销售量变动率的杠杆效应。经营杠杆系数越高，表示企业息税前利润对销售量变化的敏感程度越高，经营风险也越大；经营杠杆系数越低，表示企业息税前利润受销售量变化的影响越小，经营风险也越小。经营杠杆系数用公式表示为：

$$经营杠杆系数 = \frac{息税前利润变动率}{销售量变动率}$$

由于：

$$利润 = 销售收入 - 变动成本总额 - 固定成本总额$$

因此，我们还可以将依赖于固定成本的经营杠杆系数表示为[①]：

$$经营杠杆系数 = 1 + \frac{固定成本}{利润}$$

不难理解，在其他条件不变的情况下，当公司固定成本上升时，其经营杠杆系数也会上升。因此，如果某一行业的可变成本相对较高，那么它对经济环境变化的敏感性就比较低，因为当经济衰退时，该行业所属的企业会由于销售量的降低而削减产量，从而使企业成本大大降低；反之，如果行业的固定成本相对较高，那么它对经济环境变化的敏感性就比较高，因为当经济衰退时，尽管该行业所属企业也会由于销售量的降低而削减产量，但企业成本减少得相对有限，从而使得其利润水平大受影响。

3. 行业财务杠杆

所谓财务杠杆，是指企业负债占资产总额的比重，用以说明企业负债对利润的影响程度。因为不管销售收入多少，企业必须支付债务利息。因此，债务利息可以看做是能提高

---

① 有关经营杠杆系数计算公式的推导可参考《公司金融》或《财务管理》等教材。

企业净利润敏感程度的固定成本。也就是说,某行业负债占资产总额的比重越大,该行业对经济周期变化的敏感程度也越高;反之,那些负债率低的行业对经济周期变化的敏感程度也相对较低。

以上分析表明,不同行业在经济周期不同阶段的业绩表现是不同的。有些行业的业绩几乎不随经济周期的变化而变化,而有些行业的业绩则因经济周期而具有较大的波动性。一般而言,投资者应选择增长型的行业。增长型行业的特点是增长速度快于整个国民经济的增长率,投资者可享受快速增长带来的较高的投资回报,但投资风险也较大。此外,投资者也不应排斥增长速度与国民经济同步的行业,这些行业一般发展比较稳定,投资回报虽不及增长型行业,但投资风险相应也小。如果要选择受经济周期影响大的行业,就要考虑经济周期的循环阶段,应避免在经济衰退阶段投资于这些行业。但在经济复苏阶段,这些行业也开始回升和增长,股票价格逐渐上涨,具有增长型行业的特征,投资者同样可以获得理想的回报。

那么,投资者该如何在众多行业中筛选出增长型行业或处于成长和成熟阶段的行业呢?通常可用两种方法来衡量:一是将行业的增长情况与国民经济的增长速度进行比较,从中找出增长型行业;二是利用行业历年的销售业绩、赢利能力等历史资料分析过去的增长情况,并预测行业未来的发展趋势。

1. 行业增长分析

分析某行业是否属于增长型行业,可用该行业历年的统计资料与国民经济综合指标相对比来判断。

第一,取得该行业历年销售额或营业收入的可靠数据并计算出年变动率,并与国民生产总值增长率、国内生产总值增长率进行比较,确定该行业是否属于周期性行业。如果国民生产总值或国内生产总值连续几年逐年上升,说明国民经济正处于繁荣阶段;反之,则说明国民经济正处于衰退阶段。观察同一时期该行业的销售额是否与国民生产总值或国内生产总值呈同向变化,如果国民经济繁荣时期该行业的销售额逐年同步增长,或国民经济衰退时期该行业的销售额也逐年同步下降,则该行业属于周期性行业。

第二,比较该行业销售额的年增长率与国民生产总值或国内生产总值年增长率。若该行业大多数年份的增长率均大于国民经济综合指标的增长率,则属于增长型行业;反之,该行业的年增长率与国民经济综合指标的年增长率持平甚至偏低,则说明这一行业与国民经济同步增长或增长过缓。

第三,计算各观察年份该行业销售额在国民生产总值中所占的比重。若这一比重逐年增加,说明这一行业增长比国民经济水平快;反之,则较慢。

2. 行业未来增长率预测

在分析了行业过去的情况之后,投资者还需了解和分析行业未来的增长变化,从而对其未来的发展趋势作出预测。目前较常用的方法有两种：一是将行业历年销售额与国民生产总值绘在坐标图上，用最小二乘法找出两者的关系曲线，也绘在坐标图上，这一曲线即为行业增长的趋势线。这样，根据国民生产总值的计划指标或预计值就可以预测行业的未来销售额。二是利用该行业在过去10年或10年以上的年增长率计算历史的平均增长率和标准差，预测未来增长率。如果某一行业与居民基本生活资料相关，也可以利用历史资料计算人均消费量及人均消费增长率，再利用人口增长预测资料预计该行业的未来增长趋势。

第二节 影响行业发展的因素

行业的兴衰与国民经济发展的特定阶段有较强的相关性，在同一时期，一些行业与国民经济同步增长，一些行业可能领先于国民经济增长，还有一些行业可能随着国民经济的增长反而衰落甚至消失。因此，行业的实际生命周期会因技术进步、政府政策、社会习惯以及经济全球化等诸多因素的影响而改变。

一、技术进步

在科学技术发展日新月异的今天，新技术向实用技术的转化过程被大大缩短，技术进步对行业的生存和发展会产生极其深刻的影响，有时甚至是决定性的影响。它一方面决定了新产业的兴起和旧产业的消亡，另一方面也推动了现有产业的技术升级。这一点在各科技型产业中表现得更为明显。例如，电的发明与运用宣告了蒸汽机动力时代的结束，与此相关的煤气照明制造业、以蒸汽为动力的机械制造业等行业迅速衰落，而电力行业和以电为动力的制造业等行业迅速崛起；随着大规模集成电路的出现，电子计算机技术得到迅速发展，使工业全盘自动化成为可能，也为信息产业的蓬勃发展开辟了道路，从而又推动了电子计算机产业的迅速扩张。这是因为这些新产品在定型和批量生产后，市场价格大幅度下降，从而很快就能被消费者所接受，使得新兴行业能够很快地超过并替代旧行业，或严重地威胁原有行业的生存。同时，技术进步也促进了现有产业的更新与升级，促使它们在竞争中求发展，以新的增长方式为自己找到生存的空间。可以说，产业生命周期在当今已演变成技术的生命更替。

二、政府的影响和干预

1. 政府影响和干预的行业范围

一般而言，政府在市场经济中的职能在于制定经济规范与维护市场秩序、保持宏观经济稳定、提供公共物品、消除消极外部性、实现社会公平以及创造有利于本国经济发展的国际环境。因此，政府影响和干预的行业主要有：① 自然垄断型行业，主要包括公共事业(如电力、邮电通信、广播电视、供水、排污、煤气等)和公共运输业(如铁路、公路、航空、航运和管道运输等);②关系国民经济发展全局和国家安全的行业,主要包括国民经济支柱行业、金融业、高科技行业、传媒及出版业、国防行业等。政府对这些行业影响和干预主要包括经营范围、增长速度、价格政策、利润率等方面。至于一般竞争性行业,政府的影响和干预主要体现在反垄断、反欺诈等方面,旨在维护自由和公平竞争。

2. 产业政策

政府对行业的影响和干预主要通过产业政策来实施。产业政策是政府为了实现一定的经济和社会目标,通过对产业的形成和发展进行规划、引导、促进、调整、保护、扶持、限制等,积极或消极参与某个产业的生产、交易活动,以及直接或间接干预商品、服务、金融等市场形成和市场机制的各种政策的总称。与财政、货币政策不同,产业政策带有指导性、协调性的特点,且其实施需要依靠财政、货币、收入政策的配合。

产业政策通常包括四个方面的内容:

(1) 产业结构政策。产业结构政策是指一国政府依据本国在一定时期内产业结构的现状,遵循产业结构演进的一般规律,规划产业发展重点及优先发展顺序,旨在协调产业之间的关系,实现社会资源的合理配置,促进产业结构合理化和产业结构高度化。按照政策目标和措施的不同,产业结构政策可以划分为主导产业选择政策、战略产业扶植政策、衰退产业调整政策、产业的可持续发展政策等种类。

(2) 产业组织政策。产业组织政策是指为了获得理想的市场绩效,由政府制定的干预和调整产业的市场结构和市场行为,调节企业间关系的政策,其实质是政府通过协调竞争与规模经济的关系,以建立正常的市场秩序。从政策导向角度看,各国已有的产业组织政策通常分为两类:一是竞争促进政策,旨在鼓励竞争、限制垄断,主要有反垄断政策或反托拉斯政策、反不正当竞争行为政策及中小企业政策等,它着眼于维持正常的市场秩序;二是产业合理化政策,主要适用于自然垄断产业鼓励专业化和规模经济,它着眼于限制过度竞争,直接表现为政府的规制政策。从政策对象看,产业组织政策可分为市场结构控制政策和市场行为控制政策两类:市场结构控制政策是从市场结构方面禁止或限制垄断的政策,如控制市场集中度、降低市场进入壁垒等;市场行为控制政策是从市场行为角度防范或制止限制竞争、不公正交易以及诈骗、行贿等不道德商业行为的发生。

(3) 产业布局政策。产业布局政策主要研究产业在地域和空间上的分布和组合,以及这种分布和组合对经济增长的影响。从国家层次来看,产业布局政策包括开发区政策、区域布局政策等。

(4) 产业技术政策。产业技术政策是指政府用来引导和干预产业和企业的技术进步、技术结构和技术开发所进行的预测、决策、规划、协调、监督和服务等方面的政策。产业技术政策包括产业技术指导性政策、产业技术研究和开发政策、技术引进和消化吸收政策、技术转化政策、高新技术产业化政策、技术创新政策等。

上述各类产业政策之间相互联系、相互交叉，形成一个有机的政策体系。其中，产业结构政策将影响不同行业、企业的发展。例如，优先发展的产业将得到国家一系列优惠政策的支持，从而使其具有较好的市场环境及利润增长基础；产业组织政策旨在调整产业的市场结构和市场行为，必然影响企业组织结构、分工格局；产业布局政策直接影响区域经济的发展；产业技术政策则从扶持高新技术产业、传统产业的技术改造等方面影响各行业的发展。

我国将经济活动归为三大产业，每一产业包含了若干个行业。国民经济第十一个五年计划提出的产业结构调整目标是：推进产业结构优化升级，促进第一、第二、第三产业健康协调发展，逐步形成农业为基础、高新技术产业为先导、基础产业和制造业为支撑、服务业全面发展的产业格局，坚持节约发展、清洁发展、安全发展，实现可持续发展。

目前，我国政府正以五种类型的产业政策来推动和实现上述产业结构调整的目标。

（1）支持性产业政策。对提高国家竞争能力、对产业升级起重要作用的特定产业、特定企业及特定产品，国家将通过注入资本金、财政贴息、发行债券、债转股等手段来支持这些行业、企业的发展。

（2）鼓励性产业政策。对于国家鼓励的传统产业改造以及成长性的战略产业，在一定时期内，国家将给予减免税收的办法鼓励其发展。

（3）竞争性产业政策。除了涉及国家安全的行业、自然垄断的行业、提供重要公共产品和服务的行业以及支柱产业和高新技术产业中的重要骨干企业外，大多数行业、大多数企业、大多数产品都属竞争性产业的范畴。国家将从公平的投资税收政策、严格的技术质量标准、规范的反垄断法规和快速的市场信息服务等四个方面创造公平、公正和透明的政策环境，实现优胜劣汰。

（4）限制性产业政策。对污染环境、技术水平落后、严重供大于求的产品，实行限制性产业政策，坚决予以淘汰。

（5）保护性产业政策。针对农业和服务业这两大国际竞争能力较弱的产业，特别是其中的一些幼稚产业，实施既不违背世贸组织法律框架，又能适度保护产业安全，并加快幼稚产业以及农业和服务业发展的保护性产业政策。

三、社会习惯的改变

随着人们生活水平和受教育水平的提高及社会文明程度的变化，人们的消费心理、消费习惯和社会责任感会逐渐改变，从而引起对某些商品的需求变化，继而影响到相关行业的兴衰。例如，在解决了基本温饱之后，人们会更注重生活质量，绿色食品和不受污染的纺织品（如纯棉衣物）将备受青睐，不再盲目追求保健品而转向更有效的体育锻炼；在物质生活丰富后，人们更注重智力投资和丰富的精神生活，教育、旅游将成为新的消费热点；越来越快的生活节奏使人们更偏好便捷的交通和信息高速公路,汽车开始进入家庭;高度工业化及生活现代化使人们认识到保护生态环境的重要,环保产业将成为产业发展中一个新的经济增长点。所有这些社会观念、社会习惯及社会趋势的变化对企业乃至行业的经营活动、生产成本和利润收益等方面都会产生一定的影响,使一些不再适应社会需要的行业出现衰退,同时又激发新兴行业的发展。

四、经济全球化

经济全球化的内涵很宽泛,既包括各种市场、经济活动的国际化,又包括各国经济相互依赖性的增强,其突出表现就是使生产要素,特别是资本和技术在全球范围内自由流动和配置。这必然引起国际分工的基础和模式发生深刻变化,使各国形成不同的行业比较优势和比较劣势。这里仅说明进出口贸易、国际产业转移对一国行业发展的影响。

1. 进出口贸易

进出口贸易有利于各国发挥自己的比较优势,获得比较利益。进出口贸易对行业发展的主要影响有:资源、商品、劳务的出口,对国内相关行业的发展起推动作用;国内紧缺资源、劳务的进口,可以弥补本国生产该类商品的行业的不足,同时进口某些新产品还有助于开拓本国市场,为本国发展同类行业创造条件。当然,有些商品的进口,也可能会对本国某些行业的发展起抑制作用。

2. 国际产业转移

首先,国际产业转移将影响一国行业的竞争力。当前国际产业转移的重点领域是资本技术密集型制造业(石化、汽车、电子信息等)和现代服务业(金融、保险、旅游和咨询等)。从产业演进的角度看,国际产业转移结构高度化、知识化呈现进一步加强趋势。面对这一趋势,转入国可以充分利用国外先进的技术、管理和生产系统,提升本国相关行业的规模、档次与竞争力,从而在国际竞争中处于较为有利的地位;转出国则可实现本国内部处于竞争劣势的行业的对外转移。通过向外转移生产线,不仅可以实现行业生命周期的延长,在国外获得相对稳定的收益,更重要的是可以释放本国在转出行业上累积的资本、技术与人才,从事更高层次的生产与研究,培育和发展新的行业。

其次,国际产业转移对一国产业结构也将产生显著影响。一方面,国际产业转移可以加速转入国新兴产业的发展,并利用国际产业转移所带来的先进生产技术、管理经验以及大量的外资,以解决现有产业发展过程中存在的技术瓶颈和研发资金不足,从而实现产业结构的升级与优化;另一方面,国际产业转移也会促进转出国缩小国内已经或正在失去竞争优势产业的生产规模,让出资源发展有竞争优势的产业,并运用最新科技成果对传统产业进行技术改造,从而促进原有产业结构的调整和升级。

第三节　产业链与产业价值链分析

面对苹果公司在智能手机时代突破诺基亚公司商业帝国、数字影像技术取代化学成像技术而导致柯达陨落等案例不断涌现的情景,我们不得不承认整个产业链和价值链的重构引发的投资机会是如此变化莫测。新进入者不再是按照原有的产业演进逻辑进行改良,而是对整个产业进行重新整合。为此,我们必须重新认识产业链与价值链分析的重要性。

一、价值链与产业链①

1. 价值链

价值链的概念是由美国哈佛商学院的迈克尔·波特(Michael E. Porter)在其所著的《竞争优势》一书中首先提出的,为系统识别和分析企业的竞争优势设计了框架,使其竞争理论更趋成熟。他认为:"每一个企业都是在设计、生产、销售、发送和辅助其产品的过程中进行种种活动的集合体,所有这些活动可以用一个价值链来表明"。企业的价值创造是通过一系列活动构成的,这些活动可分为基本活动和辅助活动两类。基本活动包括内部后勤、生产作业、外部后勤、市场和销售、服务等;而辅助活动则包括采购、技术开发、人力资源管理和企业基础设施等。这些互不相同但又相互关联的生产经营活动,构成了一个创造价值的动态过程,即价值链。

在众多企业参与的价值活动中,并不是每个环节都创造价值,实际上只有某些特定的价值活动才真正创造价值,这些真正创造价值的经营活动,就是价值链上的"战略环节"。企业要保持的竞争优势,实际上就是保持企业在价值链某些特定的战略环节上的优势。运用价值链分析方法来确定核心竞争力,就是要求企业密切关注组织的资源状态,要求企业特别关注和培养在价值链的关键环节上获得重要的核心竞争力,以形成和巩固企业在行业内的竞争优势。企业的优势既可以来源于价值活动所涉及的市场范围的调整,也可来源于企业间协调或合用价值链所带来的最优化效益。

自 2000 年开始,全球价值链概念开始被广泛使用。全球价值链是指为实现商品或服务价值而连接生产、销售、回收处理等过程的全球性跨企业网络组织,涉及从原料采集和运输、半成品和成品的生产和分销、直至最终消费和回收处理的整个过程。它包括所有参与者和生产销售等活动的组织及其价值、利润分配。当前,散布于全球的、处于全球价值链上的企业进行着从设计、产品开发、生产制造、营销、出售、消费、售后服务、最后循环利用等各种增值活动。全球价值链理论包含投入—产出结构、空间布局、治理结构和体制

---

① 参阅陈柳钦:《论产业价值链》,《兰州商学院学报》2007 年第 8 期,第 57~63 页。

框架四个纬度,是一个融合微观和宏观两个视角来重新全面审视全球化下经济组织和发展的一个新兴理论。

2. 产业链

产业链是指各个产业部门之间基于一定的技术经济关联,并依据特定的逻辑关系和时空布局关系客观形成的链条式关联关系的形态。产业链主要是基于各个地区客观存在的区域差异,着眼发挥区域比较优势,借助区域市场协调地区间专业化分工和多维性需求的矛盾,以产业合作作为实现形式和内容的区域合作载体。它包含四层含义:①产业链是产业层次的表达;②产业链是产业关联程度的表达;③产业链是资源加工深度的表达;④产业链是满足需求程度的表达。

产业链分为接通产业链和延伸产业链。

接通产业链是指将一定地域空间范围内的断续的产业部门(通常是产业链的断环和孤环形式)借助某种产业合作形式串联起来。

延伸产业链则是将一条既已存在的产业链尽可能地向上下游拓展延伸。产业链向上游延伸使其进入到基础产业和技术研发环节;向下游拓展则进入到市场拓展环节。

可见,产业链的实质就是不同产业的企业之间的关联,而最为根本的则是不同产业的企业之间的供给与需求的关系,从而形成上下游关系和相互价值的交换,上游环节向下游环节输送产品或服务,下游环节向上游环节反馈信息。

产业链在空间分布上有以下特点:

(1) 产业链的完整性与经济区划紧密相关。产业链的构成单元是若干具有相关关系的经济活动集合,即产业环或者具体的产业部门;而产业环(产业部门)又是若干从事相同经济活动的企业群体。从事相似或相同经济活动的企业为实现自身利益最大化,必然努力探寻自身经济活动的优区位。在这种"循优推移"过程中,一方面,产业环(产业部门)的微观构成单位——企业,为了获取集聚经济效益,逐步转移到适合其发育成长的优区位,即原先分布于各区域的同类企业在优区位实现"企业扎堆"(Clusters);另一方面,各个产业环(产业部门),为了获取地域产业分工效益,反而因具有不同经济特点和追求各自的优区位而在空间上趋于分散。这样,产业链系统内企业和部门"循优推移"的结果是产业链的各环节分别布局或配置到适合其经济活动特征的特定地点(Specific Locations)。正因如此,当经济区划尺度较大时,比如说是大经济地带、大经济区、省域或者流域经济区时,或者说大到几乎囊括产业链的所有环节的地域空间时,产业链表现出明显的完整性;当经济区划尺度较小时,比如说仅是市域、县域或者说是产业集中发展区时,其地域范围一般难于包括产业链的各环节,导致某一经济区域可能形成了特色产业,但是产业链却表现出明显的断续性。

(2) 产业链的层次性与区域类型密切相关。产业链是产业环逐级累加的有机统一体,某一链环的累加是对上一环节追加劳动力投入、资金投入、技术投入以获取附加价值的过程,链环越是下移,其资金密集性、技术密集性越是明显;链环越是上行,其资源加工性、劳动密集性越是明显。由于欠发达地区更多地从事资源开采、劳动密集的经济活动,其技术含量、资金含量相对较低,其附加价值率也相对较低,发达地区更多地从事深加工、精加工和精细加工经济活动,其技术含量、资金含量相对较高,其附加价值率也相对较高,因此,区域类型与产业链的层次之间产生了内在的关联性,即欠发达区域一般拥有产业链的上游链环,其下游链环一般则布局在发达区域。

(3) 产业链空间分布具有明显指向性。优区位指向引导产业环或者集中或者分散地布局在不同的经济区位,表现为产业环具有明显的空间指向性。这种空间指向性主要表现为如下方面:第一,资源禀赋指向性。产业环基于对优区位的追求,势必在某种程度上依赖区域的资源禀赋,而后者的空间非集中性引起追逐资源禀赋的产业环的空间分散性。第二,劳动地域分工指向性。劳动地域分工使得各区域具有了自身的专业化生产方向,产业链对专业化分工效益的追求便造成了产业环的空间分散性。第三,区域传统经济活动指向性。区域传统经济活动通常是区域特定资源禀赋和区域经济特色的体现,经济活动的路径依赖性和惯性使得区域在产业链分工中具有深深的烙印。

二、产业价值链

当价值链理论的分析对象由一个特定的企业转向整个产业时,就形成了产业价值链。

价值链与产业价值链是从不同的角度说明价值创造的过程,前者侧重价值创造环节,后者涉及组织的职能及关系,代表了产业层面上企业价值融合的更加庞大的价值系统。换句话说,产业价值链以产业链为基础,从整体角度分析产业链中各环节的价值创造活动及其影响价值创造的核心因素,它代表了产业链的价值属性,反映了产业链更深层的价值含义,决定着产业链的经营战略和竞争优势。如果说产业链描述了产业内各类企业的职能定位及其相互关系,说明产业市场的结构形态,那么,产业价值链的概念则更加突出了创造价值这一最终目标,描述了价值在产业链中的传递、转移和增值过程。产业价值链的形成正是在产业链的结构下遵循价值的发现和再创造过程,充分整合产业链中各企业的价值链,持续地对产业链价值系统进行设计和再设计。

产业价值链主要特征可归纳如下:

(1) 构成产业价值链的各个组成部分是一个有机的整体。产业链每个环节都是由大量的同类企业构成,上游产业(环节)和下游产业(环节)之间存在着大量的信息、物质、资金方面的交换关系,是一个价值递增过程。同时产业价值链之间相互交织,往往呈现出多层次的网络结构。在新的竞争环境下,产业中的竞争不仅仅表现为单个企业之间的竞争,还表现为一条产业链同另一条产业链的竞争,一个企业集群同另一个集群之间的竞争,甚至是国与国企业之间的相互竞争。

(2) 增值性是产业价值链的一个主要特征。后面的价值增值环节在前面价值产品的基础上,进一步面向新的客户,生产出新的价值产品。但是,这并不意味着前面环节投入的价值量在后面都能够实现,如果存在价值增值瓶颈,价值链上一部分投入的价值将会损失掉,无法实现增值。

(3) 产业价值链的各个环节存在着增加值与盈利水平的差异性。这种差异就是日常所说的价值链微笑曲线,价值最丰厚的环节集中在产业价值链的两端——研发和市场。

(4) 产业价值链的各个环节对要素条件的需求存在差异性。不同的环节,对于技术、人力、资本、规模等的要求不同,因而具有不同的区位偏好。一般而言,设计环节是技术密集性环节,注重的是高层次科技、技术和工程人才,主要集中在发达国家;而装配和包装环节则是劳动密集性环节,需要的只是普通劳动力,主要集中在劳动力低廉而又丰富的发展中国家。

总之,在产业价值链中,企业价值创造既有来自企业内部的价值链,也有基于整个产业上下游之间的价值链,甚至可以扩展到不同国家或经济区域的价值链问题。企业要获得和保持竞争优势,不仅仅取决于对其自身价值的认识和组织,而且取决于对整个产业价值链的理解与适应。

三、苹果公司的产业链与产业价值链[①]

苹果公司的业务涵盖了4大系统,其产业链从终端产品到操作系统再到囊括海量应用程序的产品商店,不断通过嵌入新的技术提升相关服务(见表4-2)。

表4-2

苹果公司的经营领域和相关产品

领　域	产　品
操作系统	iOS、Mac OS X
应用商店	iTunes Store、APP Store、Mac APP Store
终　端	iPhone、iPad、Mac、iPod、Apple TV
服　务	iCloud、Siri、iLife、iWork

2010年,苹果公司首次公布了全球156家供应商名单,涵盖了材料、生产和代工97%的采购额,涉及IC/分立器件、内存、硬盘/光驱、被动器件等14个行业(见图4-2)。比较而言,供应商数量最多的子行业依次为IC/分立器件(占21%)、连接器、功能件、结构件(占19%)、PCB(占9%)、被动器件(6%)。就产业链而言,苹果公司终端产品加工制度环节几乎全部是由产业链中的代工商完成的,自身则牢牢把控着设计、技术、功能的整合及

---

① 苹果公司产业链与产业价值链分析参考了华泰联合证券行业研究报告《苹果产业链分析》(2012-01-16)。

品牌和销售渠道建设等具有高附加价值的环节。

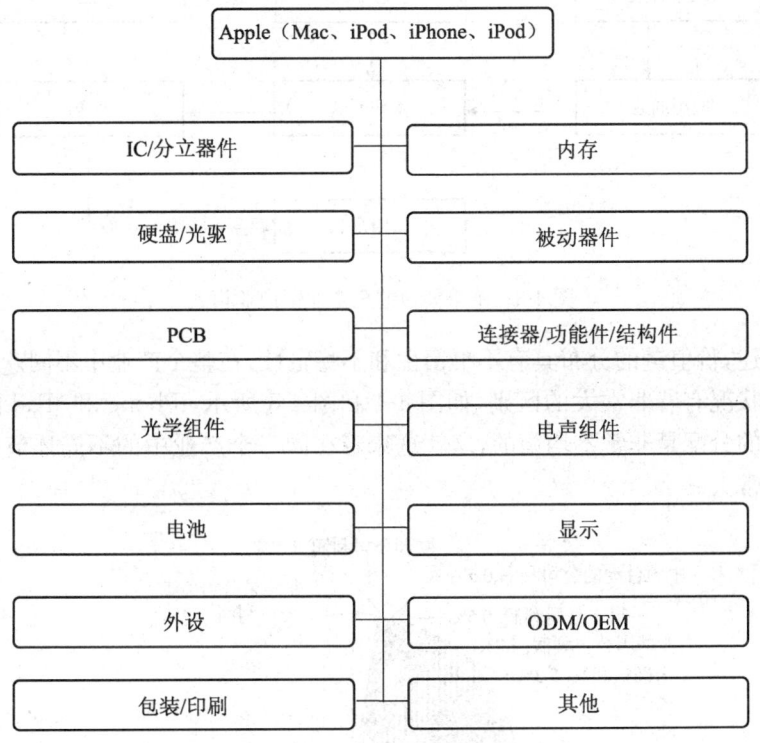

图 4-2　苹果供应商行业分类

苹果公司不仅是一个优秀的终端产品供应商,更通过其操作系统 iOS 带给用户最佳的使用体验,从而成为拥有超过 2 亿高端用户的明星产品公司。用户的体验在于终端、操作系统及优质应用的结合,苹果应用商店 APP Store 超过 100 万的优质应用程序是打通苹果产业链的关键,而这些应用程序的开发者可以通过苹果公司的分成实现其回报。APP Store 成为一个内容和应用的开放式集成平台,进而通过 iOS 这个封闭的操作系统和时尚终端产品给苹果公司的用户带来的优质体验,成为苹果公司独有的商业模式。这种模式是建立在有效整合了终端、操作系统、应用体验内容和用户服务的全产业链之上的(见图 4-3)。

苹果公司每年都在不断突出升级版的终端产品,不断改善和提升终端产品的技术,通过升级操作系统来更好地提升用户的体验,并且还将通过 iCloud、Siri 等技术在服务上挖掘用户的价值。虽然在操作系统、应用商店、服务开发细分领域,苹果并不一定是市场份额最高的,也不是唯一的提供者,但无疑是一个迄今为止最完美的生态系统之一。未来随着技术的发展和创新驱动,苹果公司也许会褪色,甚至消失,但其对产业链开发的模式将会影响越来越多的公司。

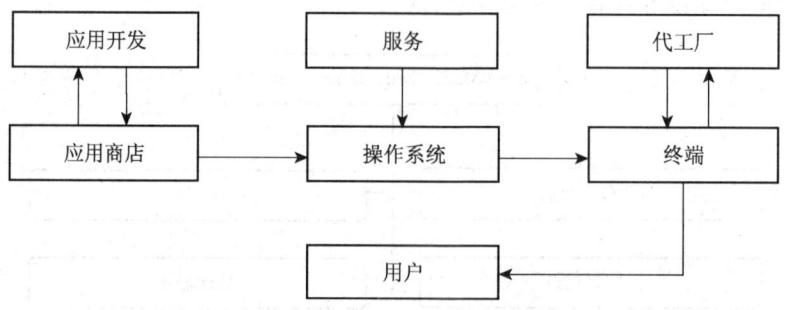

图 4-3　苹果公司的全产业链商业模式

如前所述,价值链的分布具有不平衡性和不稳定性,在整个产业中不同产业链各端的企业的生存状况有着非常大的区别,如图 4-4 和图 4-5 所示,iPhone 和 iPad 的利润在整个加工链上的分配是非常不均衡的,这就意味着在同一个产业中的不同环节的价值创造能力差异非常大。

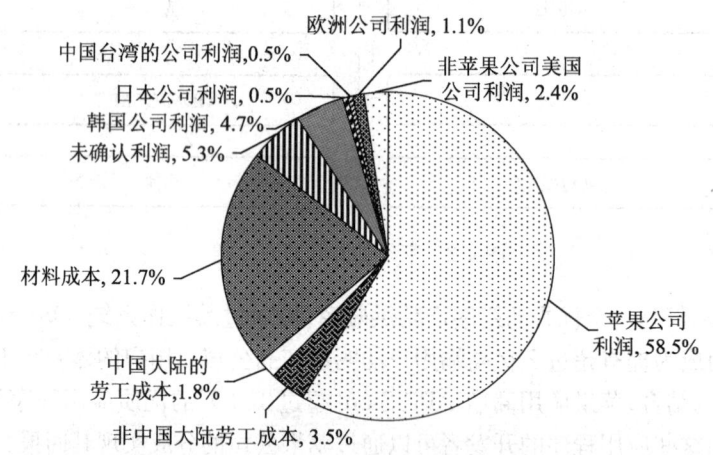

图 4-4　iPhone 利润在各个国家间的分配(2010 年)

苹果公司可能是一个比较极端的例子。但我们看到,随着经济全球化的推进,产品设计、品牌、渠道运作与加工制造的分离越来越成为一种重要的产业竞争选择模式,从而导致资本密集型和劳动力密集型产业环节的分离。当产业中的技术演变和商业模式发生突变后,价值链的重新分配是导致价值链具有不稳定性的主要原因。由于技术演变和商业模式的创新往往具有非连续性特征,因此当新技术、新商业模式出现并逐渐成为新的主流时,整个产业的资源会重新组合,新的领导者将重新切分整个产业的价值,新的价值链分布就出现了。大量专业化、规模化、流程化的环节纷纷通过外包而相对独立出去,其驱动

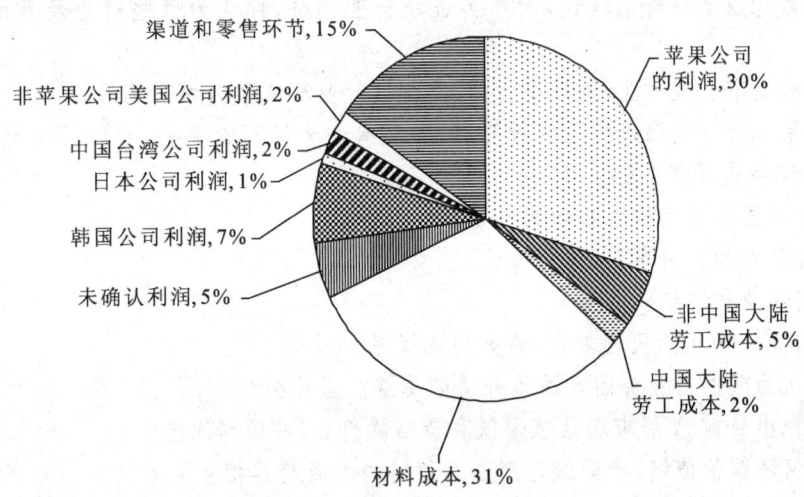

图 4-5　iPad 利润在各个国家间的分配（2010 年）

的本质就在于价值链的优化分配。所以，某种程度上说，产业链演变模式本质就是技术演变、商业模式穿行以及产业价值链的重新组合与分配等因素的综合驱动。

借助产业链和产业价值链的分析，可以帮助我们拓展并加深对产业演变和发展的理解，并从中识别好的投资机会。这种分析方法和思路与原有的产业周期理论、产业竞争理论不仅不冲突，而且可以起到很好的补充作用。产业链的空间决定了企业的发展空间，产业价值链分配决定了产业中公司的不同盈利能力和投资价值。从投资者的角度来看产业链和产业价值链，投资标的公司选择应该具有以下几个特点：①产业中的领导者；②细分公司中的小巨人；③产业中技术、商业模式创新的引领者；④拥有整合产业资源的能力。

相关链接

http://www.ce.cn——中国经济网

http://www.chinairn.com——中国行业研究网

http://data.eastmoney.com/report/hyyb.html——东方财富网行业研究报告

思考与练习

1. 行业分析包括哪些内容？进行行业分析的目的是什么？
2. 影响行业发展的因素有哪些？
3. 不同行业的证券市场表现与其经营业绩水平一致吗？为什么？

4. 根据行业生命周期理论,对照上证所行业划分,你认为哪些行业最具增长潜力?为什么?

5. 什么是增长型行业、周期型行业、防御型行业?试举例加以说明。

6. 如果你是一个偏好风险的投资者,并且有一大批闲置资金,有以下几大行业可供选择,请问你将选择哪个行业呢?

(1) 以基因工程为技术基础的行业;

(2) 食品业和公用事业;

(3) 钢铁业和纺织业。

如果你是一个风险厌恶者,又将如何选择呢?

7. 你认为哪些行业会因人民币升值而受益?为什么?

8. 试找出目前 A 股市场估值最低和最高的行业,并解释原因。

9. 如何理解价值链、产业链与产业价值链的内涵及其相互关系?

10. 尝试对某个上市公司进行产业链与产业价值链分析,并判断其未来的投资价值。

第五章 公司分析

证券投资基本分析除了分析宏观经济以判断投资环境、分析行业经济以确定投资领域外,还要具体分析上市公司的情况,以期从规模大小、经营好坏、盈利多寡等方面均存在千差万别的上市公司中选择最合适的投资对象。公司分析旨在确认该公司在本行业中的相对地位、股利以及盈利前景,以便给出公司股票的合理定价,进而比较市场价格与合理定价的差异并进行投资决策。本章基本内容有二:一是公司基本素质分析;二是公司财务分析。公司基本素质分析是投资者了解公司的第一步,主要从公司行业地位、经济区位、产品以及经营管理能力等方面入手,评价公司的综合素质;而公司财务分析则从公司资产负债表、利润及利润分配表、现金流量表等财务报表入手,对其中最常用的财务指标进行深入的分析,借以衡量公司目前的财务状况,并预测公司未来的发展前景。

第一节 公司基本素质分析

一、公司行业地位分析

公司在本行业中的竞争地位是公司基本素质的首要内容。市场经济的规律就是优胜劣汰,没有竞争优势的公司,注定要随着时间的推移而逐渐萎缩乃至消亡。而公司在同行业中的竞争地位,主要依靠资金实力、规模经营优势、优异的产品质量、先进的技术水平、高效的经营管理等条件,最终集中表现在公司产品的销售额及其增长速度上。因此,公司的竞争能力及其行业地位可通过以下指标来衡量。

1. 年销售额

公司年销售额的大小是衡量公司在同行业中相对竞争地位的重要指标。一般来说,公司的销售额越大,则盈利水平也越高,在一定程度上也表明公司竞争能力越强。考察公司年销售额情况,可以通过以下对比得出结论:将该公司的年销售额与该行业的总销售额对比,计算出该公司销售额占全行业销售额的比重,以反映公司产品市场份额的大小;将该公司的年销售额与同行业中销售额排名靠前的公司进行比较,研究该公司年销售额的差距或进步。

2. 销售额年增长率

公司销售额的年增长率高低可以反映公司的发展趋势。只有那些既有相当规模又能保持销售额迅速增长的公司才能长期保持在本行业中的主导、支配地位,才是真正具有竞争实力的公司。因此,投资者理想的投资对象,不应仅限于有名的大公司,也应包括那些既有规模又有增长速度的公司。事实上,对投资者来说,公司的增长速度比公司规模更为重要,因为增长的销售额能带来增长的利润额,带来公司价值的不断提高、股息的不断增长,从而可使投资者达到预期的投资目标。

销售额年增长率是一个相对指标,投资者可将某一公司销售额年增长率与同行业的其他公司比,或者与整个行业的平均增长率比,甚至与国内生产总值、国民生产总值、国民收入、人均收入等国民经济指标的年增长率比。如果某一公司销售额年增长率快于本行业的平均增长率或国民经济指标的年增长率,则表明该公司是一成长型公司,未来具有发展潜力。

3. 年销售额稳定性

销售额及其增长能否保持稳定,也是投资者在分析公司竞争能力时需要考虑的重要因素。在其他条件相同的情况下,公司若能保持稳定的销售额及销售额增长率,意味着公司的盈利水平也能保持稳定或稳定增长。这样,投资者就能获得稳定的股息,从而使投资风险大为下降。

4. 年销售利润率

销售利润率也是反映公司竞争能力的一个重要指标。如果公司销售额较高、而销售利润率偏低或接近亏损,说明公司及其产品已处于竞争极为激烈的状态,投资者对该公司的经营要多加留意。

二、公司经济区位分析

区位,或者说经济区位,是指地理范畴上的经济增长带(点)及其辐射范围。区位经济是公司运营的外部环境。公司经济区位分析旨在将上市公司的价值分析与区位经济的发展联系起来,以便分析上市公司未来发展的前景,确定上市公司的投资价值。公司经济区位分析一般包括以下三方面的内容。

1. 区位内的自然条件与基础条件

自然和基础条件包括矿产资源、土地资源、水资源、能源、交通、通讯设施等,它们在区位经济的发展中起着重要的作用,也对区位内的上市公司的发展起着重要的限制或促进作用。分析区位内的自然条件和基础条件,有利于分析该区位内上市公司的发展前景。如果上市公司所从事的行业与当地的自然和基础条件不符,公司的发展可能会受到很大的制约。

2. 区位内政府的产业政策

为了进一步促进区位经济的发展,当地政府一般都会相应地制定经济发展的战略规划,提出相应的产业政策,确定区位优先发展和扶持的企业,并给予相应的财政、信贷和税收等诸多方面的优惠措施。这些措施有利于引导和推动相应产业的发展,相关产业内的公司将因此受益。如果区位内上市公司的主营业务符合当地政府的产业政策,一般会获得诸多政策支持,有利于上市公司的进一步发展。

3. 区位内的经济特色

所谓经济特色是指区位内经济与区位外经济的联系和互补性、龙头作用及其发展活力与潜力的比较优势。它包括区位的经济发展环境、条件与水平、经济发展现状等有别于其他区位的特色。特色在某种意义上意味着优势,利用自身的优势发展本区位的经济,无疑在经济发展中找到了很好的切入点。比如,某区位在电脑软件或硬件方面已经形成了优势和特色,那么在同等条件下,该区位内的相关上市公司比其他地区主营业务相同的上市公司具有更大的竞争优势和发展空间。

三、公司产品分析

如前所述,公司的竞争能力主要依靠资金实力、规模经营优势、优异的产品质量、先进的技术水平、高效的经营管理等条件,衡量的是公司整体性的竞争力。这里旨在对公司的具体产品尤其是其主营业务产品进行分析,包括产品的竞争能力和产品的市场占有情况。

公司产品要在激烈的市场竞争中获胜必须要有自己的优势,具体可分为以下四种。

1. 成本优势

成本优势是指公司的产品依靠低成本获得高于同行业其他企业的盈利能力,是决定公司产品竞争地位的关键因素。如果公司能以较低的成本生产出与竞争对手价值相当的或相近的产品,那么它只要把价格控制在行业平均水平,就能获得优于平均水平的经营业绩。同时,在面临价格竞争时,它也处于主动地位,可以通过实施低价策略来抢占市场份额。

2. 技术优势

技术优势是指公司产品与同行业其他竞争对手相比拥有更高的技术含量,是公司技术水平和研发能力的直接体现。技术优势的建立和维持一般是通过产品的创新来实现的。而产品创新一般包括:① 通过新的核心技术的研制,开发出一种全新的产品;② 通过新工艺的研究,开发出一种新的生产方式,降低现有的生产成本;③ 根据细分市场进行产品细分,实行差异化生产;④ 通过产品生产要素的重新组合,对现有产品进行改进。

3. 质量优势

质量优势是指公司的产品以高于其他公司同类产品的质量赢得市场,是决定公司产品竞争地位的重要因素。在与竞争对手成本相当时,具有质量优势的公司就会在该行业中占据领先地位。

4. 品牌优势

品牌是一种商品的名称和商标的总称,用以辨别某个销售者或某群销售者的产品,以便同竞争者的产品相区别。一个品牌不仅是一种产品的标志,而且是产品质量、性能、满足消费者效用的可靠程度的综合表现。品牌竞争是产品竞争的深化和延伸。当产业发展进入成熟阶段、产业竞争充分展开时,品牌就成为产品及企业竞争力的一个越来越重要的因素。品牌具有产品所不具有的包括创造、联合以及巩固市场等在内的开拓市场的多种功能。

产品的市场占有情况通常可从以下两方面进行考察:① 公司产品销售市场的地域分布情况。从这一角度可将公司的销售市场划分为地区型、全国型和世界范围型。市场地域的范围能大致地估计一个公司的经营能力和实力。② 公司产品在同类产品市场上的占有率。市场占有率是指一个公司的产品销售量占该类产品整个市场销售总量的比例。市场占有率越高,表示公司的经营能力和竞争力越强,公司的销售和利润水平越好、越稳定。

四、公司管理水平分析

公司的经营管理能力和管理水平直接影响公司的盈利和长期发展,是投资者在选择投资对象时必须考虑的条件之一。公司经营管理水平可从以下3个方面加以评定。

1. 公司各级管理人员的素质及能力

目前上市公司的管理层主要包括决策层、管理层和执行层。决策层主要就公司经营方向、投资项目、融资方式等各项重大问题作出决定。决策层的素质及能力,包括是否积极进取、富有开拓精神,能否在复杂多变、竞争激烈的环境中运筹帷幄、决胜千里,能否知人善用等,对公司的发展前途起决定性作用。管理层负责贯彻决策层的意图,完成既定的目标和计划,协调各部门工作,进行日常的全局管理。管理层应具有的素质及能力包括拥有与该公司相关的技术知识、实际管理经验、组织指挥能力、沟通协调能力等。执行层则在管理层的指挥下,各司其职,保证公司日常工作顺利运行。执行层应具有的素质及能力包括了解本岗位工作范围、严格执行操作程序、保质保量完成和超额完成生产经营指标、遵守公司规章制度等。

2. 公司经营效率

产品的销售、生产原材料的供给、利润的获得都靠精干的经济活动部门去实现。对公司经营活动效率的评价应着重包括以下几方面:经营人员的整体观念、奉献精神;经营人员的开拓能力和应变能力;经营人员的业务精通程度和效益意识;经营人员的工作效率和工作业绩;经营人员的职业道德和进取精神等。

3. 公司内部调控机构效率

投资者可根据公司的具体经济目标,考察公司内部各项规章制度是否订立,是否切实可行,各员工是否遵守,各部门是否都有自己的办事程序,是否分工明确,职责清楚,权利是否享受,义务是否履行等内容。

第二节 公司财务分析

投资者决定投资某公司股票之前,必须先研读该公司的财务资料,特别是财务报表。尽管对于股票估值问题来说,经济收入比会计收入更重要,但财务报表是决定股价定位的基础,其重要性是毋庸置疑的,而且财务会计数据较容易得到。当然,财务报表也不是万能的,它只能反映公司的经营成果和财务状况,甚至当投资者得到这些数据时,也可以说已事过境迁(财务报表公布存在滞后性)。因此,投资者应对上市公司公开的一系列资料加以收集和分析。只有通过对上市公司的财务资料、业务资料、投资项目、市场状况等资料进行全面综合分析,才能估计该公司股票的内在价值,借以判断股票在市场上是否恰当定价。

一、公司财务信息来源

上市公司必须真实、准确、完整、及时地向所有投资者公开披露信息。根据《上市公司信息披露管理办法》规定,上市公司信息披露文件主要包括招股说明书、上市公告书、定期报告和临时报告等。这些报告虽然包括许多非财务信息,但大部分信息具有财务性质或与财务有关。投资者或潜在投资者可从这四项公开披露的重要文件中获取重要财务信息。

1. 招股说明书

招股说明书是股票发行人向证监会申请公开发行材料的必备部分,是向公众发布的旨在公开募集股份的书面文件。招股说明书的有效期为自公告之日起6个月。招股说明书要求发行人披露公司管理层作出的与招股说明书财务会计资料的时间和范围口径大体一致的公司财务分析的简明结论性意见,包括发行公司的资产质量状况、资产负债结构、股权结构的合理性、现金流量、偿债能力的强弱;说明近3年业务的进展及盈利能力,描述收入和盈利能力等的连续性、稳定性;简要陈述未来业务目标及盈利前景;指出发行人的主要财务优势;提示各种已知或不确定性因素已经或将要对发行人产生的重大困难。

2. 上市公告书

股票获准在证券交易所交易之后,上市公司应当公布上市公告书。上市公告除了包括招股说明书的主要内容外,还包括以下内容:股票获准在证券交易所交易的日期和批准文号;股票发行情况;公司创立大会或者股东大会同意公司股票在交易所交易的决议;董事、监事和高级管理人员简历及其持有本公司证券的情况;公司近3年或者成立以来的经营业绩、财务状况以及下一年盈利预测情况;证券交易所要求载明的其他事项。

3. 定期报告

上市公司应当披露的定期报告包括年度报告、中期报告和季度报告。年度报告的内容主要包括：① 公司基本情况；② 主要会计数据和财务指标；③ 公司股票、债券发行及变动情况，报告期末股票、债券总额、股东总数，公司前 10 大股东持股情况；④ 持股 5%以上股东、控股股东及实际控制人情况；⑤ 董事、监事、高级管理人员的任职情况、持股变动情况、年度报酬情况；⑥ 董事会报告；⑦ 管理层讨论与分析；⑧ 报告期内重大事件及对公司的影响；⑨ 财务会计报告和审计报告全文；⑩ 中国证监会规定的其他事项。

中期报告的内容主要包括：① 公司基本情况；② 主要会计数据和财务指标；③ 公司股票、债券发行及变动情况、股东总数、公司前 10 大股东持股情况，控股股东及实际控制人发生变化的情况；④ 管理层讨论与分析；⑤ 报告期内重大诉讼、仲裁等重大事件及对公司的影响；⑥ 财务会计报告；⑦ 中国证监会规定的其他事项。

季度报告的内容主要包括：① 公司基本情况；② 主要会计数据和财务指标；③ 中国证监会规定的其他事项。

4. 临时公告

临时公告包括重大事件公告①和公司收购公告②。所谓"重大"事件，是指这些事件的发生对上市公司原有的财务状况和经营成果已经或将要产生较大影响，并影响到上市

---

① 《上市公司信息披露管理办法》中将以下事件列为重大事件：(1) 公司的经营方针和经营范围的重大变化；(2) 公司的重大投资行为和重大的购置财产的决定；(3) 公司订立重要合同，可能对公司的资产、负债、权益和经营成果产生重要影响；(4) 公司发生重大债务和未能清偿到期重大债务的违约情况，或者发生大额赔偿责任；(5) 公司发生重大亏损或者重大损失；(6) 公司生产经营的外部条件发生的重大变化；(7) 公司的董事、1/3 以上监事或者经理发生变动，董事长或者经理无法履行职责；(8) 持有公司 5%以上股份的股东或者实际控制人，其持有股份或者控制公司的情况发生较大变化；(9) 公司减资、合并、分立、解散及申请破产的决定，或者依法进入破产程序、被责令关闭；(10) 涉及公司的重大诉讼、仲裁，股东大会、董事会决议被依法撤销或者宣告无效；(11) 公司涉嫌违法违规被有权机关调查，或者受到刑事处罚，重大行政处罚，公司董事、监事、高级管理人员涉嫌违法违纪被有权机关调查或者采取强制措施；(12) 新公布的法律、法规、规章、行业政策可能对公司产生重大影响；(13) 董事会就发行新股或者其他再融资方案、股权激励方案形成相关决议；(14) 法院裁决禁止控股股东转让其所持股份，任一股东所持公司 5%以上股份被质押、冻结、司法拍卖、托管、设定信托或者被依法限制表决权；(15) 主要资产被查封、扣押、冻结或者被抵押、质押；(16) 主要或者全部业务陷入停顿；(17) 对外提供重大担保；(18) 获得大额政府补贴等可能对公司资产、负债、权益或者经营成果产生重大影响的额外收益；(19) 变更会计政策、会计估计；(20) 因前期已披露的信息存在差错、未按规定披露或者虚假记载，被有关机关责令改正或者经董事会决定进行更正；(21) 中国证监会规定的其他情形。

② 收购公告的内容主要包括：(1) 收购人的名称、所在地、所有制性质及收购代理人；(2) 收购人的董事、监事、高级管理人员名单及简要情况，以及他们持股数；(3) 持有收购人 5%以上的股份的股东和最大的 10 名股东名单及简要情况；(4) 收购价格、支付方式、日程安排及说明；(5) 收购人欲收购股票数量，收购人前三年的资产负债、盈亏概况及股权结构；(6) 收购人在过去 12 个月中的其他情况；(7) 收购人对被收购人继续经营的计划；(8) 收购人对被收购人资产的重整计划；(9) 收购后新公司的发展规划和未来一个会计年度的盈利预测。

公司的股票市价。最常见的重大事件报告是"公司股份变动公告"和"配股说明书"。收购事件对收购公司和被收购公司的股票价格会产生重要影响,有时甚至涉及整个证券市场。

从目前来看,上市公司公开的信息中,最为全面系统的财务资料当属上市公司的年度和中期财务报表。

二、公司主要财务报表

反映公司经营成果和财务状况的财务报表主要有资产负债表、利润及利润分配表和现金流量表。

（一）资产负债表

资产负债表是反映公司在某一时点上（往往是年末或季末）的财务状况的综合性报表,用来说明公司在某一时点上所持有的资产、负债和资本的存量情况（见表5-1）。

表5-1

清华同方股份有限公司资产负债表

单位：元

项目	期末数		期初数	
资产负债表（非金融类）	合并	母公司	合并	母公司
流动资产				
货币资金	1 257 864 000.86	540 691 384.53	1 277 696 274.87	443 984 520.89
短期投资				
短期投资跌价准备				
短期投资净额	28 468 314.06	27 789 414.06	32 542 488.03	31 863 588.03
应收票据	118 882 884.92	101 877 884.00	88 984 441.36	71 787 101.08
应收股利	2 717 913.71	6 919 326.99	0	901 283.40
应收利息			0	0
应收账款				
其他应收款				
坏账准备				
应收账款净额	1 480 218 585.70	673 155 754.19	1 302 137 127.87	664 360 012.38
预付账款	1 202 136 283.43	1 065 064 483.92	807 334 117.07	605 131 416.08
应收补贴款	1 517 132.90		213 213.63	0
存货				

(续表)

项　目	期　末　数		期　初　数	
资产负债表(非金融类)	合　并	母公司	合　并	母公司
存货跌价准备				
存货净额	3 079 326 796.42	1 449 529 810.09	2 097 276 694.14	994 681 013.56
待摊费用	3 012 910.02	694 104.67	2 452 984.55	470 490.37
待处理流动资产净损失				
一年内到期的长期债权投资			0	0
其他流动资产			0	0
流动资产合计	7 769 918 594.69	4 133 056 030.65	5 979 747 230.68	3 004 612 818.20
长期投资				
长期股权投资				
长期债权投资				
其他长期投资				
长期投资合计				
长期投资减值准备				
长期投资净额	1 115 678 361.37	2 265 340 240.92	921 935 768.20	1 946 953 175.04
合并价差	18 627 864.83			
股权投资差额				
固定资产				
固定资产原值	1 935 113 587.58	951 843 125.58	1 882 870 679.55	950 853 660.28
累计折旧	464 667 667.39	147 321 136.40	384 666 791.53	120 310 835.79
固定资产净值	1 470 445 920.19	804 521 989.18	1 498 203 888.02	83 0542 824.49
工程物资			0	0
在建工程	400 279 508.90	58 763 149.15	254 483 952.35	43 743 199.03
固定资产清理			0	0
待处理固定资产净损失				
固定资产合计	1 859 182 217.05	857 278 467.54	1 741 135 681.60	868 279 352.73
无形及其他资产				

(续表)

项目	期末数		期初数	
资产负债表（非金融类）	合并	母公司	合并	母公司
无形资产	377 928 980.28	60 292 644.78	380 236 839.15	59 154 262.82
开办费				
长期待摊费用	40 774 430.20	19 532 304.44	41 074 820.19	21 467 599.54
其他长期资产			0	0
无形资产及其他资产合计	418 703 410.48	79 824 949.22	421 311 659.34	80 621 862.36
递延税项				
延税款借项			0	0
资产总计	11 163 482 583.59	7 335 499 688.33	9 064 130 339.82	5 900 467 208.33
流动负债：				
短期借款	2 618 530 000.00	1 670 000 000.00	1 921 130 000.00	1 160 000 000.00
应付票据	258 927 151.77	57 314 925.24	163 130 123.49	36 302 010.99
应付账款	2 284 171 028.77	1 313 739 330.68	1 624 275 839.60	822 571 226.96
预收账款	983 773 940.29	570 780 313.64	688 164 552.29	393 582 931.68
代销商品款				
应付职工薪酬	900 293.34		1 420 327.46	0
应付福利费	159 719 670.13	77 505 416.63	150 584 023.51	77 568 050.14
应付股利			9 461.88	0.00
应交税费	16 441 647.87	15 851 900.42	64 663 120.70	16 452 620.55
其他应交款	0	0	0	0
其他应付款	586 224 064.75	321 083 456.95	346 060 248.33	153 736 399.05
应付短期债券				
预提费用	25 579 877.14	3 455 401.15	30 334 414.24	1 231 999.23
一年内到期的长期负债	1 000 000.00		12 943 800.00	0
其他流动负债			0	0
职工奖励及福利基金				

(续表)

项目	期末数		期初数	
资产负债表（非金融类）	合并	母公司	合并	母公司
流动负债合计	6 938 441 737.73	4 030 765 418.96	5 006 279 509.05	2 661 903 494.52
长期负债				
长期借款	455 000 000.00	250 000 000.00	405 000 000.00	250 000 000.00
应付债券			0	0
长期应付款	20 882 254.74	49 483.11	17 782 254.74	49 483.11
住房周转金				
其他长期负债	8 415 671.91		0	0
长期负债合计	542 456 096.65	281 635 424.21	465 226 156.18	259 235 424.21
递延税项				
递延税款贷项			0	0
负债合计	7 483 745 203.83	4 315 248 212.62	5 474 353 034.68	2 923 986 288.18
少数股东权益				
少数股东权益	659 105 514.09		613 278 316.82	0
股东权益				
股本	574 612 295.00	574 612 295.00	574 612 295.00	574 612 295.00
资本公积金	1 598 888 886.87	1 598 888 886.87	1 587 046 422.87	1 587 046 422.87
盈余公积	306 976 950.04	306 976 950.04	306 976 950.04	306 976 950.04
公益金	118 786 140.54	118 786 140.54	118 786 140.54	118 786 140.54
未确认的投资损失				
未分配利润	539 773 343.80	539 773 343.80	507 845 252.24	507 845 252.24
外币报表折算差额	380 389.96		18 068.17	0
股东权益合计	3 020 631 865.67	3 020 251 475.71	2 976 498 988.32	2 976 480 920.15
负债和股东权益总计	11 163 482 583.59	7 335 499 688.33	9 064 130 339.82	5 900 467 208.33

资产负债表由资产和负债两部分组成，每部分下各项目的排列一般以流动性的高低为序。资产部分代表公司拥有或掌握的资源和债权；负债部分代表公司所欠的债务。资

产与负债之差为公司的净资产,归公司所有者即股东所有,称为所有者权益或股东权益。资产与负债及股东权益之间的关系可用公式表示为:

$$资产=负债+所有者权益$$

(二)利润及利润分配表

利润及利润分配表又称为损益表,是反映公司在一定时期内所形成的收入、所发生的费用及最终所形成的收益的流量情况(见表 5-2)。

表 5-2

清华同方股份有限公司利润及利润分配表

单位:元

项目	本期金额		上期金额	
利润及利润分配表 (非金融类)	合并	母公司	合并	母公司
一、主营业务收入				
主营业务收入	5 915 697 057.82	4 118 768 401.69	8 148 549 531.61	5 295 898 978.91
折扣与折让				
主营业务收入净额	5 915 697 057.82	4 118 768 401.69	8 148 549 531.61	5 295 898 978.91
主营业务成本	5 119 564 825.14	3 843 750 674.31	7 027 322 834.19	4 917 235 834.13
营业税金及附加	39 646 008.36	21 430 360.78	61 399 201.14	30 830 291.31
二、主营业务利润				
主营业务利润	756 486 224.32	253 587 366.60	1 059 827 496.28	347 832 853.47
其他业务利润	43 231 115.79	30 957 097.48	21 847 683.12	24 503 558.09
存货跌价损失				
销售费用	327 200 593.27	145 766 296.61	418 041 851.32	206 950 392.90
管理费用	289 497 168.61	104 954 301.52	379 145 232.25	153 266 554.93
财务费用	87 461 501.26	58 085 710.67	65 878 592.82	48 098 249.31
三、营业利润				
营业利润	95 558 076.97	−24 261 844.72	218 609 503.01	−35 978 785.58
投资收益	24 824 948.32	111 064 318.65	−3 821 457.95	154 801 025.23
期货损益				
补贴收入	15 721 680.97	1 352 034.54	15 567 004.38	1 937 295.19
营业外收入	1 561 837.62	1 319 651.79	12 014 876.86	1 188 601.62

(续表)

项　目	本期金额		上期金额	
利润及利润分配表（非金融类）	合　并	母公司	合　并	母公司
以前年度损益调整				
营业外支出	1 622 032.43	84 839.20	11 000 755.97	626 003.15
分给外单位利润				
四、利润总额				
利润总额	136 044 511.45	89 389 321.06	231 369 170.33	121 322 133.31
所得税	21 386 440.97		48 707 129.96	5 413 462.35
应交特种基金				
少数股东损益	25 268 749.42		66 753 369.41	0
职工奖励及福利基金				
购并利润				
未确认的投资损失				
所得税返还				
五、净利润				
净利润	89 389 321.06	89 389 321.06	115 908 670.96	115 908 670.96
年初未分配利润			472 579 544.98	472 579 544.98
盈余公积转入数			0	0
年初未分配利润调整				
减少注册资本减少的未分配利润				
外币报表折算差额				
股份公司成立前利润分配				
六、可供分配的利润				
可供分配的利润			588 488 215.94	588 488 215.94
提取法定盈余公积金			11 590 867.10	11 590 867.10
提取法定公益金			11 590 867.10	11 590 867.10
提取职工奖励福利基金				

(续表)

项目	本期金额		上期金额	
利润及利润分配表 （非金融类）	合并	母公司	合并	母公司
七、可供股东分配的利润				
可供股东分配的利润			565 306 481.74	565 306 481.74
应付优先股股利			0	0
提取任意盈余公积金			0	0
应付普通股股利			57 461 229.50	57 461 229.50
转作股本的普通股股利			0	0
八、未分配利润				
未分配利润			507 845 252.24	507 845 252.24

不同于资产负债表只反映公司在某一特定时点上的财务状况,利润表反映了公司在两个不同时点上资产负债表之间的盈亏变化情况。换句话说,利润表反映的经营成果是企业一定会计期间的收入与费用相配比而形成的净收益,表明公司运用所拥有的资产进行获利的能力。可见,利润表对投资者了解、分析上市公司的实力和前景具有重要的意义。

利润表主要反映以下四方面内容:

(1) 构成主营业务利润的各项要素。主营业务利润等于主营业务收入减去为取得主营业务收入而发生的相关费用(包括相关的流转税)以后的差额。

(2) 构成营业利润的各项要素。营业利润等于主营业务利润加上其他业务,再减去销售费用、管理费用、财务费用以后的差额。

(3) 构成利润总额(或亏损总额)的各项要素。利润总额(或亏损总额)等于营业利润加减投资收益、补贴收入以及营业外收支以后的净额。

(4) 构成净利润(或净亏损)的各项要素。净利润(或净亏损)等于利润总额(或亏损总额)减去本期计入损益的所得税以后的差额。

利润分配表是反映公司一定期间对实现的净利润的分配或亏损弥补的财务报表,是利润表的附表。

(三) 现金流量表

现金流量表是反映公司一定期间现金及现金等价物流入和流出情况的财务报表,表明公司获得现金及现金等价物的能力。现金流量表主要分经营活动、投资活动和筹资活动产生的现金流量三个部分(见表5-3)。

表 5-3

清华同方股份有限公司现金流量表

单位：元

项 目 现金流量表（非金融类）	本 期 数	
	合 并	母 公 司
一、经营活动产生的现金流量		
销售商品、提供劳务收到的现金	6 535 353 146.53	3 914 328 773.63
收到的税费返还	23 380 146.88	3 681 947.38
收到的其他与经营活动有关的现金	928 029 206.35	549 260 194.20
经营活动产生的现金流入小计	7 486 762 499.76	4 467 270 915.21
购买商品、接受劳务支付的现金	5 549 587 539.42	3 330 104 215.82
支付给职工以及为职工支付的现金	408 874 858.87	148 320 808.19
支付的各项税费	189 977 853.94	56 423 156.05
支付的其他与经营活动有关的现金	1 322 311 682.56	845 240 134.54
经营活动产生的现金流出小计	7 470 751 934.79	4 380 088 314.60
经营活动产生的现金流量净额	16 010 564.97	87 182 600.61
二、投资活动产生的现金流量		
收回投资所收到的现金	48 418 286.12	17 367 893.78
取得投资收益所收到的现金	4 600 112.72	63 780.00
处置固定资产、无形资产和其他长期 　　资产而收回的现金净额	7 956 169.88	5 518 554.88
收到的其他与投资活动有关的现金	21 821 996.57	483 358.15
投资活动产生的现金流入小计	82 796 565.29	23 433 586.81
购建固定资产、无形资产和其他长期 　　资产所支付的现金	302 059 979.45	74 826 593.06
投资所支付的现金	325 625 680.77	232 723 680.77
支付的其他与投资活动有关的现金	14 370 274.28	19 080.47
投资活动产生的现金流出小计	642 055 934.50	307 569 354.30
投资活动产生的现金流量净额	−559 259 369.21	−284 135 767.49

(续表)

项　　　　目	本　期　数	
现金流量表(非金融类)	合　并	母公司
三、筹资活动产生的现金流量		
吸收投资所收到的现金	51 400 000.00	
借款所收到的现金	2 470 106 065.00	1 610 000 000.00
收到的其他与筹资活动有关的现金	36 682 471.80	
筹资活动产生的现金流入小计	2 558 188 536.80	1 610 000 000.00
偿还债务所支付的现金	1 863 095 865.00	1 200 446 000.00
分配股利、利润或偿付利息所支付的现金	158 839 198.96	115 893 969.48
支付的其他与筹资活动有关的现金	9 187 028.27	9 187 028.27
筹资活动产生的现金流出小计	2 031 122 092.23	1 316 339 969.48
筹资活动产生的现金流量净额	527 066 444.57	293 660 030.52
四、汇率变动对现金的影响		
汇率变动对现金的影响	−3 649 914.34	
五、现金及现金等价物净增加额		
附　　注		
1. 不涉及现金收支的投资和筹资活动		
债务转为资本		
一年内到期的可转换公司债券		
融资租入固定资产		
2. 将净利润调节为经营活动的现金流量		
净利润(现金流量表)	89 389 321.06	89 389 321.06
少数股东损益(现金流量表)	25 268 749.42	
计提的资产损失准备	12 841 242.37	7 666 702.21
固定资产折旧	77 993 315.92	23 818 871.93
无形资产摊销	21 197 266.80	8 623 090.21
长期待摊费用摊销	4 089 686.62	2 325 233.41
待摊费用的减少	−1 386 603.11	−1 391 320.35

(续表)

项　　目	本　期　数	
现金流量表(非金融类)	合　并	母　公　司
预提费用的增加	9 571 750.98	11 006 537.53
处置固定资产,无形资产和其他长期资产的损失	1 060 744.12	−148 648.35
固定资产报废损失	76 809.88	
财务费用(现金流量表)	82 302 319.67	50 222 994.22
投资损失(减收益)	−24 722 874.32	−110 962 244.65
递延税款贷项(现金流量表)		
存货的减少	−951 596 812.56	−459 002 952.85
经营性应收项目的减少	−543 345 730.48	−201 739 290.31
经营性应付项目的增加	1 213 271 378.60	667 374 306.55
增值税增加净额		
其他		
经营活动产生的现金流量净额	16 010 564.97	87 182 600.61
3. 现金及现金等价物净值增加情况		
货币资金的期末余额	1 257 864 000.86	540 691 384.53
货币资金的期初余额	1 277 696 274.87	443 984 520.89
现金等价物的期末余额		
现金等价物的期初余额		
现金及现金等价物净增加额	−19 832 274.01	96 706 863.64

资产负债表和利润及利润分配表都是以权责发生制为基础来编制的,即使没有发生现金交易,收入和费用也在其发生当时就得到确认。而现金流量表以收付实现制为基础来编制,也就是说,现金流量表只承认产生了现金变化的交易。例如,公司销售了一批产品,60天后付款。利润及利润分配表在销售发生时就将其确认为收入,资产负债表也立即增加一笔应收账款,而现金流量表只有等货款收到时才确认这一交易。现金流量表与利润及利润分配表之间的另一个重要差别是关于折旧的处理。现金流量表在设备购置的现金支出发生时就确认为现金流出,而利润及利润分配表是将这一巨大支出平分在一个很长的时间段上以便真实地反映公司的盈利能力。因为一次性巨大支出会扭曲公司在支出时段的盈利水平。

由于现金流量表的关键数据都来源于资产负债表和利润及利润分配表，反映的是公司在会计期内因现金及现金等价物的流出入而引起的资产、负债和权益变化的动态过程，因此，从某种程度上说，现金流量表还发挥着连接资产负债表和利润及利润分配表所代表的存量和流量的桥梁作用，既为投资者预测公司未来的现金流量提供了数据基础，也使得财务报表体系在信息披露方面更为完善。

三、财务报表分析的目的与方法

了解主要财务报表中每个项目的含义仅仅是第一步，更为重要的是要领会财务报表分析的目的与方法，以期获得准确的信息，进而评价过去的经营业绩、衡量现在的财务状况、预测未来的发展趋势。

（一）主要目的

财务报表分析的目的是为有关各方提供可以用来作出决策的信息。具体说来，由于公司财务报表使用主体不同，其分析的目的也不完全相同。

1. 公司经营管理人员

管理者关心公司的经营效率和未来的发展，他们通过分析财务报表判断公司的现状、可能存在的问题，以便进一步改善经营管理，提高竞争能力。

2. 公司现有投资者及潜在投资者

投资者主要关心公司的财务状况、盈利前景，通过对财务报表数据进行分析、加工得出反映公司盈利能力及质量、发展趋势等方面的信息，判断公司股票的收益—风险特征及其变化趋势，决定自己的投资决策。

3. 公司债权人

债权人关心自己的债权能否收回，通过密切关注公司有关财务情况、分析财务报表，得出反映公司短期偿债能力和长期偿债能力等方面的信息，以决定是否需要追加抵押和担保、是否提前收回债权等。

此外，公司财务报表的使用主体还包括供应商、政府、雇员、中介机构等。其中，专业的财务分析人员（或机构）作为公司财务报表使用主体中的特殊群体，不同程度地承担了为各类报表使用人提供专业咨询服务的任务，也逐渐成为推动财务报表分析领域不断扩展的中坚力量。

（二）分析方法

对投资者来说，财务报表分析的主要方法是比较，具体又分为单个年度的财务比率分析、不同时期比较分析、与同行业其他公司之间的比较分析。

财务比率分析是指对本公司一个财务年度内的财务报表中两个相关的项目数据相除，用系数（倍数）、百分数等形式来揭示项目之间存在的逻辑关系以及公司资本结构、偿债能力、资产管理效率、盈利能力等财务状况和经营成果。

对本公司不同时期的财务报表进行比较分析，就是计算增长比率，旨在从一个较长的时期来动态地分析公司持续经营能力、财务状况变动趋势、盈利能力等方面的状况。增长比率分析又有两种计算方法：一是环比增长分析，即将报告年度的财务变动数据与前一期水平进行比较，旨在说明现象在相邻两个时期（逐期）增减变化的程度。二是定基增长分析，即将报告年度的财务变动数据与某一固定时期的水平进行比较，旨在说明现象在一定时期内总的增减变化程度。

与同行业其他公司之间的财务指标比较分析，可以了解公司各项指标的优劣。使用本办法时常选用行业平均水平或行业标准水平为比较基础，旨在判断公司在本行业中所处的地位，认识优势与不足，准确确定公司的价值。

四、公司财务比率分析

财务比率分析法是财务报表分析中最常用的方法，很多比率也已经标准化了。常用于反映公司财务状况和经营业绩的财务比率可以归纳为五大类：偿债能力分析、资本结构分析、经营效率分析、盈利能力分析和投资收益分析。

（一）偿债能力分析

偿债能力分析旨在说明公司的资金周转能力和偿付债务的能力。反映公司偿债能力大小的指标包括流动比率、速动比率、利息支付倍数、应收账款周转率和周转天数等。

1. 流动比率

流动比率是公司流动资产与流动负债的比值。其计算公式为：

$$流动比率 = \frac{流动资产}{流动负债}（倍）$$

流动比率可以衡量公司流动资产在短期债务到期前可以变为现金、并用于偿还流动负债的能力。流动比率过低，说明公司的偿债能力较弱，流动资金不够充足，短期财务状况不佳；而过高的流动比率则表明公司的管理可能过于保守，将资金过多地使用于流动性较强的资产上而放弃了某些获利的机会。在实际中，由于各公司的经营能力和筹措短期资金的能力不同，对流动比率的要求也各不相同。一般认为，对于持续经营的公司，流动比率应维持在 2 才足以表明公司财务状况稳妥可靠。

2. 速动比率

速动比率又称为酸性比率，是公司速动资产与流动负债的比值。所谓速动资产是指几乎可以立即用来偿付流动性负债的资产，即流动资产减去存货后的差额。速动比率的计算公式为：

$$速动比率 = \frac{流动资产 - 存货}{流动负债}（倍）$$

速动资产之所以没有将存货包括在内，是因为：① 存货的变现能力较差；② 由于某种原因，部分存货可能已损失报废，还没有作处理；③ 部分存货已抵押给债权人；④ 存货估价还存在着成本与当前市价相差悬殊的问题。可见,速动比率是一个比流动比率更为严格的用以衡量公司流动性状况的指标,它可以更确切地反映企业快速偿付短期债务的能力。

通常认为,速动比率为 1 较理想,低于 1 的速动比率被认为存在随时面临无力清偿短期债务的风险;相反,速动比率过高,则表明低收益资产数量过多,将影响公司的盈利能力。

3. 利息支付倍数

从债权人的立场出发,他们向企业投资的风险衡量,除了计算流动比率、速动比率和资产负债率,审查企业借入资本占全部资本的比例外,还要计算营业利润与利息费用之间的比例。利用这一比例,可以测试债权人投入资本的风险。

利息支付倍数是指企业支付利息和交纳所得税前的收益与本期应付利息费用的比率,用以衡量偿付借款利息的能力,也叫利息保障倍数。其计算公式为:

$$利润支付倍数 = \frac{息税前利润}{利息费用}(倍)$$

这一指标反映企业经营收益为所需支付的债务利息的多少倍。只要已获利息倍数足够大,企业就有充足的能力偿付利息,否则相反。

如何合理确定公司的利息支付倍数,这不仅需要与其他公司,特别是本行业的平均水平进行比较,而且要从稳健性角度出发,分析、比较本公司该项指标连续几年的水平,并选择最低指标年度的数据作为标准,以保证最低的偿债能力。

与此同时,结合这一指标,公司还可以测算长期负债与营运资金(等于流动资产与流动负债之差)的比率,它是用长期债务与营运资金相除得到的。其计算公式为:

$$长期债务与营运资金比率 = \frac{长期负债}{流动资产 - 流动负债}(倍)$$

一般情况下,长期债务不应超过营运资金。长期债务会随着时间的延续不断转化为流动负债,并需要运用流动资产来偿还。保持长期债务不超过营运资金,就不会因这种转化造成流动资产小于流动负债,从而使长期债权人和短期债权人感到贷款有安全保证。

4. 应收账款周转率和周转天数

应收账款和存货一样,在流动资产中有着举足轻重的地位。及时收回应收账款,不仅增强了企业的短期偿债能力,也反映出企业管理应收账款方面的效率。

反映应收账款周转速度的指标是应收账款周转率,也就是年度内应收账款转为现金的平均次数,它说明应收账款流动的速度。用时间表示的周转速度是应收账款周转天数,也叫应收账款回收期或平均收现期,它表示企业从取得应收账款的权利到收回款项,转换为现金所需要的时间。其计算公式为:

$$应收账款周转率 = \frac{销售收入}{平均应收账款}(次)$$

$$应收账款周转天数 = \frac{360}{应收账款周转率} = \frac{平均应收账款 \times 360}{销售收入}(天)$$

式中,销售收入是指扣除折扣和折让后的销售净额;平均应收账款等于年初应收账款与年末应收账款的简单算术平均数。

一般来说,应收账款周转率越高,平均收账期越短,说明应收账款的收回越快。否则,企业的营运资金会过多地呆滞在应收账款上,影响正常的资金周转。

(二)资本结构分析

资本结构分析主要分析公司资产与债务、股东权益之间的相互关系,旨在说明公司使用财务杠杆的程度及财务杠杆的作用。反映公司资本结构的指标包括股东权益比率、资产负债比率、长期负债比率、股东权益与固定资产比率等。

1. 股东权益比率

股东权益比率是股东权益与资产总额的比率。其计算公式为:

$$股东权益比率 = \frac{股东权益总额}{资产总额} \times 100\%$$

也可以表示为:

$$股东权益比率 = \frac{股东权益总额}{负债总额 + 股东权益总额} \times 100\%$$

股东权益比率反映的是所有者提供的资本在总资产中的比重,说明公司基本财务结构是否稳定。一般来说,在全部资本利润率高于借款利息率时,财务杠杆将发挥积极有效的作用,股东权益比率越低越好;但在全部资本利润率低于借款利息率时,股东权益比率过低意味着利息负担过重,财务杠杆发挥的是消极负面作用。因此,股东权益比率高,是低风险、低报酬的财务结构;股东权益比率低,是高风险、高报酬的财务结构。

2. 资产负债率

资产负债率是负债总额与资产总额的比例关系,用以反映在总资产中有多大比例是通过借债来筹资的,也可以衡量公司在清算时保护债权人利益的程度。其计算公式为:

$$资产负债率 = \frac{负债总额}{资产总额} \times 100\%$$

式中,负债总额不仅包括长期负债,还包括短期负债,这是因为短期负债作为一个整体,企业总是长期性占用着,可以视同长期性资本来源的一部分;资产总额是扣除累计折旧后的净额。

资产负债率反映的是债权人所提供的资本占全部资本的比重,旨在反映公司负债经营程度,也被称为"举债经营比率"。它有以下几方面的含义:① 对债权人而言,他们最关心的是能否按期收回本金和利息。较低的资产负债率意味着公司资金来源中股东投资的比率大,举债融资的比率小,从而他们的权益在较大的程度上受到保护。② 对股东而言,由于公司通过举债筹措的资金与股东提供的资金在经营中发挥同样的作用,所以股东关心的是全部资本利润率是否超过借款利率。只要全部资本利润率高于借款利率,资产负债率越高越好。③ 对经营者而言,如果公司不举债,或资产负债率过低,说明公司不敢负债经营,没有积极地利用财务杠杆的作用;如果公司举债规模很大,超出债权人心理承受程度,则被认为是不保险的,公司就借不到钱。因此,从财务管理的角度来看,公司必须充分估计举债经营所带来的利润与风险,在两者之间权衡利害得失,以期作出正确决策。

3. 长期负债比率

长期负债比率是公司长期负债与资产总额的比率。其计算公式为:

$$长期负债比率 = \frac{长期负债}{资产总额} \times 100\%$$

长期负债比率是从总体上判断公司债务状况的一个指标。一方面,与流动负债相比,长期负债比较稳定,要在将来几个会计年度之后才偿还,短期内不会使公司面临很大的流动性不足风险。所以,公司可以用长期负债筹集的资金投资固定资产,扩大经营规模。另一方面,与所有者权益相比,长期负债又是有固定偿还期、固定利息支出的资金来源,如果长期负债比率过高,则意味着公司资本结构风险较大,在经济衰退时期会给公司带来额外的风险。对于财务管理人员来说,长期负债比资产总额更有意义,因为它是公司资本结构决策的对象与结果。

4. 股东权益与固定资产比率

股东权益与固定资产比率也是衡量公司财务结构稳定性的一个指标。它是股东权益与固定资产总额的比率。其计算公式为:

$$股东权益与固定资产比率 = \frac{股东权益总额}{固定资产总额} \times 100\%$$

股东权益与固定资产比率反映的是公司购买固定资产所需要的资金有多大比例来自于所有者资本。由于所有者权益没有偿还期限,它最适宜于为公司提供长期资金来源,满足长期资金需求。因此,该比例越大,说明资本结构越稳定,即使长期负债到期也不必变卖固定资产等来偿此,保证了公司持续稳定经营基础。当然长期负债也可以作为购置固定资产的资金来源,所以并不要求该比率一定大于1。但如果该比率过低,则说明公司资本结构不尽合理,财务风险较大。

(三) 经营效率分析

经营效率分析主要分析公司资产利用情况和周转速度,旨在揭示公司在配置各种经济资源过程中的效率状况。反映公司经营效率的指标包括存货周转率和存货周转天数、固定资产周转率、总资产周转率、股东权益周转率和主营业务收入增长率等。

1. 存货周转率和存货周转天数

在流动资产中,存货所占的比重较大。存货的流动性,将直接影响公司的流动比率。一般说来,存货的流动性可用存货的周转速度指标来反映,即存货周转率或存货周转天数。

存货周转率,或叫存货的周转次数,是衡量和评价公司购入存货、投入生产、销售收回等各环节管理状况的综合性指标。它是销售成本与平均存货的比率。用时间表示的存货周转率就是存货周转天数。其计算公式为:

$$存货周转率 = \frac{销货成本}{平均存货}(次)$$

$$存货周转天数 = \frac{360}{存货周转率} = \frac{平均存货 \times 360}{销货成本}(天)$$

式中,平均存货等于年初存货与年末存货的简单算术平均数。

一般说来,存货周转速度越快,说明公司流动资产的利用效率越高,公司经营效率也越好。相反,存货周转速度越慢,则说明公司变现能力差,公司经营效率不高。由于各行各业都有自己的生产周期和经营特点,存货周转速度也不好相提并论。

2. 固定资产周转率

固定资产周转率是销售收入与全部固定资产平均余额的比值。其计算公式为:

$$固定资产周转率 = \frac{销售收入}{平均固定资产}(次)$$

式中,平均固定资产等于年初固定资产与年末固定资产的简单算术平均数。

固定资产周转率是衡量企业运用固定资产效率的指标,比率越高,表明固定资产运用效率越高,利用固定资产效果越好。由于受固定资产原值、存续时间、折旧等因素影响,不同公司的固定资产周转率有时会出现很大差异。所以,这一指标一般只用于本公司不同年度的纵向比较。

3. 总资产周转率

总资产周转率是销售收入与平均资产总额的比值。其计算公式为:

$$总资产周转率 = \frac{销售收入}{平均资产总额}(次)$$

式中,平均资产总额等于年初资产总额与年末资产总额的简单算术平均数。

总资产周转率反映全部资产的周转速度。周转速度越快,说明公司资产利用程度越高,公司的利润率也越高;反之,则说明公司资产利用程度低,投资效益差。必须注意,总资产周转率在不同行业之间几乎没有可比性。

4. 股东权益周转率

股东权益周转率是销售收入与平均股东权益的比值。其计算公式为:

$$股东权益周转率 = \frac{销售收入}{平均股东权益}(次)$$

式中,平均股东权益等于年初股东权益与年末股东权益的简单算术平均数。

股东权益周转率反映公司运用所有者资产的效率。该指标越高,表明所有者资产的运用效率越高。

5. 主营业务收入增长率

主营业务收入增长率是本期主营业务收入增长额与上期主营业务收入的比值。其计算公式为:

$$主营业务收入增长率 = \frac{本期主营业务收入 - 上期主营业务收入}{上期主营业务收入} \times 100\%$$

主营业务收入增长率可以用来衡量公司的产品生命周期,判断公司发展所处的阶段。一般来说,如果主营业务收入增长率超过10%,说明公司产品处于成长期,将继续保持较好的增长势头,尚未面临产品更新的风险。如果主营业务收入增长率在5%~10%之间,说明公司产品已进入稳定期,不久将进入衰退期,需要着手开发新产品。如果该比率低于5%,说明公司产品已进入衰退期,保持市场份额已经很困难,主营业务利润开始滑坡,如果没有已开发好的新产品,将步入衰落。

(四) 盈利能力分析

公司盈利能力分析主要反映公司资产利用的结果,即公司利用资产实现利润的状况,以判断公司的投资价值。反映公司盈利能力的指标包括销售毛利率、销售净利率、资产收益率、股东权益收益率、主营业务利润率等。

1. 销售毛利率

销售毛利率,简称毛利率,是毛利占销售收入的百分比,其中毛利是销售收入与销售成本的差额。其计算公式为:

$$销售毛利率 = \frac{销售收入 - 销售成本}{销售收入} \times 100\%$$

销售毛利率,表示每一元销售收入扣除销售产品或商品成本后,有多少钱可以用于各项期间费用和形成盈利。毛利率是企业销售净利率的最初基础,没有足够大的毛利率便不能盈利。

2. 销售净利率

销售净利率是指净利占销售收入的百分比。其计算公式为:

$$销售净利率 = \frac{净利}{销售收入} \times 100\%$$

式中,净利润是指税后利润,即公司在缴纳所得税后的剩余利润。

销售净利率反映每一元销售收入所带来的净利润的多少,表示销售收入的收益水平。通过分析销售净利率的升降变动,可以促使公司在扩大销售的同时,注意改进经营管理,提高盈利水平。

3. 资产收益率

资产收益率是公司净利润与平均资产总额的比值。其计算公式为:

$$资产收益率 = \frac{净利润}{平均资产总额} \times 100\%$$

资产收益率表明公司运用的每1元资产所能创造的净利润。该比率越大,说明公司的盈利能力越强。

4. 股东权益收益率

股东权益收益率是公司净利润与平均股东权益的比值。其计算公式为:

$$股东权益收益率 = \frac{净利润}{平均股东权益} \times 100\%$$

股东权益收益率反映公司所有股东,包括普通股股东和优先股股东所投入的资本的创利能力。该指标大小对公司的生存和发展十分重要。如果公司不能给股东提供足够的回报,公司就难以维持现有的资产基础,更不用说通过吸引潜在投资者来扩大资产规模了。因此,该比率自然是越高越好。公司通常以该比率的数值作为分配股息率的最高限额。

如果公司既发行普通股,又发行优先股,还可以计算普通股收益率,用以衡量普通股投资的创利能力。其计算公式为:

$$普通股收益率 = \frac{净利润 - 优先股股息}{股东权益 - 优先股面额总和} \times 100\%$$

5. 主营业务利润率

主营业务利润率是主营业务利润与主营业务收入的比值。其计算公式为:

$$主营业务利润率 = \frac{主营业务利润}{主营业务收入} \times 100\%$$

主营业务利润率反映公司的主营业务获利水平,只有当公司主营业务突出,即主营业务利润率较高的情况下,才能在竞争中占据优势地位。

(五)投资收益分析

投资收益分析是将公司财务报表中的有关指标与公司发行在外的股票数、股票市场价格等资料结合起来分析,以便帮助投资者评估和判断不同上市公司股票的优劣。反映投资收益的指标包括每股盈余、股息发放率、普通股获利率、本利比、市盈率、投资收益率、每股净资产、净资产倍率等。

1. 每股盈余

每股盈余是本年盈余与普通股流通股数的比值。其计算公式为：

$$每股盈余 = \frac{净利润 - 优先股股息}{发行在外的普通股股数}$$

每股盈余反映的是普通股的获利水平，因为只有普通股才享有对公司盈余的无限追索权。计算该指标的关键在于确定普通股股数。如果本年度普通股股数未发生任何变化，则以年末股数计算；如果本年度普通股股数发生了增减变化，则应按月计算发行在外的加权平均普通股股数，具体计算公式为：

$$\frac{发行在外的加权}{平均普通股股数} = \frac{\sum(发行在外的普通股股数 \times 发行在外月份数)}{12}$$

每股盈余越高，表明每一股份所能分得的利润越多，股东的投资收益也越好。每股盈余可以进行不同时期的比较，以了解该公司盈利能力的变化趋势；还可以进行经营实绩和盈利预测的比较，以掌握该公司的管理能力。

2. 股息发放率

股息发放率，又称股息支付率或派息率，是普通股每股股利占每股盈余的百分比。其计算公式为：

$$股息发放率 = \frac{每股股利}{每股盈余} \times 100\%$$

股息发放率反映普通股股东从每股的全部盈余中获得股票的比率。就单独的普通股投资人来讲，这一指标比每股盈余更直接体现投资者的当前利益。股息发放率的高低要依据各公司对资金需要量的具体状况而定，也取决于公司的股利支付方针，不能简单地认为股息发放率越高越好。因为有些公司目前少发放股息的目的在于将大量利润用于再投资，这意味着公司尚有增加股息派发能力，股票价值也有升值的机会；相反，有些公司内部缺乏再投资的条件，虽有较高的股息发放率却表明公司发展后劲不足。

3. 普通股获利率

普通股获利率，又称股息实得率，是每股股息与每股市价的比值。其计算公式为：

$$普通股获利率 = \frac{每股股息}{每股市价} \times 100\%$$

普通股获利率旨在衡量普通股股东当期股息收益率。这一指标在用于分析股东投资收益时，分母应采用投资者当初购买股票时支付的价格；在用于对准备投资的股票进行分析时，则使用当时的市价。这样既可以揭示投资该股票可能获得的股息收益率，也表明出售或放弃投资这种股票的机会成本。

投资者可利用股价和获利率的关系以及市场调节机制预测股价的涨跌。当预期股息不变时,股票的获利率与股票市价呈反方向运动。当某股票的获利率偏低时,说明股票市价偏高,投资者必然出售股票,从而导致股价下跌,获利率提高;反之,若获利率偏高,说明股价偏低,投资者会竞相购买,又会导致股价上升。

4. 本利比

本利比是每股股价与每股股息的比值。其计算公式为:

$$本利比 = \frac{每股股价}{每股股息}(倍)$$

本利比是获利率的倒数,表明目前每股股票的市场价格是每股股息的几倍,以此来判断相对于股息而言股票价格是否被高估,股票有没有投资价值。

5. 市盈率

市盈率,又称本益比,是每股市价与每股盈余的比值。其计算公式为:

$$市盈率 = \frac{每股市价}{每股盈余}(倍)$$

市盈率反映投资者为获得每元盈余所付出的成本,或者说单靠普通股的收益需要多长时间才可收回购买股票的投资,可以用来估计公司股票的投资收益与风险。一般说来,该指标值越低,说明股票价格上涨潜力越大。

市盈率有静态与动态之分,其中,静态市盈率等于每股市价与年报实际每股盈余之比,而动态市盈率等于每股市价与根据季报或中报预测的全年每股盈余之比。

例如,一只股票2006年每股盈余0.5元,现价12元,则静态市盈率为24倍。2007该股票最新的半年报每股盈余0.35元,综合其他因素预测该股票2007年全年每股盈余可达到0.6元,则该股票的动态市盈率为20倍。

使用市盈率指标时应注意以下几点:① 该指标不能用于不同行业公司的比较。一般说来,成长性好的新兴行业市盈率普遍较高,而传统行业的市盈率相对较低,这并不说明后者的股票没有投资价值。② 在每股收益很小或亏损时,由于股票市价不至于降为零,公司的市盈率会很高,如此情形下的高市盈率不能说明任何问题。③ 市盈率的高低受市价影响,而影响市价变动的因素很多,包括投机炒作等,因此观察市盈率的长期趋势很重要。通常在不同的证券市场、不同时期会形成一个比较认可的平均市盈率。

6. 投资收益率

投资收益率是每股盈余与每股市价的比值。其计算公式为:

$$投资收益率 = \frac{每股盈余}{每股市价} \times 100\%$$

投资收益率是市盈率的倒数,比率越大,说明股权资本的盈利率越高,对潜在投资者越有吸引力。

7. 每股净资产

每股净资产是净资产与发行在外的普通股股数的比值。其计算公式为：

$$每股净资产 = \frac{净资产}{发行在外的普通股股数}$$

式中，净资产是资产总额与负债之差，即所有者权益。如果公司的股本除了普通股外还有优先股，则要从所有者权益中减去优先股权益，即：

$$每股净资产 = \frac{所有者权益 - 优先股面额总和}{发行在外的普通股股数}$$

每股净资产反映每股普通股所代表的公司净资产价值，是支撑股票市场价格的物质基础。该指标值越大，表明公司内部积累越雄厚，抵御外来因素影响和打击的能力越强。同时，该指标也是公司清理时的股票账面价值，通常被认为是股票价格下跌的最低价格。

8. 净资产倍率

净资产倍率，又称市净率，是每股市价与每股净资产的比值。其计算公式为：

$$净资产倍率 = \frac{每股市价}{每股净资产}(倍)$$

净资产倍率表明股票价格以每股净资产的若干倍在流通转让，以评价股价相对于净资产而言是否被高估。该指标值越小，说明股票的投资价值越高，股价的支撑越有保证。反之，则投资价值越低。当然在判断投资价值时还要考虑当时的市场环境以及公司经营情况、盈利能力等因素。

附录　价值投资：格雷厄姆与巴菲特

一、格雷厄姆投资法则——"内在价值"和"安全边际"

"不提本杰明·格雷厄姆(Benjamin Graham)这位伟大的投资领袖的思想，证券基本面分析的理论就不完美。在20世纪下半叶的现代投资组合理论提出之前，格雷厄姆是唯一一位在投资分析领域里最重要的思想家、作家与导师，而且目前他的影响在投资领域仍不减当年。"[1]

格雷厄姆是价值投资的开创者，为价值投资奠定了方法论的基础。他相信仔细分析

---

[1] [美]兹维·博迪等著：《投资学精要》（第四版），中国人民大学出版社、北京大学出版社2003年版，第539页。

公司的财务报表就能发现有投资价值的股票。1934年,格雷厄姆与戴维·多德合著完成了杰作《证券分析》(Security Analysis)。在该书中,格雷厄姆提出了股票投资的"内在价值"和"安全边际"两个法则。

1. "内在价值"法则

格雷厄姆写作《证券分析》的时期,正是美国股票市场低潮,1/3的美国公司股票都在以低于清算价值的价格出售,许多公司的股价比它们银行账户上的现金价值还低。当时有一位叫洛布的评论家写了本畅销书《投资生存大战》,他认为"没有人真的知道什么是真正的价值",投资者真正要看重的不是企业的盈利情况,而是一种公众心理。他强调要"充分考虑人们的普遍情绪、希望和观点的重要性以及它们对于证券价格的影响","股票投机主要就是 A 试图判断 B、C、D 会怎么想,而 B、C、D 反过来也做着同样的判断"。这些看似有理的观点实际上并不能帮助投资者解决什么问题,甚至是给投资者设下了心理陷阱。

《证券分析》给出了逃脱这个陷阱的方法。格雷厄姆极力主张,投资者的注意力不要放在行情机上,而要放在股权证明背后的企业身上,即通过关注企业的盈利、资产、未来前景等诸如此类的因素来衡量一家上市公司的"内在价值",并以此作为投资准则。

格雷厄姆认为,市场并非一个能精确衡量价值的"称重计"。相反,它是一个"投票机",不计其数的人所作出的决定是一种理性和感情的混合物,很多时候,这些抉择和理性的价值评判相去甚远。投资的秘诀就在于当股票价格远远低于内在价值时投资,并且相信市场趋势会回升。

格雷厄姆唯一关心的就是公司的股票价格相对于其内在价值是否廉价。为此,他像生物学家解剖青蛙那样分析着普通股股票、公司债券,总企图寻找那些便宜得几乎没有风险的公司,这在当时的投机气氛中显得十分怪异。洛布等投机者把股票看作一张薄纸,他的目标只是对下一个接手的人的期望,然后再下一个人。而格雷厄姆则把股票看作企业的份额,它的价值始终应和企业的价值相呼应,其"内在价值"投资理论在当时完全是一大创新。

2. "安全边际"法则

在解决了投资的价值标准后,那么剩下必须面对的难题是,如果按照"内在价值"标准买进一只便宜的股票后,即刻它变得更便宜了,该怎么办? 格雷厄姆承认,如果有时市场定价错误,它们得经过"很长一段困扰人心的时间"才能调整过来。因此,在购买股票时还需要保持一个"安全边际"。

什么是"安全边际"呢?他解释说,投资者应该在他愿意付出的价格和他估计出的股票价值之间保持一个差价。只要有足够的"安全边际",投资者就应该是很安全的。不论形势有多么的严峻,只要有信心和耐心,必然会有可观的投资收获。

二、沃伦·巴菲特著名的十二定律

沃伦·巴菲特是将价值投资发扬光大,并使之闻名于世的第一人。实际上,巴菲特的投资原理很简单：只做传统的长期投资。他认为，买卖股票原本就是转移股权,持有股权者即为股东，股东权益来源于企业运营所获取的利润。长期而言,股票的价格取决于企业的发展和企业所创造的利润,并与其保持一致,而短期价格却会受各种因素影响而大幅度波动,没有一个人可以做到始终如一地准确预测。因此,真正的股票投资应该是选择一家真正值得投资的好公司,在合适的价位购入其股票,长期持有,耐心等待企业的成长为自己创造财富。

在这样的投资理念之下,巴菲特的投资策略别具一格：既不理会股票市场的涨跌,也不担心经济形势。在巴菲特看来,股市只是一个便于股东买卖股票的场所,它的存在使人们更易于投资他们所需要的企业,投资者看好并购入股票后,应该关注于企业运营。至于不合理的短期价格变化,是不需要也无法关心的。同时,巴菲特认为经济形势与短期股价一样,都是难以预测的,并且无论预测正确与否,倘若投资者的股票会在某一特定的经济环境里获益,那么在经济的波动中他就不可避免地要面临变动和投机。投资者应该选择那些在任何经济形势中都可获利的企业。

因此,巴菲特认为短期持有股票,只有在始终正确地预测经济情况、短期股价波动时才可获利,而这是极费神且不太可能的,因而是不可取的。在巴菲特确定了他的投资理念和策略之后,他便只需集中精力去做剩下的两件事,即寻找一家好公司并以合适的价格购买其股票。

巴菲特从多年自身的经验中,总结了一整套行之有效的规律和策略,即著名的"十二定律"。

1. 企业定律

企业定律可分为三条：

(1) 企业必须简单且易于了解。巴菲特认为,投资者财务上的成功与他对自己所做投资的了解成正比,只有全面了解了企业,投资者才能有的放矢。巴菲特在他几十年的投资经营中拥有的企业全都在他的"竞争优势圈"内。他对圈内所有企业高度了解,而圈外的企业,投资潜力再大他也绝不涉足。

(2) 企业过去的经营状况必须稳定。巴菲特认为,企业经营方向的重大变革和高额报酬是难以交汇的,那些长期以来都持续提供同样商品和服务的企业往往才是报酬率高的企业。

(3) 企业长期前景必须看好。巴菲特很重视寻找那些拥有特许权的企业。所谓特许权就是指该企业提供的商品和服务具有稳定的消费需求,没有近似替代产品。这样的企业可以持续提高价格而获取利润,即使在供过于求,或潜能尚未完全利用的情况下,也不会失去市场占有率或销售量,而且这样的企业往往拥有经济商誉,有较高的耐力承受通胀带来的影响,即使经济不景气或经营管理不善也仍可生存。

2. 经营定律

经营定律也分为三条：

(1) 经营者必须理性。巴菲特欣赏那些将现金盈余投向能使股东财富最大化的发展计划的经营者,他认为那些在找不到这样的计划时勇于将盈余归还股东的经营者才是真正为股东服务的,才是真正有理性的。

(2) 经营者必须对股东诚实坦白。巴菲特认为只有完整详实地公布企业营运状况,并像公开自己的成功一样勇于检讨自己失败的经营者才值得信赖。

(3) 经营者应当有勇气抵抗盲从法人机构。有许多经营者会因为盲从而失去理性,损害了股东的利益。巴菲特认为,能独立思考、抗拒依附他人的经营者才有竞争力。

3. 财务定律

财务定律又分为三条:

(1) 考察股东权益报酬率,而非每股盈余。因为在企业保留上一年盈余增加资本的情况下,只有股东权益报酬率考虑了公司逐年增加的资本额,才较为真实地反映了经营绩效。

(2) 计算"股东盈余",寻找高毛利率的公司。巴菲特认为,原来意义上的会计盈余由于各公司资产不同而缺乏可比性,只有将折旧损耗和分期摊销费用加上净利减去资本支出后得到的股东盈余才可反映企业价值。而高毛利率则不仅反映出企业的强大,也反映出经营者控制成本的能力。

(3) 对于保留的每两元钱盈余,确定公司至少已创造了一元钱的市场价值。在此巴菲特采取的方法是将净收入减去股利得到保留盈余,再找出公司现在与10年前市价的差价,并加以对比。

在采用这些量化指标时,巴菲特是将4年或5年的财务平均值作为衡量标准的。他认为长期平均值才可以真正说明问题。

4. 市场定律

市场定律还是分为三条:

(1) 计算企业实质价值。巴菲特选择那些简单稳定的企业,以保证所有数据的高度确定性,之后预期在企业的生命周期中未来的现金流量,用30年美国政府公债利率加以折现。旨在并不加上风险溢酬,旨在用最保守的方法来估计企业价值,以降低风险。

(2) 以显著的价值折扣购入该股票。在购进价格和企业价值之间一定要有一个"安全边际",这个"安全边际"的缓冲效果可以保证他不受到公司未来现金流量变动的影响。因此,当一些大企业暂时出现危机或股市下跌时,就是他毫不犹豫大量买进的时机。

(3) 长期持有并管理手中的股票,耐心等待企业的成长。事实上,由于巴菲特坚守自己的定律,他很少能同时发现三家以上可让他有信心的企业,所以他常常将大得惊人的资金集中投资在几种股票上。购入股票之后,巴菲特总是长期甚至打算永久持股,而这些股票总是回赠给他丰厚的利润。"因为我把自己当成是企业经营者,所以我成为更优秀的投资人;因为我把自己当成是投资人,所以我成为更优秀的企业经营者。"正是因为时刻意识到这种双重身份,巴菲特才不会去关心股票的涨跌,也不会为了眼前有利可图而抛售手中好的股票,而是专注于企业的经营管理,充分了解企业。他相信杰出的绩效总有一天会反映到股价上去。他的投资经营方式也值得一提,他并不寻求大规模的转变,也不全盘控制,他提供长期资金并监督公司,让经营者继续执行公司的政策。这种"关系投资"模式果然为巴菲特赢得了巨额利润。

相关链接

http://www.eastmoney.com——东方财富网

http://data.eastmoney.com/report——东方财富网机构研究报告

http://www.taoguba.com.cn——淘股吧

思考与练习

1. 公司基本素质分析包括哪几个方面?说明每一方面的具体内容及其意义。
2. 公司财务信息来源渠道有哪些?
3. 公司财务分析包括哪些内容?如何通过公司财务分析发现有投资价值的公司?
4. 衡量公司偿债能力、资本结构、经营效率、盈利能力和投资收益的指标有哪些?应如何利用这些指标进行分析?
5. 什么是动态市盈率?我国高科技板块市盈率普遍偏高,你如何理解这一现象?
6. 查询某上市公司近年财务报表,应用财务比率法对该公司盈利能力进行分析。
7. 上市公司分红派息时经常采用公积金转赠的方法送股,它和直接送股有什么区别?
8. 参考上市公司公开信息,撰写某一上市公司投资分析报告。

第六章 技术分析

证券投资技术分析是一种与基本分析截然不同的分析方法。技术分析从不考虑那些与股票内在价值相关的各种因素,坚持认为证券价格的变化完全取决于市场的供求关系,所有影响证券价格变化的因素都已反映在证券价格和交易量的变化中,且证券市场的变化有一定的规律,过去证券市场的变化规律和形态会在一定条件下再度出现。因此,技术分析强调分析证券的市场价格、成交量、价和量的变化以及完成这些变化所经历的时间、价格波动的空间等市场行为,以期把握证券价格变化的走势,抉择正确的投资时机。从演进过程来看,技术分析经历了从最早的直觉化决策方式,到图形化决策方式,再到指标化决策方式,直到现在的模型化、智能化决策方式的发展道路。本章的主要内容有三:一是技术分析概述;二是盘面分析;三是常用技术分析指标。

第一节 技术分析概述

一、技术分析的涵义

技术分析是以证券市场过去和现在的市场行为为分析对象,应用数学和逻辑的方法,归纳和总结出证券价格运行的一些典型规律,并据此对证券未来的价格变化趋势进行预测的研究行为。

不难理解,技术分析法是一种与基本分析截然不同的分析方法。基本分析以价值分析理论为基础,根据证券的价值决定其价格、证券的价格围绕价值波动之假设,认为价值是测量证券价格合理与否的尺度,证券价格的波动是对其价格与价值间偏离的调整。而技术分析从不认为证券有内在价值,其核心思想就是证券的价格取决于股票市场上供给和需求两方面的相互作用,证券价格的波动是对市场供求均衡状态偏离的调整。换句话说,技术分析只关心证券的市场价格、成交量、价和量的变化以及完成这些变化所经历的时间、价格波动的空间等市场行为本身的变化。

基本分析和技术分析各有所长,可以相互补充。首先,基本分析的目的是为了判断证券市场现行价格是否合理并描绘出其长远的发展空间;而技术分析主要是预测短期内证券价格涨跌的趋势,为投资者选择合适的买入、卖出时机提供参考。也就是说,技术分析法注重短期分析,在预测旧趋势结束和新趋势开始方面优于基本分析法,但在预测较长期趋势方面则不如后者。其次,基本分析法主要解决投资对象问题,如选择某一行业的某只股票,看中的是它的内在潜力与长期发展的良好前景;而技术分析则让我们更好地把握有利的购买时机。可见,基本分析法和技术分析法都有其合理的内涵,又都存在一定的片面性。因此,在实际应用过程中,应将两者结合,互为补充。

二、技术分析的假设前提

技术分析的理论基础是基于三项合理的市场假设:市场行为涵盖一切信息;价格沿趋势移动;历史会重演。

1. 市场行为涵盖一切信息

这一假设是进行技术分析的基础。其主要的思想是:任何一个影响证券市场的因素,包括外在的、内在的、基础的、政策的以及心理的等因素,最终都必须体现在市场行为中。因此,技术分析人员只需要关心各种因素对市场行为的影响效果,而不必去关心影响市场行为变化的原因究竟是什么。如果不承认这一前提条件,技术分析所作的任何结论都是无效的。

这一假设有一定合理性,因为任何因素对证券市场的影响最终都必然表现在证券价格的变动上。如果某一消息一公布,证券价格同以前一样没有大的变动,说明这个消息不是影响证券价格的因素;如果有一天看到价格向上跳空开盘,成交量急剧增加,一定是出了利多消息,具体是什么消息,完全没有必要过问,它已经体现在市场行为中了。再比如,某一天别的股票大多持平或下跌,唯有少数几只股票上涨,这时,我们自然要打听这几只股票出了什么好消息。这说明,我们已经意识到外部的消息已经在价格的变动和反常的趋势中得到了体现。

2. 价格沿趋势移动

这一假设是进行技术分析最根本、最核心的因素。其主要思想是:证券价格的变动是按一定规律进行的,即有保持原来方向运动的惯性。技术分析认为:证券价格的运动反映了一定时期内供求关系的变化。如果一段时间内证券价格一直是持续上涨或下跌,那么,只要供求关系不发生根本改变,今后一段时间里,证券价格仍会按这一方向继续运动。"顺势而为"是证券市场上的一条名言。

这一假设也有一定的合理性,因为供求关系决定价格在市场经济中是普遍存在的。正是由于这一条,技术分析师们才花费大量心血,试图找出证券价格变动的规律。

3. 历史会重演

这一假设是从人的心理因素方面考虑的。市场上进行具体买卖的是人,是由人决定最终的操作行为。人必然要受到心理学中某些规律的制约。一个人在某一场合得到了某种结果,那么,下一次碰到相同或相似的场合,这个人就认为会得到相同的结果。证券市场也一样。在某种情况下,一投资者按一种方法进行操作取得成功,那么以后遇到相同或相似的情况，就会按同一方法进行操作；如果前一次失败了，后一次就不会按前一次的方法操作。股票市场的某个市场行为给投资者留下的阴影或快乐是会长期存在的。在进行技术分析时，一旦遇到与过去某一时间相同或相似的情况，就应该与过去的结果进行比较。过去的结果是已知的，可用作预测未来的参考。

这一假设也有一定的合理性，因为投资者的心理因素会影响投资行为，进而影响证券价格。

当然，对这三大假设本身的合理性一直存在争论，不同的人有不同的看法。例如，第一个假设说市场行为是包括了一切信息，但市场行为所反映的信息同原始的信息毕竟有差异，信息损失是必然的。正因为如此，在进行技术分析的同时，还应该适当进行一些基本分析和其他方面的分析，以弥补不足。再如，第三个假设为历史会重演，但证券市场的市场行为是千变万化的，不可能出现完全相同的情况，差异总是或多或少地存在。

三、技术分析的要素：价、量、时、空

证券市场中，价格、成交量、时间和空间等因素的具体情况和相互关系是进行正确分析的基础。

成交价和成交量是市场行为最基本的表现。过去和现在的价和量涵盖了过去和现在的市场行为。技术分析就是利用过去和现在的价、量资料，以图形分析和指标分析工具来分析、预测未来的市场走势。在某一时点上的价和量反映的是买卖双方在这一时点上共同的市场行为，是供求双方的暂时均势点。随着时间的变化，均势会不断发生变化，这就是价量关系的变化。一般说来，买卖双方对价格的认同程度通过成交量的大小得到确认。认同程度小，分歧大，成交量小；认同程度大，分歧小，成交量大。双方的这种市场行为反映在价、量上就往往呈现出这样一种趋势规律：价升量增，价跌量减。根据这一趋势规律，当价格上涨时，成交量不再增加，意味着价格得不到买方的确认，价格的上升趋势就将发生改变；反之，当价格下跌时，成交量萎缩到一定程度后不再萎缩，则意味着卖方不再认同价格继续往下降了，价格的下跌趋势将会改变。因此，价、量是技术分析的基本要素，一切技术分析方法都以价、量关系为研究对象。

在进行行情判断时，时间有着很重要的作用。一个已经形成的趋势在短时间内不会发生根本改变，中途出现的反方向波动，对原来趋势不会产生大的影响。一个形成了的趋势又不可能永远不变，经过了一定时间又会有新的趋势出现。循环周期理论着重关心的就是时间因素，它强调了时间的重要性。

在某种意义上讲，空间可以认为是价格的一方面，指的是价格波动能够达到的极限。

四、技术分析的理论基础——道氏理论

道氏理论是由美国道·琼斯公司的创办人查尔斯·亨利·道（Charles H. Dow）在19

世纪末期创立的,是技术分析的理论基础。

(一)道氏理论的主要内容

1. 市场价格平均指数可以解释和反映市场的大部分行为

道氏理论认为收盘价是最重要的价格,并利用收盘价计算平均价格指数。目前,世界上所有的证券交易所计算价格指数的方法大同小异,都源于道氏理论。此外,道氏理论还提出平均价格涵盖一切信息的假设,至今仍是技术分析的一个基本假设。

2. 市场价格运动具有趋势

根据道氏理论,证券市场上的价格运动有三种趋势,即主要趋势(Primary Trend)、次要趋势(Secondary Trend)和短暂趋势(Near Term Trend)。

主要趋势是指价格广泛或全面性上升或下降的变动情形,看起来像大潮。这种趋势持续时间通常为1年或1年以上,价格上升(下降)的幅度超过20%。对投资者来说,主要趋势持续上升就形成了多头市场,持续下降就形成了空头市场。

次级趋势经常与基本趋势的运动方向相反,并对其产生一定的牵制作用,因而也称为修正趋势,看起来像波浪。这种趋势持续时间从3周至数月不等,价格上升或下降的幅度一般为主要趋势的1/3或2/3。

短期趋势反映价格在几天之内的变动情况,看起来像波纹。这种趋势持续时间一般不超过3周,波动幅度也更小。修正趋势通常由3个或3个以上的短期趋势所组成。

技术分析的目的就是要从逐日的价格波动中,撇去短期趋势,寻找次级趋势和主要趋势。一般说来,长期投资者最关心的是市场的主要趋势,其目的是想尽可能地在多头市场上买入证券,而在空头市场形成前及时地卖出证券。投机者则对市场的修正趋势比较感兴趣,以期获取短期利润。

3. 主要趋势有三个阶段

以股票市场上升趋势为例。

第一个阶段为累积阶段。在该阶段中,尽管上市公司财务状况仍很一般,但聪明的投资者在捕捉到信息并进行分析的基础上开始买入股票,股价开始从最低水平回升,但股票交易还不很活跃。

第二个阶段为上升阶段。在这一阶段,上市公司盈余增加,更多的投资者参与股市,交易量扩大,股价持续上升并可维持较长一段时间。尽管总体趋势是上升的,但也存在股价修正和回落。

第三阶段为市场价格达到顶峰后出现的又一个累积期。在这一阶段,市场信息为众人所知,资金大量涌入,成交量剧增,股价快速上升。但股价水平已严重背离其内在价值,上升趋势将转化为下降趋势,并又回到累积期。

4. 两种平均价格指数必须互证

道·琼斯综合指数是由20种运输、30种工业和15种公共事业三部分组成的。根据历史经验，其中工业和运输业两种分类指数数据较有代表性。因此，在判断主要趋势时，道氏理论更注重于分析运输业和工业两种指数的变动。其中任何单纯一种指数所显示的变动都不能作为断定趋势有效反转的信号，只有当运输业和工业两种指数都显示出主要趋势反转信号时，即互相印证时方可确认主要趋势反转。

5. 趋势必须得到交易量的确认

成交量会随着主要趋势的变化而变化。通常，在上升趋势中，价格上升，成交量增加；价格下跌，成交量减少。在下降趋势中，当价格滑落时，成交量增加；在反弹时，成交量减少。因此，在确定主要趋势时，必须看到成交量在主要趋势的方向上放大。

（二）对道氏理论的评价

道氏理论自问世以来，经历了时间的考验，曾经数次在股票市场长期趋势的转折关头发出及时准确的信号，令很多人信服。道氏理论作为技术分析的理论基础，有它的合理性。首先，道氏理论具有合理的内核和严密的逻辑，指出了股市变动趋势与经济周期变动的联系，在一定程度上能对股市的未来变动趋势作出预测和判断。其次，依道氏理论编制的股票价格指数是反映经济周期变动的灵敏的晴雨表，被认为是最可靠的先导指标。再次，道氏理论对以后的技术分析法有着重大的影响，被认为是技术分析法的鼻祖。

但道氏理论也存在某些缺陷。第一，道氏理论主要关注大趋势，对次要趋势的判断作用不大，对每日每时都在发生的小波动更显得无能为力。第二，即使是对主要趋势的预测，道氏理论也无法预先精确地推断出股价变动的高峰和低谷，结论落后于价格变化，因而不能指明最佳的买卖时机。第三，道氏理论过于强调股价平均数，但股价平均数不等于整个股票市场，并非所有股票都与股价平均数同涨同跌，使得投资者无法把握具体的投资对象。

五、技术分析常用语

1. 开盘价：当天的第一笔交易成交价格。
2. 收盘价：当天的最后一笔交易成交价格。
3. 最高价：当天的最高成交价格。
4. 最低价：当天的最低成交价格。
5. 多头：在一个时间段内看好股市者。
6. 空头：在一个时间段内看跌股市者。
7. 高开：今日开盘价在昨日收盘价之上。
8. 平开：今日开盘价与昨日收盘价持平。
9. 低开：今日开盘价在昨日收盘价之下。
10. 套牢：买入股票后，股价下跌，如果抛出则出现亏损。
11. 趋势：股价在一段时间内朝同一方向运动，即为趋势。
12. 涨势：股价在一段时间内不断朝新高价方向移动。

13. 跌势：股价在一段时间内不断朝新低价方向移动。

14. 盘整：股价在有限幅度内波动。

15. 压力点（压力线）：股价在涨升过程中，碰到某一高点（或线）后停止涨升或回落，此点（或线）称为压力点（或线）。

16. 支撑点（支撑线）：股价在下跌过程中，碰到某一低点（或线）后停止下跌或回升，此点（或线）称为支撑点（或线）。

17. 突破：股价冲过关卡或上升趋势线。

18. 跌破：股价跌到压力关卡或上升趋势线以下。

19. 反转：股价朝原来趋势的相反方向移动分为向上反转和向下反转。

20. 回挡：即股价下跌。

21. 探底：寻找股价最低点过程，探底成功后股价由最低点开始翻升。

22. 底部：股价长期趋势线的最低区域。

23. 头部：股价长期趋势线的最高区域。

24. 高价区：多头市场的末期，此时为中短期投资的最佳卖点。

25. 低价区：多头市场的初期，此时为中短期投资的最佳买点。

26. 买盘强劲：股市交易中买方的欲望强烈，造成股价上涨。

27. 卖压沉重：股市交易中持股者争相抛售股票，造成股价下跌。

28. 骗线：操盘手利用市场心理，在趋势线上做手脚，使投资者作出错误的决定。

29. 超买：股价持续上升到一定高度，买方力量基本用尽，股价即将下跌。

30. 超卖：股价持续下跌到一定低点，卖方力量基本用尽，股价即将回升。

第二节　盘面分析

一、分时图的基础知识

分时图是指大盘和个股的动态实时（即时）分时走势图，旨在反映即时市场多空力量的转化。分时图在股票投资实务中的地位极其重要。

（一）大盘指数即时分时走势图

（1）白色曲线。白色曲线表示大盘加权指数，即证券交易所每日公布的大盘实际指数。

（2）黄色曲线。黄色曲线是指大盘不含加权的指数，即不考虑股票盘子的大小，而将所有股票对指数影响看作相同而计算出来的大盘指数。

参考白黄两曲线的相互位置可知：① 当大盘指数上涨时，黄线在白线之上，表示流通盘较小的股票涨幅较大；反之，黄线在白线之下，说明盘小的股票涨幅落后大盘股。②

当大盘指数下跌时,黄线在白线之上,表示流通盘较小的股票跌幅小于盘大的股票;反之,盘小的股票跌幅大于盘大的股票。

(3) 红绿柱线。在红白两条曲线附近有红绿柱状线,用于反映大盘即时所有股票的买盘与卖盘在数量上的比率。红柱线的增长缩短表示上涨买盘力量的增减;绿柱线的增长缩短表示下跌卖盘力度的强弱。

(4) 黄色柱线。黄色柱线位于红白曲线图的下方,用来表示每一分钟的成交量,单位为手。

(5) 委买委卖手数。委买委卖手数代表即时所有股票买入委托下三档和卖出上三档手数相加的总和。

(6) 委比数值。委比数值是委买委卖手数之差与委买委卖手数之和的比值。当委比数值为正值时,表示买方力量较强,股指上涨的几率大;当委比数值为负值时,表示卖方的力量较强,股指下跌的几率大。

(二) 个股即时分时走势图

(1) 白色曲线。白色曲线表示该种股票即时实时成交的价格。

(2) 黄色曲线。黄色曲线表示该种股票即时成交的平均价格,即当天成交总金额除以成交总股数。

(3) 黄色柱线。黄色柱线位于红白曲线图的下方,用来表示每一分钟的成交量。

(4) 成交明细。在盘面的右下方为成交明细显示,显示动态每笔成交的价格和手数。

(5) 外盘内盘。外盘又称主动性买盘,即成交价在卖出挂单价的累积成交量;内盘主动性卖盘,即成交价在买入挂单价的累积成交量。外盘反映买方的意愿,内盘反映卖方的意愿。

在技术分析系统中经常有"外盘"、"内盘"出现。委托以卖方成交的纳入"外盘"。如果外盘很大意味着多数卖的价位都有人来接,显示买势强劲。委托以买方成交的纳入"内盘"。如果内盘过大,则意味着大多数的买入价都有人愿卖,显示卖方力量较大。如果内盘和外盘大体相近,则表明买卖力量相当。"外盘"和"内盘"相加为成交总量。

(6) 量比。量比是指当天开市后每分钟的平均成交量与过去5个交易日平均每分钟成交量之比。具体公式为:

$$量比 = \frac{现成交总手}{过去5个交易平均每分钟交易量 \times 当日累计开市时间(分)}$$

当量比大于1时,说明当日每分钟的平均成交量大于过去5日的平均水平,即交易量在放大;当量比小于1时,说明当日成交量小于过去5日的平均水平,即交易量在萎缩。

二、K线图

股市分析中最常用的一种图就是K线图。它是通过对一段时期内股价变动情况的分析来找出未来股价变动的趋势。

K线图由开盘价、收盘价、最高价和最低价组成,作图方法如下:

在坐标纸上先给出坐标,左边是高度,底下是时间。在当天开盘价的位置上画一条横线,收盘价处也画一条横线,再将这两条横线用两根竖线连起来,就构成了一个小方块。如果开盘价比收盘价高,称为收阴,这条K线称为阴线。如果开盘价比收盘价低,称为收阳,这条K线称为阳线。然后找出最高价和最低价的点,将这两个点和小方块的横线的中点连接起来。如果这条连线在小方块的上方就称为上影线,如果这条连线在小方块的下方就称为下影线,也有时两个价格重合,即开盘价或者收盘价同时也就是最高价或者最低价,有一边就没有影线,称之为光头线或光脚线。那个小方块称为实体。图6-1是两个最为常见的K线形状。

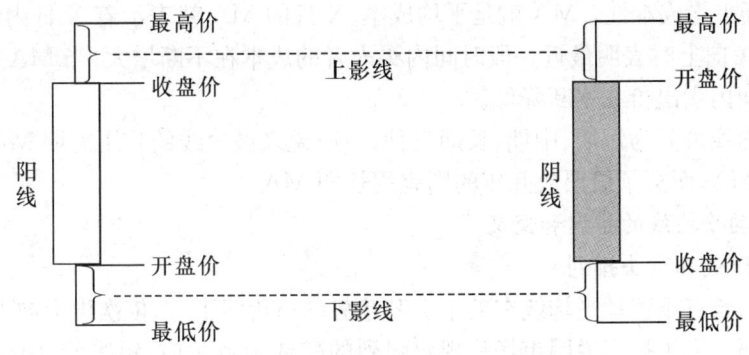

图6-1　K线图

如果我们将每天的K线都画在一张图上,则称之为日K线图。同样,我们也可以画出周K线图和月K线图。在电脑软件的帮助下,在计算机中我们还可以看到5分钟、15分钟、30分钟和60分钟的K线图。

通过对K线图的实体是阴线还是阳线,上、下影线的长短等方面的分析,常可以用来判断多空双方力量的对比和后市的走向。一般来说,阳线说明买方的力量强过卖方,阳线越长,说明多方力量胜过空方越多,后市继续走强的可能性就越大。相反,若是收成阴线表示卖方力量强过买方力量,阴线越长,说明空方力量胜过多方越多,后市走弱的可能性就越大。

三、移动平均线

在技术指标中移动平均线是运用得最多、准确性也相对最好的指标之一,从数字的变动中去预测未来股价短期、中期、长期的变动方向。移动平均线(MA)就是求连续若干天市场价格(通常指收盘价)的算术平均值的连线,取样的天数就是MA的参数。可以计算出股价指数在某一期间的移动平均数,或者某种股价在一定期间的移动平均数,再根据计算得到的移动平均数,绘成移动平均线。

(一)移动平均线的特征

移动平均线(MA)具有四大特征:

(1) 趋势性。能够表示股价的波动趋势,并追随这个趋势,不会轻易改变。

(2) 滞后性与稳定性。在股价原有的趋势发生反转时,MA 的反映较迟缓,调头速度落后于大趋势。这两者是一个问题的两个方面,相辅相成。

(3) 助涨助跌性。当股价突破 MA 时,无论是向上突破还是向下突破,股价有继续向突破方向惯性前进的愿望。这是由于 MA 的支撑和压力作用造成的,突破均线意味着突破支撑或压力线,说明市场已积累了一定的能量,反映在走势上就是惯性前进。

(4) 市场平均成本性。MA 就是平均成本,X 日的 MA 就表示着 X 日内的市场平均成本。当 MA 向上时表明最近一段时间内买入者的成本在不断增大;当 MA 向下时表明最近一段时间内卖出价在不断降低。

移动平均线可分为短期、中期、长期三种,一般说来做短线的宜用短期 MA,中线投资者宜用中期 MA,而买了股票放几年的则宜用长期 MA。

(二)移动平均线的排列和交叉

1. 多头排列和空头排列

当短、中、长三条移动平均线在处于上升趋势的市价线下方,依次由上向下排列时,就构成多头排列。多头排列说明市场呈现出强烈的赚钱示范效应,短线的、中线的、长线的都有赚头,这是典型的牛市,如图 6-2 所示。

当短、中、长三条移动平均线在处于下降趋势的市价线上方,依次由下向上排列时,就构成空头排列。空头排列说明市场呈现出强烈的亏钱效应,不管是做短线、中线还是长线,此时抛出都在割肉,这是典型的熊市,如图 6-3 所示。

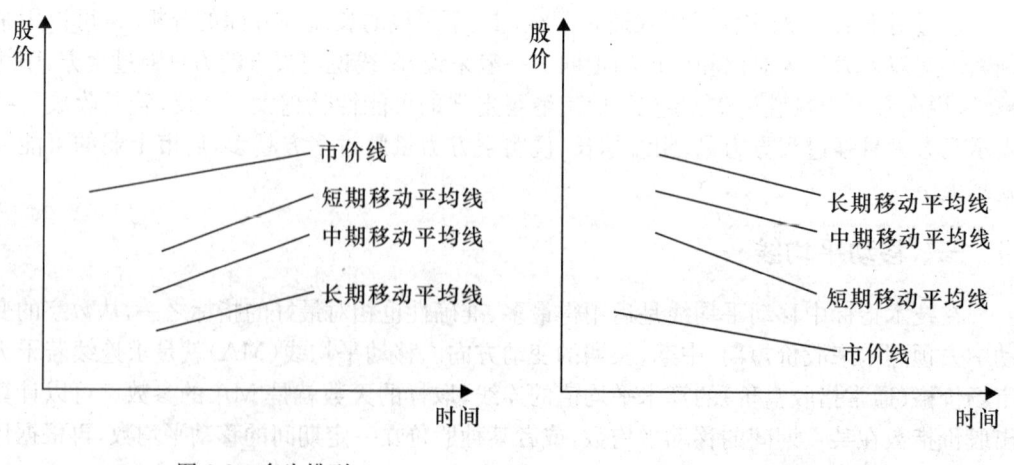

图 6-2 多头排列　　　　　　　　图 6-3 空头排列

2. 黄金交叉与死亡交叉

黄金交叉就是短期均线向上交叉中期均线或长期均线,或者中期均线向上交叉长期均线,简称为金叉,预示着股价将继续上升,如图6-4所示。死亡交叉就是短期均线向下交叉中期均线或长期均线,或者中期均线向下交叉长期均线,简称为死叉,预示着股价将继续下行,如图6-5所示。

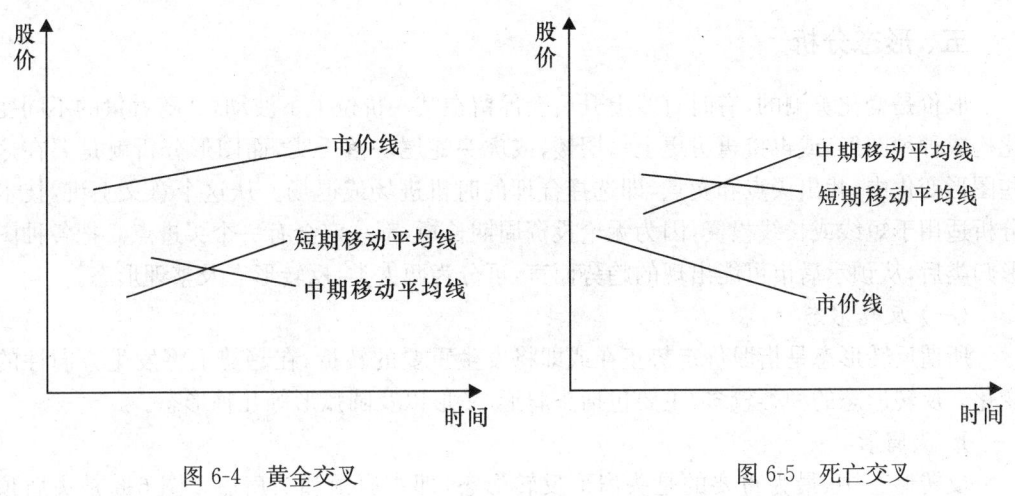

图6-4 黄金交叉　　　　　　　　图6-5 死亡交叉

四、压力和支撑

1. 支撑线和压力线的作用

支撑线(Support Line)又称为抵抗线。当股价跌到某个价位附近时,股价停止下跌,甚至有可能还有回升。这个起着阻止股价继续下跌或暂时阻止股价继续下跌的价格就是支撑线所在的位置。

压力线(Resistance Line)又称为阻力线。当股价上涨到某价位附近时,股价会停止上涨,甚至回落。这个起着阻止或暂时阻止股价继续上升的价位就是压力线所在的位置。

支撑线和压力线的作用是阻止或暂时阻止股价向一个方向继续运动。同时,支撑线和压力线又有彻底阻止股价按原方向变动的可能。

2. 支撑线与压力线相互转化

一条支撑线如果被跌破,那么这个支撑线将成为压力线;同理,一条压力线被突破,这个压力线将成为支撑线。这说明支撑线和压力线的地位不是一成不变的,而是可以改变的,条件是它被有效的足够强大的股价变动突破。一般说来,穿过支撑或压力线越远,突破的结论越正确,越值得相信。

3. 支撑线和压力线的确认

一般来说,一条支撑线或压力线对当前影响的重要性有三个方面:一是股价在这个区域停留时间的长短;二是股价在这个区域伴随的成交量大小;三是这个支撑区域或压力区域发生的时间距离当前这个时期的远近。

4. 支撑线和压力线的形成

常见的支撑线和压力线一般会出现在前收盘、今开盘、前高点、前低点、均线位置、整数关口等价位。

五、形态分析

股价是变化莫测的,有时直线上升后会停留在某一价位上下波动,并随着量的不同变化构成种种图形,或再接再厉更上一层楼,或虎头蛇尾一落千丈,而图形分析就是要在这些图形变化中,找出买点和卖点,即选择合理的时机进场或退场。从这个意义上讲,技术分析适用于短线或长线投资,因为无论投资周期长短,都一定会有一个买进点。把各种图形归类后,从预示后市可能出现的趋势而言,可分为两大类:反转形态及整理形态。

（一）反转形态

所谓反转形态是指股价走势正在或即将发生重要的转折,在趋势上将发生方向性的变化。反转形态的种类较多,主要包括头肩形、V 形以及圆弧形等几种形态。

1. 头肩形

反转形态中,最为重要的是头肩形反转形态,即头肩顶和头肩底。图 6-6 是头肩顶(底)反转形态的简单形式。现以头肩顶为例加以说明。

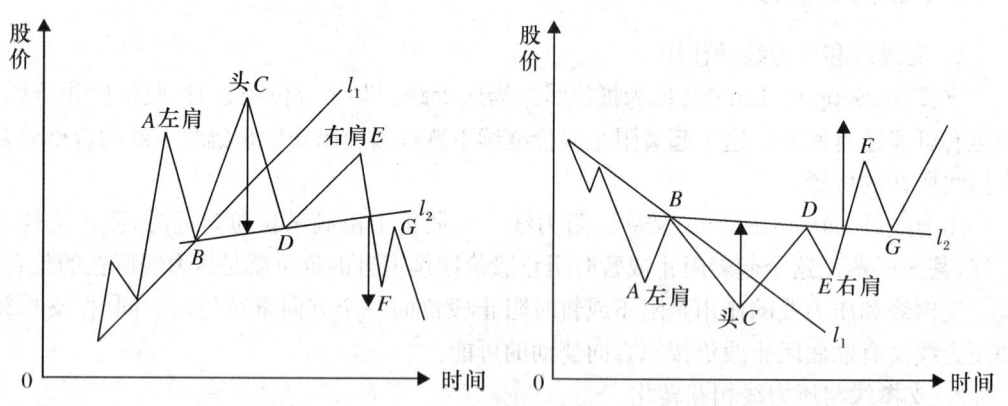

图 6-6 头肩顶(底)

头肩顶是升势反转的形态。图形上有三个高峰,中间的高峰高于其余两个高峰,其形态犹如人的头与左右两肩。其市场含义为由升转跌的形态,即股价持续一段时间保持上升,并且成交量保持价增量增的特点,之后前期买进的人产生利润,便出现一个获利回吐的群体行为,股价出现回落,成交量也出现萎缩现象——形成左肩即第一个高峰。当股价回落到一定程度,再次出现股价的强劲上升,且股价高过前一高峰,此时成交量的高点可能低于第一峰时的最大成交量,出现价增量平的现象,股价再次回落,成交量在回落期间也相应减少,于是产生头部。当股价下跌接近上次回落的低点,再次获得支撑出现回升,但市场上已明显没有前两次的投资高潮,在尚未到达前一高峰时便产生回落,从而形成头肩顶形态。

这种头肩顶反转向下的道理与支撑线和压力线的内容有密切关系。图 6-6(左)中的直线 l_1 和 l_2 是两条明显的支撑线。从 C 点到 D 点,突破直线 l_1 说明上升趋势的势头已经遇到了阻力,E 点到 F 点之间的突破则是趋势的转向。另外,E 点的反弹高度没有超过 C 点,也是上升趋势出了问题的信号。

直线 l_2 又称为颈线,在头肩顶图形中有着极为重要的意义。事实上,头肩顶形态走到 E 点并调头向下,只能说是原有的上升趋势已经转化成了横向延伸,还不能说已经反转向下了。只有当图形走到了 F 点,即股价向下突破了颈线,才能说头肩顶反转形态已经形成。此时价格将继续下降,为卖出信号。

2. V 形

V 形又分 V 形顶和 V 形底两种,分别是反转形态中上升和下降幅度较大和速度较快的一种。V 形只有一个尖顶和一个尖底,如图 6-7 所示。投资者若能及时把握,那么利润差价相当可观;但是当 V 形形成的时候,股市已经上涨或是下跌一大截了。不过,V 形常会形成一个小平台,给投资者一个及时辨认的机会。

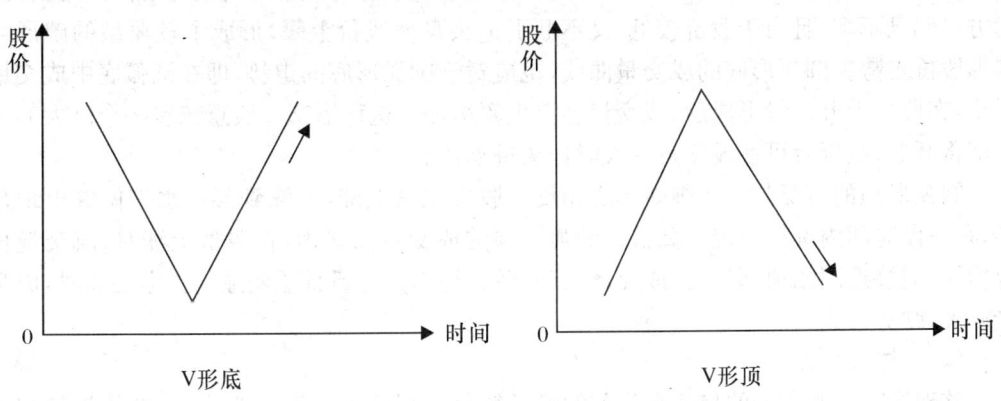

图 6-7 V 形顶(底)

由于市场中卖方的力量很大,令股价稳定而又持续地挫落,当这股沽售力量消失之后,买方的力量完全控制整个市场,使得股价出现戏剧性的回升,几乎以下跌时同样的速度收复所有失地;因此,在图形上股价的运行形成一个像 V 字般的移动轨迹。倒转 V 形情形则刚刚相反,市场看好的情绪使得股价节节攀升,可是突如其来的一个因素扭转了整个趋势,卖方以上升时同样的速度下跌,形成一个倒转 V 形的移动轨迹。通常这形态是由一些突如其来的、且投资者所不能预见的因素造成的。

3. 圆弧形

圆弧形顶与圆弧形底也是两种极具威力的反转形态，投资者及市场分析人士均相当重视这种圆弧形图形的研判。

在头肩型反转形态中，我们可以发现股价起伏波动较大，表现出供求双方的力量角斗，并在最终突破颈线完成形态。而在圆弧形顶及圆弧形底形态中，市场供求双方势均力敌，使股价维持一段时间的盘局，最终挣脱僵局出现向上或向下的反转行情，如图6-8所示。

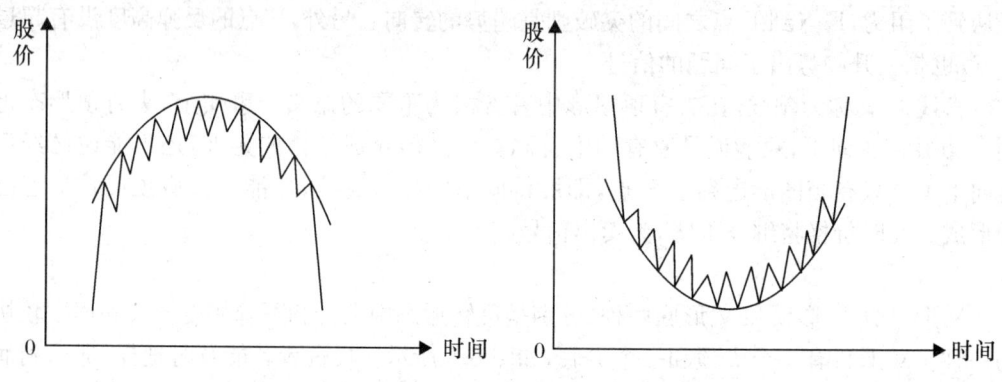

图 6-8　圆弧顶（底）

圆弧形底形态中，股价在多空争夺下一路缓慢下跌并持续一段时间，大部分欲抛售的卖方筹码已不多，且由于股价较低，又不断引进买盘使股价上攀，形成了较典型的碗形或碟形股价走势。圆弧形底的成交量曲线，也应对于圆弧形底的走势，即在圆弧底中成交量最小，在股价上升力量形成后，成交量会有大幅增加。这种形态一般意味着一个巨大的升势即将开始，投资者可在成交量放大时作买进动作。

圆弧形顶的情况与上述圆弧形底相反。股价先是上涨，上涨到某一水平位置出现盘局，在一段时间内维持一定的高价。圆弧形顶的成交量曲线为：在股价上涨时，成交量相应增加，但接近圆弧顶部位时，成交量出现萎缩，待卖方力量日益明显地占据上风时，成交量放大，跌势形成。

（二）整理形态

整理形态表明市场的趋势在目前的形态变化过程中不会发生变化，原来的趋势和方向仍将得以延续，目前可能只是一个暂时的休整过程。在实际股市中，往往在一个大的反转形态中包含了若干小的整理形态，而在大的整理形态中也可分解出几组反转形态，主要视分析者作长周期还是短周期分析而定。

1. 三角形

有时我们会看到，某一个股票上下起伏，但波动起落后会出现后一个高点比前一高点低，但回档的低点却步步抬高，用两根直线来连接股价，我们会得到一个对称三角形或称正三角形。三角形可再分为对称三角形、上升三角形、下跌三角形。

对称三角形的形成,表明买卖双方的力量在该段价格区域内势均力敌,形成一个暂时平衡的状态。股价从第一个短期高点回落,但很快就被买方所消化,推动股价回升。不过多方对后市缺乏信心,表现在股价未能回升至上次高点已告掉头,又一次下跌,而在下跌过程中沽售的投资者不愿意低价贱售,因此回落压力不强,股价并未跌到上次低点便告回升,买卖双方观望性对峙造成股价上下波动日渐减小,形成了对称三角形形态。图6-9是对称三角形的简化图形。从图中可以看出,对称三角形有两条聚拢的直线,上面的向下倾斜,起压力作用;下面的向上倾斜,起支撑作用。两直线的交点称为顶点。对称三角形一般应有六个转折点(如图中的A、B、C、D、E、F各点)。这样,上下两条直线的支撑与压力作用才能得到验证。

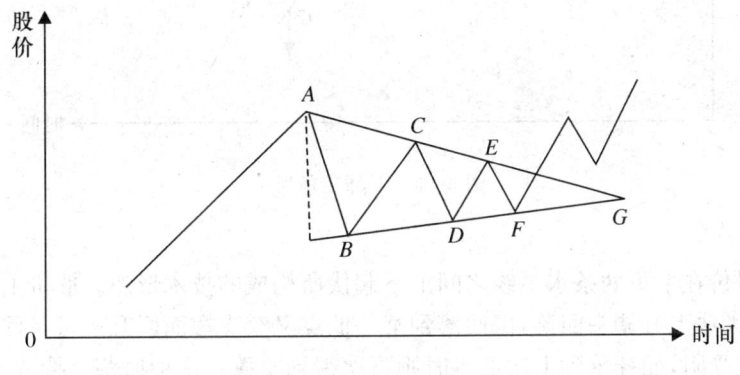

图6-9 对称三角形

上升三角形是对称三角形的变形体。对称三角形上有上下两条直线,将上面的直线逐渐由向下倾斜变成水平方向就得到上升三角形。在对称三角形中,压力和支撑都是逐步加强的,一方越压越低,另一方越撑越高,看不出谁强谁弱。而上升三角形的情形就不同了,压力是水平的,而支撑却是越撑越高。可见,上升三角形比较对称三角形而言,多方比空方更为积极。因此,上升三角形是看涨形态。图6-10是上升三角形的简化图形。

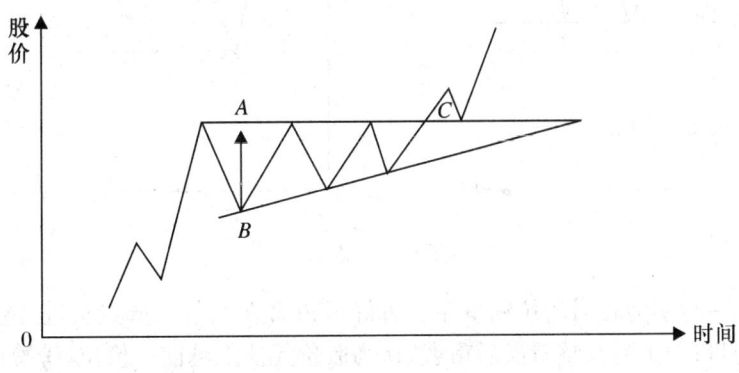

图6-10 上升三角形

下降三角形的基本内容与上升三角形完全相似,但其市场含义恰恰相反,是看跌的形态,如图 6-11 所示。

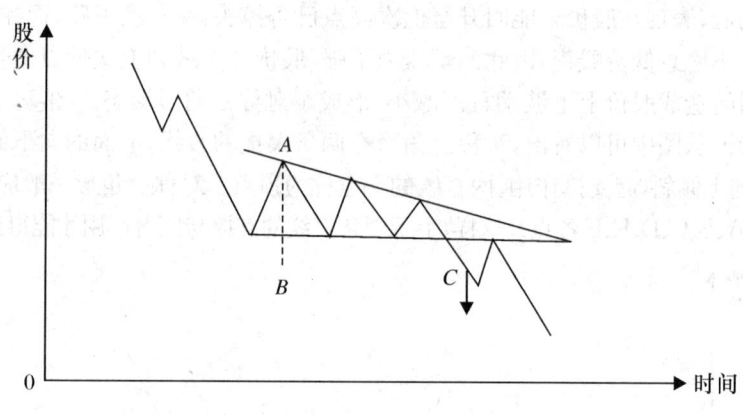

图 6-11 下降三角形

2. 矩形

矩形是股价在上下两条水平线之间上下起伏所构成的技术形态。股价上升到某水平时遇到阻力,无法上升调头回落,但回落到某一低点又获支撑而回升。可是回到上次同一价位时又一次受阻,而挫落到上次低点时则再次得到支撑。这种振荡会持续一个阶段,这些短期高点和低点分别以直线相连,便形成一条非下降平行发展的通道——矩形,如图 6-12 所示。

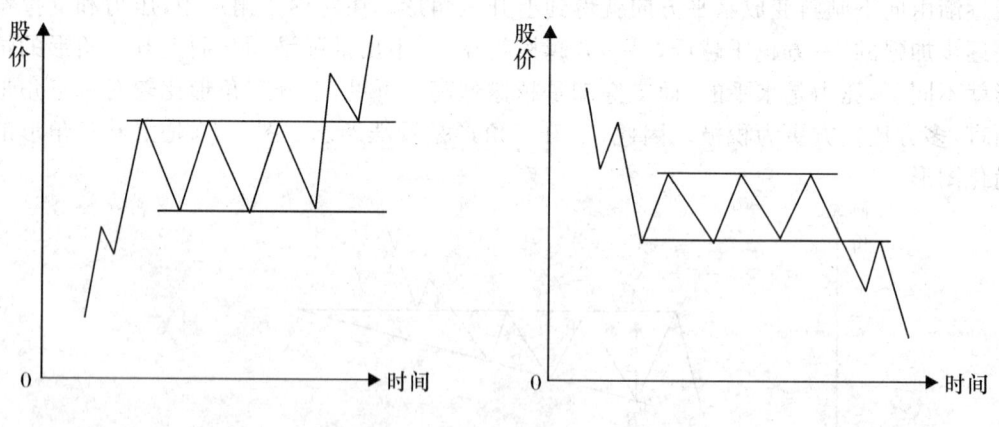

图 6-12 矩形

矩形表示一种实力相当的拉锯争斗。看好后市者在回落的低点买进,造成股价无法下跌的支撑力量;而不耐盘整看淡后市者,认为股价无法上越前一价位,纷纷沽售,形成总体上的牛皮市况,而市场主力处于观望之中。

3. 旗形

旗形走势就如同一面挂在旗杆上的旗帜,这种图形经常出现在急速、大幅变动的市况中,股价经过一连串紧密短期波动后,形成一个略与原走势呈反方向倾斜的平行四边形,这种图形又可再分为上升旗形与下降旗形。图 6-13 是旗形的简单图示。

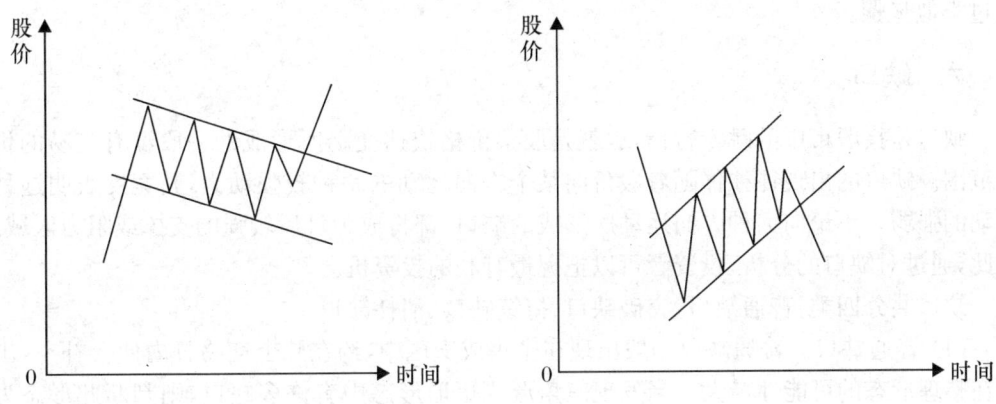

图 6-13 旗形

(1) 上升旗形。经过一段陡峭的上升行情后,股价走势形成了一个成交密集、向下倾斜的股价波动密集区域,把这一区域中的高点与低点分别连接在一起,就可看出一个下倾的平行四边形或称上升旗形。

(2) 下降旗形。当股价出现急速下跌行情后,接着形成一个波动区域紧密、稍向上倾的价格密集区域,分别把这一个区域中的高点、低点各自相连,即形成一个向上倾斜的四边形。

(3) 旗形的市场含义。在上升旗形中,先是投资人共同看好股市出现争购现象,促使股价上升到一个短期中的高点,原先买进股票者因上升产生利润而卖出了结。上升趋势受到阻力开始回落,但多数投资者依然看好后市,造成回落速度不快,幅度也不十分大,成交量有不断减少之状,反映做空力量不断减弱。经过一段时间的整理,在成交量的配合下,股价又沿着原来上升的方向急速上升,形成了"上升——整理——再上升"的规律。

下降旗形则恰恰与上述情形相反。

(三) 从形态变化中看趋势

当投资者在股价变动过程中尝试用图形来概括时,就逐渐掌握了一种预测股市未来的工具。前面我们所介绍的若干图形是股市常见形态。

在图形研判中,我们必须首先区别是反转形态还是整理形态,其中尤其要重视成交量的演变过程。必须指出:① 不论是短线还是中长线分析,反转形态的出现机会少于整理形态。② 向上突破发展必须有成交量的放大配合,而向下发展则不必。

此外,形态的演变与事物的发展过程一样,总是由量变引起质变的。股价不会不经整理过程就从一个反转形态进入另一个反转形态。如一个上升过程总是由下列形态组成的：由头肩底反转或圆底形反转等形态，冲破颈线再回抽确认颈线后开始拉出诸如上升旗形整理、对称三角形整理等形态，中间时常还出现一些缺口，在向上发展末期，可能出现头肩顶图形、圆顶图形、M头或岛形形态，对先前走势给予否定。同样，一个下探过程也须经过类似步骤。

六、缺口

缺口是指股市中的跳空行情，也就是股票价格快速变动所形成的一段没有交易的价格范围。缺口的出现往往伴随着股价向某个方向运动的一种较强动力，其宽度表明这种运动的强弱。不论向何种方向运动所形成的缺口，都将成为日后较强的支撑或阻力区域。因此，通过对缺口的分析，投资者可以把握最有利的投资机会。

缺口共分四类：普通缺口、突破缺口、持续缺口、消耗缺口。

(1) 普通缺口。普通缺口一般出现在密集成交区中，约在几个交易日内便会补空，出现在整理形态的可能性最大。当发现三角形或矩形形态中有许多缺口，则判断此形态为整理形态。

(2) 突破缺口。突破缺口一般出现在重要的转向形态中。当股价一跳很远地远离某一形态，则表示真正的突破开始了，突破的缺口越大，预示着未来变化将越是强烈。

(3) 持续缺口。持续缺口出现在上升或下跌的途中，其特点是出现在离开密集成交的区域急升或急跌的中途。由于它具有预计后市变化幅度的功能，因此又称可量度性缺口，即从股价的突破点开始，到持续缺口始点的垂直距离，就是未来股价将达到的幅度。

(4) 消耗缺口。消耗缺口常伴随快速、大幅的波动而出现，即在股价快速上升或下降时，股价变动并非逐渐产生阻力，而是变动速度加快，使股价似耗尽全力般地速升或急跌。这种缺口一般出现在恐慌性抛售或消耗性上升的终点处。

股价出现缺口后，经数天或较长时间的变动，又回到原来缺口的价位时我们称为补空，即缺口的封闭。

第三节 常用技术分析指标

一、指数平滑异同平均线

指数平滑异同平均线（MACD）是利用快速移动平均线与慢速移动平均线的聚合与分离的征兆，来研判买进与卖出的时机和讯号。一般而言，在一段上涨或下跌行情中，两线之间的差距拉大，而在涨势或跌势趋缓时两线又相互接近或交叉。

1. 计算方法

MACD 是由正负差 (DIF) 和异同平均数 (DEA) 两部分组成,其中,DIF 是核心, DEA 是辅助。具体计算步骤如下:

(1) 分别计算出收市价 SHORT 日指数平滑移动平均线与 LONG 日指数平滑移动平均线,分别记为 EMA(SHORT) 与 EMA(LONG)。以常用的参数 12 和 26 为例。

短期的 EMA 是 12 日的,长期的 EMA 是 26 日的,计算公式为:

$$今日的\ EMA(12) = \frac{2}{12+1} \times 今日收盘价 + \frac{11}{12+1} \times 昨日的\ EMA(12)$$

$$今日的\ EMA(26) = \frac{2}{26+1} \times 今日收盘价 + \frac{25}{26+1} \times 昨日的\ EMA(26)$$

(2) 计算这两条指数平滑移动平均线的差,即:

$$DIF = EMA(12) - EMA(26)$$

(3) 再计算连续数日的 DIF 的移动平均数,记为 DEA。

(4) 最后用 DIF 减 DEA,得 MACD。MACD 通常绘制成围绕零轴线波动的柱形图。

2. 运用原则

第一,以 DIF 与 DEA 的取值以及这两者之间的相对取值预测行情。具体法则如下:

(1) DIF 与 DEA 均为正值时,属多头市场。DIF 向上突破 DEA 是买入信号;DIF 向下跌破 DEA 只能认为是回落,作获利了结。

(2) DIF 与 DEA 均为负值时,属空头市场。DIF 向下突破 DEA 是卖出信号;DIF 向上穿破 DEA 只能认为是反弹,作暂时补仓。

第二,如果 DIF 与 DEA 的走向与股价走向背离,则此时是采取行动的信号,具体说来:

(1) 当股价走势出现二或三个近期低点,而 DIF(DEA) 并不配合出现新低点,可买。

(2) 当股价走势出现二或三个近期高点,而 DIF(DEA) 并不配合出现新高点,可卖。

二、能量潮

能量潮 (OBV) 是将成交量值予以数量化,制成趋势线,配合股价趋势线,从价格的变动及成交量的增减关系,推测市场气氛。OBV 的理论基础是市场价格的变动必须有成交量配合,价格的升降而成交量不相应升降,则市场价格的变动难以继续。

1. 计算方法

逐日累计每日上市股票总成交量,当天收市价高于前一日时,总成交量为正值,反之,为负值,若平盘,则为 0,即:

当日 OBV=前一日的 OBV±今日成交量

然后将累计所得的成交量逐日定点连接成线,与股价曲线并列于一图表中,观其变化。

2. 运用原则

OBV 线的基本理论基于股价变动与成交量值间的相关系数极高,且成交量值为股价变动的先行指标,短期股价的波动与公司业绩兴衰并不完全吻合,而是受人气的影响,因此从成交量的变化可以预测股价的波动方向。

(1) 当股价上涨而 OBV 线下降时,表示能量不足,股价可能将回跌。

(2) 当股价下跌而 OBV 线上升时,表示买气旺盛,股价可能即将止跌回升。

(3) 当股价上涨(下降)而 OBV 线同步缓慢上升(下降)时,则可认可当前的上涨(下降)趋势。

(4) 当 OBV 线暴升,不论股价是否暴涨或回跌,表示能量即将耗尽,股价可能止涨反转。

三、相对强弱指数

相对强弱指数(RSI)是通过比较一段时期内的平均收盘涨数和平均收盘跌数来分析市场买卖盘的意向和实力,从而判断未来市场的走势。

1. 计算公式和方法

$$RSI = \frac{上升平均数}{上升平均数 + 下跌平均数} \times 100$$

式中,上升平均数是在某一段时间上升数的平均,而下跌平均数则是在同一段时间下跌数的平均。

RSI 的参数是天数 n,一般取 5 日、9 日、14 日等,RSI 的取值范围介于 0~100 之间。

2. 运用原则

(1) RSI 取值大于 50,表示市场强势;反之,RSI 取值小于 50,表示市场弱势。

(2) 可根据 RSI 取值落入的区域判断市场特征,并进行操作(见表 6-1)。

表 6-1

RSI 不同取值下的市场特征与买卖策略

RSI 值	市场特征	买卖策略
80~100	极强	卖出
50~80	强	买入
20~50	弱	卖出
0~20	极弱	买入

(3)每种股票的超卖超买值是不同的。一般而言,蓝筹股的强弱指数若是80,便属超买,若是30便属超卖。至于二三线股,强弱指数若是85~90,便属超买,若是20~25,便属超卖。但我们不能硬性地以上述数值,判定蓝筹股或二三线股是否属于超买或超卖。某些股票有自己特有的超买/卖水平。比较说来,股价反复的股票,通常超买的数值较高(90~95),超卖的数值亦较低(10~15);而股价表现较稳定的股票,超买的数值则较低(65~70),超卖的数值较高(35~40)。因此我们对一只股票采取买/卖行动前,一定要先找出该只股票的超买/超卖水平。至于衡量一只股票的超买/超卖水平,我们可以参考该股票过去12个月之强弱指标记录。

四、随机指数

随机指数(KD),是期货和股票市场常用的技术分析工具。它在图表上是由%K和%D两条线所形成,因此也简称KD线。

1. 计算方法

随机指数可以选择任何一种日数作为计算基础,例如五日KD线公式为:

$$K 值 = \frac{C - L_5}{H_5 - L_5} \times 100$$

$$D 值 = \frac{H_3}{L_3} \times 100$$

式中,C 为最后1日收市价;L_5 为最后5日内最低价;H_5 为最后5日内最高价;H_3 为最后三个 $(C-L_5)$ 数的总和;L_3 为最后三个 (H_5-L_5) 数的总和。

由公式可知,计算出来的KD是一个0~100的数。将得到的数都划在图上,通常K线是用实线代表,而D线就用虚线代表。

以上为原始计算方法,亦有改良的公式。将旧的K线取消,D线变为K线;三日平均线代替D线。

2. 运用原则

随机指数是用%K、%D两条曲线构成的图形关系来分析研判价格走势,旨在反映市场的超买超卖、走势背离现象以及%K与%D相互交叉突破等现象,从而预示中期或者短期走势的到顶与见底过程。其具体应用法则如下:

(1)超买超卖区域的判断——%K值在80以上、%D值在70以上为超买的一般标准。%K值在20以下、%D值在30以下,为超卖的一般标准。

(2)背离判断——当股价走势一峰比一峰高时,随机指数的曲线一峰比一峰低,或股价走势一底比一底低时,随机指数曲线一底比一底高,这种现象被称为背离。随机指数与股价走势产生背离时,一般为转势的讯号,表明中期或短期走势已到顶或见底,此时应选择正确的买卖时机。

(3) ％K 线与％D 线交叉突破判断——当％K 值大于％D 值时,表明当前是一种向上突破的趋势。因此,当％K 线从下向上突破％D 线时,是买进的讯号;反之,当％D 值大于％K 值,表明当前的趋势向下跌落。因此,当％K 线从上向下跌破％D 线时,是卖出讯号。

％K 线与％D 线的交叉突破,在 80 以上或 20 以下较为准确。KD 线与相对强弱指数不同之处在于,它不仅能够反映市场的超买或超卖程度,还能通过交叉突破获得买卖讯号。但当这种交叉突破在 50 左右发生,走势又陷入盘局时,买卖讯号应视为无效。

五、乖离率

乖离率(BIAS)是测算股价与移动平均线出现偏离的程度的指标,其基本原理为:如果股价偏离移动平均线太远,不管是在移动平均线之上或之下,都有可能趋向平均线。

1. 计算公式

$$BIAS = \frac{当日收盘价 - n\text{日的运动平均数}}{n\text{日的运动平均数}} \times 100\%$$

其中,n 日为设定的参数,一般分定为 5 日,10 日,20 日和 60 日。

2. 运用原则

乖离率分正乖离和负乖离。当股价在移动平均线之上时,其乖离率为正,当股价在移动平均线之下时,其乖离率为负,当股价与移动平均线一致时,乖离率为 0。随着股价走势的强弱和升跌,乖离率周而复始地穿梭于 0 点的上方和下方,利用其取值的大小可以判断未来的走势。一般而言,正乖离率涨至某一百分比时,表示短期内多头获利回吐可能性越大,呈卖出讯号;负乖离率降到某一百分比时,表示空头回补的可能性越大,呈买入讯号。

由于股价相对于不同日数的移动平均线有不同的乖离率,除去暴涨或暴跌会使乖离率瞬间达到高百分比外,短、中、长线的乖离率一般均有规律可循。表 6-2 给出了不同日数移动平均线达到买卖讯号要求的参考数据。具体应用时需根据实际情况对它们进行适当的调整。

表 6-2

乖离率不同取值下的买卖信号

日 数	买入信号(%)	卖出信号(%)
5 日	-3	3.5
10 日	-4	5
20 日	-7	8
60 日	-10	10

六、腾落指数

腾落指数(ADL)是以股票每天上涨或下跌之家数作为计算与观察的对象,通过简单算术加减来比较每日上涨股票和下跌股票家数的累积情况,形成升跌曲线,以了解股票市人气的盛衰,研判股市未来动向。

1. 计算方法

将每天收盘价上涨股票家数减去收盘价下跌的股票家数(无涨跌不计)后得累积值t。

$$ADL(t) = \sum_{i=1}^{t}(上涨家数 - 下跌家数)$$

起始日期为$ADL(1)$,目前日期为$ADL(t)$。

2. 运用原则

腾落指数的作用与股价指数类似,旨在反映大势的动向与趋势,不对个股的涨跌提供信号。但股价指数在一定情况下会受制于权值大的股票,即当权值大的股票发生暴涨与暴跌时,股价指数有可能反应过度,从而给投资者提供不实的信息,而腾落指数则可以弥补这一类缺陷。

由于腾落指数与股价指数的关系比较密切,观察图形时应将两者联系起来共同分析。一般情况下,股价指数上涨,腾落指数亦上升,或两者皆跌,则可以对升势或跌势进行确认。如若股价指数大动而腾落指数横行,或两者反方向波动,不可互相印证,说明大势不稳,宜作静观。

具体来说有以下六种情况:

(1) 股价指数持续上涨,腾落指数亦上升,股价可能仍将继续上升。

(2) 股价指数持续下跌,腾落指数亦下降,股价可能仍将继续下跌。

(3) 股价指数上涨,而腾落指数下降,股价可能回跌。

(4) 股价指数下跌,而腾落指数上升,股价可能回升。

(5) 股市处于多头市场时,腾落指数呈上升趋势,其间如果突然出现急速下跌现象,接着又立即扭头向上,创下新高点,则表示行情可能再创新高。

(6) 股市处于空头市场时,腾落指数呈现下降趋势,其间如果突然出现上升现象,接着又回头,下跌突破原先所创低点,则表示另一段新的下跌趋势产生。

总之,技术指标是对价格的波动进行量化后得出的较为抽象的价格走势分析工具,种类较多,各有侧重。应用技术指标时应注意以下几个问题:① 指标的背离,即指标的走向与价格走向不一致;② 指标的交叉,即指标中的两条线发生了相交现象,常说的金叉和死叉就属这类情况;③ 指标的位置,即指标处于高位和低位或进入超买区和超卖区;④ 指标的转折,即指标的曲线发生了调头,有时是一个趋势的结束和另一个趋势的开始;

⑤ 指标的钝化,即在一些极端的市场情况下指标已失去了作用。

附录　股票常用软件基本技能

一、常用软件功能热键

〖F1〗：个股成交明细表　　　〖18＋Enter〗：换手率排行
〖F2〗：个股分价表　　　　　〖19＋Enter〗：市盈率排行
〖F3〗：上证领先　　　　　　〖31＋Enter〗：板块指数涨幅排名
〖F4〗：深证领先　　　　　　〖59＋Enter〗：实时解盘
〖F5〗：实时走势图/K线分析图切换　〖60＋Enter〗：A股涨幅排行
〖F6〗：查看[自选一]个股　　〖71＋Enter〗：上证公告
〖F7〗：K线画面下指标参数设定　〖72＋Enter〗：深证公告
〖F8〗：分析周期切换　　　　〖Alt＋H〗：当前帮助
〖F9〗：K线画面下画线工具　　〖Ctrl＋Q〗：区间统计
〖F10〗：个股概况　　　　　　〖Esc〗：退回上页

二、特色功能操作指南

(一)阶段排行

功能:阶段排行功能可以统计选定的股票在任意时段内的累计涨跌幅、换手率及最大涨幅,同时进行排行和比较,以此发现主力动向以及挑选潜力股。

操作:用鼠标在主菜单中选择"自编指标"的"阶段排行"即可。

(1)激活该功能后,屏幕会弹出一菜单,根据菜单提示进行选择,系统则依据您的要求进行统计排行。

(2)用鼠标对关键字段点击,列表将自动对所有个股以该字段进行升序或降序排行。可通过键盘"/"、"＊"对关键字段进行选择。

(3)在排行列表中,敲击个股代码,再次回车后会在排行中显示该股的排行数据,回车后大屏幕显示个股的K线图和分时走势图(Enter切换)。

(二)区间统计功能

功能:区间统计功能,可以帮助用户迅速统计个股选定的阶段内的累计涨幅、跌幅、金额、换手率、均价等,从中了解到个股的压力支撑力度,掌握主力资金运作规律。

操作:在软件主菜单中选择"技术分析"的"区间统计"项。

(1)图中会出现一代表统计时间段的区域。用左右键移动区间,上下键放缩区间,并且可以通过鼠标进行相应的移动和放缩操作。

(2) 开启该项功能后,在图形下会出现一方框,里面是对该时间段的统计结果。

(3) 区间统计具备记忆功能。用鼠标点击区间统计线段,即可重新激活该功能。

(4) 在排行报价或分时图中,按 Ctrl+Q,将自动跳至 K 线图下,并显示统计内容。

(5) 删除区间统计线,只需对统计区间的线段点击鼠标右键,在弹出的小窗口中选择"删除"(或 Ctrl+D)即可。

(三) 移动筹码分布

原理:移动筹码分布反映的是不同价位上投资者的持仓数量,在形态上像一个峰群组成的图案,实际上这些山峰是由一条条自左向右的线堆积而成的,线越长表明该价位堆积的股票数量越多,也反映了在此位置的成本状况和持仓量。

操作:在个股 K 线分析图的界面下,按"—"号键,进行盘口切换,即可出现。

(1) 红色的筹码为获利盘,蓝色为套牢盘;

(2) 中间白颜色的线为目前市场所有持仓者的平均成本线,表明整个成本分布的重心。如股价在其之下,说明大部分人是亏损的。

(3) 获利比例:就是目前价位的市场获利盘的比例。获利比例越高说明越来越多的人处于获利状态。

(4) 获利盘:任意价位情况下的获利盘的数量。

(5) 90%的区间:表明市场 90%的筹码分布在什么价格之间。

(6) 集中度:说明筹码的密集程度。数值越高,表明越分散;反之越集中。

(7) 筹码穿透力:筹码穿透力的含义是以今日股价穿透的筹码数量除以今日换手率,穿越的筹码数量和筹码穿透力成正比,被穿越筹码数量越多筹码穿透力越大。

(8) 浮筹比例:当前价格上下 10%周围聚集的是最容易参与交易的筹码数量。

(四) 龙虎看盘(盘口分析)

原理:盘口分析是 K 线技术分析的重要补充,盘口分析和 K 线分析相验证,可以大大提高研判的准确性,盘口分析在短线操作中更为有效。龙虎看盘通过细分成交、分类统计、综合评测等功能,为投资者提供极其重要的盘口数据。我们仅仅给出这些数据的理论解释,投资者需要在实践中发现规律,灵活应用。

操作:在个股分时走势图界面下,点击盘口即可出现。

(1) 细分成交:龙虎看盘把盘口成交细分为大单买入、大单卖出、小单买入、小单卖出四种成交模式,分类汇总画出饼状图。

(2) 扣除对冲的大单买卖净量:大单买入量减去大单卖出量,并利用深交所即时披露的成交笔数判断每笔成交是否为大买单和大卖单之间的对冲,如果是对冲则从买卖净量中扣除(上证所的该项数据没有扣除对冲)。本数据可以看做是主力通过主动的市场运作吃进或放出的筹码量。

(3) 大单买入均价和大单卖出均价:入大单的加权平均价和卖出大单的加权平均价。

可以看做是主力买入的平均成本和卖出的平均股价。

（4）大单买入笔数、大单卖出笔数和笔数差：这三项数据非常重要，一定要正确理解它们的意义。大单买入笔数是所有买入大单的成交笔数累加值，可以看做是所有大单吃掉的小单数量；大单卖出笔数是所有卖出大单的成交笔数累加值，可以看做是大单抛出导致的小单接单数量。笔数差是大单买入笔数和大单卖出笔数的差值。

（5）散户跟风系数：小单买入比例和小单卖出比例的差值，用于衡量小单的主买和主卖程度，反映散户的参与程度。

（6）盘口能量：盘口能量是综合以上各项指标得出的上涨能量值，该值越大越好。对于新股一般盘口能量值大于50才有参与价值，但市场环境不同，该参考值也要做相应调整。对于相同市场环境下新股之间的比较更具价值。

相关链接

http://sns.cofool.com/user/login.php——叩富网模拟炒股
http://bbs.macd.cn——MACD股票论坛
http://www.55188.com——理想论坛技术指标

思考与练习

1. 根据道氏理论，成交量在股票下跌、上涨、整理趋势中分别有什么变化？试用大盘指数或个股加以说明。
2. 试用开盘30分钟成交量乘以8分别估计大盘和个股当天成交量，看结果是否准确，并分析原因。
3. K线的基本种类有哪些？各有什么含义？
4. 技术分析指标通常有哪些分类？在技术指标的使用中，应该注意哪些问题？
5. 根据移动平均线与股票价格的变化，如何选择买卖时机？
6. 运用相对强弱指标如何分析股价未来的走势？
7. 运用随机指数如何进行短期的超买超卖分析？
8. 试说明乖离率的运用原则。
9. 腾落指数可以弥补指数变化不能反映个股变化实际状况的缺陷，为什么？
10. 在技术分析中，成交量常被认为是最重要的指标，为什么？你是怎样理解的？

第七章　股票价值评估

股票的内在价值是影响投资决策的重要因素。投资者进行宏观经济分析、行业分析和公司分析的目的就是为了估计那些眼下还没有反映而以后将会反映到股票价格上的公司收益的变化，以便确定股票的内在价值，并与市场定价进行比较，进而根据股票价格对价值的偏离情况作出投资选择。股票价值评估方法包括贴现法和每股盈余估价法。贴现法是按照某一贴现率，将股票发行公司未来各期盈余或股东未来各期可以收到的现金股利贴现成现值，以此作为普通股的评估价值，然后将股票的现行市价与其内在价值相比较。如果现行价格高于股票的内在价值，就卖出该股票；反之则买入。而每股盈余估价法是将市盈率乘以每股盈余的乘积作为普通股的预估价值，即测算出该股票的市盈率、每股盈余等财务指标，并与市场上公认的水平相比较。如果存在显著差别，就作出相应的买入或卖出该股票的决策。本章主要内容有三：一是股票内在价值；二是股利贴现模型；三是每股盈余估价法。

第一节　股票内在价值

股票的内在价值是指股票未来收益的现值。它是股票的真实价值，也叫理论价值。投资者在买卖股票前，都要评估股票的内在价值，以便探知目前该股票的市场价格是否合理。如果股票内在价值超过市场价格，就说明该股票价格被低估，具有很大的上涨潜力，投资者可以考虑买进；如果股票内在价值远低于市场价格，就说明该股票价格被高估，具有下跌的可能，投资者可以考虑卖出。

一、未来收益的贴现

在经济生活中，一定量的货币在不同的时间点具有不同的价值。换句话说，现在的1元钱和未来的1元钱的经济价值是不相等的。银行为存入的钱支付利息，就是不同时间的钱具有不同价值的典型例子。

现在用数学公式来表述当前的钱与未来的钱之间的关系：设当前的现金数量为 C_0，利率为 i，存入银行一年以后将取得现金 C_1。根据上述事实，有以下关系式：

$$C_1 = C_0(1+i) \tag{7-1}$$

即

$$C_0 = \frac{C_1}{1+i} \quad (7-2)$$

公式(7-2)说明 1 年以后的现金 C_1 的当前值为 C_0，称 C_0 是 C_1 的现值。

按同样的道理，再引入复利概念①，我们可以得到 n 年以后的现金 C_n 的当前值为：

$$C_0 = \frac{C_n}{(1+i)^n} \quad (7-3)$$

可见，利用利率，我们可以很方便地进行当前的钱与未来的钱之间的换算。投资学把未来各年的收益按利率 i 折合为当前的钱的过程称为贴现(Discount)，利率 i 在这里称为贴现率(Discount Rate)。

二、风险收益的贴现率

一般而言，把钱存入银行的收益是非常确定的，几乎没有什么风险。如果公司债券也按银行利息率来支付利息，估计没有人愿意去购买。这是因为公司债券比银行存款风险大，要求给予较高的收益率来补偿。也就是说，当证券风险较大时，就要求以较高的贴现率来贴现该证券的未来收益。贴现率越大，现值就越小。这一点是依靠市场来达到的。因为金融市场是人们把当前的资金和未来的资金进行交换的场所，其基本功能就是提供把当前的现金换算到将来的利率或者把将来的现金换算为当前的贴现率。

我们将这种考虑风险因素后的未来收益的贴现率，称为按风险调整的贴现率，又称应有收益率。对于给定的风险水平，按风险调整的贴现率有两方面的含义：一是投资者个人主观意愿的贴现率；二是市场上所有投资者共同表现出来的贴现率。

不难理解，如果投资者个人意愿的贴现率小于市场上与该证券价格对应的贴现率，那么他就会买入证券；反之，则卖出证券。当市场达到均衡时，某种证券的所有持有人的主观意愿的贴现率均小于或等于与市场市价对应的贴现率；而该证券的所有未持有人的主观意愿的贴现率均大于或等于与市场市价对应的贴现率。

对于基本分析家而言，市场均衡时的按风险调整的贴现率有着特别重要的意义。因为任一证券的均衡价格可以根据该证券未来的收益按上述贴现率来贴现决定。这个均衡价格就被认为是证券的内在价值。

上述分析表明，评估股票内在价值的工作有两项：一是评估股票未来的收益及其在时间上的分布；二是评估与该股票风险相对应的贴现率，即市场均衡时按风险调整的贴现

---

① 所谓"复利"，实际上就是我们通常所说的"利滚利"，即每经过一个计息期，要将利息加入本金再计利息，逐期计算。

率。在此基础上,就可以利用现值计算确定股票的内在价值。

当然,股票的收益、风险及其内在价值并非一成不变的。当市价远超过内在价值时,如果所有的投资者都意识到应该卖出,那么卖压过强,市价自然下跌;同理,当市价低于内在价值时,如果所有的投资者都想买进证券,那么也会带动市价的上升。这种变动使证券预期的未来利得或损失有所改变。此外,若发行公司将从事一项可能会发生损失的新投资时,投资该公司股票的风险也会增加,从而按风险调整的贴现率也必须跟着提高,最终降低该股票的内在价值。因此,股票内在价值的评估过程是动态的,即每当有关股票的新信息一出现,股票的内在价值就可能会改变。

常见的普通股评价方法有贴现法、每股盈余法、资产价值法、资本结构与公司价值法以及现金收益率法等,本章重点介绍贴现法和每股盈余法。

第二节 股利贴现模型

如前所述,股票的内在价值是其预期未来现金流按与该股票风险相对应的贴现率贴现后的现值。股票的未来现金流是股利和最终售价。由于股票总是处在不停转手过程中,最终售价的高低取决于投资者对未来股利水平的预期,即未来售价又可以表示成一系列永续的股利。这样,决定股票内在价值的因素就可归纳为两个:未来的股利和市场均衡时按风险调整的贴现率。估计市场均衡时按风险调整的贴现率是一个复杂的问题,我们将在第十章风险资产定价模型中予以阐述。在这里,我们假定对于给定的风险水平,市场均衡时的未来收益的贴现率(即应有收益率)已经知道,用 k 表示。

贴现法就是按照市场均衡时的按风险调整的贴现率把股票发行公司未来各期盈余或股东未来各期可以收到的现金股利贴现成现值,作为普通股的评估价值。

一、股利贴现基本模型

股票价值的其他模式都是在基本模式基础上发展起来的,而基本估价模式分下列两种情形。

1. 永久持有的股票贴现模型

$$V_0 = \frac{D_1}{1+k} + \frac{D_2}{(1+k)^2} + \frac{D_3}{(1+k)^3} + \cdots + \frac{D_\infty}{(1+k)^\infty} = \sum_{t=1}^{\infty} \frac{D_t}{(1+k)^t} \tag{7-4}$$

式中,V_0 为普通股每股现值;D_t 为第 t 期的股利;k 为贴现率。

公式(7-4)说明股票价格等于所有各期的预期股利的折现值总和。这个公式被称为股价的股利折现模型(Dividend Discount Model,DDM)。

若假设 k 与股利每期都不变,那么上式可简化为:

$$V_0 = \sum_{t=1}^{\infty} \frac{D_t}{(1+k)^t} = \frac{D_1}{k} \tag{7-5}$$

公式(7-5)称为零增长模型(Zero Growth Model, ZGM),适用于那些固定利息收入的股票,如优先股票。

【例1】 假设一优先股票的市场价格为 22 元,与其风险对应的应有收益率为 10%,每年股息为 3 元,问该股票是否值得投资?

利用公式(7-5),该优先股的投资价值为:

$$V = \frac{3}{0.1} = 30(元)$$

可见,该优先股票的内在价值超过市场价格,说明该股票价格被低估,值得投资。

2. 固定持有期的股票贴现模型

在现实环境下,股票往往不是永久持有,因此,式(7-4)须修正为投资者在其未来股票持有期间的贴现模型。

$$V_0 = \frac{D_1}{1+k} + \frac{D_2}{(1+k)^2} + \frac{D_3}{(1+k)^3} + \cdots + \frac{D_n}{(1+k)^n} + \frac{P_n}{(1+k)^n} \tag{7-6}$$

式中,P_n 为 n 期末股票的出售价格。

二、固定增长股利贴现模型

这一模型设定预期股利每年以固定速率增长(用 g 表示),则:

$$D_1 = D_0(1+g)$$
$$D_2 = D_0(1+g)^2$$
$$\vdots$$
$$D_\infty = D_0(1+g)^\infty$$

因此,(7-4)式可以改写为:

$$V_0 = \frac{D_0(1+g)}{1+k} + \frac{D_0(1+g)^2}{(1+k)^2} + \frac{D_0(1+g)^3}{(1+k)^3} + \cdots + \frac{D_0(1+g)^\infty}{(1+k)^\infty} =$$

$$\sum_{t=1}^{\infty} D_0 \left(\frac{1+g}{1+k}\right)^t \tag{7-7}$$

假设股利增长率低于应有收益率,即 $g < k$,则上式又可写为:

$$V_0 = \frac{D_0(1+g)}{k-g} = \frac{D_1}{k-g} \tag{7-8}$$

(7-8)式称为等速增长模型(Constant Growth Model,CGM)。

【例2】 某公司股票当前现金股利为3.81元,与股票风险对应的贴现率要求为12%,预计以后每年股息增长率为5%,试计算其当前投资价值。

$$V_0 = \frac{D_0(1+g)}{k-g} = \frac{D_1}{k-g} = \frac{3.81 \times (1+5\%)}{0.12-0.05} = 57.14(元)$$

必须注意,当按风险调整的贴现率k与预期股息增长率g较接近时,以(7-8)式估计价值的误差将增大。这时,不宜用(7-8)式估计股票价值。

同样道理,若投资者并非无限期持有股票,那么在持有期为n的情况下,式(7-7)可修正如下:

$$V_0 = \frac{D_0(1+g)}{1+k} + \frac{D_0(1+g)^2}{(1+k)^2} + \frac{D_0(1+g)^3}{(1+k)^3} + \cdots + \frac{D_0(1+g)^n}{(1+k)^n} + \frac{P_n}{(1+k)^n} =$$

$$\sum_{t=1}^{\infty} \frac{D_0(1+g)^t}{(1+k)^t} + \frac{P_n}{(1+k)^n} \tag{7-8}$$

三、变动型股利贴现模型

在前面几个股利估价模型中,为了便于计算和说明问题,附加了许多约束条件,如股利增长率固定、投资报酬率固定及$g<k$等。在实际情况下,这些条件不一定满足,这就使股票内在价值预估的准确度降低。下面介绍股利增长率不固定时股票估价模型。

假设股利增长率在一定时期内维持在一个异常高或异常低的水平,即g_1;其后恢复为正常增长率g_2水平。那么,贴现模型可推演如下:

$$V_0 = \sum_{t=1}^{n} \frac{D_0(1+g)^t}{(1+k)^t} + \frac{P_n}{(1+k)^n} =$$

$$\sum_{t=1}^{n} \frac{D_0(1+g)^t}{(1+k)^t} + \sum_{m=n+1}^{\infty} \frac{D_m}{(1+k)^{m-n}} \times \frac{1}{(1+k)^n} =$$

$$\sum_{t=1}^{n} \frac{D_0(1+g)^t}{(1+k)^t} + \sum_{m=n+1}^{\infty} \frac{D_n(1+g_2)^{m-n}}{(1+k)^{m-n}} \times \frac{1}{(1+k)^n} =$$

$$\sum_{t=1}^{n} \frac{D_0(1+g)^t}{(1+k)^t} + \frac{D_{n+1}}{k-g_2} \times \frac{1}{(1+k)^n} \tag{7-9}$$

【例3】 某公司当前现金股利为2元;股东预期未来5年中股利超常态增长率为30%,在第5年结束后股利恢复正常增长率10%的水平;与股票风险对应的贴现率要求为15%,则该股票的投资价值可计算如下:

$$V_0 = \sum_{t=1}^{n} \frac{D_0(1+g_1)^t}{(1+k)^t} + \frac{D_{n+1}}{k-g_2} \times \frac{1}{(1+k)^n} =$$

$$\sum_{t=1}^{5} \frac{2(1+0.30)^t}{(1+0.15)^t} + \frac{2(1+0.30)^5(1+0.10)}{0.15-0.10} \times \frac{1}{(1+0.15)^5} =$$

$$2.261+2.556+2.889+3.266+3.692+163.369 \times 0.497 = 95.86(元)$$

第三节 每股盈余估价法

每股盈余估价法就是把市盈率乘以每股盈余所得的乘积作为普通股的预估价值。前已述及,每股盈余反映的是普通股的获利水平,而市盈率反映投资者为获得每元盈余所付出的成本,或者说单靠普通股的收益需要多长时间才可收回购买股票的投资,因此上述两个指标与股票价格的关系极其密切。另外,由于现金股利的未来变化很难预期,而每股盈余和市盈率的计算则相对容易,故每股盈余估价法能更方便地用于估算股票价值。

一、每股盈余估价模型

每股盈余估价模型(Earning per Share Valuation Model)为:

$$股票价格 = \frac{股票价格}{每股盈余} \times 每股盈利 = 市盈率 \times 每股盈余$$

即

$$P_t = \frac{P_t}{e_t} \times e_t \tag{7-11}$$

式中,P_t 代表第 t 期某一普通股的每股股价;e_t 代表第 t 期正常每股盈余。

每股盈余估价法的运用关键在于市盈率和每股盈余的估计,即通过对这两者的估计——分别称之为预期市盈率和正常每股盈余来间接估计股价。在实践中,市盈率与每股盈余的估计方法很多,不同方法可能导致不同的预估数字,从而得到不同的预估股价。

二、盈余、股息与股票价值的关系

上一节我们已讲到,股票的内在价值是其预期未来现金收入按与该股票风险相对应的贴现率贴现后的现值。而这个现金收入就是每次分配的现金股利,而不是公司的每股盈余。但每股盈余估价模型强调的却是每股盈余而不是股息。因此,在讨论正常每股盈余的估计之前,先来看一下盈余、股息与股票价值的关系。

设公司净收益 E 是一个流量,用 $(E_0, E_1, E_2, \cdots)$ 表示;公司的投资 I 也是一个流量,用 $(I_0, I_1, I_2, \cdots)$ 表示;公司分配给股东的股息 D 也是流量,用 $(D_0, D_1, D_2, \cdots)$ 表示。其中,E_0、I_0 和 D_0 分别表示公司上年度的盈余、投资和股息,E_t、I_t 和 D_t 分别表示公司第 t 年度的盈余、投资和股息。假设公司不向外借款或贷款,也不向外发行或购买债券。这样,资金不足时就增发新股票筹资,资金充裕时就回收部分公司发行在外的股票。

公司对上年度收益的分配不外乎以下三种情况:

(1) 公司的盈余恰好够用于分派股息和投资支出,即 $E_0 = I_0 + D_0$,经移项后就可得到 $D_0 = E_0 - I_0$。设想一股东持有公司 1% 的股份,那么,该股东当年实际到手的现金股息为:

$$0.01 D_0 = 0.01(E_0 - I_0) \tag{7-12}$$

(2) 公司的盈余不够用于分派股息和投资支出,即 $E_0 < I_0 + D_0$。为此,公司必须增发新股或卖出库存股票,以保持收支平衡。设增发新股筹资 F_0,公司收支平衡时下式成立:

$$E_0 + F_0 = D_0 + I_0 \tag{7-13}$$

此时,那位持有公司 1% 的股份的股东仍可分得 $0.01 D_0$。不过,为维持拥有公司 1% 的股份不变,他必须出资认购公司新股的 1%,即 $0.01 F_0$ 金额的新股。由 (7-12) 式知,$F_0 = D_0 + I_0 - E_0$,因此该股东实际到手的现金所得为:

$$0.01 D_0 - 0.01 F_0 = 0.01 D_0 - 0.01(D_0 + I_0 - E_0) = 0.01(E_0 - I_0) \tag{7-14}$$

与第一种情形相同。

(3) 公司的盈余用于分派股息和投资支出外还有剩余,即 $E_0 > I_0 + D_0$。这样,公司就可用剩余资金回购公司发行在外的股票。设购回股票所用的资金为 R_0,由收支平衡知:

$$E_0 = D_0 + I_0 + R_0 \tag{7-15}$$

此时,那位持有公司 1% 的股份的股东一方面仍可分得 $0.01 D_0$,另一方面为维持拥有公司 1% 的股份不变,需卖出 $0.01 R_0$ 金额的股票,又得到一份现金,数额为 $0.01(E_0 - D_0 - I_0)$。这样,该股东实际到手的现金所得为:

$$0.01 D_0 + 0.01 R_0 = 0.01 D_0 + 0.01(E_0 - D_0 - I_0) =$$
$$0.01(E_0 - I_0) \tag{7-16}$$

与第一种、第二种情形相同。

以上分析表明,对于给定的公司盈余,无论多分或少分股息,一个持有 1% 比例股份的股东实际到手的现金所得总是保持 $0.01(E_0 - I_0)$ 不变。这个结论对以后多年的分配也是正确的,即持有1%比例股份的股东第t年实际到手的现金所得为$0.01(E_t-I_t)$。

不难理解,对于代表公司净资产1%所有权的股票,其价值就是所有未来现金收益以按风险调整的贴现率或应有收益率k贴现,于是得到1%公司股票的价值为:

$$0.01\text{公司股票总价值} = \frac{0.01(E_0-I_0)}{(1+k)^0} + \frac{0.01(E_1-I_1)}{(1+k)^1} + \frac{0.01(E_2-I_2)}{(1+k)^2} + \cdots \quad (7\text{-}17)$$

上式两边同乘以100,得到:

$$\text{公司股票总价值} = \sum_{t=0}^{\infty} \frac{E_t-I_t}{(1+k)^t} \quad (7\text{-}18)$$

上式中没有反映股息分配政策的变量,它表示公司股票的价值只与公司的盈余和投资有关,而与股息无关。

这里有两点需要说明:第一,公司在增发新股和收购发行在外的股票时,每股股票的价格或价值会发生变化。这是因为公司发行在外的总股数改变了,因而每股盈余也跟着改变。不受影响的是某一固定比例份额的公司股票价值。第二,公司投资通常来自于保留盈余,即总盈余中扣除股息后的剩余。这相当于拿眼前利益去换取将来利益。这种交换会因投资项目所能带来的收益不同而改变公司股票的价值。我们所说的股息分配政策不影响股票价值,是撇开这一点而言的。

三、正常每股盈余的估计方法

1. 估计正常每股盈余的增长率法

投资者在确认历史上每股盈余按某一固定增长率增长并认为未来盈余仍按此比率增长时,就可运用本方法,按照估算的固定增长率的数字来推算以后各期的每股盈余。

在实际运用中,由于影响未来盈余增长率的因素很多,增长率很难固定不变,所以计算比较复杂,投资者不得不考虑经济循环变动、竞争者增减、消费者偏好变化等因素,对增长率进行适当修正。在此,介绍一种最简单的方法:确定了过去每股盈余按某一固定增长率增长后,利用最后一期每股盈余与第一期盈余的关系,估算出增长率。

令g为固定增长率,n为增长期间,e_t为第t期每股盈余,则g、e_1和e_n的关系如下:

$$e_n = e_1(1+g)^{n-1} \quad (7\text{-}19)$$

【例4】 已知某公司第1年、第12年每股盈余分别为1.25元和3.90元,且假定期间每股盈余按某一固定增长率增长,则该公司第13年的每股盈余为4.32元。计算过程为:

$$(1+g)^{11} = 3.90 \div 1.25$$

$$\therefore g = 0.1089$$

又: $\because \hat{e}_{n+1} = e_n(1+g)$

第七章 股票价值评估

$$\therefore \hat{e}_{13}=e_{12}(1+g)=4.32$$

2. 估计正常每股盈余对销售收入的回归分析法

这种方法是想通过回归分析法求出每股盈余与销售收入之间的回归模型,其中销售收入为自变量,每股盈余为因变量。根据两者的回归模型,就可以通过对全年销售收入的估计来预估正常每股盈余。因此,投资者首先要求出每股盈余的回归方程估计式。

根据每股盈余与销售收入的关系,我们可以得到如下的回归方程:

$$e_t=\alpha+\beta S_t+\varepsilon_t \tag{7-20}$$

式中,e_t 为第 t 年某公司正常每股盈余;S_t 为第 t 年时某公司全年销售收入;ε_t 为随机扰动项;α 和 β 均为回归系数;t 为样本期内任意一年。

上式可用最小二乘法对回归参数加以估计,由此,可得 e 的估计式:

$$\hat{e}=\hat{\alpha}+\hat{\beta}S \tag{7-21}$$

上述 e_t 估计式的原理就是运用 n 年内 e 和 S 的实际数值,运用回归分析的方法,求出两者的关系,然后再被用于估计 $n+1$ 年或以后几年的正常每股盈余。

【例5】 某公司最近 10 年内每股盈余与销售收入的资料如表 7-1 所示,第 11 年销售收入值估计为 195 亿元,问第 11 年每股盈余值约为多少元?

表 7-1

某公司 2005—2014 年每股盈余与销售收入

年　　度	2005	2006	2007	2008	2009	2010	2011	2012	2013	2014
销售收入(百万元)	65	62	69	76	89	105	116	134	164	180
每股盈余(元)	0.09	0.12	0.15	0.19	0.23	0.32	0.43	0.56	0.68	0.79

把上述资料代入公式,就可求出 $\hat{\alpha}$、$\hat{\beta}$,即:

$$\hat{\alpha}=-0.2669, \hat{\beta}=0.0059$$

所以:

$$\hat{e}=-0.2669+0.0059S$$

上式表明,销售收入每增加 1 百万元,每股盈余将增加 0.0059 元。将销售收入值估计值 195 百万元代入上式,则 $\hat{e}_{11}$ 为:

$$\hat{e}_{11}=-0.2669+0.0059\times 195=0.88(元)$$

经检验,$r^2=0.9937$,说明该公司每股盈余的变化约有 99.37% 可由销售收入加以解释。因此,可以确定,在 $\hat{S}_{11}=195$ 百万元的条件下,$\hat{e}_{11}=0.88$ 元。

四、预期市盈率的估计方法

1. 可比公司法

估计一家公司预期市盈率最普遍使用的方法是选择一组可比公司,即在股票的市盈率相同的情况下,选取与待估计市盈率股票所在公司风险类似的公司,计算出这些同类风险公司的市盈率平均数,以此作为这种股票预期市盈率的估计值。上海市1992年新股发行价制定时,就采用了可比公司法。主管部门把发行新股的公司先归类为制造业、商业等不同行业,确定不同行业各自的市盈率(根据市场上同类行业股票的平均水平),再将同一行业中不同公司按过去盈利和未来盈利预测状况排队,在平均市盈率基础上增减一定数额,确定最后的定价。在股票交易市场上,投资者同样可以运用这种方法。

2. 理论市盈率

设现时每股盈余为 E_0,将股利贴现基本模型(7-4)式的两边同时除以 E_0,即可得:

$$\frac{V_0}{E_0} = \frac{1}{E_0} \sum_{t=1}^{\infty} \frac{D_t}{(1+k)^t} \tag{7-22}$$

公式(7-22)就是估计预期市盈率的贴现现金流量模型。

由于 V_0 是每股股票的内在价值,代表着市场均衡价格,因此 V_0/E_0 代表股票以均衡价格衡量时的市盈率,即正常市盈率,又称理论市盈率。而 P_0/E_0 代表股票以实际价格衡量时的市盈率,称为实际市盈率。通过理论市盈率与实际市盈率的比较,就可决定投资策略。具体说来,若 $V_0/E_0 > P_0/E_0$,表明该股票被低估,宜买进;若 $V_0/E_0 < P_0/E_0$,表明该股票被高估,宜卖出。

五、每股盈余估价法缺陷

首先,每股盈余是一个会计数字,其大小会受会计方法选择的影响。比如,在通货膨胀率较高的时期,采用历史成本提取折旧和计量存货价值都会导致实际价值和正常每股盈余的高估。

其次,预期市盈率的估计同样受到很多不确定因素的干扰。当前很多投资机构引入"市盈率调整系数"(Price Earning Adjust Factor,PEAF),对公司市盈率进行增长率和风险调整,计算增长率及风险调整后市盈率(Price Earning Adjust Grouth,PEAG)。经过调整后,同行业不同公司的市盈率就可以直接比较,从而可以对公司相对投资价值进行排序,寻找价值被相对低估的公司股票。

相关链接

http://www.cninfo.com.cn——巨潮资讯网

http://www.cnlist.com——中国上市公司资讯网

思考与练习

1. 影响股票价格的基本因素有哪些?
2. 股票投资价值分析的模型有几种?它们有何不同?
3. 股利贴现模型估计的股票价格存在哪些缺陷?为什么?
4. 在我国新股定价中,按照股利贴现模型确定价格的方法适应于哪几类公司?为什么?
5. 某公司刚支付的股利为1.60元/股,下一年股利不变,再下一年的股利为2.00元/股,接着连续三年不变,从第五年开始,股利以每年4%的速度增长,且直到永远,公司的股票期望收益率为12%,问该公司的内在价值是多少?
6. 分析人员对某食品公司的收益和股利增长前景有不同看法,张先生预测股利增长率为5%,王先生却预测今后五年股利增长率为6%,以后增长率下降为4%,接着一直不变,该公司现时价格为每股54元,当前现金股利为4.5元/股,股票期望收益率为10%。

(1) 按照张先生的分析,该公司的股票实际价格应为多少?
(2) 按照王先生的分析,该公司的股票实际价格应为多少?

7. 一只普通股票年红利是每股2.1元,无风险利率为7%,风险贴水率为4%,如果年红利保持在2.1元,股票价格应为多少?

8. 据调查,计算机类股票的期望收益率是16%,MBI是这一行业的一家大公司,即将在年末支付每股2元的分红。如果MBI公司的股票每股售价为50元,则其红利的市场期望增长率是多少?如果预计MBI公司的红利年增长率下降到每年5%,其股价如何变化?

9. 已知A、B两只股票的贴现率均为10%。投资者对这两只股票的初步分析结果如下表。

	A 股 票	B 股 票
期望股权收益率(ROE)(%)	14	12
每股收益估计值(元)	2.00	1.65
每股红利估计值(元)	1.00	1.00
当前每股市价(元)	27.00	25.00

(1) 计算这两只股票的红利期望分配率。
(2) 计算这两只股票的红利期望增长率。
(3) 计算这两只股票的内在价值。
(4) 投资者会投资哪只股票?

10. 某公司最近12年内每股盈余与销售收入的资料如下表,第13年销售收入值估计为1 000百万元,问第13年每股盈余值约为多少?

某公司近12年每股盈余与销售收入

年　度	1	2	3	4	5	6	7	8	9	10	11	12
每股盈余(元)	1.25	1.40	1.50	1.70	1.85	2.10	2.50	2.60	2.90	3.25	3.60	3.90
销售收入(百万元)	354	392	415	463	511	556	621	643	721	815	890	972

第八章 证券的收益与风险

投资者在进行投资决策时寻求的是收益与风险的平衡,既希望获得较高的收益,又要回避可能的风险。因此,收益与风险是投资活动中必须考虑的两个基本要素。正确理解这两个概念的内涵,是真正理解建立在这两个概念之上的整个现代投资理论的关键。证券收益与风险的数量化刻画由美国著名经济学家马克维茨于1952年在《资产组合的选择》的论文中提出,借用了统计学中随机变量的数学期望与方差的概念,用期望收益刻画证券的收益,用方差或标准差刻画证券的风险,开创了用数量化方法研究投资的先河。此后,经济学家们一直在利用数量化方法不断丰富和完善组合管理的理论和实际投资管理方法,使之成为投资学中的主流理论。本章主要介绍三方面的内容:一是收益率的计算;二是证券期望收益率与风险;三是风险溢价与风险厌恶。

第一节 收益率的计算

一、收益的衡量

证券投资收益是指初始投资价值的增值量,该增量来源于两个部分:一是投资者所得到的现金支付,包括股息、利息等;二是市场价格相对于初始购买价格的升值。假设投资者在年初以每股20元的价格买入100股股票,在年底每股得到了0.8元的股利,价格也涨到22元,那么,一年内的收益可通过下式计算得出:

$$0.8 \times 100 + (22-20) \times 100 = 280(元)$$

由于证券收益是与初始投资的金额相关的,收益的衡量也应以收益与初始投资额的百分比来表示,这个百分比叫收益率或持有期收益率(Holding Period Return,HPR),用下式表示:

$$HPR = \frac{EMV - BMV + I}{BMV} \tag{8-1}$$

式中,HPR为持有期收益率;EMV指期末市场价值;BMV指期初市场价值;I指投资者在这一期间所得到的收入。上面的例子中,一年的收益率为:

$$HPR = \frac{0.8 \times 100 + (22-20) \times 100}{20 \times 100} = 14\%$$

投资者的证券持有期不一定恰好是一整年,因此,对短于或长于 1 年的持有期收益率(HPR)的计算要转换成年收益率,便于对不同持有时间、不同投资额的投资收益进行比较。一般说来,除非专门指出,HPR 都指年收益率。

二、平均收益率

平均收益率可以用两种方法计算,即算术平均法和几何平均法。

1. 算术平均法

算术平均法是将各历史时期已经实现的收益率相加,再除以时期数,用公式表示为:

$$\bar{R}_A = \frac{1}{n}\sum_{t=1}^{n} R_t \tag{8-2}$$

例如,W 公司股票在过去四年中的收益率分别为 -10%、0、15% 和 11%,那么用算术平均法计算的平均收益率为:

$$\bar{R}_A = (-0.10 + 0 + 0.15 + 0.11) \div 4 = 0.04 = 4\%$$

2. 几何平均法

几何平均法考虑了资金的时间价值,是一种带有复利思想的计算方法。在第一期期初所投资的 1 元,到第一期期末为 $(1+R_1)$ 元。几何平均法假定,投资者在第二期会将这 $(1+R_1)$ 元进行再投资,在第二期期末,这 $(1+R_1)$ 元则增值为 $(1+R_1)(1+R_2)$ 元。重复这种投资过程,那么在第一期期初所投资的 1 元,在第 n 期期末为 $(1+R_1)(1+R_2)\cdots(1+R_n)$ 元。因此,几何平均值的数学式表达为:

$$\bar{R}_G = \left[\prod_{t=1}^{n}(1+R_t)\right]^{1/n} - 1 \tag{8-3}$$

仍然使用上述 W 公司股票收益率的例子,则:

$$\bar{R}_G = [(1-0.1)(1+0)(1+0.15)(1+0.11)]^{1/4} - 1 = 3.5\%$$

这一结果与算术平均收益率是不同的。一般说来,当收益率的波动很大时,两种平均收益率的差异也会随之增大。

再来看一个更具戏剧性的例子,并进一步说明运用上述两种方法可以得出不同的结果。假设一支基金没有支付股息,且初始价格是每股 100 元。在第一年年末,该基金价格是每股 50 元,第二年年末每股 100 元。该基金第一年的收益率为:

$$[(50-100)/100] = -0.50 = -50\%$$

即损失50%。第二年的收益率为：

$$[(100-50)/50]=1.0=100\%$$

即收益100%。那么,算术平均收益率：

$$\bar{R}_A=(-0.5+1.0)/2=0.25=25\%$$

而几何平均收益率：

$$\bar{R}_G=[(1-0.5)(1+1.0)]^{1/2}-1=0$$

假设投资于该基金已有2年,那么,到底哪个平均收益率是正确的?

在此例中,原始投资额是100元,2年之后,还是100元。很明显,从投资者的角度来看,没有获得任何收益,即收益率是0%。既然几何平均收益率真实地反映了投资者资产价值的变化,那么几何平均收益率也就是正确的结果。确实如此,几何平均收益率能够被用来解释资产价值的实际增减情况,而算术平均收益率在本例中则是毫无意义的。

然而,算术平均收益率在下列两种情况下是很有用的：

(1) 估计同一时期不同种类证券的平均收益率。例如,计算某一特定行业的各种证券的平均收益率时,可以使用算术平均法。如果想评估汽车行业在过去一年中的业绩情况,就可以使用汽车行业各种股票的算术平均收益率。也就是说,不必花时间去计算过去几个时期内该行业的增长情况,而只需计算在一个时期内该行业的平均业绩即可。

(2) 估计预期收益率。若想在用友软件股票上投资1年,根据用友软件过去8年的收益率,用算术平均收益率就可以很好地估计下一年用友软件的收益率。为了说明这一点,再来看看上述基金的例子。此共同基金的收益率第一年是−50%,第二年是100%。再进一步假设,在将来此共同基金的收益率仅有上述两种可能。既然不能肯定在下一年中,哪一个结果可能会发生,那么对此所作的最佳估计则应该是25%,即−50%和100%的算术平均值。需要说明的是,这里不是对此基金的业绩作长期估计,而仅仅是对其将来短期内(如1年)的业绩进行估计。

三、时间权重收益率

以时间为权重的收益率简称时间权重收益率。之所以称之为时间权重收益率,是因为在计算这种收益率时充分考虑了资金(如股息)的时间价值。时间权重收益率的计算方法假定,投资者在实现现金流入(如收到现金股息)时,立即将这部分现金再投资到现存的证券上。正如几何平均法一样,时间权重法也是以复利思想来计算收益率的。从本质上来说,时间权重收益率旨在解决这样一个问题：投资者在第一期期初投资1元,那么,经过n期之后,这1元在第n期期末的价值是多少? 在这个时期内如果发生现金流入,那么从理论上来讲,投资者必须把这些资金在获得之日以当天的市场价格购买证券以进行再投资。这样,计算收益率最为准确的办法就应该是:先计算有价证券在现金流入之日的市场价值,再计算下一个时期的期间收益率,然后,将各个时期的期间收益率综合起来考虑即可得到整个期间的收益率。

时间权重收益率的计算公式为:

$$\bar{R}_{TM} = \left[\prod_{t=1}^{n}(1+R_t)\right] - 1 \qquad (8-4)$$

这里应该注意以下区别:① 时间权重收益率和几何平均收益率之间的区别。时间权重收益率不开 n 次方,而几何平均收益率则要开 n 次方。这说明,时间权重收益率是 1 元投资在第 n 期期末的价值减去 1 所得的结果,而几何平均收益率则是反映各个时期的平均收益率。也就是说,时间权重收益率是计算资产在 n 个时期内所获得的总收益率,而几何平均收益率是计算资产在 n 个时期内的平均收益率。② 时间权重收益率与持有期收益率的区别。时间权重收益率法的假定为:当你收到股息时,立即将这些股息进行再投资。而持有期收益率法的假定为:当你收到股息时,要么让这些股息闲置着,要么被消费掉了。一般说来,与持有期收益率相比,时间权重收益率是一种更好的衡量收益率的指标。这是因为时间权重收益率考虑了现金流入的日期,即考虑了资金的时间价值。

必须指出,不同的计算方法并不能给投资者提供最佳的投资策略。例如,有时将股息进行再投资并不太妥当(如当股票价格下跌时)。时间权重收益率方法只不过是给投资者提供了某一特定资产的真实的、客观的、历史的收益率。

四、连续复利收益率

为介绍连续复利收益率的概念,首先讨论复利次数与期末总资金间的关系。在单期内,复利计息的次数愈多,期末总资金的累积也愈大,说明如下:

若年收益率为 14%,1 000 元资金投资两年后的期末资金应为:

$$1\,000(1+14\%)^2 = 1\,299.6(元)$$

若每年内复利生息 2 次(每六个月复利一次),则期终资金为:

$$1\,000\left(1+\frac{14\%}{2}\right)^{2\times 2} = 1\,310.8(元)$$

若每年内复利生息 4 次,则期终资金为:

$$1\,000\left(1+\frac{14\%}{4}\right)^{2\times 4} = 1\,316.8(元)$$

所以,若以 R 代表年利率,m 代表每期(每年)内的复利次数,n 代表投资期限(n 年),则以 C_0 元投资 n 期(年)后所得的期末资金应为:

$$C_n = C_0\left(1+\frac{R}{m}\right)^{n\times m} \tag{8-5}$$

式中,R/m 代表小期内(In A sub-Period)的收益率。根据公式(8-5),可以分析连续复利收益率的概念以及计算方法。若将单一期(1年)内的复利次数(m)增加,则投资收益将会以更快的速度复利生息。也就是说,在单一期内复利生息的次数愈多,计算复利的期间也就愈缩短。当复利次数增至无限大时($m \to \infty$),投资收益将在每一瞬息间复利生息。这种瞬息复利生息的复利称为连续复利生息(Continuously Compounding)。那么连续复利会不会导致期末资金的无限大?运用高等数学的极限知识,有:

$$\lim_{m\to\infty}\left(1+\frac{R}{m}\right)^{mn} = \lim_{m\to\infty}\left[\left(1+\frac{1}{m/R}\right)^{m/R}\right]^{nR} = e^{nR}$$

所以,在持续复利生息下,C_0 元投资 n 期(年)后所得的期末资金应为:

$$C_n = C_0 e^{n\times R} \tag{8-6}$$

反之,假设 R 代表单一期收益率,能与单期复利生息产生相同期终资金的连续复利报酬率 R' 应为:

$$R' = \ln(1+R) \tag{8-7}$$

此处,$\ln$ 代表自然对数函数,证明如下:
以 C_0 元投资一期,并复利计息一次的期末资金为:

$$C_1 = C_0(1+R) \tag{1}$$

以连续复利生息一期所得的期终资金应为

$$C_1 = C_0 e^{R'} \tag{2}$$

(1)式等于(2)式,可得(8-7)式。所以,若单期收益率为 R,则其对等的连续复利收益率应为$(1+R)$的自然对数,即 $\ln(1+R)$。

连续复利收益率在投资研究的领域中运用十分广泛。其原因之一在于,它的概率分布较接近于正态分布,对金融经济学的理论发展与实际验证的简化具有相当大的帮助。

五、应计利息与税后收益

1. 应计利息

应计利息是计算债券收益率时必须考虑的问题。世界上的大部分国家,多数债券是息票债券。比如美国的债券,其债券按面值出售,一年在固定的时间支付两次利息。这样,债券的投资者在非付息日出售债券时会碰到自上次付息日到今日的利息如何计算的问题。债券的购买者除了应该支付债券的价格外,还应支付从上次付息日到购买日的利息,这段时间的利息是出售债券方应得的,但是在金融行情表中提供的债券价格不包括这一部分利息,因此,这段时间的利息也称作应得利息或应计利息(Accrued Interest)。考虑应计利息的持有期收益率 R 的计算公式为:

$$R_i = \frac{[(P_i + AI_i) - (P_{i-1} + AI_{i-1}) + C_i]}{(P_{i-1} + AI_{i-1})} \qquad (8\text{-}8)$$

式中,R_i 为债券在第 i 期的持有期收益率;P_i 为债券在第 i 期期末的市场价格;AI_i 为在第 i 期期末时的债券中的应计利息;P_{i-1} 为债券在第 $i-1$ 期期末的市场价格;AI_{i-1} 为第 $i-1$ 期期末时债券上积累的应计利息;C_i 为债券发行者按在第 i 期规定的日期与利率支付给债券持有人的息票利息。

这一公式提出的解决应计利息的办法是,将期初的应计利息和期末的应计利息分别加到期初的价格和期末的价格上。有了考虑应计利息的持有期收益率计算公式,就可以进一步说明考虑应计利息的时间权重收益率的计算方法了。

计算时间权重收益率的方法有综合法和指标法。综合法用各个时期期间收益率来计算,见公式 8-4。而指标法则是重点强调这种思想:现金收入应该立即被用来购买额外的证券。指标法有助于直观地理解时间权重收益率,而综合法在实际中计算起来比较方便和简单。这里,结合具体的例子来加以说明。

某债券的面值为 1 000 元,年利率为 8%,每半年支付一次利息,债券发行人在 5 月 15 日和 11 月 15 日支付利息。表 8-1 具体给出了用综合法计算债券的时间权重收益率的解题过程。该表列出了各个日期的债券市场价格、债券发行者支付的息票利息以及应计利息。

表 8-1

用综合法计算时间权重收益率

日 期	第 i 期	支付的息票利息(元)	市场价格(元)	应计利息(元)	期间收益率	时间权重收益率
1月1日			990	10a		
5月15日	1	40	1 040	0	0.08	0.08
11月15日	2	40	1 020		0.019 2	0.100 7b
12月31日	3		1 000	10a	−0.009 8	0.09c

a:1 000×0.04×(1.5 月÷6 月)=10 元
b:(1+0.08)×(1+0.019 2)−1=0.100 7
c:(1+0.100 7)×(1−0.009 8)−1=0.09

由等式(8-8)可知,在计算期间收益率时应先计算期初和期末证券的市场价值。在这里债券的市场价值应等于债券的市场价格加上积累在债券上的应计利息。例如,计算第一期(从 1 月 1 日到 5 月 15 日)的期间收益率时,期初市场价值等于期初市场价格加上应计利息,即期初市场价值为 1 000 元(990＋10);期末市场价值则是 1 040 元(1 040＋0),在第一期的期间收入为投资者在 5 月 15 日收到的息票利息,即为 40 元。其中,上述的 10 元应计利息可通过如下式子得出:(1.5 个月/6 个月)×40＝10 元。这里的 1.5 个月是指从前一年 11 月 15 日到今年的 1 月 1 日。所以,第一期的期间收益率为:

$$R=\frac{1\,040-(990+10)+40}{990+10}=0.08=8\%$$

注意,在债券发行人支付利息之后,积累在债券上的应计利息便为 0 了。也就是说,所有的应计利息都已由发行人在约定日期(如上例中的 5 月 15 日和 11 月 15 日)支付了。从表 8-1 可以看出,全年的收益率为 9%。

表 8-2 给出了用指标法计算时间权重收益率的解题过程。

假设投资者购买了 100 份债券,由表 8-2 可得,用指标法计算的时间权重收益率为:

$$R=\frac{(1\,000+10)(107.9168)}{(990+10)\times 100}-1\approx 0.09 \text{ 或 } 9\%$$

可见,用指标法计算的结果和用综合法计算的结果基本上是一致的(忽略计算过程中的误差)。

表 8-2

用指标法计算时间权重收益率

日　期	第 i 期	支付的息票利息(元)	市场价格(元)	应计利息(元)	新购买的债券(份)	拥有的债券数量(份)
1 月 1 日			990	10		100
5 月 15 日	1	40	1 040	0	3.8462a	103.8462
11 月 15 日	2	40	1 020	0	4.0724b	107.9186
12 月 31 日	3		1 000	10		107.9186

a:(40 元×100 份)/1 040 元＝3.8462(份)
b:(40 元×103.8462 份)/1 020 元＝4.0724(份)

2. 税后收益率

政府对一些投资征税,对另一些投资给予税收优惠,这是政府进行收入再分配和引导投资方向的一种方式。对投资收益的征税会改变投资者的收益水平,税后收益是投资者实际可以支配的收益,对投资者来说更具有实际意义。税后收益率的计算并不复杂,将计算持有期收益率的公式稍加变化即可适用于税后收益率的计算。先来看投资者在第 i 期继续持有证券情况下的第 i 期税后收益率的计算公式：

$$R_i = \frac{EMV_i - BMV_i + I_i(1-T)}{BMV_i} \tag{8-9}$$

式中，EMV_i 为第 i 期期末证券的市场价值；BMV_i 为第 i 期期初证券的市场价值；I_i 为投资者在第 i 期所获得的收入；T 为收入税税率。

再假设投资持有证券的期限一共是 n 个时期，即投资者在第 1 期期初买进证券，在第 n 期期末卖出证券。那么，在计算最后一个持有时期即第 n 期的税后收益率时，除了要考虑收入税以外，还应考虑资本利得税。这样，在第 n 期（投资者在这期的期末卖出了期初拥有的证券），投资者所获得的税后收益率为：

$$R_n = \frac{EMV_n - BMV_n - N_0(P_n - P_0)T_g + I_n(1-T)}{BMV_n} \tag{8-10}$$

式中，EMV_n 为第 n 期期末证券的市场价值；BMV_n 为第 n 期期初证券的市场价值；N_0 为第 n 期期末持有的证券数量；P_n 为第 n 期期末证券的市场价格；P_0 为期初证券的市场价格；T_g 为资本利得税税率；I_n 为投资者在 n 期间所获得的收入；T 为收入税税率。

六、名义利率与实际利率

1. 名义利率

名义利率（Nominal Interest Rate）是不考虑通货膨胀影响的利率。上文对收益与利息的分析都是在名义利率基础上展开的，所得到的都是名义收益和名义利息。由于只有实际购买力增加才会使投资者的投资活动获得实际的效益，因此，在测度投资者的投资收益时，既要看名义收益和名义利息的增长情况，更要看实际收益和实际利息的增长情况。

2. 实际利率

实际利率（Real Interest Rate）是扣除通货膨胀因素影响的利率。通货膨胀是指社会商品和服务价格的普遍上涨，通货膨胀的原因通常是由于经济过热，社会总需求大于总供给造成的。由于社会总物价水平难以测度，各国一般均以一组有代表性的商品和服务在全国多个城市和乡村的价格变化来代表社会总物价水平的变化，即由一组商品和服务的价格指数（通常为居民消费价格指数，CPI）来代表通货膨胀率。在通货膨胀的情况下，如果投资收益率超过通货膨胀率，其购买力还是增加的；如果投资收益率低于通货膨胀率，投资者所持有的资产价值就会因通货膨胀的销蚀而拥有较低的购买力。投资者进行投资，归根结底是为了未来拥有的资产具有更高的购买力。因此，实际利率水平的变化对投资者的投资意愿具有重要的影响。这可以简单地从通货膨胀严重时居民储蓄存款意愿的

变化看到这一影响。实际利率与名义利率的关系为:

$$R_{real} = \frac{1+R_{nom}}{1+h} - 1 = \frac{R_{nom}-h}{1+h} \tag{8-11}$$

式中,R_{real}为实际利率;R_{nom}为名义利率;h是通货膨胀率。

如果名义利率为8%,通货膨胀率为5%,则实际利率为:

$$[(1+0.08)/(1+0.05)]-1=1.02857-1=0.02857=2.857\%$$

计算实际利率的公式还可以近似地写成:

$$R_{real} \approx R_{nom} - h \tag{8-12}$$

换句话说,实际利率等于名义利率减去通货膨胀率。这就是著名的费雪关系式,最早由美国学者费雪提出。运用费雪关系式,可以认为上例的实际利率约为3%,它是精确的实际利率的1.05倍。投资者在作出投资决策前,应明白银行公布的利率或市场发布的行情表指示的都是名义利率,应从中除去预期通货膨胀率才能得到投资项目的真实收益率。由于未来通货膨胀率事先难以准确得知,从而未来的实际收益率总是不确定的。

第二节 证券的期望收益率与风险

一、期望收益率

上一节介绍了收益率的各种计算方法,但这些方法都是用来衡量证券历史经营业绩,也就是说是已实现的收益率,称之为事后收益率。投资者在买卖股票时,面临的是股价波动的不确定性。为了对这种不确定的收益进行衡量、比较和决策,可引入期望收益率这一概念。期望收益率源自数理统计中的随机变量的数学期望。关于它的计算有两种方法,即直接预测法和历史数据法。

1. 直接预测法

如果投资者能够描述影响收益率的各种可能情况,还可以估计各种情况出现的概率及收益的大小,那么期望收益率就是各种情况下收益率的加权平均,权数即为各种情况出现的概率。用 $P(s)$ 表示 s 情况下的概率,$r(s)$ 为该情形下的收益率,那么预期收益率 $E(r)$ 为:

$$E(r) = \sum_s P(s)r(s) \tag{8-13}$$

例如,某投资者预测 A 股票可能的收益情况与整个国家的经济状况有关,具体见表 8-3。

表 8-3

A 股票可能的收益情况

经济状况	概　　率	收益率(%)
繁　荣	0.30	20
正常增长	0.40	10
萧　条	0.30	−10

则此股票的期望收益率为：

$$E(r)=20\%\times0.3+10\%\times0.4+(-10\%)\times0.3=7\%$$

在上例中，投资者给出了不同的经济状况出现的概率，并且估计了不同经济状况下的收益率。在实践中，要完成这项工作是有难度的。

2. 历史数据法

历史数据法要求收集足够多的能代表预测投资期收益率分布的事后收益率的样本，并假定所有观察值出现的概率相同，计算这些数据的平均值，将此平均值作为期望收益率。这种方法实际上是将收益率看成一个随机变量，用历史收益率的样本均值作为期望收益率的估计量。

$$E(r)=\frac{1}{n}\sum_{t=1}^{n}r_t \tag{8-14}$$

二、风险的含义

持有证券会带来收益，也可能带来亏损（负的收益），即证券的未来收益是不确定的。证券收益的不确定性称之为证券的风险。为了准确理解风险的内涵，先比较下面的两个例子。

假设你购买了政府贴现债券，其面值为 100 元，期限为 1 年。该种贴现债券的发行价格（即你的购买价格）为 90 元。如果你持有这种债券直至到期日，则：

$$HPR=\frac{100}{90}-1=11.1\%$$

因为投资者在 1 年之后能肯定地获得 100 元，所以 11.1% 是一种确定性的收益率。同时，政府债券一般不可能出现违约的情况，所以这是一种无风险债券。

再假设你以每股 90 元的价格购买了 A 公司股票。显然，该项投资并不像购买 1 年期政府债券那样简单，因为，谁也不能确切地知道 1 年之后 A 公司的股价。假设 A 公司没有支付股利，1 年之后股票价格可能有两种情况：

(1) 130 元，出现概率为 0.5；
(2) 80 元，出现概率为 0.5。

那么这 1 年内的收益率也是不确定的，表现为：

(1) $(130/90)-1=44.4\%$,概率为 0.5;
(2) $(80/90)-1=-11.1\%$,概率为 0.5。

在上例中,投资者并不能确切知道将来的收益率,所以说该项投资是有风险的。虽然投资者可以知道未来收益率可能的结果,但不能知道哪个结果会发生。从上述 1 年期的政府贴现债券和 A 股票事例中,可以区分投资的两种情形:

第一,确定性情况。此时,投资者能确切地知道资产将来的价值(或收益率),即资产的某种收益率发生的概率为 1。

第二,不确定性或风险性情况。此时,资产未来的价值(或收益率)有多种可能的结果,投资者并不能确切地知道哪种结果会发生。在这里可以把资产的价值看成是随机变量。若知道随机变量的概率分布,即知道每种情况发生的概率,此时面对的就是风险。若不知道每种情况发生的概率,此时面对的则是不确定性。所以,无论是风险情形,还是不确定性情形,资产的未来价值都有多种可能结果。

在现实生活中,投资者以及从事商务活动的人士在决定时,极少知道某种结果未来发生的真正概率。当人们知道某种结果发生的实际概率时,称这种概率为客观概率。在抛硬币实验时,人们能知道出现正、反面的概率各为 0.5,这里的概率 0.5 是准确真实的,是客观概率。另外还有一种概率是主观概率,主观概率并不是一种真正准确的概率,它只是一种估计概率。如投资者可以收集某种股票历史的收益率及相关资料,在这些数据和资料的基础上,投资者可以预测该种股票下一年度收益率的几种可能结果,并估计各种可能结果发生的概率,这种估计概率便是主观概率。在实际决策中,虽然不知道客观概率,但投资者可以用主观概率来代替客观概率。这么一来,便可以认为投资者面临的是风险而不是不确定性。因为投资者总是可以用主观概率来代替客观概率,所以,不确定性和风险所表达的意思是一样的,均指投资者不能确切地知道证券将来的价值或将来的收益率。虽然市场上有些资产的收益率几乎是确定的,但是,绝大多数资产(如股票、长期债券、期权以及实物投资等)的收益率是不确定的。为此,必须开发出一套系统规则来从那些收益率不确定的资产中选出几种资产,作为我们的投资对象,并运用这套系统规则来分散投资,以求降低风险。

三、风险的度量

一种证券风险的大小,不仅取决于证券收益的不确定性方面的客观因素,还取决于证券持有人的财产、收入、性格、偏好等诸多个人和主观方面的因素。由于主观方面的因素太多、太复杂,且有关风险大小的感受因人而异,难以给出具体的定量描述方法。因此,在实际度量风险时,往往完全把个人和主观因素撇开,仅仅只考虑证券本身的收益不确定性。风险的客观度量有很多种方法,方差是最常用的一种,即用收益率的方差来衡量资产的各种可能收益率相对于期望收益率的分散程度。方差的计算公式为:

$$\sigma^2 = \sum_s P(s)[r(s)-E(r)]^2 \tag{8-15}$$

根据表 8-3 资料，可计算出 A 股票收益率的方差为：

$$\sigma^2 = 0.3\times(20\%-7\%)^2 + 0.4\times(10\%-7\%)^2 + 0.3\times(-10\%-7\%)^2 = 0.01797$$

当计算某种资产 n 年以来的收益率的方差时，可以简单地用 $1/n$ 来代表概率 P_i，即①

$$\sigma^2 = \sum_{i=1}^{n} \frac{1}{n}[r_i - E(r)]^2 \tag{8-16}$$

如果收益率用百分比来表示，那么方差的单位则是"百分比的平方"，如果收益用"元"来表示，那么方差的单位为"元的平方"，对于这种情况既难以表达，又难以解释，所以，人们通常都将方差开算术平方根，得到标准差(Standard Deviation)，与变量的单位保持一致。其计算公式为：

$$\sigma = \sqrt{\sigma^2} \tag{8-17}$$

在前面的例子中已计算出 A 股票的方差为 0.01797，其标准差为：

$$\sigma = \sqrt{0.01797} = 13.4\%$$

从以上的计算中分别得到了期望收益率和标准差，前者是预期的收益，后者是预期的风险。对于投资者而言，会更担心收益为 -10% 的概率值有多大，而不是收益率为 20% 的概率值有多大，标准差度量的是二者对中值的偏离程度。理论证明，如果概率分布为正态分布，期望收益率 $E(r)$ 与标准差 σ 就可以准确地体现概率分布的特点，也就是说，标准差就可以精确地测度风险。

用标准差度量风险的优势在于将投资的不确定性概括成单一数字，不足之处是将高于期望收益和低于期望收益这两种相反的情况等同对待，看作具有同样的风险，进行同样的处理。所以，有些学者还尝试用半方差、损失风险等方法度量风险。

四、系统性风险与非系统性风险

1. 系统风险（Systematic Risk）

系统风险是因某些因素对几乎所有证券的价格造成冲击而产生的。更进一步地说，经济、政治与社会情况或事件的非预期变动（Unanticipated Changes）是造成系统风险的主因。这些非预期变动造成几乎所有股票与债券的价格向同一方向变动。比如说，当预测未来经济将严重萎缩时，公司的销货与利润将会大幅下降，这会导致几乎所有股票价格

---

① 这里假设各数据是总体数，而不是样本数据。若为样本数据，公式 8-16 中的"n"相应改为"$n-1$"，即自由度为 $n-1$。

的下降。而在高度通货膨胀下的市场,若预测通货膨胀将会下降,这会促使市场利率下降,导致股价的全盘上升。

造成系统风险的因素统称为市场因素(Market Factors),而造成非系统风险的因素称为额外市场因素(Extra Market Common Factors)。而前者(系统风险)主要包括市场风险、利率风险、购买力风险、商业风险与财务风险等。虽然部分的商业风险与财务风险是属于非系统风险,但它也部分属于系统风险。

(1) 市场风险(Market Risk)。市场风险是指会造成投资者很快就改变他们期望的风险因素与事件。也就是说,能使投资者的投资心理或市场心理产生变化的任何有形和无形的因素与事件都是造成市场风险的原因。除经济因素外,其他无形因素或事件表面上看似乎对宏观经济不构成影响,但实质上它对整体经济的影响很可能是深重的。例如:社会不安、政治不稳定、叛乱都会造成投资者的心理转成悲观,导致对股市的不利。再如,与工业国家经济命脉有密切关系的地区发生动乱或战争都会影响工业国家与其他国家的经济发展,尽管这种事件发生在外国,但也会影响本国投资者的投资心理,造成股价下跌。20世纪70年代初期,以色列与中东石油生产国家的战争就是最显著的例子。

(2) 利率风险(Interest Rate Risk)。利率风险是指因市场一般利率的不确定变动造成投资收入与证券价格不确定变动的风险。利率变动对证券价格的影响是反方向的,即当利率上升(下降),证券价格下降(上升)。造成利率变动的原因可来自中央银行的货币政策与政府国库券利率的升降。为控制通货膨胀,央行将会采取紧缩的货币政策,使利率上升,以防止经济增长过热,从而证券价格会因之而下降。此外,政府为扩大支出,必须大量发行国库券并通过提高国库券利率与公司债券竞争。但国库券利率(即无风险利率)的提升将会导致其他具有风险的证券(股票及公司债券)收益率或利率的上升。也就是说,股票及公司债券的收益率会跟随国库券利率的升降而升降,而股票及公司债券收益率的上升代表其价格的下降。所以,投资者应随时追踪央行的货币政策(或利率政策)与国库券利率的升降,并预测其未来的走向,以便拟定适当的证券投资策略。

(3) 购买力风险(Purchasing Power Risk)。购买力风险是指未来投资收入与投资价值购买力的不确定变动。投资的购买力风险包括通货膨胀风险(lnflationRisk)与通货紧缩风险(Deflation Risk)。商品与服务项目价格的持续上升称为通货膨胀;但其价格的持续下降称为通货紧缩(Deflation)。通货膨胀与紧缩都会造成证券价格的下跌①,使投资者蒙受损失。这是因为在通货膨胀期间,投资者与一般大众的投资财富与收入(房地产投资除外)的购买力因物价上升而下降。通货紧缩造成商品与财富价值的下降,也就是大众购买力的降低。

自从第二次世界大战以后,大部分的工业国家很少面临通货紧缩,绝大部分的时期面

---

① 英语中的 Disinflation 是指低度通货膨胀,年通货膨胀率约在3%以下。在低度通货膨胀环境下,证券市场经常会有好的表现。高度通货膨胀会造成证券价格的下跌。

临通货膨胀。因此,一般人将购买力风险称为通货膨胀风险。

持续宽松的货币政策终会导致通货膨胀的来临。此外,原料成本的普遍上涨与商品及服务需求的急速增加都是造成通货膨胀的因素。

(4) 商业风险与财务风险。众所周知,公司收益变动与经济变动有周期性的关系。比如说,当经济情况良好时,公司赢利(EBIT)增加,且稳定;但当经济情况恶化时,公司赢利降低,且呈现不稳定。此种的商业风险称为周期性营运风险(Cyclical Operating Risk),它也是属于系统风险。同理,公司财务风险也会随经济情况的变动(或周期)而变化(升降)。因此,与经济周期变动有关系的财务风险也属于系统风险。

2. 非系统风险

非系统风险是由个别资产本身的各种因素造成的收益的不稳定。也就是说,非系统风险来自个别公司或个别企业的因素,且不对整体经济(或宏观经济)层面有所影响。下列因素是非系统风险的来源:公司产品科技含量与未来发展的好坏、消费者(或客户)对公司产品喜好的变动、产品竞争的程度、政府对公司产品或服务的财力与法令支持或干预、公司经营效率高低、公司举债多寡等。

虽然造成非系统风险的因素众多,但可归类成两种重要的风险:商业风险与财务风险。分述如下:

(1) 商业风险(Business Risk)。如前所述,与经济周期变动有关系的财务风险属于系统风险。这里的商业风险是指公司息税前盈余(Earnings Before Interest And Taxes,简称 EBIT)的变动。EBIT 是否稳定须视公司的管理是否有效率。这是因为好的公司,其赢利(EBIT)相对稳定,从而商业风险低。这种商业风险低的公司必然有一套有效率的管理策略,诸如良好的存货管理制度,积极的拓销产品与开拓新市场,有效率的营销策略,极力降低成本,改良产品品质,极力研发新产品等。

(2) 财务风险(Financial Risk)。财务风险的产生是因为公司向外举债以支持公司的营运与扩充。因对外举债,公司必须按期还本付息。当公司经营顺利或经济情况良好时,公司能从容应对利息的支付与本金的偿还;但当公司经营不顺利,或遭遇恶劣经济情况时,公司背信而无法支付利息与偿还本金的可能性大增。一般说来,举债愈多的公司在这种恶劣情况下愈有困难支付利息与偿还本金,致使其财务风险也愈大。

第三节 风险溢价与风险厌恶

一、风险溢价

先考查一个例子。假定有 10 万元的初始财富 W,若进行股票投资有两种可能的结果。一种结果是最终财富 W_1 增长到了 15 万元,收益率为 50%,出现的概率为 0.6;另一种结果是最终财富 W_2 减少为 8 万元,收益率为 -20%,出现的概率为 0.4。

可以用上面的统计方法来概括、评价投资结果。用期望收益率 $E(r)$ 表示股票的预期收益率,有:

$$E(r)=0.6\times 50\%+0.4\times(-20\%)=22\%$$

因此,10 万元资产组合的预期盈利为 2.2 万元。

资产组合的方差 σ^2 的计算为:

$$\sigma^2=p[r_1-E(W)]^2+(1-p)[r_2-E(W)]^2=$$
$$0.6\times(50\%-22\%)^2+0.4\times(-20\%-22\%)^2$$
$$\sigma=34\%$$

不难发现,上述投资的风险(34%)远远大于预期盈利(22%)。显然,这样投资风险很大。

若把国库券作为风险资产组合的另一选择。假定在做出决策时,一年期国库券的收益率为 5%,那么,投资 10 万元能稳获 5 000 元的盈利。

可见,投资于风险资产组合期望盈利比投资安全的国库券的盈利高 17 000 元(22 000 元-5 000 元)。

所以,回报可以分为两种,一种是投资于股票上的期望总收益,一种是投资于国库券或银行存款上的无风险收益(Risk-free Rate)。风险资产与无风险资产收益之差称之为风险溢价(Risk Premium)。上例中,作为投资风险的补偿可获得 17 000 元的风险溢价。任何特定时期风险资产与无风险收益之差被称为超额收益(Excess Return)。

为了更好地理解风险溢价这个概念,可考查投机与赌博的区别。投机的定义是"在获取相应的报酬时承担一定的风险"。"相应的报酬"是指去除无风险收益之后的实际预期收益,即风险溢价。"一定的风险"是指足以影响决策的风险,当增加的收益不足以补偿所冒的风险时,投资者可能会放弃一个产生正的风险溢价的机会。

赌博是"为一个不确定的结果打赌或下注"。如果拿赌博与投机的定义比较,你会发现它们主要的不同在于赌博没有"相应的报酬",即赌博的期望收益为 0,而投机的期望收益大于 0。从经济意义上讲,赌博是为了享受冒险的乐趣而承担风险,别无其他目的。而投机是在投机者看到有利的风险—收益权衡时发生的。把赌博变成投机要求有足够的风险溢价来补偿厌恶风险的投资者所承受的风险。

在某些情况下,赌博看起来像是投机。如两个投资者对美元与英镑的远期汇率持截然相反的态度,他们可能为此打赌。假如 1 年之后,1 英镑的价值超过了 1.70 美元,王先生要付给张女士 100 美元;如果少于 1.70 美元,则张女士付给王先生 100 美元。这里只

有两种结果:
（1）1 英镑高于 1.70 美元;
（2）1 英镑低于 1.70 美元。

如果王先生与张女士对这两种可能的结果出现的概率持相同意见,而且如果谁都不想输,那么每种结果的概率 $P=0.5$。在这种情况下,两个人的预期收益都为零,每个人都有赌博的一面。

但是,这两个人之所以要赌博,是因为王先生和张女士对英镑兑美元未来汇价的判断是不同的。张女士认为 1 英镑高于 1.70 美元的概率大于 0.5,而王先生则认为小于 0.5。他们主观地认为有两种不同的前景,经济学家把这种观点的差异称为"异质预期"。在这种情形下,投资者双方都把自己的行为看成是投机而非赌博。

王先生与张女士都应问一问:"我认为会带来负的投资,为什么其他人还愿意去投资呢?"解决异质预期的理想办法是让王先生与张女士"融和信息",使双方明确他与她掌握了所有相关信息并且处理信息的方法得当。当然,要排除异质预期需要获取信息和深入的沟通,这要付出高昂的代价。

二、风险厌恶

所谓风险厌恶(Risk Averse)者是指那些不喜欢收益波动性的投资者。只要两种投资期望收益率相等,风险厌恶者便会倾向于有确定收益的投资,而不倾向于收益不确定的投资。这样,为了说服风险厌恶者购买将来收益率不确定的资产,市场就不得不给他们以更高的期望收益率作为补偿。这部分额外的期望收益率就是上面讲述的风险溢价。

为了从直观上解释为什么大多数投资者是风险厌恶者,先来看一个例子。假设小安是商学院的一名三年级的学生,每周从父母那里得到 120 元,这 120 元刚够她每星期的伙食费及一场电影。现在如果让小安作出选择:一种选择是以 0.5 的概率得到 110 元和以 0.5 的概率得到 130 元;另一种选择是每周确切得到 120 元。她会如何选择呢?若获得 110 元,她将不得不取消看电影的打算,获得 130 元,她每周则可以看两场电影,根据经济学的边际效益递减规律可知,第二场电影的效用比不上第一场电影的效用,也就是说,放弃一场电影所引致的效用损失大于每周多看一场电影所获得的效用。因此,小安将会选择后者,即宁愿肯定地得到 120 元。在这里,小安被称为风险厌恶者,因为当她面对上述两种选择时,她选择了最安全的那种。

风险溢价为 0 时的情况称为公平游戏,风险厌恶型的投资者不会考虑公平游戏或更糟的证券投资。他们只愿意进行无风险投资或风险溢价大于 0 的投机性投资。

风险厌恶显然会对投资者在风险与收益间的平衡产生重大影响。市场上的投资者除了是风险厌恶者以外,还可能存在以下两种类型的人:

一是风险中性者(Risk Neutral)。风险中性者只是按期望收益率来判断风险投资,风险的高低与他们无关。

二是风险爱好者(Risk Lover)。风险爱好者愿意参加公平游戏与赌博。这种投资者把风险的"乐趣"考虑在内,使得效用变大。因为变大的风险效用使得公平游戏的价值高于无风险投资。大量证据表明,有些人是风险爱好者,至少在有些时期和处理小额资金时是风险爱好者。例如,大多数赌博活动、抽奖活动,其期望收益甚至不及所支付的成本,但是,有些人仍会去购买彩票。

如果所有的投资者都是风险中性者或风险爱好者,那么购买风险资产的投资者将得不到风险补偿。一种检验金融市场上的投资者是风险厌恶者占大多数还是风险爱好者占大多数的办法是,比较不同资产的各历史时期的收益率。如果风险资产(如股票)的平均收益率高于无风险资产(如短期国库券)的平均收益率,那么则可以推断绝大多数的市场参与者都是风险厌恶者。

在计算了纽约证券交易所指数历年以来的平均收益率后发现,在扣除通货膨胀因素之后,纽约股票交易所指数的年平均收益率为 6.4%;而与此同时,在扣除通货膨胀因素之后,国库券的年平均收益率仅为 0.5%。可见,在股票(风险投资)的收益率中包含有风险补偿。在扣除通货膨胀因素之后,风险补偿为 5.9%(6.49%与 0.5%之差)。既然如此,便可以得出结论:风险厌恶是一种极为普遍的态度,在市场上,大多数投资者都是风险厌恶者。为此,在本书的以后各章节中假定所有的投资者都是风险厌恶者。

三、投资者效用

假定每一投资者可以根据资产期望收益与风险的情况计算出资产组合的效用(Utility)数值。期望收益越高,资产组合得到的效用数值越大;而风险大的资产组合,其效用数值也低许多。下面是金融理论者广泛使用的一个函数,资产组合期望收益为 $E(r)$,其收益方差为 σ^2,其效用值为:

$$U = E(r) - 0.005 A \sigma^2 \tag{8-18}$$

式中,U 为效用值;A 为投资者的风险厌恶指数(系数 0.005 是一个按比例计算的方法,这样在式中是按百分点而不是按小数来表示期望收益与标准差的)。

从上式可以看出,高期望收益一定会提高效用,而方差减少效用的程度取决于 A,即投资者对风险的厌恶程度。投资者对风险的厌恶程度越高(A 值越大),效用越低。那么风险厌恶指数 A 如何确定呢?在美国,包括美林公司在内的一些金融顾问公司的专家采用问卷调查的方式来确定投资者的风险厌恶程度。一般说来,有关风险厌恶程度的问卷内含 7~10 个问题,涉及一些个人的投资经历、投资的风险倾向等方面的内容。当然,这种调查得出的结论只有参考价值,并不很准确。如果将非常厌恶风险的归为保守派,一般厌恶风险的归为温和派,比较能承受风险的归为激进派,那么一些调查结果显示,多数投资者为温和派,只有 10%～15% 的投资者为激进派。

在式(8-18)中,若 A 值为 0,即投资者不怕任何风险,这时投资者就是风险中性者,所选择的无风险资产组合的效用就是资产组合的收益率;若 A 值小于 0,说明风险能够增加投资者的效用,此时的投资者为风险爱好者。在投资者是风险厌恶者的前提下,A 值大于 0。在上一小节的例子中,投资者面临的选择是股票的期望收益率为 22%,标准差 34%,国库券的无风险报酬率为 5%。对于一个风险厌恶指数假定为 $A=3$ 的比较厌恶风险的投资者而言,其效用值为:

$$U=22-0.005\times 3\times 34^2=4.66$$

此项股票投资的效用值为 4.66%,比 5% 的无风险收益率稍低,在这种情况下,投资者会放弃股票而选择国库券。如果投资者不太厌恶风险,例如 A 为 2 时,效用值为:

$$U=22-0.005\times 2\times 34^2=10.44$$

此项投资的效用值为 10.44%,高于无风险收益率,投资者就会接受这个期望收益,愿意投资于股票。这表明,投资者对风险的厌恶程度十分关键,一个非常厌恶风险的投资者会放弃有正的风险溢价的风险证券投资;同样,一个能够承受较大风险的投资者可以接受有正的风险溢价的风险证券投资。但是,所有风险厌恶型的投资者都不会接受无风险溢价或风险溢价为负的风险证券投资。

四、均值—方差准则

风险厌恶型的投资者承担风险是要报酬的,这个风险报酬就是风险溢价。因此对于风险厌恶型的投资者来说,存在着选择资产的均值—方差准则:当满足下列式(8-18)和式(8-19)条件中的任何一个时,投资者将选择资产 A 作为投资对象:

$$E(r_A)\geqslant E(r_B),且\ \sigma_A^2<\sigma_B^2 \tag{8-18}$$

$$E(r_A)>E(r_B),且\ \sigma_A^2\leqslant\sigma_B^2 \tag{8-19}$$

上述准则可以理解为选择期望收益高且风险小的资产,或者在期望收益率相同的情况下,选择风险小的资产;或者在风险相同的情况下,选择收益率高的资产。实际上,可以看到大部分的投资者的投资活动都是遵循这一准则的,这一准则还可以通过几何图形(图 8-1)来表示。

在下图中,竖轴表示投资收益的期望值,横轴表示反映风险程度的标准差。假设期望收益为 $E(r)$,标准差为 σ 的资产组合 P 是风险厌恶投资者所喜欢的资产组合。它的期望收益大于或等于第Ⅳ象限中的任何资产组合,而它的标准差则等于或小于第Ⅳ象限中的任何资产组合,即资产组合 P 优于在它东南方向的任何资产组合。相应地,对投资者来说,所有第Ⅰ象限的资产组合都比资产组合 P 更受欢迎,因为其期望收益等于或大于资

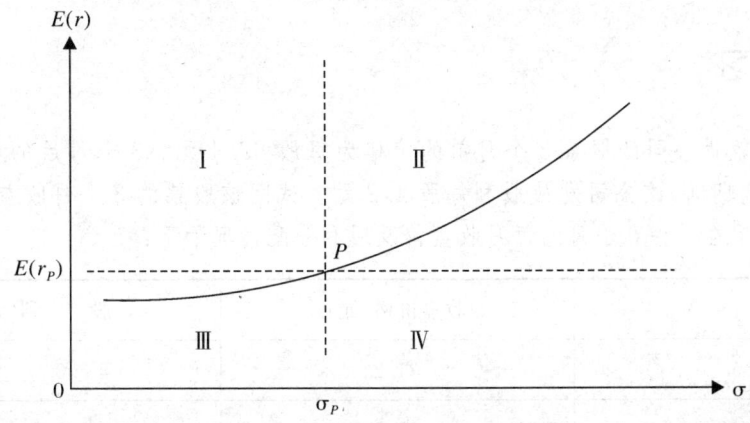

图 8-1 均值—方差准则的几何表达

产组合 P,标准差等于或小于资产组合 P,即资产组合 P 的西北方向的资产组合更受欢迎。那么,通过 P 点的投资者效用的无差异曲线(Indifference Curve)一定位于第Ⅱ和第Ⅲ象限,即一定是一条通过 P 点的、跨越第Ⅱ和第Ⅲ象限的东北方向的曲线。因为,只有处于第Ⅱ和第Ⅲ象限的资产组合点才可能与 P 点相比较,或者期望收益更高,但需要承担更高的风险(位于第Ⅱ象限);或者可能得到的期望收益较低,但需承担的风险也较低(位于第Ⅲ象限),但实际效用都是相同的。在微观经济学分析消费者效用时提出了无差异曲线,并指出有多条无差异曲线,靠上方的无差异曲线表示一个更高的效用水平。同时还指出根据无差异曲线的定义,任意两条无差异曲线都是平行的。但风险厌恶程度不同的投资者的无差异曲线却是可以相交的,一般风险厌恶程度较高的投资者的投资效用无差异曲线较为陡峭,因为风险的增加要求很高的期望收益的增长;而一般风险厌恶程度较低的投资者的投资效用无差异曲线较为平缓,因为风险的增加要求相对较低的期望收益的增长就可以了。另外,每一个投资者一旦确定其风险厌恶程度,其投资效用的无差异曲线的形状就确定了,有一组平行它的无差异曲线,位置越高的曲线带来的效用越大,因为它一定代表了或者相同风险但更高期望收益,或者相同期望收益但更低风险。在实践中,其实难以画出投资者的无差异曲线,但是,这种分析方式对投资者确定最佳投资组合却有很大的帮助。

相关链接

http://www.bloomberg.com/markets/wei.html 各种股权指数的收益信息

http://www.bloomberg.com/markets/rates.html 美国和世界各国政府债券的利率信息

思考与练习

1. 用友软件公司的股票3个月前的价格为每股62.4元。3个月后的现市价格为61.5元；在这期间，该公司发放股利每股4.2元。试问该股票的3个月收益率为多少？

2. 某股票在过去6个月的每月收盘价及股利分配情况如下：

月　　份	收盘价格（元）	股　利（元）
5	31.2	0
6	32.8	3.5
7	37.5	0
8	37.1	0
9	36.3	3.5
10	36.8	0

(1) 根据上面资料，计算该股票从6月起至10月止的每月收益率。
(2) 计算该股票在这5个月的月算术平均收益率与几何平均收益率。
(3) 计算每月的连续复利收益率与5个月的总连续复利收益率。
(4) 利用(1)或(2)的资料，计算该股票在最后5个月的总收益率。

3. 某投资者以52.36元购买了金桥公司的股票。7个月后，该投资者以50.11元的价格出售。其间并无股利的分发。试为该投资者计算月平均收益率。

4. 杨太太投资于股市5年的每年投资收益率为：

$$R_1=50\%, R_2=15\%, R_3=10\%, R_4=3\%, R_5=-4\%$$

试为杨太太计算5年投资的总收益率与每年的平均收益率（几何平均收益率）。为何不可以用算术平均数来衡量每年平均收益率？

5. 某投资者于年初以每股19.85元的价格购入嘉宝公司的股票。3个月后，该公司发布股票分割(Stock Split)，分割的比率为2.5比1（即每1股变成2.5股）。分割之后两个月，该公司发放股利每股0.75元。过后1个月，该投资者以每股8.98元的价值出售。试问该投资者的每月平均收益率为何值？若以连续复利收益率计算应为何值？

6. 某证券投资的成本为30元，该证券在未来一期的资金变动(Cash Flows)概率分配如下：

可能期末资金结果(元)	概　　率
25	0.10
30	0.15
35	0.25
40	0.20
45	0.15
50	0.15

利用上面资料,试计算该证券投资的期望收益率与标准差。

7. 大安公司的年收益率概率分配如下:

未来经济情况	概率(%)	年收益率(%)
带有高利率的经济萎缩	5	−20
带有低通胀的经济萎缩	25	10
正常成长	30	30
带有低利率的经济成长	25	40
带有高利率的经济成长	15	25

(1) 根据上面资料计算该公司股票的期望收益率及方差。

(2) 若该股票的期初价格为42元。试计算该股票在期末的期望价格。

(3) 若在第三期末(或年末)该股票的实际价格为50元,试计算其平均收益率。若以连续复利收益率计算应为何值?

8. 风险与不确定性有什么区别?这种区别是如何被解决的?

9. 投资者对风险的厌恶程度与投资者所要求的风险补偿之间有什么关系?

10. 现在你面临两种选择,第一种是以0.5的概率得到100元,以0.5的概率得到200元;第二种是你以确定的概率得到150元。如果你选择了前者,那么你是风险厌恶者还是风险追求者?

第九章 资产组合选择

均值—方差准则说明投资者的投资决策基于两个目标,即在寻求"期望收益最大化"的同时追求"收益的不确定性(风险)最小"。事实上,投资者要想得到较高的收益,必须承担较大的风险,证券的收益与风险不可能两全。资产组合选择理论旨在为投资者寻求收益与风险之间的平衡提供一种行之有效的途径,即要寻求出在期望收益相同的条件下风险最小或在风险相同的条件下期望收益最大的最优证券组合。本章基本内容包括五方面:一是资产组合的收益与风险;二是资产组合的分散效应;三是风险资产与无风险资产之间的资本配置;四是效率投资组合的建立;五是最优资产组合及选择。

第一节 资产组合的收益与风险

一、资产组合的含义

资产组合一般是指投资者在金融市场的投资活动中,根据自己的风险—收益偏好所选择的几种金融工具的集合。投资者之所以要进行资产组合,是为了避免因投资上的孤注一掷而可能导致全军覆没的惨败。具体而言,当投资组合的一部分资产发生亏损时,另一部分的资产要产生盈利,以弥补亏损或减小亏损。对投资者意味着,即使意外事件发生,也不会损失严重。因此,做投资组合是有必要的,做好投资组合需要投资技巧。

在评估一个资产组合的风险时,投资者必须考虑到资产收益之间的相互作用。签订保险合约,交一大笔保险金是降低风险的好办法。当资产组合中的一部分资产如房屋或工厂遭受火灾的巨大损失时,购买的火险就派上了用场。房产与保险这两种资产收益相互抵销,稳定了整个资产组合的风险。投资于补偿形式的资产,使之抵销可能遇到的风险被称为套期保值(Hedging)。保险合约便是明显的套期保值工具。在很多情况下,金融市场提供类似的、间接的套期保值机会。例如,有两个公司,一个生产防晒油,另一个生产雨伞。两个公司的股东都面临着两种相反天气的风险。多雨的夏季使防晒油公司的收益下降,却使雨伞公司的收益增加。雨伞公司的股份相当于为防晒油公司股东购买的"天气保险",正如火险给房屋保险一样。当防晒油公司的情况不妙(天气不好)时,"保险"资产(雨伞股份)很好的收益就可以抵销这部分损失。

控制资产组合风险的另一个工具是分散化(Diversification),这意味着投资是散布于各类资产中的,以保证任何特定证券所暴露的风险的有限性。通过把"鸡蛋放在许多篮子中",整个资产组合的风险实际上要比资产组合中任何一个孤立的证券所有的风险低得多。

二、资产组合的收益

先考查一个例子。若某投资者在年初购入了 A、B、C 三只股票,构成一个证券组合 P,该投资者对购买的每一只股票的期末(年底)价格进行了预测,得到 A、B、C 三只股票的期望价格,那么证券组合 P 的期望收益率是多少呢?

首先算出 A、B、C 每只股票的预期期末价格,再汇总为组合 P 的期末价格,运用持有期收益率的计算公式可求得组合 P 的期望收益率(见表 9-1)。

表 9-1

股票 A、B 和 C 的期望价格及其组合

股票	数量（股）	期初价格（元）	总价（元）	预期期末价格（元）	预期期末总值（元）
A	100	40	4 000	42	4 200
B	200	35	7 000	40	8 000
C	100	62	6 200	70	7 000
合计			17 200		19 200

$$E(r_P) = \frac{19\,200 - 17\,200}{17\,200} = 11.63\%$$

进一步考查更一般的情况。若投资者构建由 n 种证券构成的投资组合 P,设:

$W_i(i=1,\cdots,n)$ 为第 i 种证券的期初总值;

W 为投资组合 P 的期初总值,

w_i 为第 i 种证券的期初总值占组合 P 期初总值 W 的比例,则:

$$W = \sum_{i=1}^{n} W_i \tag{9-1}$$

$$w_i = \frac{W_i}{W} \tag{9-2}$$

将(9-1)式两边同时除以 W,则:

$$1 = \frac{1}{W}\sum_{i=1}^{n} W_i = \sum_{i=1}^{n} \frac{W_i}{W}$$

现将(9-2)式代入,并整理,得:

$$w_1+w_2+\cdots+w_n=\sum_{i=1}^{n} w_i=1 \qquad (9\text{-}3)$$

在(9-3)式,将每种资产占整个组合的比例 w_i 称作权重,它反映了投资者将资金的多大部分比例投资于该种资产,且所有的权重之和一定为1。继续设:

$W'_i(i=1,\cdots,n)$ 为第 i 种证券的期末期望总值;

W' 为投资组合 P 的期末期望总值;

$E(r_i)$ 为第 i 种证券的期望收益率;

$E(r_p)$ 为投资组合 P 的期望收益率,则:

$$E(r_i)=\frac{W'_i-W_i}{W_i}$$

$$E(r_P)=\frac{W'-W}{W}=\frac{\sum_{i=1}^{n}W'_i-\sum_{i=1}^{n}W_i}{W}=\sum_{i=1}^{n}\frac{W'_i-W_i}{W}=\sum_{i=1}^{n}\frac{W_i}{W}\cdot\frac{W'_i-W_i}{W_i}=$$

$$\sum_{i=1}^{n}w_i\cdot E(r_i) \qquad (9\text{-}4)$$

经过上面的推导可知,证券组合的期望收益率是单个证券期望收益率的加权平均数,所用权数即为每一证券占整个组合的权重 w_i。很显然,第 i 种证券的投资权重 w_i 越大,那么,它对证券组合的期望收益率影响也就越大。一种极端的情况是,当某种证券的投资权重为1时,即投资者将其所有财富都投资于该证券时,证券组合的期望收益率也就等于该种证券的期望收益率。

现在可以运用(9-4)式重新计算组合 P 持有期收益率,运算过程见表9-2。

表9-2

组合 P 持有期收益率

证券 (1)	总价 (元) (2)	占总价比例 (3)= (2)/17 200	期初价格 (元) (4)	预期期末 价格(元) (5)	预期持有 收益率(%) (6)=[(5)−(4)]/(4)	对组合的预期持有 收益率的贡献(%) (7)=(3)×(6)
A	4 000	0.2325	40	42	5.00	1.16
B	7 000	0.4070	35	40	14.29	5.82
C	6 200	0.3605	62	70	12.9	4.65
合 计	17 200	1.0000	—	—	—	11.63

计算结果得到组合 P 的期望收益率为 11.63%,与前面的计算结果相同。但(9-4)式是更具普遍意义的计算方法,在后面的内容中会经常使用。

三、资产组合的风险

资产组合的风险可以用其方差来度量,方差的计算可以使用其定义式(8-15)直接

计算,在一般的情况下,计算两个风险资产 A 与 B 的组合 P 时,会运用下面的公式来计算:

$$Var(r_P)=\sigma_{A+B}^2=w_A^2\sigma_A^2+w_B^2\sigma_B^2+2w_Aw_BCov(r_A,r_B) \tag{9-5}$$

由于 $Cov(r_A,r_B)=\rho_{AB}\sigma_A\sigma_B$,所以上式又可以写为:

$$Var(r_P)=\sigma_{A+B}^2=w_A^2\sigma_A^2+w_B^2\sigma_B^2+2w_Aw_B\rho_{AB}\sigma_A\sigma_B \tag{9-6}$$

式(9-5)的推导可运用数理统计中的随机变量之和的方差公式,即:

$$Var(X+Y)=Var(X)+Var(Y)+2Cov(X,Y)$$

其中 X、Y 为随机变量。根据(9-4)式,有:

$$r_P=w_Ar_A+w_Br_B$$

所以:
$$Var(r_P)=Var(w_Ar_A+w_Br_B)=$$
$$Var(w_Ar_A)+Var(w_Br_B)+2Cov(w_Ar_A,w_Br_B)=$$
$$w_A^2Var(r_A)+w_B^2Var(r_B)+2w_Aw_BCov(r_A,r_B)=$$
$$w_A^2\sigma_A^2+w_B^2\sigma_B^2+2w_Aw_BCov(r_A,r_B)$$

同理,由 n 个证券组成的证券组合的方差为:

$$\sigma_P^2=Var(r_P)=Var\left(\sum_{i=1}^n w_ir_i\right)=$$

$$\sum_{j=1}^n\sum_{i=1}^n w_iw_jCov(r_i,r_j)= \tag{9-7}$$

$$\sum_{i=1}^n w_i\sigma_i^2+\sum_{\substack{i=1\\i\neq j}}^n\sum_{j=1}^n w_iw_jCov(r_i,r_j) \tag{9-8}$$

第二节 资产组合的风险分散效应

一、资产组合中的协方差与相关系数

先看一个例子。假设有一个资产组合,资产管理人已确定将 50% 的资产购买 A 糖果公司的股票,剩余的 50% 待定。白糖是 A 糖果公司最主要的原料,A 糖果公司的股票价格对白糖的价格很敏感。多年以来,当白糖的产量下降时,白糖的价格便猛涨,A 糖果公司会因成本上升而遭受巨大的损失。用以下的情景分析来说明 A 糖果公司股票的命运。

表 9-3

不同情景下 A 糖果公司股票的收益

A 糖果公司股票	白糖生产的正常年份		异常年份
	股市的牛市	股市的熊市	白糖的生产危机
概率	0.5	0.3	0.2
收益率(%)	25	10	−25

运用前面介绍的证券收益与风险的几个规则,会得到如下结果:

$$E(r_A)=0.5\times 25+0.3\times 10+0.2\times(-25)=10.5\%$$

$$\sigma_A^2=0.5\times(25-10.5)^2+0.3\times(10-10.5)^2+0.2\times(8-10.5)^2=357.25$$

$$\sigma_A=\sqrt{357.25}=18.9\%$$

A 糖果公司的期望收益率为 10.5%,标准差为 18.9%,说明投资于 A 公司的风险还是比较大的。为了降低整个资产组合的风险,可以用剩余的资产购买国库券,国库券为无风险资产,可以稳获 5% 的收益率。那么,这一资产组合记为 P_1,其中 50% 投资于 A 股票,另 50% 投资于国库券。继续考查此资产组合的收益与风险。

由于资产组合在每种资产上的投资比例均为 0.5,则:

$$E_{p1}=0.5E(r_1)+0.5E(r_2)=$$
$$0.5\times 10.5\%+0.5\times 5\%=$$
$$7.75\%$$

本例为风险资产与无风险资产的组合。由于风险资产与无风险资产之间的协方差为 0,且无风险资产的方差亦为 0,运用公式(9-3)可得此资产组合的标准差等于风险资产的标准差乘以该资产权重,即:

$$\sigma_{p1}=w_2\sigma_2=0.5\times 18.9\%=9.45\%$$

上述计算结果表明,由于购入了国库券这种无风险资产,组合 P_1 的标准差由 18.9% 减少到 9.45%,即风险减少了一半,当然,期望收益率也由 10.5% 下降到 7.75%。所以说,风险降低的代价是期望收益的减少。

是不是还有其他更好的组合呢?在调查了白糖和糖果行业之后发现,在发生糖业危机的这些年中,另一个 B 糖业公司获得了可观的利润,其股票价格也迅速上扬。对 B 糖业公司股票的情况分析如下:

表 9-4

不同情景下 B 糖业公司股票的收益

B 糖果公司股票	糖生产的正常年份		异常年份
	股市的牛市	股市的熊市	糖的生产危机
概率	0.5	0.3	0.2
收益率(%)	1	−5	35

$$E(r_B)=0.5\times1+0.3\times(-5)+0.2\times35=6.00\%$$

$$\sigma_B^2=0.5\times(1-6)^2+0.3\times(-5-6)^2+0.2\times(35-6)^2=217$$

$$\sigma_B=\sqrt{217}=14.73\%$$

B 糖业公司股票的预期收益率为 6.00%，略好于国库券，标准差为 14.73%，接近 A 糖果公司的波动幅度。从这个粗略的分析来看，B 糖业公司的股票并不是一个诱人的投资，但是对构造资产组合 P_2 来说却很有吸引力。

B 糖业公司为 A 糖果股票的持有者提供了非常好的套期保值。在糖业危机中，当 A 糖果公司的收益最低时，B 糖业公司的收益一定是最高的。资产组合 P_2 平均投资于 A 糖果公司股票和 B 糖业公司股票(见表 9-5)。

表 9-5

不同情景下组合 P_2 的收益

组合 P_2	糖生产的正常年份		异常年份
	股市的牛市	股市的熊市	糖的生产危机
概率	0.5	0.3	0.2
收益率(%)	(25+1)/2=13	(10−5)/2=2.5	(−25+35)/2=5

$$E(r_{P2})=0.5\times13+0.3\times2.5+0.2\times5=8.25\%$$

$$\sigma_{P2}^2=0.5\times(13-8.25)^2+0.3\times(2.5-8.25)^2+0.2\times(5-8.25)^2=23.3125$$

$$\sigma_{P2}=\sqrt{23.3125}=4.83\%$$

现在将三种可供选择的收益与风险情况归纳并对比如下(见表 9-6)：

数字本身便是有力的证明。将 B 糖业公司包括在内的资产组合 P_2 显然比投资于国库券降低风险的策略更具优势，它比资产组合 P_1 的期望收益率高且标准差小。这里想

表 9-6

不同组合的收益与风险

资 产 组 合	期望收益率(%)	标准差(%)
全部投资于 A 股票	10.50	18.90
1/2 的 A 股票＋1/2 的国库券(P_1)	7.75	9.45
1/2 的 A 股票＋1/2 的 B 股票(P_2)	8.25	4.83

说明的是,尽管 B 糖业公司股票回报率的标准差很大,但它对于某些投资者——A 糖果公司股票的持有者来说,却是一个风险降低器。

在考查资产组合中某一资产的风险收益时,必须将其收益对整个资产组合可变性的影响考虑在内。这个例子说明了对原风险有相反作用的资产是最有力的风险降低器。

下面引用协方差与相关性的概念来量化资产的套期保值。

1. 协方差

协方差(Covariance)测度的是两个风险资产收益的相互影响的方向与程度。正的协方差意味着两种资产收益同向变动;负的协方差表明它们朝相反的方向变动。

为了测度协方差,考虑在某一特定情景中,每种股票与期望收益的偏差的积:

$$[r_A-E(r_A)][r_B-E(r_B)]$$

一方面,如果两种股票同方向运动,乘积将为正。也就是说,两种股票的收益都超出预期或达不到预期水平。另一方面,如果一只股票的收益超出预期而另一只股票达不到预期,乘积将为负。因此,所有可能情况下的一个好的测度是所有情景下的这个积的预期值,因此,协方差的定义为:

$$Cov(r_A,r_B)=\sum_s P(s)[r_A-E(r_A)][r_B-E(r_B)] \tag{9-9}$$

在本例中,根据上面表格中的数据,我们可以利用上式来计算协方差。两种股票的协方差为:

$$Cov(r_A,r_B)=0.5\times(25-10.5)\times(1-6)+0.3\times(10-10.5)\times(-5-6)$$
$$+0.2\times(-25-20.5)\times(35-6)=-240.5$$

负的协方差证实了 B 糖业公司股票对 A 糖果公司股票具有的套期保值作用,即 B 糖业公司股票的收益与 A 糖果公司股票是呈反方向变动的。

2. 相关系数

相关系数(Correlation Coefficient)是比协方差更简便的计算方法。它把协方差的值放在 -1 与 $+1$ 之间，-1 表示完全负相关，$+1$ 表示完全正相关。两个变量的相关系数等于它们的协方差除以各自的标准差。用希腊字母 ρ 代表相关系数，有：

$$\rho(A,B) = \frac{Cov(r_A, r_B)}{\sigma_A \sigma_B} = \frac{-240.5}{18.9 \times 14.73} = -0.86$$

较大的负相关系数(接近 -1)表明 A 糖果公司股票与 B 糖业公司股票有很强的反向变动的趋势。资产收益的协方差对资产组合的影响在下面的资产组合方差公式中明显地表现出来。在本例中，A 糖果公司股票与 B 糖业公司股票的权重相等，$w_1 = w_2 = 0.5$，$\sigma_A = 18.9\%$，$\sigma_B = 14.73\%$，$Cov(r_A, r_B) = -240.5$，根据(9-3)式得到：

$$\sigma_P^2 = (0.5^2 \times 18.9^2) + (0.5^2 \times 14.73^2) + 2 \times 0.5 \times 0.5 \times (-240.5) = 23.3$$

$$\sigma_P = 4.83\%$$

这一结果与前面的情景分析中得出的套期保值资产组合的收益标准差是一样的。

从根本上说，套期保值就是购买与现有资产组合负相关的风险资产。这种负相关使得套期保值资产的波动性具有降低风险的特性。在资产组合中加入无风险资产是一种简单的风险降低策略，套期保值策略是取代这种策略的强有力方法。

上面的例子，让人们有了一个感性认识，具有不同协方差、相关系数的证券组合时，可以降低组合的风险。其实，直接分析公式(9-5)或公式(9-6)，就可以得到以下结论：

(1) 当相关性一定时，投资权重影响资产组合的方差；

(2) 当投资比重一定时，资产之间的相关性越小，甚至负相关，资产组合的方差越小。

在下面的内容中，还要更详尽地讨论相关性对组合风险的影响。

二、组合中资产的数量与风险分散效应

在上面的例子中，已论述了将不同股票(或资产)合并成投资组合以降低组合风险的原理。事实上，降低投资风险的最原始(或最基本)方法是随机分散法(Random Diversification)或称天真分散法(Naive Diversification)。随机分散法的基本原理如下：个别公司的股票期望收益率呈现不规律的变动，因此以随机方式选择股票，并合并成投资组合，能使组合内个别股票的不规律变动部分互相抵销，而使组合风险降低。股票实证研究结果显示，随机分散法的确能降低组合风险。Evans 及 Archer(1968)是最早研究随机分散法风险分散效力的学者，其研究结果可用图 9-1 表示。

由下图可知，投资组合内股票总数的增加对组合风险的降低具有很大的影响。尤其是最初增加的少数股票(2,3,4,5,6)对组合风险的降低更具效力(风险降低最快)。但当组合内的股数增至 10～15 时，组合风险的降低就比较小(效力降低)。超过了 15 种股

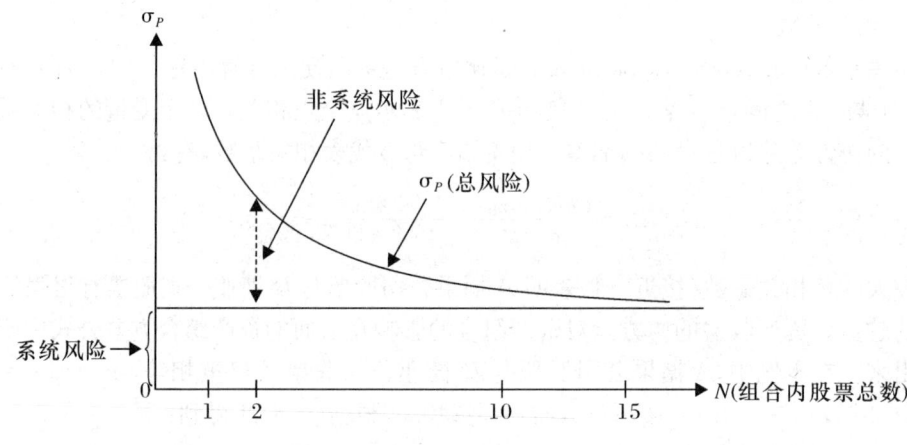

图 9-1 随机分散法的效力

票,组合风险几乎不再下降。故以随机分散法降低投资风险时,只需要 10 种不同的股票就可达到消除大部分非系统风险的目的。为何股数增多了,组合风险不会全部消失?因为所有公司股票都受宏观经济因素,诸如通货膨胀、利率、国民生产总值、失业率等等变动的影响。比如说,若通货膨胀升高,经济活力降低,则几乎所有股票价格都将下降。因此,所有股价的升降都与经济因素变动有关,以致无法完全消除投资风险。

有些职业投资专家认为随机分散法可作进一步的改进。也就是说,按照产业归类,由每一产业内随机选择数种不同的股票。而后,再将不同产业内所选得的不同股票合并成投资组合。这种方法称为产业横面分散法(Diversification Across Industries)。其实,这种方法是对每一产业实施随机分散法。产业横面分散法的基本原理如下:来自不同产业内的股票应有较低的收益率相关系数,故在每一企业内施行随机选择股票,应该更能降低组合风险。但根据 Fisher & Lorie(1970)的实证研究显示,企业横面分散法并不比原来的随机分散法更具有分散组合风险的效力。其原因在于所有股票价格的升降都与经济因素变动有关,以致来自不同企业内的不同股票仍然具有高度的收益率相关系数。

考虑更一般的情况,设 P 为含有 n 种证券的投资组合,则组合 P 方差为:

$$\sigma_P^2 = \sum_{j=1}^{n} \sum_{i=1}^{n} w_i w_j Cov(r_i, r_j)$$

事实上,组合 P 的方差用图 9-2 的协方差矩阵来表示更为直观。图中纵横各为 N 行、N 列,交叉后为 $N \times N$ 个方格,每个方格代表两个证券间的协方差、方差。第一部分为 N 项,图中对角线阴影部分,为每一证券自身与自身的协方差,即自身的方差项;第二部为对角线外非阴影部分,共 $N \times N - N$ 项,为每两个各证券间的协方差,当 N 较大时,协方差项的数目远大于方差项。因此,N 较大时,资产组合的风险将主要由资产间相互

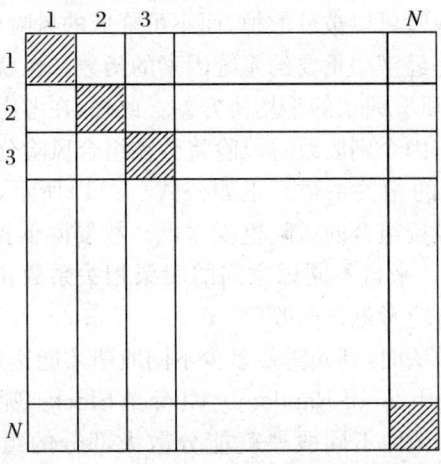

图 9-2 协方差矩阵

作用的结果决定。

为说明简便,构建一个等权重的资产组合,即每一证券有平均的权重:$w_i=1/n$,则组合的方差为:

$$\sigma_P^2 = \frac{1}{n^2}\sum_{i=1}^{n}\sigma_i^2 + \sum_{\substack{j=1\\j\neq i}}^{n}\sum_{i=1}^{n}\frac{1}{n^2}Cov(r_i,r_j)$$

式中,第一项是各项资产自身方差项对组合方差的贡献,它反映了每一资产本身的风险状况对资产组合的风险的影响;第二项是各项资产间相互作用,即协方差项对组合风险的贡献。

如果定义证券的平均方差和平均协方差为:

$$\bar{\sigma}^2 = \frac{1}{n}\sum_{i=1}^{n}\sigma_i^2$$

$$\overline{Cov} = \frac{1}{n(n-1)}\sum_{\substack{j=1\\j\neq i}}^{n}\sum_{i=1}^{n}\frac{1}{n^2}Cov(r_i,r_j)$$

则可以将资产组合方差表达式改写为:

$$\sigma_P^2 = \frac{1}{n}\bar{\sigma}^2 + \frac{n-1}{n}\overline{Cov} \tag{9-10}$$

现在考察一下分散化的影响。当 n 足够大时,第一项趋近于零,第二项接近于平均的协方差,即组合的风险只包括了平均的协方差。

$$\sigma_P^2 \approx \overline{Cov} \tag{9-11}$$

上式表明，公司特定风险可以被分散掉，而不可降低的风险依赖于资产组合中各项资产收益的协方差，而它也是经济中重要的系统因素的函数。也就是说，组合风险分散所能达到的最低风险是组合内所有股票的平均协方差。此外，在考虑组合风险分散时，个别股票总风险的大小并不重要，因个别股票总风险将会在组合风险分散的效力下消失，最重要的考虑因素是不同股票间的相关系数。正如公式(9-11)所示，不同股票间的相关系数（或平均系统风险）愈小，投资组合的风险也就愈低。故要降低投资组合风险就必须选择相关系数愈小的不同股票。来自不同国家间的股票相关系数比国内股票的相关系数更低。故为降低更多的风险，应考虑外国股票。

那么，在采用随机分散法时，到底需要多少不同股票才能达到一个风险分散良好的组合(A Well-Diversified Portfolio of Randomly Chosen Stocks)呢？前已述及，在 Evans 及 Archer(1968)的研究下，10 种不同股票就能分散大部分的组合风险。此外，Elton 及 Gruber(1977)的研究文献显示，当组合所包含的股票种类由 1 种增至 10 种不同股票时，大约 50% 的组合风险(以标准差计)能被分散掉；再增加 10 种不同股票(至 20 种不同股票)时，能再降低 5% 的风险组合；再增至 30 种不同股票时，只能再降低 2% 的组合风险；若增至 75 种不同股票时，总共能降低 60% 的组合风险；当股票数量超过 75 种时，已无任何组合风险的降低。若采用随机分散法时，到底需要多少不同股票才能达到分散风险的经济利益？根据 Statman(1987)的研究显示，只要分散风险的边际利益(Marginal Benefits of Diversification)仍高于分散风险的边际成本(Marginal Cost of Diversification)，组合内的股票数目应持续增加；当股数增至边际利益等于边际成本时，这个股数就是达到分散风险的最佳经济利益。在这一原则下，筹借投资者(A Borrowing Investor)需要 30 种不同股票，而贷放投资者(A Lending Investor)应有 40 种不同股票，才能达到最佳的分散风险经济利益及一个风险分散良好的组合。[①]

第三节 风险资产与无风险资产之间的资本配置

一、风险资产与无风险资产组合

资本配置决策主要解决的问题是在整个资产组合中确定各项资产的比例。简单地说，就是在资产组合中风险资产占多大比重，无风险资产占多大的比重。如果假定股票和债券为风险资产的代表，国库券为无风险资产的代表，那么，投资者进行资本配置决策就是要解决将投资的多大比例购买股票和债券，多大的比例购买国库券。这也是投资者面临的最基本的决策。

---

① 筹借及贷放投资者的概念将在下面内容中述及。

本文中的国库券指的是美国的短期国库券,常用来代表无风险资产,但无风险资产有时也指全部货币市场工具,有时则将货币市场中的国库券、商业票据和大额存单作为无风险资产的代表,因为货币市场基金真正大量投资的主要是货币市场中的这三种工具。

虽然我国国库券与美国国库券都属于国债,具有信誉高、无违约风险的特点,但它们的区别也是明显的。我国国库券通常期限较长,最常见的国库券为3年期国库券,而美国的国库券最多的是期限为30天和90天的国库券。这个差别之所以重要,是因为30～90天的国库券价格受通货膨胀的影响有限,而3年期的国库券就可能更容易受通货膨胀的影响。我国国库券的通货膨胀风险其实是较大的,这是我国投资者将国库券作为无风险资产时应考虑的问题。

明确了风险资产与无风险资产概念后,再探讨一种风险资产与一种无风险资产的组合的风险与收益的关系。设风险资产P(或风险资产组合)的收益率为r_P,其期望收益率为$E(r_P)$,标准差为σ_P,无风险收益率为r_f。若风险资产的权重为w,则$(1-w)$为无风险资产的权重,这样的一个组合设为C,其期望收益率与风险为:

$$E(r_C) = w \cdot E(r_P) + (1-w)r_f \tag{9-12}$$

$$\sigma_C = w \cdot \sigma_P \tag{9-13}$$

由式(9-13)得$w = \sigma_t/\sigma_P$,代入式(9-12),整理后得:

$$E(r_C) = r_f + \left[\frac{E(r_P) - r_f}{\sigma_P}\right]\sigma_C \tag{9-14}$$

上式说明,给定风险资产的收益与风险,以及无风险收益率,就可以明确地得到其组合的收益与风险的线性关系式。图9-3的坐标系更直观地表现了这种关系,坐标系的横轴为标准差σ,纵轴为收益$E(r)$,这个坐标系被称为收益-标准差平面。那么,任一资产或资产组合的收益与风险情况都可以用此平面上一个点来代表;反之,坐标系(第一象限)中任一点也代表某一特定的资产或资产组合的收益与风险情况。有了这个重要的平面,便可以直观地从几何的角度研究投资中最重要的两个变量——收益与标准差的关系。

因为无风险资产的标准差为零,所以无风险资产r_f位于纵轴上,P点代表风险资产,连接r_f点与P点的直线方程为$E(r_C) = r_f + \left[\frac{E(r_P) - r_f}{\sigma_P}\right]\sigma_C$,(因为标准差$\sigma > 0$,所以严格地说此直线为射线,但这里并不作区分),此直线方程恰好与式(9-14)完全相同。因此,风险资产与无风险资产组合的收益与风险的关系在收益-标准差平面中恰好表现为连接代表无风险资产点与代表风险资产点的直线。这条直线叫做资本配置线(Capital Allocation Line,CAL),它表示投资者的所有可行的风险收益组合,即风险资产与无风险资产任一分配比例所构成的组合,一定位于这条直线上;反之,资本配置线上的任何一点都代表了某一特定分配比例的风险资产与无风险资产的组合。

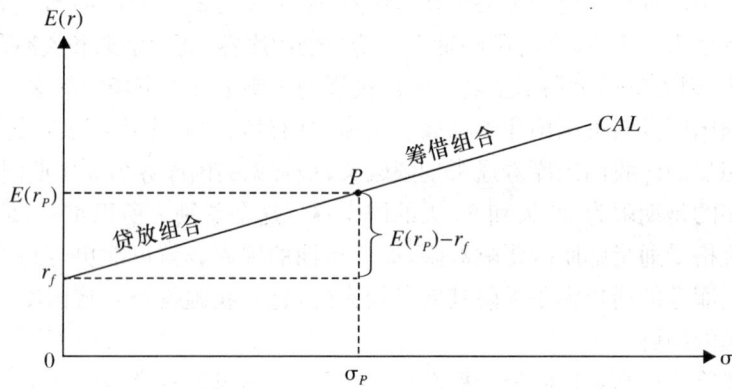

图 9-3 在收益-标准差平面中的风险资产与无风险资产的投资机会集合

资本配置线的截距为无风险资产 r_f，斜率为 $\dfrac{r_P - r_f}{\sigma_P}$，反映了在选择资产组合时，每增加一单位标准差会增加的期望收益率。因此，该斜率也被称为收益与波动性比率（Reward-to-variability Ratio）。一般认为这个值大些好，此值越大，就意味着资本配置线越陡，即增加一单位风险可以增加更多的期望收益。

那么，处在资本配置线上 P 点右边的点代表什么呢？首先需要了解借贷组合的涵义。由资本配置线的理论得知，可将部分资金投资于无险资产，即贷放于资本市场，而将所剩资金投放于市场组合。或者也可在资本市场筹借部分资金，以增加对市场组合的投资，即将原来的资金加上筹借所得的资金全部投放于市场组合。因投资者在配置资产时，牵涉资金的贷放（Lending）及筹借（Borrowing），可将资本配置线上的组合划分成两类，分述如下。

1. 贷放组合

贷放组合（Lending Portfolios）是由风险资产及贷放资金合并而成。更详细地说，它的形成是由投资者将部分资金投放于风险资产，而剩余的资金以无险利率 r_f 贷放于资本市场。故投放于风险资产的权数为正值（$0<w<1$），而无风险资产的权数（$1-w$）也介于 0 与 1 之间。贷放组合坐落于 r_f 及 P 点之间的资本配置线上。

2. 筹借组合

筹借组合（Borrowing Portfolios or Leveraged Portfolios）是指投资者以无险利率 r_f 向资本市场筹借部分资金，而后将所借得的资金及原来所拥有的资金合并，共同投资于风险资产。风险资产的权数将大于 1（$w>1$），代表投放于风险资产的部分资金是由筹借而来；无风险资产的权数为负值（$1-w<0$）。筹借组合坐落于资本配置线风险资产 P 点以上的部分，如图 9-3 所示。因筹借组合的形成包含筹借资金，故其风险比市场组合更高。

建立筹借组合时,筹借资金愈多,其风险也愈高,但其期望收益率也愈高。

二、投资者对资产配置的选择

有了资本配置线,投资者就可以考虑资本配置了,即到底将投资资金的多大部分投向风险资产组合,多大部分投向无风险资产组合。换句话说,投资者实际要决定的是选择资本配置线上的哪一点作为他的资产组合。一般地说,应遵循效用最大化准则,不同的投资者有不同的风险厌恶程度,其效用函数也有所不同。风险厌恶程度较低的投资者可能会选择资本配置线比较靠右的位置,在那里的资产组合的期望收益较高,面临的风险也较大;而风险厌恶程度较高的投资者可能会选择资本配置线比较靠左的位置,在那里的资产组合的期望收益较低,面临的风险也较小。所以,在资本配置时,投资者需要确定风险资产的比重以及无风险资产的比重,即确定合适的权重 w,使组合的风险与收益相匹配,并达到效用最大化。在第八章讲到的一个常用表述效用的数学公式为:

$$U=E(r)-0.005A\sigma^2 \tag{9-15}$$

资产组合的效用随着期望收益率的上升而上升,随着方差(风险)的上升而下降。A 为风险厌恶系数,这种变化关系的程度由风险厌恶系数 A 决定。对于风险中性的投资者,$A=0$,对于风险爱好者,$A<0$。本书默认投资者均为风险厌恶者,$A>0$,那么更高水平的风险厌恶反映在更大的 A 值上。

无风险资产与风险资产组合的收益与风险为:

$$E(r_C)=w \cdot E(r_P)+(1-w)r_f \Rightarrow E(r_C)=r_f+w[E(r_P)-r_f] \tag{9-16}$$

$$\sigma_C = w \cdot \sigma_P \tag{9-17}$$

投资者试图通过选择风险资产的权重 w 来使效用最大化。将(9-16)、(9-17)式代入(9-15)式,得:

$$U=r_f+w[E(r_P)-r_f]-0.005Aw^2\sigma_P^2$$

这样,上述问题就转化为一个数学上的求极大值问题,自变量 w 取何值能使 U 达到最大值。由于该方程为二次函数,图形为抛物线,且开口向下,必有极大值。运用高等数学中一阶导数为零时函数取极值的方法,求 U 对 w 的一阶导数,并令其为 0,则:

$$U'=[E(r_P)-r_f]-0.001Aw\sigma_P^2=0$$

解得:

$$w^*=\frac{E(r_P)-r_f}{0.01A\sigma_P^2} \tag{9-16}$$

资产组合中最优风险资产组合比例 w^* 的数学表达式说明,它与用方差测度的风险厌恶水平成反比,与风险资产提供的风险溢价成正比。

三、投资者认选行为的几何表达

我们还可以用几何的方法更加直观说明如何在无风险资产与风险资产组合之间决策资产配置比例。表达这个决策问题的方式是利用无差异曲线。无差异曲线是一条收益标准差平面中由所有相同的效用水平的点组成的曲线,由式(8-18)经过简单的移项变换,可得:

$$E(r) = U + 0.005 A \sigma^2$$

将资产组合的效用 U 视为常数,则在收益—标准差平面中,效用值为 U 的无差异曲线为开口向上的抛物线,随 U 值的不同,会有一组形状相同而位置不同的抛物线,因为 $\sigma > 0$,无差异曲线为抛物线右边部分。风险厌恶系数 A 决定了抛物线的形状,由于本书默认投资者风险厌恶者,$A > 0$,抛物线开口向上;A 值决定开口大小,A 值越大抛物线越陡峭,A 值越小抛物线越平坦;效用值 U 决定抛物线顶点的位置,即抛物线的截距。一条抛物线上任一点都具有相同 U 值,这就是效用无差异曲线的含义。见图 9-4。

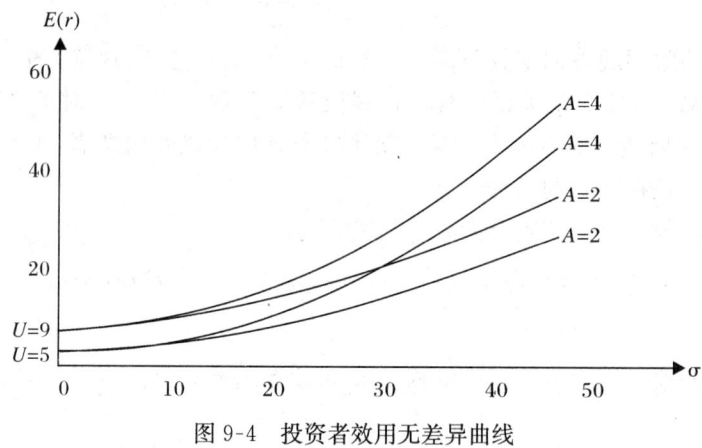

图 9-4 投资者效用无差异曲线

每一个投资者一旦确定其风险厌恶程度,即 A 确定,其投资效用的无差异曲线的形状就确定了,一定可以有无数条平行于它的无差异曲线,处于较上面的曲线有较高的效用。当无差异曲线与资产配置线相切时,达到的效用值最高,切点所代表的资产组合为该投资者最优的资产组合,见图 9-5。

通过以上分析,投资者确定最优资本配置的简单程序是首先确定资本配置线,然后沿这条线找到与效用无差异曲线相切的点。投资者将多少资金投向风险资产组合取决于他的风险厌恶程度。从理论上看,这个分析难以直接导出具体的投资建议,因为到底投资者的资产组合中有多大比例的风险资产要取决于影响资本配置线和投资者无差异曲线的各因素。但是,实证的数据显示,哪怕最厌恶风险的投资者都应在资产组合中放上一些股票。从长期看,它们有更高的收益。

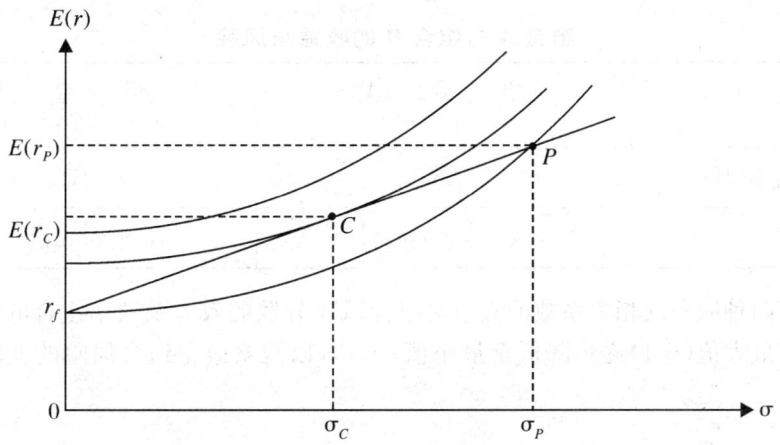

图 9-5 投资者风险资产与无风险资产最优组合选择

第四节 效率投资组合的建立

一、以两种风险资产做分析基础

假设两种股票的风险—收益特征为：

$$E(r_1)=10\%, \sigma_{12}=0.16$$

$$E(r_2)=20\%, \sigma_{22}=0.36$$

这两种股票投资组合的期望收益率及风险可分别表示为：

$$E(r_P)=w_1E(r_1)+w_2E(r_2) \quad (9\text{-}17)$$

$$=0.1w_1+0.2w_2$$

$$w_1+w_2=1 \quad (9\text{-}18)$$

$$\sigma_P=[w_1^2\sigma_1^2+w_2^2\sigma_2^2+2w_1w_2\rho_{12}\sigma_1\sigma_2]^{\frac{1}{2}}=$$

$$[0.16w_1^2+0.36w_2^2+2w_1w_2\rho_{12}(0.4)(0.6)]^{\frac{1}{2}}$$

标准差 σ_P 代表组合风险。每一投资组合均可由期望收益率及风险（标准差）所代表。不同投资权重（w_1 及 w_2）将产生不同的投资组合，所以上述公式代表无数的投资组合。为分析方便，只选择两种权重的投资组合作为分析的基础，如表 9-7 所示。

表 9-7

组合 A 与组合 B 的收益与风险

	组 合 A $w_1=w_2=0.5$	组 合 B $w_1=0.25, w_2=0.75$
期望收益率(%)	15	17.5
风险 σ_P	$(0.13+0.12\rho_{12})^{\frac{1}{2}}$	$(0.213+0.09\rho_{12})^{\frac{1}{2}}$

为观察两种股票间相关系数的大小对组合风险分散的效力及效率组合的形成,将相关系数由其最大值(+1)逐步降低至最小值(-1),以观察效率组合风险的变动情况(见表 9-8)。

表 9-8

不同相关系数下组合 A 与组合 B 的收益与风险

相关系数 ρ_{12}	组 合 A		组 合 B	
	$E(r_P)$(%)	σ_P(风险)	$E(r_P)$(%)	σ_P(风险)
+1	15	0.50	17.5	0.55
+0.5	15	0.44	17.5	0.51
0	15	0.36	17.5	0.46
-0.5	15	0.26	17.5	0.41
-1	15	0.10	17.5	0.35

1. 相关系数为最大值时($\rho_{12}=+1$)

若这两种股票的相关系数是+1,组合风险并无丝毫降低;因为这两种股票的风险对组合风险的贡献与其投资权数成正比例,组合风险为:

$$\sigma_P = w_1\sigma_1 + w_2\sigma_2 \tag{9-19}$$

这表示组合风险正是原来股票风险(σ_1,σ_2)的加权平均值。故组合风险并未下降(组合风险最大)。在这种情形之下所有的组合都会坐落在一条线段上,如图 9-6 中的线段所示。

为什么相关系数为 1 的两风险资产组合的轨迹在收益—标准差平面中一定是连接代表两风险资产的一条线段?可以推导如下:

由(9-18)式得 $w_1=1-w_2$,代入(9-19)式,得:

$$\sigma_P = w_1\sigma_1 + (1-w_1)\sigma_2$$

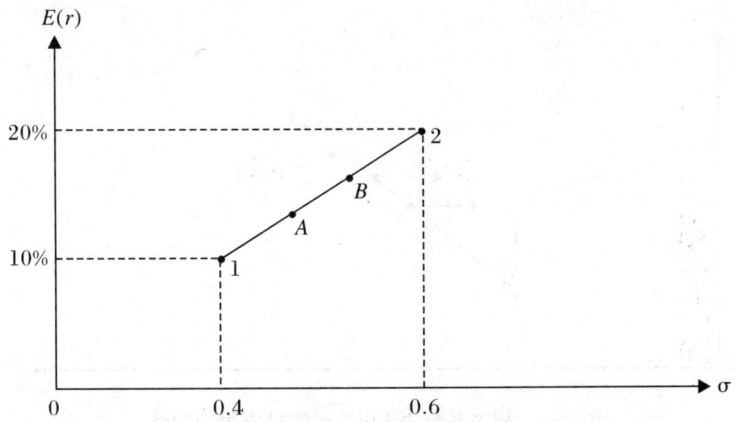

图 9-6 相关系数为 +1 时的投资组合轨迹(线段)

整理后，$w_1 = \dfrac{\sigma_2 - \sigma_P}{\sigma_2 - \sigma_1}$，将 w_1 代入 (9-17) 式，$w_2 = \dfrac{\sigma_P - \sigma_1}{\sigma_2 - \sigma_1}$

再将 w_1、w_2 代入 (9-19) 式：

$$E(r_P) = \dfrac{\sigma_2 - \sigma_P}{\sigma_2 - \sigma_1} E(r_1) + \dfrac{\sigma_P - \sigma_1}{\sigma_2 - \sigma_1} E(r_2)$$

整理得：

$$E(r_P) = \dfrac{\sigma_2 E(r_1) - \sigma_1 E(r_2)}{\sigma_2 - \sigma_1} + \dfrac{E(r_2) - E(r_1)}{\sigma_2 - \sigma_1} \sigma_P$$

恰好为连接点 $[\sigma_1, E(r_1)]$ 与点 $[\sigma_2, E(r_2)]$ 的方程，所以当两风险资产完全相关时，其组合的可行区域一定是收益标准差平面连接两风险资产的线段。

2. 相关系数降低至 0.5 时

由上表计算得知，因相关系数由 +1 降低至 0.5 时，组合 A 及 B 的期望收益率均不变，但组合 A 的风险则由 0.5 降至 0.44，组合 B 风险由 0.55 降至 0.51。其实，A 及 B 的所有组合风险都降低。故每一组合因组合风险的下降而向左平行移动成为一段曲线，如图 9-7 所示。

3. 如果两种股票的相关系数逐渐下降至 0、-0.5 及 -1 时

所有组合的风险将持续下降。因此，代表所有组合的轨迹曲线将因相关系数越低，而越向纵轴弯曲。弯曲的弧度因相关系数越小而越大(因组合风险越小，并且组合收益率不变)。

若两种股票的相关系数是 -1，组合的风险可由下式表达：

$$\sigma_P = \sqrt{(w_1 \sigma_1 - w_2 \sigma_2)^2} = |w_1 \sigma_1 - w_2 \sigma_2|$$

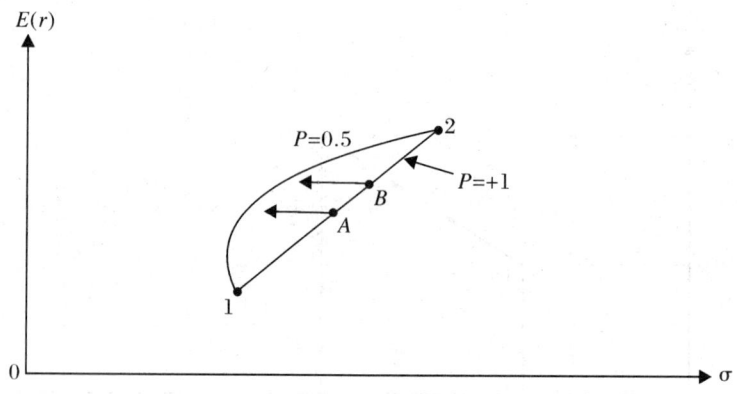

图 9-7　相关系数为+0.5 时的投资组合曲线

组合风险正好为两直线所代表。也就是说,代表所有组合的轨迹将分成两线段(由点"1"至点"3"及由点"3"至点"2"的线段),如图 9-8 所示。

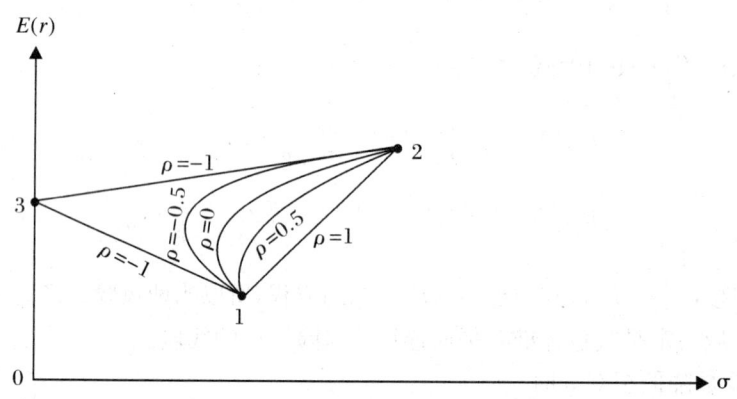

图 9-8　相关系数为 1、0.5、0、−0.5、−1 时的投资组合曲线

当 $\sigma_P=0$ 时,即 $|w_1\sigma_1-w_2\sigma_2|=0$,投资组合风险为零,图中的点"3"所代表的组合,此时两风险资产的权重为:

$$w_1=\frac{\sigma_2}{\sigma_1+\sigma_2},\ w_2=\frac{\sigma_1}{\sigma_1+\sigma_2}$$

当然,这种风险完全对冲是极端的情况,在实际的资产中,不可能有两种资产完全负相关,所以两种风险资产组合的方差不可能为 0。

二、马科维茨的组合理论及投资者选择

由前述分析得知,两种股票间的期望收益率相关系数愈小,代表投资组合的轨迹或曲

线越向纵轴弯曲,反映组合风险的降低。实际上,相关系数等于+1或-1的股票根本不存在(也许会很接近+1或-1)。也就是说,在证券市场上不可能找到两种不同的股票,其期望收益率正好完全一致,或正好完全相反。故代表所有组合的轨迹将不可能是直线段,而应是曲线,曲线的弧度因相关系数的大小而异。相关系数越小,组合的曲线越向纵轴弯曲。

假设资本市场上,共有 N 种具有风险的不同资产,$N>2$。每一种资产(或股票)可用其期望收益率和风险所表示,故每一资产或股票都可对应收益-标准差平面的一点。N 种资产,由 N 点代表(见图 9-9)。

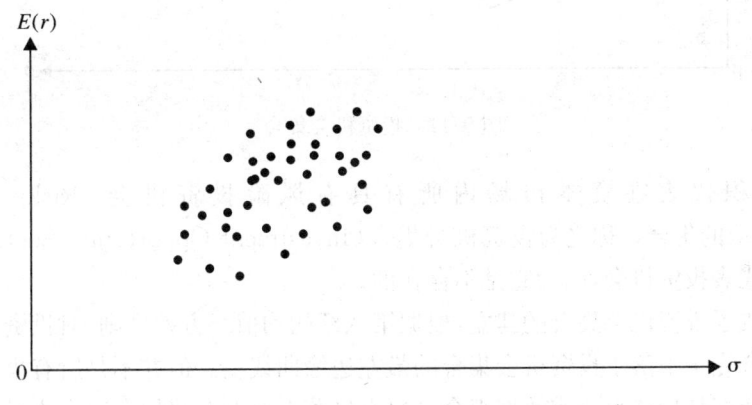

图 9-9　N 种资产的图示

将前述两种资产分析的结果应用于图 9-9 中的资产。任何两种资产的组合将会坐落于代表组合的曲线上,且曲线是向纵轴弯曲,如图 9-10 所示。

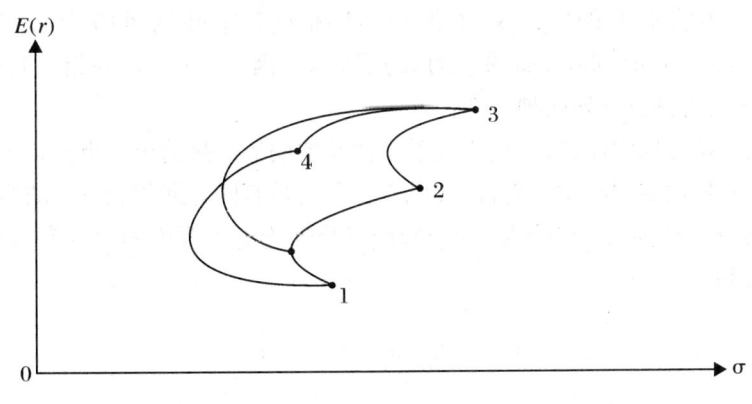

图 9-10　投资组合的轨迹

如果持续进行建立资产组合及组合的组合,最终将会得到一个类似扇形的面积,如

图 9-11 所示。

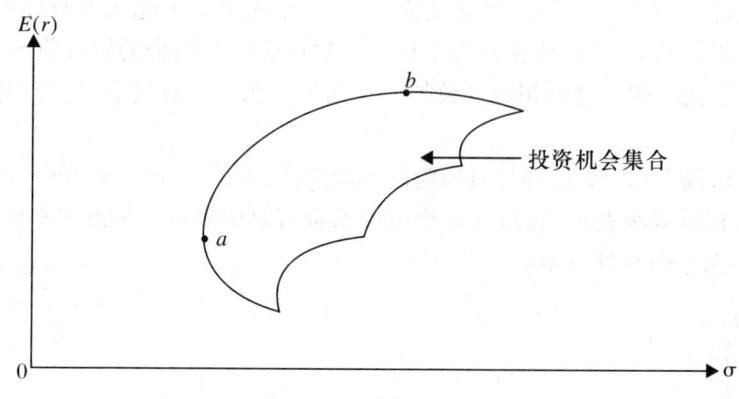

图 9-11　投资机会集合

扇形面积代表在资本市场内所有具有风险投资机会（Risky Investment Opportunities）的集合，称之为投资机会集合（Investment Opportunity Set）。而扇形以外的点不能代表投资机会，因为它是不存在的。

一旦完成了投资机会集合的建立，根据第八章的均值—方差准则，对投资决策具有价值的投资组合完全坐落于投资机会集合的最左边缘曲线上。但并不是所有坐落于左边缘曲线上的组合都是最佳组合或效率组合。只有坐落在 a 及 b 间的左边缘曲线上才是效率组合（Efficient Portfolios），如图 9-11 所示（在 a 点的斜率等于无限大，而 b 点的斜率是 0）。左边缘曲线上的组合代表在某一特定的期望收益率下，其风险最低。故左曲线上的组合被称为最低风险组合（Minimum-Variance Portfolios），称之为效率边界。具有最低风险及最低期望收益率的唯一效率组合，被称为全球最低风险组合（The Global Minimum Variance Portfolio），如图中的 a 点所示。因此，一个效率组合（An Efficient Portfolio）必须同时具备下列两种条件：

(1) 就某一特定风险而言，其期望收益率比其他同等风险的组合更高；

(2) 就某一特定期望收益率而言，其风险比其他具有同等期望收益率的组合更低。

上述内容就是马科维茨（Markowitz）资产组合理论的主要内容。效率边界可通过求解下列方程得到：

$$\min \sigma_P^2 = \sum_{j=1}^{n} \sum_{i=1}^{n} w_i w_j Cov(r_i, r_j) \tag{9-20}$$

约束条件：

(1) $\sum_{i=1}^{n} w_i = 1$；

(2) 组合的期望收益率为：$E(r_P) = \sum_{i=1}^{n} w_i \times E(r_i)$；

(3) 无卖空风险资产限制条件，即 $0 \leq w_i \leq 1, i = 1, 2, \cdots, n$。

最低风险组合的求得，可在某一期望收益率水平下，寻求各资产的投资权重 $(w_1, w_2, \cdots, w_n)$ 并促使组合风险降到最低。也就是说，可在某一期望收益率水平下，如组合的期望收益率为5%、10%、15%，寻求合适的权重，使方程(9-20)获得最小值，也就是组合的风险最小，如图9-12所示。

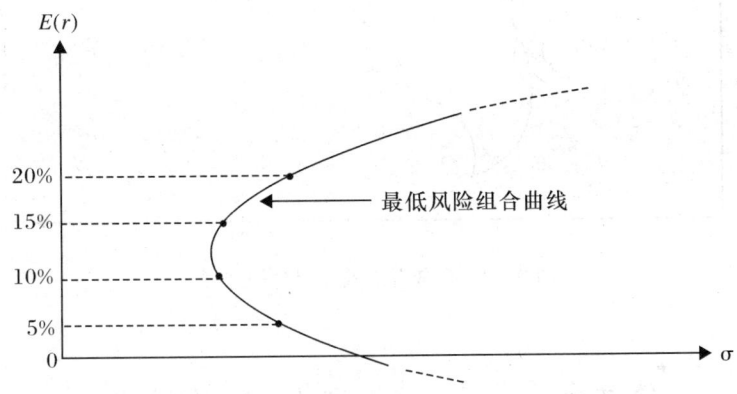

图9-12 最低风险组合的建立——Markowitz模型

一旦完成建立在不同期望收益率下的数个最低风险组合后，将它一一连接成线，得最低风险组合左边缘曲线。在这左边缘曲线上的任一点（组合）都是最低风险组合。在建立组合时，若允许卖空(Sale Short)资产（或股票），即取消限制条件3，则左边缘曲线将向上及向下无限延伸，如虚线所示。

在实际应用Markowitz模型时，必须预计或预测每种资产的期望收益率、风险及每两种资产间的协方差。如果有100种股票($N=100$)，则需要预计100个期望收益率，100个方差（风险）及4 950个协方差$[N(N-1)/2=100(99)/2=4\,950]$。这的确需要不少资料，且很费时。此外，按照Markowitz模型以电脑计算组合权数也相当费时，因其程序涉及解答协方差矩阵(Covariance Matrix)的反矩阵(The Inverse Matrix)。当组合内的股票种类多时，解答协方差矩阵的反矩阵程序耗时甚多，造成困难，这也是组合理论的局限所在，因此，马科维茨组合理论常用于股票、债券等大类资产的配置。

一旦效率边界决定后，投资者可按照他们对承担风险或风险喜好的程度来选择适合的效率组合。投资者对风险承担的程度可由他们的无差异曲线所代表。

越能承担风险的投资者（具有冒险性的投资者），其无差异曲线在风险－收益空间上的位置越高，但其斜度越平，如图9-13中的点1所示。较保守的投资者（承担风险低的投资者），其无差异曲线的位置较低，但其斜度较陡，如图9-13中的点2所示。一般投资者承担风险程度介于上述两种类型投资者之间,故其无差异曲线的位置介于上述两种无差异曲线之间。每一类型投资者选择最适合于他们的效率组合,是他们的无差异曲线相切于效率界上的切点,正如图 9-13 中的点 1、2 及点 3 所示。

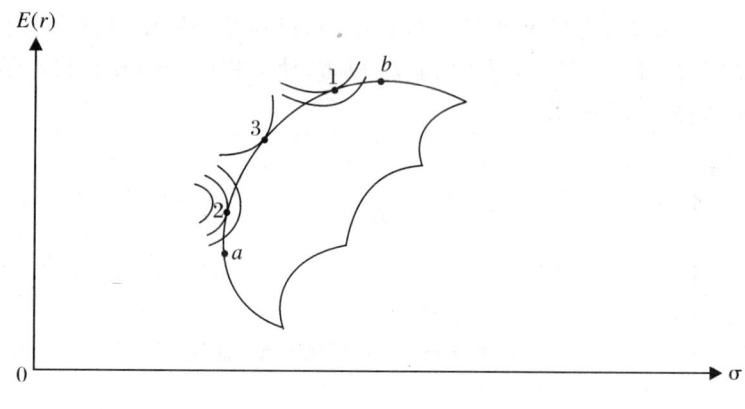

图 9-13 投资者对效率组合的选择

第五节 最优资产组合及选择

一、直线效率边界

无风险资产的存在为投资者提供了改进投资组合的机会。下面具体考察在投资组合中加入无风险资产会有什么效果。如图 9-14 所示,已经得到了效率边界,由马克维茨组合选择理论知道,投资组合一定要选择效率边界 ab 曲线上的一点,设为 P,P 代表某一风险投资组合,r_f 为无风险资产。当 P 与 r_f 组合时,其组合的可行区域为一条连接 r_f 与 P 点的直线,而位于线段 $r_f P$ 上的投资组合优于 aP 曲线上的投资组合。在 aP 曲线上任取一点 X,则与 X 点具有相同收益的线段 $r_f P$ 上 M 点,其风险低于 X 点,同理,与 X 点风险相同的 N 点,其收益要高于 X 点。因此,无风险资产被引入资产组合后,优化了马克维茨的效率边界。

无风险资产与效率边界任一点所代表的风险资产组合再组合,可以得到一组由无风险点 r_f 出发的资产配置射线,如图 9-15 所示。但在众多的组合中,有一个特殊的组合 T 是非常重要的。由于无风险资产与风险投资组合进行的新组合都处在连接无风险资产与风险资产组合两点的直线上,又由于马克维茨模型中的效率边界是凹性的(即向纵轴凸出),因此,存在着唯一的投资组合,该投资组合与无风险资产进行新的组合所产生的风险与收益给投资者带来最大的效用。这一投资组合是从无风险点 r_f 向效率边界做切线的

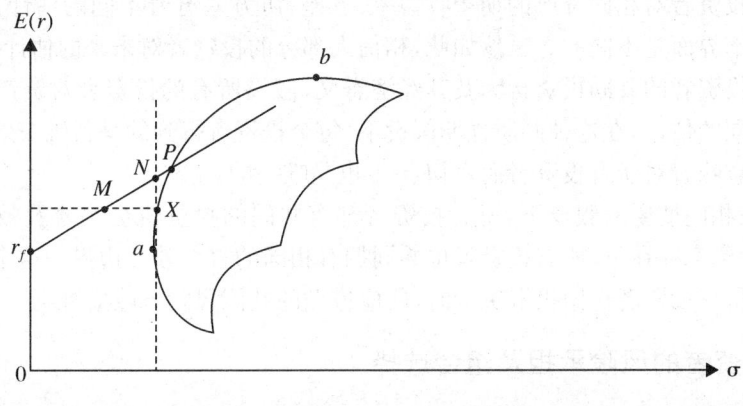

图 9-14 包含无风险资产的投资组合的轨迹

切点,在图形中表示为 T 点。任何一条经过无风险利率点的射线,只要斜率小于这条切线的斜率,就不能带来最佳的收益与风险的匹配,因为在给定风险时,这条切线所带来的收益是最高的,因此给投资者带来的效用也是最大的。任何经过无风险点 r_f,但斜率高于切线的射线都是不可能的,因为在这样射线上的点都超过了马克维茨投资集的范围。所以,引入无风险资产后,新的效率边界就变成了一条直线,在这条直线效率边界上,所有的组合都是无风险证券与切点 T 组合而成的新组合。投资者的最优组合一定落在新的直线效率边界上。如果刚好落在 T 点上,说明投资者的资金全部购买风险资产,无风险资产的持有量为 0,投资者既不借入资金,也不贷出资金;如果落在 T 点的左下方,说明投资者的全部投资组合中,既包括风险资产,又包括无风险资产,投资者购买的风险资产的数量是其总资金量的一部分,另一部分以无风险资产的形式持有,即贷放组合;如果切点落在 T 点的右上方,说明投资者购买的风险证券的量已经超过了他的总资金量,超过的部分是通过借入资金或者说是卖空无风险证券来实现的,即筹借组合。

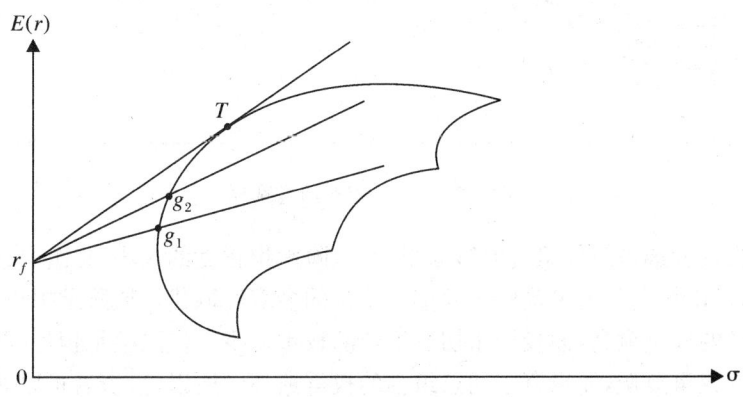

图 9-15 直线效率边界的形成

不同的投资者对相同资产的期望收益率、方差、协方差有着不同的估计,所以不同的投资者的效率界面是不同的。虽然如此,相信大部分的投资者对未来的估计大致相同,而且为了研究投资者的共同投资行为及其经济意义,假设所有的投资者对资产的期望收益率等具有相同的估计,在这种同质预期假设下,每个投资者得到的马科维茨效率边界是相同的。这也意味着对所有投资者而言切点 T 也是唯一的。

因此,在相同期望的假设下,所有投资者都有共同的投资机会集合及效率边界。同时,在无风险资产存在下,所有投资者也共同拥有相同的直线效率边界。这个共同直线效率边界代表所有投资者在做投资决策时,所应遵循的共同风险—收益准则。

二、投资者的风险承担及组合选择

在无风险资产存在的情况下,投资者所面临的最佳组合选择的对象是直线效率边界上的借贷组合。对风险承受耐性较高的投资者,可决定投资较多的资金于切点组合,而将较少资金投放于无风险资产。较保守的投资者(承担风险程度低),投放于无风险资产的数量较多,投资于切点组合的数量较少,故其风险较低,期望收益率也低,如图 9-16 所示 A 点。具有冒险性的投资者,可筹借额外资金,增加对市场组合的投资,以获得更高的期望收益率,当然所承受的风险也高,如图 9-16 所示 B 点。若不允许借入无风险资产,又要获得高期望收益,只能选择如图 9-16 所示 Q 点,Q 点不包括无风险资产,是效率边界与投资者效用无差异曲线的切点。

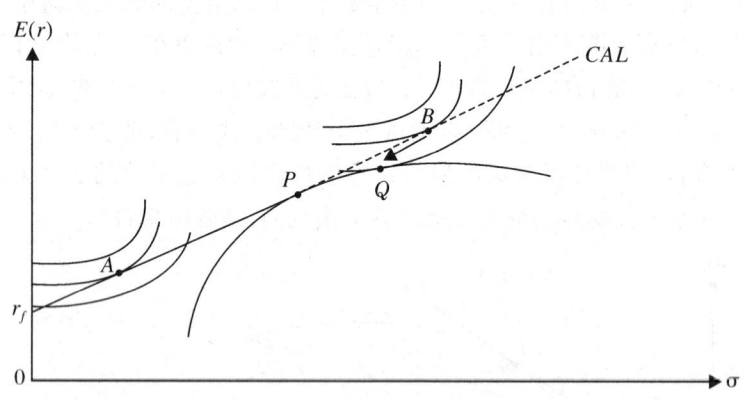

图 9-16　最优资产组合选择

由上述投资者选择最佳组合的行为得知,风险承担程度的大小,在组合选择过程中所扮演的角色,已由投资于无风险资产及市场组合的多寡所取代。风险承担程度越低,投放于无风险资产的权重愈高,而投资于切点组合的权重愈少。但风险承担程度愈高,投放于无风险资产的权重愈低,而投资于切点组合的权重愈高。所以,投资者可以通过无风险资产及切点组合的多寡来代表他们对风险承担程度的大小。这种结论也就是所谓的资产分割(Separation Property)。资产分割告诉我们,在选择组合时,可分别进行两项独立的工作。第一步是建立最佳组合(切点组合),可用 Markowitz 模型或其他简易法求之。这个最佳组合适用于所有的投资者,不管他们的风险承担程度如何。第二步是根据个人的偏好,决定资本在无风险资产和风险资产组合中的分配,这时客户是决策者。所以,共同基金经理所应选择的最佳组合是切点组合,并提供给所有的投资者。基金经理不应该因投资者的财富多寡及风险承担程度的不同而提供不同的组合给投资者,这样会使投资效率降低,不能完全分散非系统风险,以及不能得到应有的期望收益率。因为这些不同的组合,不会是最佳组合(切点组合)。此外,也会增加了基金管理费用。

相关链接

http://finance.yahoo.com 可查找计算期望收益率、收益率的标准差及个别证券的协方差的历史价格信息。

http://financialengines.com 风险测量的方法,可用于把不同的股票与假设的平均组合做对比。

http://portfolioscience.com 可使用历史数据计算证券或证券组合的潜在性损失。

思考与练习

1. 假设投资于股票及黄金的期望收益率及风险如下:

	期望收益率(%)	标准差(%)
股票	16	20
黄金	12	33

投资于黄金的风险不但比股票高,而且其期望收益率也比股票低。为何仍然有不少投资者仍投资于黄金?投资于黄金是否有益处?

2. 如果投资于股票的期望收益率至少可得 7%,在资本市场均衡下,无风险资产的收益率不应超过多少?

3. 投资组合的期望收益率是个别股票期望收益率的加权平均值。试问组合风险(方差)是否也是个别股票风险的加权平均值?

4. 假设下列四个组合位于 Markowize 的效率边界上:

组 合	期望收益率(%)	标 准 差(%)
A	9	8
B	11	10
C	22	20
D	30	48

投资者可得到的无风险借贷利率为7%。请回答下列问题：

(1) 假设组合C是切点组合,请画直线效率组合。

(2) 如果你希望效率组合能获得8%的期望报酬率,如何建立此组合？此组的标准差(风险)又应为多少？

(3) 若你欲建立一个效率组合,使其标准差为18%,应如何行之？

5. 实际上,借贷利率是不相等的。这对直线效率边界有何更改？切点组合是否只有一个？

6. 甲乙两种不同投资基金的标准差(风险)分别为8%和20%。其收益率相关系数为0.40。你是否能将甲乙共同基金合并组成更低投资组合？

7. 举例说明何种股票或资产具负的相关系数？

8. 假设无风险借贷利率为5%。证券分析家王先生发现下列两种股票成为成长股的可能性很大：

股 票	期望收益率(%)	标 准 差(%)
A	35	20
B	25	15

股票A及B的相关系数为0.70。根据股票A及B,你如何建立一个最佳组合(切点组合),使其具有最大的风险市场价格？

9. 假设两种资产正好有完全的负相关数($\rho=-1$)。它们的风险(标准差)分别为0.07和0.06。试问如何建立一个无风险组合？

10. 为何在直线效率边界上的任一组合都与切点组合具有完全正相关？

11. 说明有效界面为什么一定是凸向纵轴？

12. 理性投资者的行为特征是什么？

13. 假设投资者在财富增长时不喜爱风险的程度降低,这时他对无风险资的借贷有什么变化？

14. 为什么大多数金融资产都呈不完全正相关关系？试分别举一个资产收益高度正相关和高度负相关的例子。

15. 请分析不同资产的数量与资产组合的关系，并说明什么是系统风险与非系统风险？

第十章　风险资产定价模型

　　资产组合选择理论模型旨在解释投资者应怎样选择适合自己偏好的最优资产组合，而风险资产定价模型旨在解决投资者是如何以他们的效率组合去影响市场定价的。本章基本内容有三：一是资本资产定价模型（Capital Asset Pricing Model, CAPM）。这是基于风险资产的期望收益均衡基础上的模型，由威廉·夏普（William Sharpe）、约翰·林特纳（John Lintner）与简·莫辛（Jan Mossin）等人在资产组合理论的基础上提出，被誉为现代金融学的奠基石，旨在解释资产的均衡价格是如何在收益与风险的权衡中形成的。二是因素模型（Factor Models）。因素模型认为各种证券资产的收益率均受某个或某几个共同因素影响，其目的就是要找出这些因素并确定证券收益率对这些因素变动的敏感度。三是套利定价理论（Arbitrage Pricing Theory, APT）。套利定价理论也规定了一种期望收益与风险之间的关系，但它运用了不同于资本资产定价模型的假设和方法，认为在不增加投资额和风险的情况下，投资者将利用套利组合的机会来增加现有投资的期望收益率，从而推动证券价格趋近其均衡价格。

第一节　资本资产定价模型的基本内容

一、资本资产定价模型的前提假设

　　若用"如果怎么，那么就会怎么"的逻辑思维方式来推导资本资产定价模型（CAPM），"如果"部分描绘的是一个简化了的世界，通过"如果"部分的诸多假定建立一个非现实中的理想世界，将有助于得到"那么"部分的结论。在得到简单情形结论的基础上，再加上复杂化的条件，对环境因素做合理的修正，这样一步一个台阶地推进，观察最终的结论是如何从简单形式逐步过渡形成的，从而建立起一个符合现实的、合理的，并且易于理解的模型。

　　下面给出的是简单形式的CAPM模型的若干基本假定，这些基本假定的核心是尽量使个人投资行为相同化，不同的只是投资者初始财富和风险厌恶程度。投资者相同的投资行为会使分析大为简化。这些假定有：

　　（1）存在着大量投资者，每个投资者的财富相对于所有投资者的财富总和来说是微

第十章 风险资产定价模型

不足道的。投资者是价格的接受者，单个投资者的交易行为对证券价格不发生影响。这一假定与微观经济学中对完全竞争市场的假定是一样的。

（2）所有投资者都在同一证券持有期内计划自己的投资。这种行为忽略了在持有期结束后可能发生的事件，它是短视的，而短视行为并非最优行为。

（3）投资者投资范围仅限于公开金融市场上交易的资产，如股票、债券等，并假定投资者可以在固定的无风险利率基础上借入或贷出任何额度的资产。

（4）不存在证券交易费用及税赋。如实际交易中支付的佣金与印花税，以及利息税、红利税等。

（5）所有投资人均是理性的，追求资产组合的收益最大化与方差最小化，这意味着他们都采用马克维茨的资产选择模型。

（6）所有投资者对证券的评价和经济局势的看法都一致。这样，投资者关于证券收益率的概率分布预期是一致的。依据马克维茨模型，给定一系列证券的价格和无风险利率，所有投资者的证券收益的期望收益率与协方差矩阵相等，从而产生了有效率边界和一个独一无二的最优风险资产组合。这一假定也被称为同质期望（Homogeneous Expectations）。

二、资本资产定价模型的基本结论

显然，以上这些假定条件是相当严格的。提出如此严格的假定条件，是为了高度简化现实中碰到的问题，这可以把握问题的精髓。

下面将详细阐述一系列由假定的有价证券和投资者组成的世界所普遍通行的均衡关系的含义。

（1）所有投资者将按照包括所有可交易资产的市场组合（Market Portfolio，用 M 表示）来按比例地复制自己的风险资产组合。为了简化起见，将风险资产特定为股票。每只股票在市场组合中所占的比例等于这只股票的市值（每股价格乘以股票流通在外的股数）占所有股票市值的比例。

（2）市场组合不仅在有效率边界上，而且市场组合也相切于最优资本配置线，资本市场线也是可能达到的最优资本配置线①。所有的投资者选择持有市场组合作为他们的最优风险资产组合，投资者之间的差别只体现在投资于最优风险资产组合与无风险资产的比例不同。

（3）市场组合的风险溢价与市场风险和个人投资者的风险厌恶程度成比例。数学上可以表述为：

$$E(r_M) - r_f = \bar{A}\sigma_M^2 \times 0.01$$

---

① 市场组合及资本市场线的详细定义见下文。

式中,σ_M^2为市场组合的方差;$\bar{A}$为投资者风险厌恶的平均水平。请注意由于市场组合是最优资产组合,即风险有效地分散于资产组合中的所有股票,σ_M^2也就是这个市场的系统风险。

(4) 单个资产的风险溢价与市场组合 M 的风险溢价是呈比例的,与其贝塔系数(β)也成比例。贝塔(β)是用来测度一只股票与市场一起变动的情况下股票收益变动的程度。贝塔的正式定义如下:

$$\beta_i = \frac{Cov(r_i, r_M)}{\sigma_M^2}$$

单个证券的风险溢价等于:

$$E(r_i) - r_f = \frac{Cov(r_i, r_M)}{\sigma_M^2} [E(r_M) - r_f] = \beta_i [E(r_M) - r_f]$$

三、市场组合与资本市场线

什么是市场组合?当把所有个人投资者的资产组合加总起来时,借入与贷出将互相抵销(这是因为每个借入者都有一个相应的贷出者与之对应),加总的风险资产组合价值等于整个经济中全部财富的价值,这就是市场组合。进一步,我们所要研究的市场组合是建立在高度理想化的假设下,正如上文所述,CAPM模型建立在相同期望及完全资本市场(Perfect Capital Markets)的假设下,资本市场均衡时,直线效率边界上的切点组合就是市场组合。经过市场组合的直线效率边界,是投资者投资决策时所应选择的对象,也就是说,直线效率边界代表投资者所应遵循的风险—收益准则。这条很重要的直线效率边界称为资本市场线(Capital Market Line,CML),如图 10-1 所示。

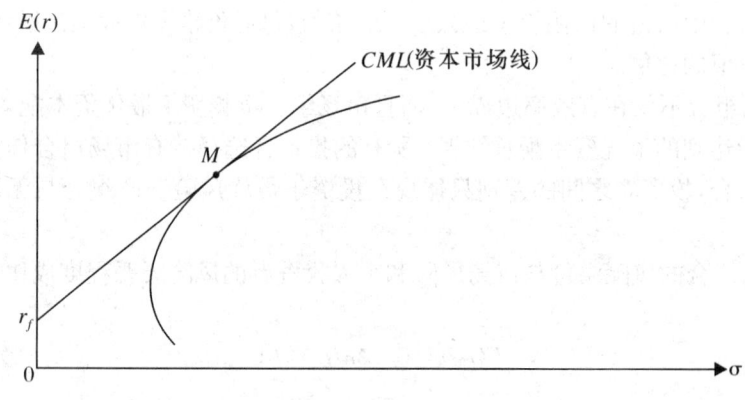

图 10-1 资本市场线与市场组合

第十章 风险资产定价模型

资本资产定价模型认为每个投资者均有优化其资产组合的倾向,最终所有个人的资产组合会趋于一致,每种资产的权重等于它们在市场组合中所占的比例。依据前文给定的假设条件,投资者在一个相同的时期内计划他们的投资,他们对证券收益率的概率分布预期也是一致的,并且都按马克维茨的投资组合理论选择证券,那么他们的效率边界必然是相同的,从无风险资产出发的直线效率边界也必然是相同的,都会经过相同的最优风险资产组合,即市场组合。这意味着,如果 A 公司在一个普通投资者的风险资产组合中所占的比例为 1%,那么 A 公司的市值在市场组合中的比例也是 1%。这一结果对任何投资者的风险资产组合中的每一只股票都适用。结果,所有的投资者的最优风险资产组合只不过是市场组合的一部分。不难看出,所有的投资者均倾向于持有同样的风险资产组合。现在假设最优资产组合中不包括 B 公司的股票。当所有投资者对 B 公司股票的需求为零时,B 公司的股价将相应下跌,当这一股价变得异乎寻常的低廉时,它对于投资者的吸引力就会超过任意其他一只股票的吸引力。最终,B 公司的股价会回升到这样一个水平,在这一水平上,B 公司完全可以被接受进入最优股票的资产组合之中。

这样的价格调整过程保证了所有股票都被包括在最优资产组合之中,这也说明了所有的资产都必须包括在市场组合之中,区别仅仅在于,在一个什么样的价位上投资者才愿意将一只股票纳入其最优风险资产组合。

以上分析看起来好像是绕了一个大圈才得到一个简单的结果:如果所有的投资者均持有同样的风险资产组合,那么这一资产组合一定就是市场组合。应当讲,这一均衡过程是证券市场运作的基础。

第二节 资本资产定价模型的推导

一、资本资产定价模型的推导(方法一)

CAPM 模型认为,单个证券的合理风险溢价取决于单个证券对投资者整个资产组合风险的贡献程度,资产组合风险对于投资者而言,其重要性在于投资者根据资产组合风险来确定他们要求的风险溢价。

由于所有投资者的投资结构一致,这意味着所有投资组合的期望收益、方差与协方差均相等。把这些协方差放在一个协方差矩阵当中(见表 10-1),比如第 5 行和第 3 列的交点即为第 5 个证券和第 3 个证券间收益率的协方差。协方差矩阵的正对角线为证券同其自身的协方差,也就是证券本身的方差。

以 A 公司同市场组合的协方差来刻画其对资产组合风险的贡献程度。为解释这种测算方法,先要说明市场组合方差的计算方法。为此,将 n 阶协方差矩阵各项按照

表 10-1

协 方 差 矩 阵

资产组合	w_1	w_2	...	w_A	...	w_N
w_1	$Cov(r_1,r_1)$	$Cov(r_1,r_2)$	...	$Cov(r_1,r_A)$	...	$Cov(r_1,r_n)$
w_2	$Cov(r_2,r_1)$	$Cov(r_2,r_2)$	...	$Cov(r_2,r_A)$	...	$Cov(r_2,r_n)$
$\vdots$	$\vdots$	$\vdots$		$\vdots$		$\vdots$
w_A	$Cov(r_A,r_1)$	$Cov(r_A,r_2)$	...	$Cov(r_A,r_A)$	...	$Cov(r_A,r_n)$
$\vdots$	$\vdots$	$\vdots$		$\vdots$		$\vdots$
w_N	$Cov(r_n,r_1)$	$Cov(r_n,r_2)$	...	$Cov(r_n,r_A)$	...	$Cov(r_n,r_n)$

从行到列的顺序分别乘以各证券在市场组合中的权重并加总,从而得到了市场组合的方差。

而每一种股票对资产组合贡献的方差就可表示为股票所在行的协方差项的总和,这里,每个协方差都已被股票所在行的权重与列的权重相乘。如 A 公司对市场组合方差的贡献为：

$$w_A[w_1Cov(r_1,r_A)+w_2Cov(r_2,r_A)+\cdots+w_ACov(r_A,r_A)+\cdots+w_nCov(r_n,r_A)] \quad (10\text{-}1)$$

当市场中有很多种股票时,协方差项的数目将大大超过方差项的数目。通常情况下,一只股票同所有其他股票的协方差决定了这只股票对整个资产组合风险的贡献程度。可以将上式括号里的各项简化为 A 公司股票与市场组合的协方差,也就是说,用单只股票同市场组合的协方差来度量其对市场组合风险的贡献程度,即：

$$A \text{公司股票对市场组合方差的贡献度} = w_A Cov(r_A, r_M)$$

如果 A 公司股票与市场其他股票的协方差为负,那么 A 公司股票对于市场组合的风险贡献程度就是"负的",由于 A 公司股票的收益率与其他所有股票收益率的变动方向相反,因此 A 公司股票的收益率与整个市场组合的收益率的变动方向亦相反;反之,如果它们的协方差为正,那么 A 公司股票对市场组合的风险贡献程度也是"正的"。

下面是一个严格的论证。市场组合的收益率可以表示为：

$$r_M = \sum_{k=1}^{n} w_k r_k$$

所以 A 公司股票与市场组合的协方差为：

$$Cov(r_A, r_M) = Cov(r_A, \sum_{k=1}^{n} w_k r_k) = \sum_{k=1}^{n} w_k Cov(r_A, r_k) \quad (10\text{-}2)$$

将式(10-2)中的最后一项同式(10-1)中括号内的项相比较,可以看出 A 公司股票与

第十章 风险资产定价模型

市场组合的协方差确实与 A 公司股票对市场组合方差的贡献度是成比例的。

测度了 A 公司对市场方差的贡献度后,就可以来确定 A 公司股票的合理风险溢价了。首先,市场组合的风险溢价为 $E(r_M)-r_f$,方差为 σ_M^2,收益与波动性比率为:

$$\frac{E(r_M)-r_f}{\sigma_M^2} \tag{10-3}$$

这一比率通常被称为风险的市场价格(Market Price of Risk),因为它测度的是投资者对资产组合风险所要求的额外收益值。风险溢价与方差的比率告诉我们资产组合单位风险下的额外收益率的大小。当市场处于均衡状态时,所有股票的边际风险市场价格都是相等的。下面将利用这一条来推导资本资产定价模型。

假定投资者投资于市场组合的比例为 100%,现在他打算通过借入无风险贷款的方式少量增加 δ 比例的市场组合。新的资产组合由以下三部分组成:收益为 r_M 的原有市场资产头寸;收益为 $-\delta r_f$ 的无风险资产空头头寸 δ;收益为 δr_M 的市场组合的头寸 δ。总的资产组合收益为 $r_M+\delta(r_M-r_f)$,与最初期望值 $E(r_M)$ 比较,期望收益的增加额为:

$$\Delta E(r)=\delta[E(r_M)-r_f]$$

为了度量新资产组合的风险,需重新计算资产组合的方差。新资产组合由权重为 $(1+\delta)$ 的市场组合与权重为 $-\delta$ 的无风险资产组成,则新的资产组合的方差为:

$$\sigma^2=(1+\delta)^2\sigma_M^2=(1+2\delta+\delta^2)\sigma_M^2=\sigma_M^2+(2\delta+\delta^2)\sigma_M^2$$

由于 δ 非常小,所以相比于 2δ 而言 δ^2 可以忽略不计。于是资产组合方差的增加额为:

$$\Delta\sigma^2=2\delta\sigma_M^2$$

综合以上结果,增加的风险溢价与增加的风险之间的比例,即风险的边际价格为:

$$\frac{\Delta E(r)}{\Delta\sigma^2}=\frac{E(r_M)-r_f}{2\sigma_M^2}$$

又假定投资者将以无风险利率借入的资金(比例为 δ)改为投资于 A 公司股票。他的期望收益的增加值为:

$$\Delta E(r)=\delta[E(r_A)-r_f]$$

这一资产组合中投资于市场组合的资金权重为 1.0,投资于 A 公司股票的资金权重为 δ,投资于无风险资产的资金权重为 $-\delta$。这一资产组合的方差为:

$$1^2\sigma_M^2+\delta^2\sigma_A^2+[2\times1\times\delta\times Cov(r_A,r_M)]$$

因此，方差增加值包括两部分：A 公司股票新增头寸的方差和两倍 A 公司市场组合的协方差，即：

$$\Delta\sigma^2 = \delta^2\sigma_A^2 + 2Cov(r_A, r_M)$$

δ^2 忽略不计，A 公司股票的风险边际价格为：

$$\frac{\Delta E(r)}{\Delta\sigma^2} = \frac{E(r_A) - r_f}{2Cov(r_A, r_M)}$$

在市场均衡条件下，A 公司股票的风险边际价格必须等于市场组合的风险边际价格，否则，如果前者大于后者，投资者将会在承担相同风险的前提下增加资产组合中 A 公司股票的头寸，一直到 A 公司股票价格上升到市场应有水平，最终当 A 公司股票的风险边际价格等于市场的风险边际价格时，购买 A 公司股票的行为才会停止；反之，如果 A 公司股票的风险边际价格低于市场组合的风险边际价格，则会有相反的价格运动出现。建立 A 公司股票的风险边际价格同市场组合的风险边际价格相等的等式为：

$$\frac{E(r_A) - r_f}{2Cov(r_A, r_M)} = \frac{E(r_M) - r_f}{2\sigma_M^2}$$

经调整，可得 A 公司股票的正常风险溢价：

$$E(r_A) - r_f = \frac{Cov(r_A, r_M)}{\sigma_M^2}[E(r_M) - r_f] \tag{10-4}$$

这里，$\frac{Cov(r_A, r_M)}{\sigma_M^2}$ 测度的是 A 公司股票对市场组合方差的贡献程度，这一比率被称为贝塔(Beta)，以 β 表示，这样，式(10-4)就可以写为：

$$E(r_A) = r_f + \beta_A[E(r_M) - r_f] \tag{10-5}$$

上式即是 CAPM 模型的最普通形式，期望收益－贝塔关系(Expected Return-Beta Relationship)。现在应该明白关于投资者投资行为的一致性这一假设对于得出的结论是多么重要了。

二、资本资产定价模型的推导(方法二)

CAPM 模型要回答的是在市场均衡状态下，某项风险资产的期望收益与其所承担的风险之间的关系，这种关系可以利用资本市场线 CML 和市场组合 M 推导出来(见图 10-2)。

假设建立一个风险资产 A 与市场组合 M 的新的组合 P，设 w 为风险资产 A 的权重，则组合 P 的期望收益率与标准差为：

第十章 风险资产定价模型

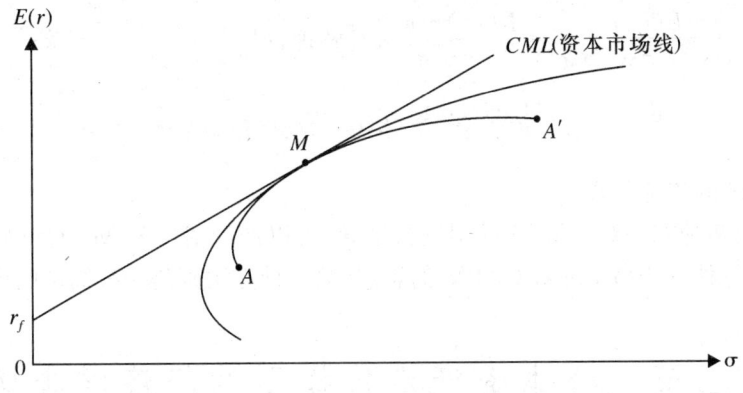

图 10-2 CAPM 模型的推导

$$E(r_P) = w \cdot E(r_A) + (1-w) E(r_M)$$

$$\sigma_P = \sqrt{w^2 \sigma_A^2 + (1-w)^2 \sigma_M^2 + 2w(1-w) Cov(r_A, r_M)}$$

在允许卖空的条件下，A 资产与市场组合 M 的组合 P 的集合应在曲线 AMA' 线上。曲线一定与资本市场线相切于 M 点。如果不相切，那就意味着与资本市场线相交，此时，会有 AMA' 曲线上的资产组合落在资本市场线的上方，也落在效率边界的上方，这与马克维茨投资组合理论确定的所有资产可行区域是相矛盾的，所以，曲线 AMA' 与资本市场线一定相切于 M 点。下面利用这一特征推导 A 资产的期望收益与风险之间的关系。

曲线 AMA' 与资本市场线相切于 M 点，可用数学公式表示为：

$$\left. \frac{d(E(r_P))}{d(\sigma_P)} \right|_{w=0} = \frac{E(r_M) - r_f}{\sigma_M}$$

$\dfrac{d(E(r_P))}{d(\sigma_P)}$ 为曲线 AMA' 的导函数。$w=0$ 时，即为曲线 AMA' 在 M 点切线的斜率，此斜率等于资本市场线的斜率 $\dfrac{E(r_M) - r_f}{\sigma_M}$。进一步，

$$\frac{d(E(r_P))}{d(\sigma_P)} = \frac{d(E(r_P))/dw}{d(\sigma_P)/dw} = \frac{d[w \cdot E(r_A) + (1-w)E(r_M)]/dw}{d\left[\sqrt{w^2 \sigma_A^2 + (1-w)^2 \sigma_M^2 + 2w(1-w) Cov(r_A, r_M)}\right]/dw} =$$

$$\frac{E(r_A) - E(r_M)}{\dfrac{2w\sigma_A^2 + 2w\sigma_M^2 - 2\sigma_M^2 + 2Cov(r_A, r_M) - 4w Cov(r_A, r_M)}{2\sqrt{w^2 \sigma_A^2 + (1-w)^2 \sigma_M^2 + 2w(1-w) Cov(r_A, r_M)}}}$$

$w=0$ 时，资产组合 P 全部为市场组合 M，有 $\sigma_P^2 = \sigma_M^2$，

即 $\dfrac{d(E(r_P))}{d(\sigma_P)} = \dfrac{E(r_A) - E(r_M)}{[Cov(r_A, r_M) - \sigma_M^2]/\sigma_M}$，则：

$$\frac{E(r_A)-E(r_M)}{[Cov(r_A,r_M)-\sigma_M^2]/\sigma_M}=\frac{E(r_M)-r_f}{\sigma_M}$$，经整理，得：

$$E(r_A)-r_f=\frac{Cov(r_A,r_M)}{\sigma_M^2}[E(r_M)-r_f]=\beta_A[E(r_M)-r_f]$$

即 CAPM 的传统公式。

运用上面两种方法对 CAPM 模型进行推导,可以加深对 CAPM 模型的理解。两种方法相比,第一种方法易于理解 CAPM 的思想,第二种方法则是一种简洁的证明。

第三节 资本资产定价模型的经济学含义

一、资本资产定价模型的意义

当存在市场组合时,单个资产的收益率与其系统风险存在着线性关系。单个资产的风险包括两部分:一部分为系统风险,即市场组合 M 收益变动而使资产 A 收益发生的变动,即 β 值;另一部分为非系统风险,即资产 A 本身的风险。通过 CAPM 公式可知,单个资产的价格只与该资产的系统风险大小有关,与非系统风险无关。换句话说,只有承担系统风险才会有收益,承担非系统风险则没有收益。

如果一个股票的 β 值大于 1,则这种股票被称为进取型股票(Aggressive Stock),该股票的收益率的变化大于市场组合收益率的变化。例如,某只股票的 β 值为 1.2,意味着若市场组合的超额收益率为 10%,那么该股票的超额收益为 12%。如果一只股票的 β 值小于 1,则这种股票被称为防守型股票(Defensive Stock),即该股票的收益率的变化小于市场组合收益率的变化。

但在现实中投资者很难持有市场组合,CAPM 模型中的许多前提条件亦难以满足,但是这个模型仍然具有实际的价值和意义。通过投资合理分散的资产组合可以消除企业特有的非系统风险,这样,投资者所面临的主要是系统风险。投资者的资产组合尽管不是市场组合,但是只要持有的资产组合是合理分散的,其资产组合同市场组合之间仍然会有很好的一致性,其资产组合的贝塔值和市场的贝塔值仍然是一个有效的风险测度尺度。

二、证券市场线

风险厌恶型投资者通过方差来测度最优风险资产组合的风险,而单个资产期望收益(或风险溢价)取决于其对资产组合风险的贡献程度。股票的贝塔值即测度了股票对市场组合方差的贡献程度。因此,对于任何资产或资产组合而言,风险溢价都被要求是贝塔的函数。CAPM 模型确认了这一预期,并进一步认为证券的风险溢价与贝塔和市场组合的风险溢价是直接成正比的。所以,有了 CAPM 公式后,资产的风险可以用系统风险 β 值作为衡量标准来取代方差与标准差。

期望收益—贝塔关系曲线就是证券市场线（Security Market Line，简称 SML），如图 10-3 所示，由于市场组合的贝塔值为 1，故斜率为市场组合风险溢价，横轴为 β 值，纵轴为期望收益。当横轴的 $\beta=1$ 时，这点是市场组合的贝塔值，这时在对应的纵轴可以看到市场组合的期望收益值。

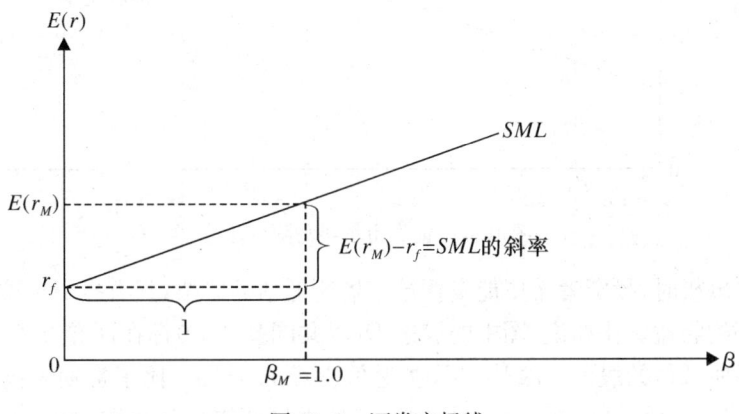

图 10-3　证券市场线

资本市场线反映的是有效资产组合（市场组合与无风险资产构成的资产组合）的风险溢价是该资产组合标准差的函数，标准差测度的是投资者总的资产组合的风险。而证券市场线反映的是单个资产的风险溢价，是该资产风险的函数，测度单个资产风险的工具不再是该资产的方差或标准差，而是该资产对于资产组合方差的影响程度或贡献度，用贝塔值来测度这一贡献度。证券市场线对于有效率资产组合与单个资产均适用。有了证券市场线，只要知道资产的贝塔值，就可以知道投资者投资该资产所要求的期望收益。进一步说，所有合理评价（Fairly Priced）的资产一定位于证券市场线上，因为只有这样，这些资产的期望收益才会与它们的风险相匹配。也就是说，在均衡市场中，所有的证券均在证券市场线上。

三、资本资产定价模型中的阿尔法

在资本市场均衡下，所有资产或股票都会坐落在证券市场线（SML）上，这意味着在市场均衡情况下，所有的股票或资产都已得到市场的合理评价。股票的期望收益率与其风险（β）成正比，如图 10-4 中 A、B 及 C 所示。投资者所得的投资收益率是他们承担风险的正当收益，而无额外收益。比如说，若张先生投资于股票 A，而承担的风险是 β_A，则他的期望收益率将是证券市场线上所示的 $E(r_A)$。若林先生投资于共同基金 B（或股票 B），共同基金 B 的风险为 β_B，则他所应得的（正常）期望收益率将是证券市场线上所示的 $E(r_B)$。

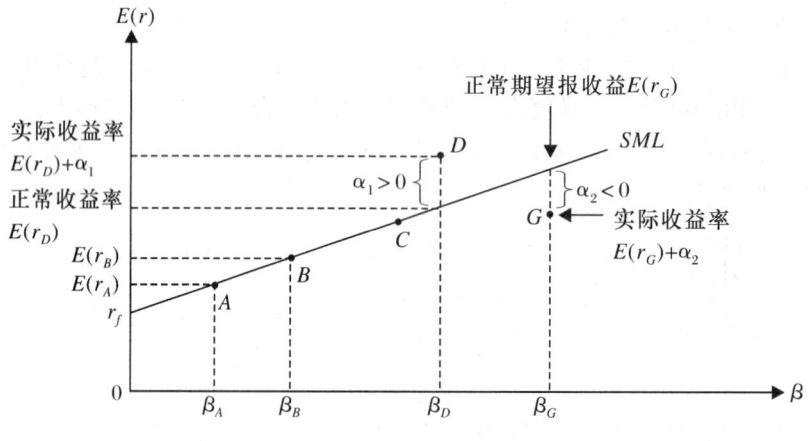

图 10-4 证券市场线与阿尔法

但在证券分析时,投资者希望能发掘被市场所低估的股票,只有投资于被低估的股票才能获得额外的收益。比如说,图中的股票 D(或共同基金 D)标在证券市场线的上方,代表它是被市场所低估的股票。故其实际收益率是 $E(r_D)+\alpha_1$,比正常期望报酬率 $E(r_D)$ 高出 α_1,($\alpha_1>0$);反之,共同基金 G(或股票)是被市场所高估的投资对象,因其实际收益率为 $E(r_G)+\alpha_2(\alpha_2<0)$,低于正常期望报酬率 $E(r_G)$。所以,实际收益率与期望收益率间的差距(称之为 α)可用来衡量某股票是否为市场所高估或低估,也可评鉴某些共同基金的经营成绩是否优良。

四、资本资产定价模型与资产组合理论的关系

资产组合理论讨论投资者的资金分配或配置问题,具体地说是投资者应如何根据其风险厌恶程度选择风险资产与无风险资产的比例,选择风险资产中不同股票、债券的比例。它的基本思路是在已经确定投资的具体证券(包括股票、债券),且已经知道这些证券之间的相关系数的情况下,确定购买它们的比例。

而 CAPM 模型具有评价股票(包括债券)价值的能力,只要计算出具体股票的贝塔值,就可以算出它的期望收益。因此,通过与该股票在市场中实际价格的比较,可以确定哪些股票具有投资价值。也就是说,它是从另一个角度来选择适合投资的证券。两者虽然功能相同,但是由于在 CAPM 模型中是以 β 系数作为度量风险的指标,对比计算期望收益、方差和协方差而言,工作量大大地减少了,这是该模型的价值所在。这样就使马克维茨开始创立的资产选择工作变成一项真正可以操作的工作。

五、资本资产定价模型的应用及局限

CAPM 模型除了上述的证券选择与业绩评价外,在实际资产投资中也得到广泛

应用。

1. 资产价值评估

一种资产的合理价值是其未来所能带来的现金流量的现值。现值的求得，必须以该资产的期望收益率为贴现率。而资产的期望收益率必须按照其系统风险 β，再由资本资产定价模型求得。比如说，若某项工程投资的系统风险是 $1.4(\beta)$，且已知 $E(R_M)=12\%$，$r_f=4\%$，则该项工程的期望收益率（资本成本）应为：

$$E(r)=0.04+(1.4)(0.12-0.04)=15.2\%$$

也就是说，该项工程的内部收益率只有在大于 15.2% 时才能保证获利，即保证该工程的净现值大于 0。所以，资本的期望收益率代表项目（诸如工程计划、扩充计划、购买新机器、增设分店等）的最低应得收益率。若投资项目的实际收益率低于其资本成本，该项目不是有利的投资，应放弃。因此，资本的期望收益率在资本投资决策时，可作为仲裁收益率(the Cutoff Rate of Return)。任何资本投资的（内在）收益率低于其资本成本，都必须予以放弃；只有收益率高于资本成本的资本投资，才可接受。

2. 公营企业及受法规所限制企业的定价

公营企业或受政府法规所限制的公司不得自行调整其产品或服务项目的价格。为维护居民或消费者的权益，这些公司、企业的产品或服务项目在调整价格时，必须符合期望收益率相当于系统风险的原则，以示公平。比如说，在美国，当电力公司、电话公司及煤气公司向美国联邦政府或州政府要求允许加价时，政府必须聘请金融专家估计这些公司的系统风险，而后再由资本资产模型决定这些公司的应得期望收益率。举例说明如下：

假设电力公司目前的每单位家庭电费为 2 元，在这种电费水平及目前经营状况下，该公司的系统风险为 $0.85(\beta)$，设 $E(R_M)=12\%$，$r_f=4\%$。故其资本成本或最低收益率应为：

$$E(r)=0.04+(0.85)(0.12-0.04)=10.8\%$$

若电力公司计划共投资 100 亿元，则政府允许电力公司以能获利 10.8 亿元(10.8%×100 亿)为准则提高电费。也就是说，电力公司可提高电费的合理幅度，应以能补偿其所增加的系统风险为原则，适当的报偿是 10.8 亿元。若电费的提高致使获利超过了 10.8 亿元，电力公司将获得额外的收益（或利润）。这对消费者（或居民）而言，是不公平、也不合理的。

上述分析假设 100 亿的投资并不改变电力公司的系统风险。若该项计划会增加电力公司的系统风险至 1 时，资本成本应为 12%。允许电力公司提高电费的额度，以能增加 12 亿的盈利为准则。

3. CAPM 模型的局限性

CAPM 模型的运用有两个问题：一是需要构造市场组合，实际上无法构造这样一个组合以供研究检验市场组合的有效性;二是模型反映的是各种期望收益之间的关系,而可以观察和检验的只有实际的或已实现的收益。

第四节 因素模型与单指数模型

一、影响收益的因素

先看一个关于四川长虹股票收益的例子。试想在未来的一个季度中,哪些因素将影响四川长虹股票的收益?

任何在金融市场上交易的股票的收益都是由两个部分组成:① 正常收益或期望收益。这部分收益是市场上的股东对其投资收益的预测或期望。它取决于股东所拥有的关于其所持有股票的信息,以及如何认识和使用在未来一个季度有关影响股票价格变动的因素的信息。② 不确定性收益或风险收益。这部分收益源于在本季度内将要披露的信息。这类信息非常多,如关于四川长虹公司的研究和开发的信息、关于政府公布的国内生产总值(GDP)数字、发现竞争者的产品已经升级、关于四川长虹的销售数量高出预期的销售数量、利息突然升降、四川长虹的创始人和总经理突然提前退休等。因此,一种预测下个季度四川长虹股票收益的办法是:

$$r = E(r) + U$$

式中,r 为下个月的实际总收益;$E(r)$ 为实际总收益中的期望收益那部分;U 为实际总收益中的非期望收益那部分。

在研究相关信息对收益的影响或作用时,必须认真慎重。例如,政府可能向我们公布 GDP 或失业率的统计数字,但是对于投资者来说,这些数字在多大程度上属于新的信息呢? 当然,在季初,股东或投资者对于下个季度的 GDP 就会有些想法或者进行预测。在股东已经预测到政府所公布的统计数字的程度上,预测结果应该是季初的期望收益那部分,即 $E(r)$。另一方面,如果政府公布的信息出人意料之外,并且达到了影响股票收益的程度,就会出现非期望收益部分或预想不到的收益,即 U。

举例来说,假设市场上的投资者已经预测到本季度的 GDP 增长 2.5%,并假设 GDP 会影响股票的收益,那么投资者将使用有关 GDP 的预测信息去预测本季度的期望收益,即 $E(r)$。因此,如果政府公布本季度的 GDP 增长率正好是 2.5%,等于预测值,那么投资者没有得到任何新的信息,政府公布的数字也不是任何新的信息。换言之,投资者已经对政府公布的信息进行折现。在这里,"折现"一词不同于计算现值所使用的"贴现"一词,但精神实质有类似之处。对未来的信息或公布的指标进行折现时,由于市场上的投资者已经知道这一信息的大部分内容,这一信息对市场所产生的作用或影响就比较小。如果政府公布本季度GDP的实际增长率是3.5%,高出投资者的预测值1%,那么投资者确实获得了某些新的信息。实际结果和预测结果之间的差异,有时被称作"变动"或"异动"。

任何公布的信息都可以分为两个部分,"预期"或"期望"部分和"变动"或"异动"部分,写作:

$$公布信息 = 期望部分 + 异动部分$$

式中,"期望部分"指市场为获得某一种股票的期望或预期收益$E(r)$而使用的部分信息;"异动部分"为影响该种股票"没有预期到的收益"(U)的那部分信息。

当公布信息的时候,实际所指的是所公布信息中的惊异部分,而并非是市场已经预期到并对此进行折现了的那部分信息,即上述的期望部分。

二、风险的系统性和非系统性

没有预期到的那部分收益,即由于惊异引起的那部分收益,其实是任何投资的真实风险。虽然风险有各种各样的来源,但它们之间存在重要的差别。回顾前面的一系列有关信息,其中某些信息直接与四川长虹有关,其他的信息比较一般。那么,哪些信息对于四川长虹来说特别重要呢?

显然,公布关于利率或GDP的信息对所有公司来说都很重要,而关于四川长虹总经理的信息、研究开发的信息、销售的信息、竞争对手的信息,对四川长虹来说特别重要。依据上述这两种不同类型的信息划分相应的风险,即系统性风险和非系统性风险。但有时,系统性风险与非系统性风险之间的区别并不只限于目前所认识到的这些。即使是范围最小的信息都可能波及经济,小小的事件也可能对全球产生影响。没有能力确切地定义系统性风险和非系统性风险,但是在它们发生的时候,可以知道如何区别。

将四川长虹股票收益的风险分为两个部分:系统性风险和非系统性风险,所以有:

$$r = E(r) + U = E(r) + m + \varepsilon$$

式中,m代表收益的系统性风险,有时又称作"市场风险",这说明在某种程度上,m影响着市场上所有资产的价格;ε代表收益的非系统性风险,因为非系统性风险是某一公司所特有的,所以有时又称作"特有风险",不同公司之间的特有风险不相关。

三、因素模型

一个出人意料之外的通货膨胀出现,在某种程度上将会影响到几乎所有的公司。问题是四川长虹股票的收益对这一没有预期到的通货膨胀反应的敏感程度如何呢?通过应用贝塔系数,可以确定类似通货膨胀这种系统性风险对某种股票收益的影响。在前一章,定义了贝塔系数用于度量某种证券的风险溢价对于市场组合风险溢价的反应程度。现在,因为要考虑多种具体的系统性风险,所以贝塔系数不局限于在CAPM模型中的定义,可把贝塔定义为证券的收益对某一特定因素的敏感程度。因此,在本章所讨论的问题可以看做是前一章所讨论问题的一般化。

如果公司股票的收益与通货膨胀的风险正相关,则该种股票所具有的通货膨胀的贝塔系数为正。如果公司股票的收益与通货膨胀的风险负相关,则该种股票所具有的通货膨胀的贝塔系数为负。如果公司股票的收益与通货膨胀的风险无关,则该种股票所具有的通货膨胀的贝塔系数为0。例如,因为出人意料之外的通货膨胀上升通常引起金价的上涨,所以金矿公司的股票的通货膨胀贝塔系数可能是个正数。又如,由于汽车制造公司面临激烈的外国企业的竞争,通货膨胀的上升意味着公司要支付更多的工资,但是又无法通过提高价格来支付工资的增长,最后,导致利润萎缩,即公司费用的增长超过收入的增长,结果出现负的通货膨胀贝塔系数。某些公司几乎没有资产,它们实际上充当经纪商,即从竞争性市场上购买一些货物,然后在市场上销售。这类公司的成本和收入随通货膨胀的变动而同时呈现同一方向的变动,所以这类公司的股票收益基本上不受通货膨胀的影响,它的通货膨胀贝塔系数可能为0。

至此,十分有必要建立一种理论框架。设想已经确认三种重要的系统性风险因素:通货膨胀、GDP和利率。同时,确信这三种系统性风险因素是足以描述影响股票收益的三种系统性风险因素。因此,每种股票都具有与这三种系统性风险有关的敏感度(或贝塔系数):"通货膨胀贝塔系数"、"GDP贝塔系数"和"利率贝塔系数"。所以,可以用以下公式来表示股票的收益:

$$r = E(r) + U = E(r) + m + \varepsilon =$$

$$E(r) + \beta_1 F_1 + \beta_{GDP} F_{GDP} + \beta_r F_r + \varepsilon$$

以上所讨论的模型称为因素模型(Factor Model),其中系统性风险因素记作F,称为"系统性风险源",简称"因素"。如果有K个系统性风险因素,那么因素模型的完整公式为:

$$r = E(r) + \beta_1 F_1 + \beta_2 F_2 + \beta_3 F_3 + \cdots + \beta_K F_K + \varepsilon \tag{10-6}$$

必须指出,式中ε是某种股票特有的非系统性风险的收益,并且它与其他公司股票的ε不相关。

前面的例子是个三因素模型。用通货膨胀率、GDP增长率和利率的变动作为系统性风险因素或系统性风险源。到目前为止,研究人员尚未能够确定系列的系统性风险因素。就像许许多多其他的公式那样,这也许永远是一个悬而未决的问题。

在实践中,研究人员经常使用"单因素收益模型",即:

$$r = E(r) + \beta F + \varepsilon \tag{10-7}$$

四、单指数模型

由于单因素模型没有提出具体测试某种因素是否影响证券收益的方法,其用途有限。一个较理智的方法是用权威的股票指数来代表宏观因素。这种方法引出与因素模型类似的等式,称为单指数模型(Single-index Model)。

依照与因素模型相似的原理,可以把实际的或已实现的证券收益率分成宏观(系统)的与微观(公司特有)的两部分。把每个证券的收益率写成三个部分的总和:

$$r_i - r_f = \alpha_i + \beta_i(r_M - r_f) + \varepsilon_i \tag{10-8}$$

式中,α_i 为市场超额收益 $(r_M - r_f)$ 为 0 时的股票期望收益率;β_i 为证券对市场运动的敏感度;$\beta_i(r_M - r_f)$ 为随整个市场运动的收益成分;ε_i 为只与这个证券(公司特有)相关的非预期事件形成的非预期收益率;r_f 为无风险收益。

用大写的 R 代表超过无风险收益的超额收益,则上式可以写为:

$$R_i = \alpha_i + \beta_i R_M + \varepsilon_i \tag{10-9}$$

单指数模型的主要优势是大大减少了股票分析时所需估算的工作量。由于单指数模型将股票的风险分为系统风险和非系统风险,将系统风险的不确定性即 R_M 的方差定义为 σ_M^2,将非系统风险的不确定性 ε_i 的方差定义为 $\sigma^2(\varepsilon_i)$,则股票 i 的收益率的方差为:

$$\sigma_i^2 = \beta_i^2 \sigma_M^2 + \sigma^2(\varepsilon_i)$$

由于非系统风险是公司特有的,独立于系统风险,因此 R_M 和 ε_i 的协方差为 0。又因为 ε_i 和 ε_j 都是每个公司特有的,它们之间显然不相关。而两个股票超额收益率的协方差,如 R_i 与 R_j 的协方差,都与市场因素 R_M 有关,所以,R_i 与 R_j 的协方差为:

$$Cov(R_i, R_j) = Cov[(\alpha_i + \beta_i R_M + \varepsilon_i), (\alpha_j + \beta_j R_M + \varepsilon_j)] =$$
$$Cov[(\beta_i R_M + \varepsilon_i), (\beta_j R_M + \varepsilon_j)] =$$
$$Cov(\beta_i R_M, \beta_j R_M) = \beta_i \beta_j \sigma_M^2$$

现在每次进行投资组合分析时,只需要进行的估算量为:n 个期望超额收益 $E(R_i)$ 的估计,n 个公司 β_i 的估计,n 个公司特有方差的估计和 1 个宏观经济因素的方差 σ_M^2 的估计。这里,由于有了 n 个 β_i 的估计,又有了宏观经济因素的方差 σ_M^2 的估计,就可以得出所需要的协方差。现在的估算量是股票数量的 3 倍加 1,即 $3n+1$。如果要分析的股票为 60 种,要进行估算的不是马克维茨模型的 1 890 个值,而是 181 个值;如果要分析的股票有 300 种,也只要估算 901 个值;即使要分析上交所和深交所的 1 400 种股票,也只需要估算 4 201 种,而不是近 100 万个了。夏普的研究成果使马克维茨的资产选择理论真正有了实用性。

从(10-9)式中可以看到,由于 ε_i 的期望收益为 0,因此,单指数模型可以表达为一条截距为 α_i,斜率为 β_i 的直线。这条直线所处的坐标系是横轴为市场的超额收益(r_m-r_f),纵轴为股票 i 的超额收益(r_i-r_f)。如果直线的斜率为 1.24,其含义为市场的超额收益每增减 1%,股票 i 的超额收益就会相应增减 1.24%,即股票 i 对市场超额收益是很敏感的。如果斜线的斜率 β_i 为 0.34,其含义为市场的超额收益每增减 1%,股票 i 的超额收益只相应增减 0.34%,即股票 i 对市场超额收益是很不敏感的。实际上这条直线方程要利用具体的市场数据和公司数据通过线性回归的方法计算得出。回归计算得出的这条直线称作证券特征线(Security Characteristic Line,SCL)。图 10-5 为证券特征线图。

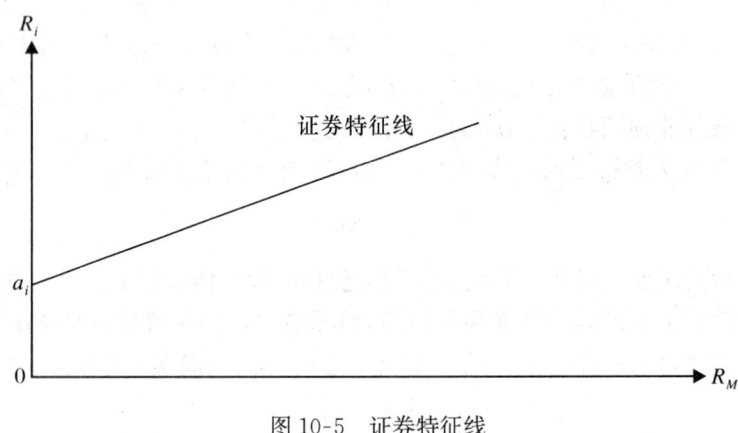

图 10-5　证券特征线

五、投资组合与因素模型

现在,讨论这样一个问题:当每种股票都表示为单因素模型时,由这些股票构成的投资组合将出现什么状况?为了便于展开讨论,取 1 个月为期限来观察股票的收益。当然,也可以用 1 天、1 年或其他时限。在通常情况下,1 个月是一个合理的、可用的时限。

从 n 种股票中构建一个组合,并且应用单因素模型确定其系统性风险。在 n 种股票中,第 i 种股票的收益为:

$$r_i = E(r_i) + \beta_i F + \varepsilon_i$$

若 β_i 等于 0,则第 i 种股票的收益不受因素 F 的影响。若 β_i 是个正数,则第 i 种股票的收益的变动与因素 F 的变动成正比,随 F 的上升而上升,或随 F 的下降而下降;反之,若 β_i 是个负数,则第 i 种股票的收益的变动与因素 F 的变动成反比,随 β_i 的上升而下降,或随 F 的下降而上升。

现在开始讨论在每种股票的收益都可以表示为单因素模型的情况下,构建的投资组合的结果如何？设 w_i 是第 i 种证券在投资组合中的权重，则：

$$w_1+w_2+w_3+\cdots+w_n=1$$

投资组合的收益是组合中每种资产的收益的加权平均收益，可以写为：

$$r_P=w_1r_1+w_2r_2+w_3r_3+\cdots+w_nr_n$$

根据单因素模型，每种资产的收益都是由风险因素 F 和非系统性风险 ε_i 所决定的，故

$$\begin{aligned}r_P&=w_1[E(r_1)+\beta_1F+\varepsilon_1]+w_2[E(r_2)+\beta_2F+\varepsilon_2]+\cdots+w_n[E(r_n)+\beta_nF+\varepsilon_n]=\\&\quad[w_1E(r_1)+w_2E(r_2)+\cdots+w_nE(r_n)]+(w_1\beta_1+w_2\beta_2+\cdots+w_n\beta_n)\times F\\&\quad+(w_1\varepsilon_1+w_2\varepsilon_2+\cdots+w_n\varepsilon_n)=\\&\quad\sum_{i=1}^{n}w_iE(r_i)+\left(\sum_{i=1}^{n}w_i\beta_i\right)\times F+\sum_{i=1}^{n}w_i\varepsilon_i\\&=E(r_P)+\beta_PF+\varepsilon_P\end{aligned}$$

其中，$$E(r_P)=\sum_{i=1}^{n}w_iE(r_i),\beta_P=\sum_{i=1}^{n}w_i\beta_i,\varepsilon_P=\sum_{i=1}^{n}w_i\varepsilon_i$$

公式中的第一项是各种证券期望收益的加权平均数，没有不确定性；第二项是组合中各种证券贝塔系数的加权平均数与因素 F 的乘积，具有不确定性，不确定性反映在 F。虽然知道 F（F 的变化）的数学期望值等于 0，但是无法知道在某一时限内 F 的具体值等于多少；第三项是组合中各种证券非系统性风险的加权平均数。下面将研究 ε_P 的取值。

因为 ε_i 与 F,ε_i 之间是相互独立的，该组合的方差为：

$$\sigma_P^2=\beta_P^2\sigma_F^2+\sigma^2(\varepsilon_P)$$

其中，$$\sigma^2(\varepsilon_P)=\sum w_i^2\sigma^2(\varepsilon_i)$$

若该组合是等权重的，即 $w_i=\dfrac{1}{n}$，则：

$$\sigma^2(\varepsilon_P)=\sum\left(\frac{1}{n}\right)^2\sigma^2(\varepsilon_i)=\frac{1}{n}\left[\frac{1}{n}\sum\sigma^2(\varepsilon_i)\right]=\frac{1}{n}\bar{\sigma}^2(\varepsilon_i)$$

$\bar{\sigma}^2(\varepsilon_i)$ 为 ε_i 方差的均值，当 $n\to\infty$ 时，$\sigma^2(\varepsilon_P)\to 0$。显然，如果 n 非常大，非系统方差将趋于 0。不仅是等权重的资产组合，其他任何能满足随 n 增大，每个 w_i 都稳定地减小或随 n 增大，每个 w_i^2 趋于 0 的投资组合，都满足该组合之非系统风险随 n 增大而趋于 0 的条件。这样充分分散化的投资组合的收益公式就成为：

$$r_P = E(r_P) + \beta_P F \tag{10-10}$$

第五节 套利定价模型

套利定价理论(APT)是一个类似于资本资产定价模型(CAPM)的均衡状态下的定价模型,由罗斯(Stephen Ross)于1976年提出。这种模型得出了与资本资产定价模型(CAPM)相似的结论,但是它以不同假设为基础。在导出套利定价理论(APT)时,Ross并没有假定投资人要回避风险,也没有假定以均值—方差规则为依据,只是认为期望收益和风险之间存在正比例关系是因为在证券市场上没有套利机会。如果投资者可以找到这样一种证券组合,其初始净投资为0而又能赚得一定的正值收益,那么所有的投资者都会去投资于这种吸引人的证券。结果,这种证券组合的价格将发生变化,直到均衡状态下正的收益降为0并且这种诱人的投资机会从市场上消失为止。据此可得到了一种与资本资产定价模型非常类似的风险—收益关系。

一、套利举例

首先考虑一个最简单的例子:你从A银行以5%的利率借入100元,又把这笔资金以6%的利息率存入一家完全保险的B银行。在期初,初始投资为0;在期末,有1元的利润[100×(1+6%)-100×(1+5%)]。一般而言,这种情况在市场上并不存在,但这个简单的例子说明了套利机会的概念。如果这样一种条件存在,就可以获得套利利润,获得这种利润的金融交易也就被称为套利交易(Arbitrage Transaction)。

更现实一些的例子,也是对套利定价理论的导出非常必要的例子,则是证券的卖空。当投资者卖空某种证券时,他们卖出的是他们并不拥有的股份。卖空(Short Selling)的过程如下:某投资者从经纪人手中借入股票,并把这些股份在市场上卖出,得到出售款项。在未来某一日期,这名投资者必须在市场上购入这种股票,偿还借入的股票。当股价下跌时,卖空股票可以获利。假定你从经纪人手中借入1股股票,并以100元的价格卖出,1个月后,股票跌至98元,股票的收益率为-2%,你以98元的价格买回1股股票,把它归还给经纪人,那么你的利润就是+2元。

例如,假定有三种证券A、B、C,收益如表10-2所示。为简单起见,假定每种股票都以100元交易,以现金计算的利润或损失数字也是投资的百分比收益数字,如100元的投资赚取10元意味着收益率为+10%。从表中可以看出,股票B的收益并不总是好于股票A的收益,股票B在衰退状况下和在稳定状况下的收益都低于股票A。除此之外,股票C的收益也不总是好于股票A的收益。当经济繁荣时,股票C的收益低于股票A的收益。虽然B和C都并不总是好于A,但投资者仍可以构造一个包含B和C的证券组合,以得到套利机会。

表 10-2

投资股票 A、B 及 C 的损益情况

单位：元

经济状况	证券		
	A	B	C
衰退	−2	−4	0
稳定	6	4	10
繁荣	10	16	6

在忽略任何交易成本的情况下，买入 B 和 C 证券，并卖空 A 证券，买入与卖出金额相同，初始投资为 0，可以套利。假定你以 200 元的价格卖空 2 股 A 股票，并用 200 元的实得款项以 100 元的价格购入 1 股 B 股票，以 100 元的价格购入 1 股 C 股票。这一交易的收益由表 10-3 所示。因此，这一套利交易中总的净收益在经济衰退时为 0，在经济稳定或经济繁荣时各为 2 元。

表 10-3

卖空的套利利润

单位：元

经济状况	交易现金流量		
	卖空股票 A	一股股票 B 和一股股票 C 的证券组合	套利交易的总的净收益
衰退	2×2=4	1×(−4)+1×0=−4	4−4=0
稳定	2×(−6)=−12	1×4+1×10=14	−12+14=2
繁荣	2×(−10)=−20	1×16+1×6=22	−20+22=2

因为有这种无风险套利机会，投资者将继续卖空 A，并买入 B 和 C，以赚取套利利润。在这种大额交易很多的情况下，A 股票面临卖出压力，B 股票和 C 股票将面临买入压力。因此，A 股票的价格将下跌，B 股票和 C 股票的价格将上升，直到最后套利机会不存在时为止。市场作用会减少套利利润。

当股票价格使套利利润不存在时，每种证券的期望收益和风险之间存在线性关系，这是套利定价理论的主要结论。如果价格变动（初始投资为 0）产生的收益为：经济衰退时收益为 −2 元，经济稳定时为 +5 元，经济繁荣时为 +4 元，就可认为套利机会消失，因为存在发生损失的机会。

我国股票市场尚无卖空交易。在国外（例如美国），小投资者不可能从卖空中获得套利收益，因为卖空所得款项由经纪人持有。但是，大投资者尤其是机构投资者，确实可以获得卖空收益。并非所有的投资者都能进行套利交易,但只要有一个大投资者能创造出这种机会使股票符合套利定价理论就足够了,这正是这一模型从直觉上比资本资产定价模型更吸引人之处。

二、套利定价模型的推导

套利定价理论的假定前提:

(1) 股票的收益率取决于两个因素:一是对所有股票都有影响的系统因素,一是对个别股票有影响的非系统因素;

(2) 市场中存在大量的不同资产,资本市场是完全竞争的市场;

(3) 市场中允许卖空,卖空所得款项归卖空者所有;

(4) 投资者偏向获利较多的投资策略。

下面用双因素模型进行推导。

$$r_i = E(r_i) + \beta_{i1}F_1 + \beta_{i2}F_2 + \varepsilon_i$$

若无风险套利机会存在,投资者可建立 0 投资额且无风险的套利组合 P,同时,假设 P 为风险分散良好的组合。在组合 P 内,资产投资权数的总和为 0:

$$\sum_{i=1}^{n} w_i = 0 \qquad (1)$$

根据单因素模型公式(10-10),可知该投资组合的收益率为:

$$r_P = \sum_{i=1}^{n} w_i r_i =$$

$$\sum_{i=1}^{n} w_i E(r_i) + F_1\left(\sum_{i=1}^{n} \beta_{i1} w_i\right) + F_2\left(\sum_{i=1}^{n} \beta_{i2} w_i\right)$$

若没有无风险套利机会存在,也就是,该套利组合对两个共同风险因素的系统风险均为 0:

$$\sum_{i=1}^{n} \beta_{i1} w_i = 0 \quad \text{及} \quad \sum_{i=1}^{n} \beta_{i2} w_i = 0 \qquad (2)$$

在完全性及无交易阻碍的资本市场下,无险套利机会将会很快消失,使资本市场回复均衡状态,在这种状态下,一个 0 投资额且无风险的套利组合将无利润可言,故其收益率为 0,即 $r_P = 0$,所以有:

$$E(r_P) = \sum_{i=1}^{n} w_i E(r_i) = 0 \qquad (3)$$

为应用向量空间理论进行推导,把上面得出的结论写成向量的形式,设:

$$\vec{W}=\begin{bmatrix}w_1\\w_2\\\vdots\\w_n\end{bmatrix},\vec{E}=\begin{bmatrix}E(r_1)\\E(r_2)\\\vdots\\E(r_n)\end{bmatrix},\vec{l}=\begin{bmatrix}1\\1\\\vdots\\1\end{bmatrix},\vec{\beta}_1=\begin{bmatrix}\beta_{11}\\\beta_{21}\\\vdots\\\beta_{n1}\end{bmatrix},\vec{\beta}_2=\begin{bmatrix}\beta_{12}\\\beta_{22}\\\vdots\\\beta_{n2}\end{bmatrix}$$

则(1)式可以写为(4)式,即向量 $\vec{W}$ 与 $\vec{l}$ 正交:

$$\vec{W}'\vec{l}=\sum_{i=1}^{n}w_i=0 \tag{4}$$

则(2)式可以写为(5)式,即向量 $\vec{W}$ 分别与 $\vec{\beta}_1$、$\vec{\beta}_2$ 正交:

$$\vec{W}'\vec{\beta}_1=\sum_{i=1}^{n}\beta_{i1}w_i=0 \quad \text{及} \quad \vec{W}'\vec{\beta}_2=\sum_{i=1}^{n}\beta_{i2}w_i=0 \tag{5}$$

则(3)式可以写为(6)式,即向量 $\vec{W}$ 与 $\vec{E}$ 正交:

$$\vec{W}'\vec{E}=\sum_{i=1}^{n}w_iE(r_i)=0 \tag{6}$$

由向量空间理论得知,向量 $\vec{l}$ 与 $\vec{\beta}_1$、$\vec{\beta}_2$ 是期望收益率空间的基础向量,它们都与 $\vec{W}$ 垂直,在期望收益率空间内的任一期望收益率向量 $\vec{E}$ 也与 $\vec{W}$ 垂直,所以 $\vec{E}$ 一定可以表示为向量 $\vec{l}$ 与 $\vec{\beta}_1$、$\vec{\beta}_2$ 的线性组合,以公式表示如下:

$$\vec{E}=\lambda_0\vec{l}+\lambda_1\vec{\beta}_1+\lambda_2\vec{\beta}_2$$

λ_0、λ_1、λ_2 为常数。若将之应用于任一资产(i)时,可得在均衡下资产期望收益率的决定模型:

$$E(r_i)=\lambda_0+\lambda_1\beta_{i1}+\lambda_2\beta_{i2}$$

上式即为两个共同因素的套利定价模型。若无风险资产(f)存在,即 $i=f$,$\beta_{f1}=0$,$\beta_{f2}=0$,则 $E(r_f)=\lambda_0$,所以:

$$\lambda_0=r_f \tag{10-11}$$

λ_0 为无风险资产的收益率 r_f。除了 λ_0 外,λ_1 及 λ_2 也有其经济含义。若只考虑第一因素 F_1,暂不考虑第二因素 F_2,令 $\beta_{i2}=0$,同时,可以建立一个风险分散良好的组合 P,使其对第一因素的敏感度为1,即 $\beta_{P1}=1$,则:

$$\lambda_1=E(r_{P,F1})-r_f \tag{10-12}$$

其中,$E(r_{P,F1})$ 是指风险分散良好组合 P 在只受因素 F_1 影响的期望收益,所以 λ_1 表示期望收益超过无风险利率的部分,叫做因素风险收益(Factor Risk Premium)。同理可以得出,$\lambda_2=E(r_{P,F_2})-r_f$。代入后可得套利定价模型的另一表达方式:

$$E(r_i) = r_f + E[E(r_{P,F1}) - r_f]\beta_{i1} + [E(r_{P,F2}) - r_f]\beta_{i2} \quad (10\text{-}13)$$

式中第二项 $E[r_{P,F1}] - r_f]\beta_{i1}$ 可解释为承担第一种因素的风险收益,式中第三项 $[E(r_{P,F2}) - r_f]\beta_{i2}$ 为承担第二种因素的风险收益。所以,在双因素的套利定价模型下,任一资产的期望收益率为无风险收益率与承担两种因素风险的收益。对风险的敏感性越大,即 β 越大,则其应得到的补偿也就越大。

下面以单因素套利定价模型为例来说明此理论的含义。即:

$$E(r_i) = \lambda_0 + \lambda_1 \beta_{i1} \quad (10\text{-}14)$$

$$E(r_i) = r_f + [E(r_{P,F}) - r_f]\beta_i \quad (10\text{-}15)$$

将(10-15)式这条直线方程画在坐标系中,横轴为 β,纵轴为 $E(r)$,如图 10-6,这条线叫做套利定价线(ATP)。资产 C 位于 APT 线下,代表资产 C 为市场所高估,故卖空资产 C,再以所得资金投放于资产 A 及 B,以得组合 D。组合 D 的系统风险与资产 C 相同,但组合 D 具有较高的期望收益率,所以可获得无风险收益,$E(r_D) - E(r_C) > 0$。只要这种无风险套利机会存在,投资者将会建立更多的 0 投资额、且无险套利组合,致使无险套利的机会很快消失,使资产 C 的价格下降,收益率上升,回复至 APT 线上,消除套利机会,达到均衡。

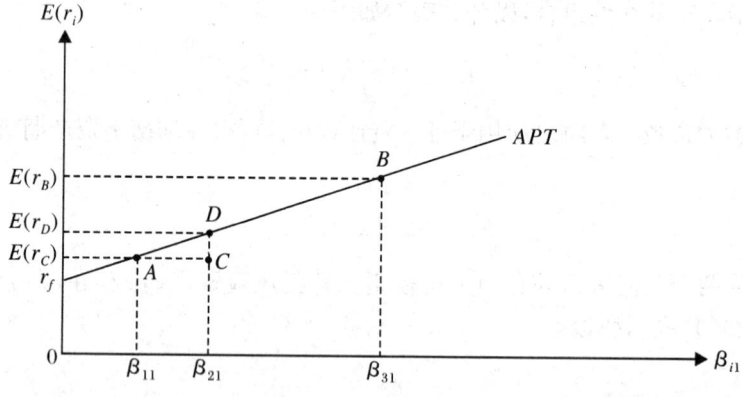

图 10-6 单因素定价模型

虽然以双因素模型为例建立套利定价均衡理论,但该理论可延伸至任何数目的因素,可以建立多因素的套利定价模型,假设投资者认为资产收益率的不确定性可由 k 个因素决定 ($k > 2$),则:

$$E(r_i) = \lambda_0 + \lambda_1 \beta_{i1} + \lambda_2 \beta_{i2} + \cdots + \lambda_n \beta_{ik}$$

一般写为:

$$E(r_i) = r_f + [E(r_{P,F1}) - r_f]\beta_{i1} + [E(r_{P,F2}) - r_f]\beta_{i2} + \cdots + [E(r_{P,Fk}) - r_f]\beta_{ik} \quad (10\text{-}16)$$

三、套利定价理论和资本定价模型

1. APT 和 CAPM 的一致性

根据 APT 得到证券的期望收益率等于无风险利率加上 k 个因子风险溢价分别乘以这个证券的 k 个因子的敏感度之和。为与 CAPM 模型比较，将敏感度 β 改写为 b，所以在只有一个因素 F 时的 ATP 模型为：

$$E(r_i) = r_f + [E(r_{P,F}) - r_f] b_i \tag{10-17}$$

而 CAPM 模型为：

$$E(r_i) = r_f + [E(r_M) - r_f] \beta_i \tag{10-18}$$

如果在(10-17)式中取 $E(r_{P,F}) = E(r_M)$，同时 b_i 代表 β_i，那么 APT 将与 CAPM 一致。

然而，一般情况下，$E(r_{P,F})$ 不一定等于市场组合的期望收益率。如果(10-17)式和(10-18)式同时成立，那么 b_i 和 β_i 有什么关系呢？由 β 的定义式及公式(10-7)推导得（其中 ε_i, r_M 相互独立，其协方差为 0）：

$$\beta_i = \frac{Cov(r_i, r_M)}{\sigma_M^2} = \frac{Cov[E(r_i) + b_i F + \varepsilon_i, r_M]}{\sigma_M^2} =$$

$$\frac{Cov(b_i F, r_M) + Cov(\varepsilon_i, r_M)}{\sigma_M^2} =$$

$$\frac{Cov(F, r_M)}{\sigma_M^2} b_i \tag{10-19}$$

上式中 b_i 的系数 $\dfrac{Cov(F, r_M)}{\sigma_M^2}$ 是一个不随 i 变化的常数。就是说若(10-17)式和(10-18)式同时成立，则 CAPM 中的 β_i 等于一个常数乘以 APT 中的 b_i。把(10-19)式代入(10-18)式得：

$$E(r_i) = r_f + \left[(E(r_M) - r_f) \frac{Cov(F, r_M)}{\sigma_M^2} \right] b_i \tag{10-20}$$

将(10-20)式与(10-14)式比较可得：

$$\lambda_1 = [E(r_M) - r_f] \frac{Cov(F, r_M)}{\sigma_M^2} \tag{10-21}$$

在(10-14)式中没有给出因素风险收益 λ_1 的大小，但是，如果 CAPM 还成立，那么 λ_1 必满足(10-21)式。

现在考虑(10-17)式，假定它的因素是一个股票指数，比如 S&P500，若这个指数与市场组合完全相关,并且与市场组合的回报的方差相等。那么 $Cov(F,r_M)=\sigma_F\sigma_M=\sigma_M^2$,根据(10-19)式可得,$\beta_i=b_i$,再由(10-21)式与(10-12)式得 $E(r_{P,F})=E(r_M)$。因此,因素 S&P500 的敏感度(b)为 1 的一个证券组合的期望收益率等于市场组合的期望收益率。

所以,如果能找到一个股票指数与市场组合完全相关、并且方差相等,那么就可以用这个指数代替市场证券组合。然而,因为市场证券组合是不可观测的,所以就不可能找到这样的代理变量。

2. APT 和 CAPM 的区别

套利定价理论是一个极其吸引人的模型,它依赖于"资本市场中的理性均衡会排除套利机会"这一假设。即便很少的投资者注意到市场的不平衡,违反套利定价理论的定价关系也将引起巨大的压力,使其恢复均衡。

进一步说,利用一个由许多证券构成的充分分散化的投资组合,套利定价理论可以得出期望收益—贝塔关系。相比之下,资本资产定价模型则是在内在的、难以观测的市场投资组合的假定基础之上推导出来的。

尽管有这些吸引人的优势,套利定价理论并没有完全占有支配资本资产定价模型的地位。CAPM 在期望收益—贝塔关系上对所有的资产提出了一个明确清晰的陈述,而套利定价理论只说明该关系对除了可能的小部分以外的所有证券适用。这是一个重要的区别,但要去证明它是徒劳的,因为从一开始 CAPM 就不是一个容易检验的模型。而套利定价理论与指数模型之间进行比较则更有效。

除了 CAPM 的假设外,指数模型还依赖于以下两个附加的假设条件:其一,一个特定的市场指数与(难以观测的)理论市场投资组合几乎完全相关;其二,股票收益的概率分布是静态的,所以,样本期收益便可以提供对期望收益和方差的有效估计。

指数模型意味着市场指数资产组合是有效的,并且期望收益—贝塔关系对所有资产均成立。证券收益的概率分布是静态的和指数的可观测性这两个假定,使得对指数资产组合的有效性和期望收益—贝塔关系的检验成为可能。从假设到上述含义的观点的证明有赖于均方差的有效性,也就是说,如果任何证券违反了期望收益—贝塔关系,那么许多投资者(每一个相对都较小)将调整各自的投资组合,以使它们共同的对价格的压力恢复均衡,从而使其满足期望收益—贝塔关系。

相比较而言,套利定价理论利用单一要素证券市场假定和套利观点以获得满足充分分散化投资组合的期望收益—贝塔关系。因为它着眼于无套利条件,没有市场或指数模型的进一步假定,所以套利定价理论不能排除任何个别资产对期望收益—贝塔关系的违反。为此,还需要资本资产定价模型的假设和它的支配性论点。

总之,套利定价理论与 CAPM 模型的共同点是它都认为期望收益与风险之间存在着正相关关系。它们的区别有以下几点:

(1) 在推导期望收益—贝塔关系时,前者的基础是一个可操作的充分分散化资产组合,后者的基础是一个难以实现的真实市场组合。

(2) 在实际运用时,套利定价理论可以方便地分析多种影响股票收益的因素,而CAPM模型却缺乏这种能力。

(3) 套利定价理论的证明是建立在一般的理性理解之上,缺乏严格的数学表达,因而不能排除任何个别资产对期望收益－贝塔关系的违反;而CAPM模型的证明则要严谨得多。也正因为如此,虽然套利定价理论有优点,但并不能取代CAPM模型所具有的主导地位。

附录 从"华尔街革命"追溯到1900年
——金融经济学的发展历程[①]

狭义的金融学是指金融市场的经济学。现代意义下的金融市场至少已有300年以上的历史,它从一开始就是经济学的研究对象。但是现代金融学通常认为只有不到50年的历史。这50年也就是使金融学成为可用数学公理化方法架构的历史。从瓦尔拉斯－阿罗－德布鲁的一般经济均衡体系的观点来看,现代金融学的第一篇文献是阿罗于1953年发表的论文《证券在风险承担的最优配置中的作用》。在这篇论文中,阿罗把证券理解为在不确定的不同状态下有不同价值的商品。这一思想后来又被德布鲁所发展,他把原来的一般经济均衡模型通过拓展商品空间的维数来处理金融市场,其中证券无非是不同时间、不同情况下有不同价值的商品。但是后来大家发现,把金融市场用这种方式混同于普通商品市场是不合适的。原因在于它掩盖了金融市场的不确定性本质。尤其是其中隐含着对每一种可能发生的状态都有相应的证券相对应,如同每一种可能有的金融风险都有保险那样,与现实相差太远。

这样,经济学家们又为金融学寻求其他的数学架构。新的数学架构的现代金融学被认为是两次"华尔街革命"的产物。第一次"华尔街革命"是指1952年马科维茨(H. M. Markowitz,1927～)的证券组合选择理论的问世。第二次"华尔街革命"是指1973年布莱克(F. Black,1938～1995)—肖尔斯(M. S. Scholes,1941～)期权定价公式的问世。这两次"革命"的特点之一都是避开了一般经济均衡的理论框架,以致在很长时期内都被传统的经济学家们认为是"异端邪说"。但是它们又确实在以华尔街为代表的金融市场引起了"革命",从而最终也使金融学发生根本改观。马科维茨因此荣获1990年的诺贝尔经济学奖,肖尔斯则和对期权定价理论作出系统研究的默顿(R. C. Merton,1944～)一起荣获

---

① 本文节选自史树中《从数理经济学到数理金融学的百年回顾》(《科学》2000年第6期),并增加了具体的布莱克－肖尔斯欧式买入期权定价公式。文中注释为本教材所加。

1997年的诺贝尔经济学奖。不幸的是布莱克于1995年早逝,没有与他们一起领奖。

马科维茨研究的是这样的一个问题:一个投资者同时在许多种证券上投资,那么应该如何选择各种证券的投资比例,使得投资收益最大,风险最小。对此,马科维茨在观念上的最大贡献在于他把收益与风险这两个原本有点含糊的概念明确为具体的数学概念。由于证券投资上的收益是不确定的,马科维茨首先把证券的收益率看作一个随机变量,而收益定义为这个随机变量的均值(数学期望),风险则定义为这个随机变量的标准差(这与人们通常把风险看作可能有的损失的相差甚远)。如果把各证券的投资比例看作变量,问题就归结为怎样使证券组合的收益最大、风险最小的数学规划。对每一固定收益都求出其最小风险,那么在风险—收益平面上,就可画出一条曲线,它称为组合前沿。马科维茨理论的基本结论就是:在证券允许卖空的条件下,组合前沿是一条双曲线的一支;在证券不允许卖空的条件下,组合前沿是若干段双曲线段的拼接。组合前沿的上半部称为有效前沿。对于有效前沿上的证券组合来说,不存在收益和风险两方面都优于它的证券组合。这对于投资者的决策来说自然有很重要的参考价值。

马科维茨理论是一种纯技术性的证券组合选择理论。这一理论是当年他在芝加哥大学的博士论文中提出的。但在论文答辩时,另一位当时已享有盛名、后来也以他的货币主义而获得1976年诺贝尔经济学奖的弗里德曼(M. Friednan,1912~)斥之为:"这不是经济学!"为此,马科维茨后来不得不引入以收益和风险为自变量的效用函数,来使他的理论纳入通常的一般经济均衡框架。马科维茨的学生夏普(W. F. Sharpe,1934~)和另一些经济学家,则进一步在一般经济均衡的框架下,假定所有投资者都以这种效用函数来决策,而导出全市场的证券组合的收益率是有效的以及所谓资本资产定价模型(Capital Asset Pricing Model,CAPM)。夏普因此与马科维茨一起荣获1990年的诺贝尔经济学奖。另一位1981年诺贝尔经济学奖获得者托宾(J. Tobin,1918~2002)在对于允许卖空的证券组合选择问题的研究中,导出每一种有效证券组合都是一种无风险资产与一种特殊的风险资产的组合(它称为二基金分离定理),从而得出一些宏观经济方面的结论。

在1990年与马科维茨和夏普一起分享诺贝尔奖的另一位经济学家是米勒(M. H. Miller,1923~2000)。他与另一位在1985年获得诺贝尔奖的莫迪利阿尼(F. Modigliani,1918~2003)一起在1958年以后发表了一系列论文,探讨"公司的财务政策(分红、债权股权比等)是否会影响公司的价值"这一主题。他们的结论是:在理想的市场条件下,公司的价值与财务政策无关。后来他们的这些结论就被称为莫迪利阿尼—米勒定理。他们的研究不但为公司理财这门新学科奠定了基础,并且首次在文献中明确提出无套利假设。所谓无套利假设是指在一个完善的金融市场中,不存在套利机会(即确定的低买高卖之类的机会)。因此,如果两个公司将来的(不确定的)价值是一样的,那么它们今天的价值也应该一样,而与它们的财务政策无关;否则人们就可通过买卖两个公司的股票来获得套利。达到一般经济均衡的金融市场显然一定满足无套利假设。这样,莫迪利阿尼—米勒定理与一般经济均衡框架是相容的。但是直接从无套利假设出发来对金融产品定价,则使论证大大简化。这就给人以启发,我们不必一定要背上沉重的一般经济均衡的十字架,从无套利假设出发就已经可为金融产品的定价得到许多结果。从此,金融经济学就开始以无套利假设作为出发点。

以无套利假设作为出发点的一大成就也就是布莱克—肖尔斯期权定价理论[1]。所谓(股票买入)期权是指以某固定的执行价格在一定的期限内买入某种股票的权利。期权在它被执行时的价格很清楚,即:如果股票的市价高于期权规定的执行价格,那么期权的价格就是市价与执行价格之差;如果股票的市价低于期权规定的执行价格,那么期权是无用的,其价格为零。现在要问期权在其被执行前应该怎样用股票价格来定价?为解决这一问题,布莱克和肖尔斯先把模型连续动态化。他们假定模型中有两种证券,一种是债券,它是无风险证券,也是证券价值的计量基准,其收益率是常数;另一种是股票,它是风险证券,沿用马科维茨的传统,它也可用证券收益率的期望和方差来刻画,但是动态化以后,其价格的变化满足一个随机微分方程,其含义是随时间变化的随机收益率,其期望值和方差都与时间间隔成正比。这种随机微分方程称为几何布朗(Brown)运动。然后,利用每一时刻都可通过股票和期权的适当组合对冲风险,使得该组合变成无风险证券,从而就可得到期权价格与股票价格之间的一个偏微分方程,其中的参数是时间、期权的执行价格、债券的利率和股票价格的"波动率"。出人意料的是这一方程居然还有显式解。于是布莱克—肖尔斯期权定价公式就这样问世了。

经典的布莱克—肖尔斯期权定价公式是对于欧式股票期权[2]给出的,其公式为:

$$C(S,T) = SN(d_1) - Ke^{-rT}N(d_2)$$

其中 T 是到期时间,S 是当前股价,$C(S,T)$ 是作为当前股价和到期的函数的欧式买入期权的价格。

$$d_1 = \frac{1}{\sigma\sqrt{T}}\left[\log\frac{S}{K} + \left(r + \frac{\sigma^2}{2}\right)T\right], \quad d_2 = d_1 - \sigma\sqrt{T}$$

K 是期权的执行价格,r 是无风险证券的瞬时收益率,σ 称为股价的波动率 [Volatility,(连续时间)收益率的标准差与时间间隔的开方之比,这是一个需要测算的参数];N 称为累积正态分布函数,也就是标准正态分布随机变量的分布函数,它定义为:

$$N(d) = \frac{1}{\sqrt{2\pi}}\int_{-\infty}^{d} e^{-\frac{y^2}{2}} dy$$

---

[1] 关于布莱克—肖尔斯理论的专著和教材比较丰富,所有的金融经济学方面的著作都必有这方面的介绍。对于商学院的学生来说,标准的教材是赫尔(John C. Hull)的《期权、期货和其他衍生产品》。

[2] 欧式期权(European-style)只有在到期日当天或到期日以前某一规定的时间可以行使权利。

但是与马科维茨的遭遇类似,布莱克—肖尔斯公式的发表也困难重重地经过好几年。与市场中投资人行为无关的金融资产的定价公式,对于习惯于用一般经济均衡框架对商品定价的经济学家来说很难接受。这样,布莱克和肖尔斯不得不直接到市场中去验证他们的公式。结果令人非常满意。有关期权定价实证研究结果先在1972年发表。然后再是理论分析于1973年正式发表。与此几乎同时的是芝加哥期权交易所也在1973年正式推出16种股票期权的挂牌交易(在此之前期权只有场外交易),使得衍生证券市场从此蓬蓬勃勃地发展起来。布莱克—肖尔斯公式也因此有数不清的机会得到充分验证,而使它成为人类有史以来应用最频繁的一个数学公式。

布莱克—肖尔斯公式的成功与默顿的研究是分不开的,后者甚至在把他们的理论深化和系统化上作出了更大的贡献。默顿的研究后来被总结在1990年出版的《连续时间金融学》一书中。对金融问题建立连续时间模型也在近30年中成为金融学的中心。这如同连续变量的微分学在瓦尔拉斯时代进入经济学那样,尽管现实的经济变量极少是连续的,微分学能强有力地处理经济学中的最大效用问题;而连续变量的金融模型同样使强有力的随机分析更深刻地揭示了金融问题的随机性。不过用连续时间模型来处理金融问题并非从布莱克—肖尔斯—默顿理论开始。

20世纪50年代,萨缪尔森就已发现,一位几乎被人遗忘的法国数学家巴施里耶(L. Bachelier,1870～1946)早在1900年已经在他的博士论文《投机理论》中用布朗运动来刻画股票的价格变化,并且这是历史上第一次给出的布朗运动的数学定义,比人们熟知的爱因斯坦1905年的有关布朗运动的研究还要早。尤其是巴施里耶实质上已经开始研究期权定价理论,而布莱克—肖尔斯—默顿的工作其实都是在萨缪尔森的影响下,延续了巴施里耶的工作。这样一来,数理金融学的"祖师爷"就成了巴施里耶。对此,法国人很自豪,最近他们专门成立了国际性的"巴施里耶协会"。2000年6月,协会在巴黎召开第一届盛大的国际"巴施里耶会议",以纪念巴施里耶的论文问世100周年。

相关链接

  http://finance.yahoo.com 证券与共同基金的贝塔值
  http://www.efficientfrontier.com 资产组合理论和资产分配信息
  http://www.dailystocks.com 单指数模型的贝塔估算

思考与练习

  1. 叙述CAPM模型的假设。
  2. 什么是市场组合?一个证券不包含在市场组合中可能吗?为什么?

3. 在 CAPM 模型下，所谓的借款或贷款有何意义？

4. 在 CAPM 理论下，承受何种风险才会有市场价格？为何总风险（方差或标准差）在 CAPM 下，不是风险的计算标准？为何非系统风险并无市场价格（也就是，承担非系统风险并无收益可言）？

5. 为何 CAPM 是适用较广泛的理论？就评价资产的期望收益率与风险（β）而言，CAPM 是否适用于任何效率与无效率资产？

6. 证券市场线（SML）可用来决定哪些股票为股市所低估或高估。在应用上，应如何进行？

7. 资本市场线与证券市场线有何区别？

8. 已知两种股票 A、B，其收益率标准差分别为 0.25 和 0.6，与市场的相关系数分别为 0.4 和 0.7，市场指数的回报率和标准差分别为 0.15 和 0.1，无风险利率为 0.05。

(1) 计算股票 A、B 和 0.5A+0.5B 组合的 β 值；

(2) 利用 CAPM 计算股票 A、B 和 0.5A+0.5B 组合的期望收益率。

9. 预计未来 1 年中国证券市场的期望收益率将为 15%，且中国政府债券年利率为 5%。假设你考虑购买招商银行股票，现价为每股 25 元。预计派发每股 2.5 元的股利，而 1 年后的价格预计为 27 元。若招商银行的 β 为 1.5，试问你是否应购买它？

10. 在股票投资界，我们经常听到套利投资者寻找股市所误估的股票，而后进行买卖行为以获利。为何这种买卖行为是一种具有风险的套利而不是无风险套利？

11. 套利证券组合的条件是什么？

12. 为什么单指数模型可以大量简化马克维茨有效集的计算过程？

13. APT 模型与 CAPM 模型的主要区别有哪些？

14. 假定影响国家经济的两个因素已被确定：工业生产增长率与通货膨胀率。目前，预计工业生产增长率为 3%，通货膨胀率为 5%。某股票与工业生产增长率的贝塔值为 1，与通货膨胀率的贝塔值为 0.5，股票的预期收益率为 12%。如果工业生产真实增长率为 5%，而通胀率为 8%，那么，修正后的股票的期望收益率为多少？

第十一章　有效市场理论

股票价格的上升或下跌是否有迹可寻始终是投资者最为关心的事件之一。1953年，莫里斯·肯德尔(Maurice Kendall)对股票价格的历史变化进行了研究,试图寻找某些变化规律。但他却惊异地发现股价的运行似乎是随机的,无法确定股价的可预测形式。肯德尔的结论困惑了一些金融经济学家,股票市场没有任何逻辑规律。尽管如此,经济学家们的进一步反应则是要彻底扭转对肯德尔研究的诠释。这个问题不久就变得显而易见,即股价的随机变化表明了市场是正常运作或者是有效的,而非无理性的。本章主要内容有二:一是有效市场的假说。我们将考察那些似乎让人感到意外的结论背后的推理,证明竞争将自然地导致市场的有效性,并考察市场有效性假设对投资策略的含义。二是有效市场的检验,主要介绍那些支持与反驳市场有效性观点的经验证据。

第一节　有效市场的假说

一、股票价格的随机游走与有效市场

从最早的巴契里耶到20世纪30年代的沃金,从肯德尔到萨缪尔森都研究过股价的预测问题,都得出股价的变化是无法预测的结论。他们认为,股价的表现没有任何规律可循,完全是随机的。无论过去的业绩如何,在任何一天它们都有可能上升或下跌。因此,无法根据过去公司的表现及公司未来的前景来预测公司股票的价格。但是他们也认为,这并不意味着股票市场没有任何逻辑和规律可言,股价无法预测正是股票市场有效的结果,也是股价变化的规律。因为如果股价可以预测,投资者就可以根据预测结果买卖股票,轻松地赚钱。但是这种套利的前景会使大量资金投入股市,使股价在预期变化的时间到来之前就迅速上升或下跌。假如投资者发现"深发展"股票价格3天后会上涨10%,且许多投资者都了解这一趋势,他们就会立即买入"深发展"股票,而结果是"深发展"股票没有等到3天后,而是立即就上涨了10%。这样,许多投资者就会来不及在股价上涨之前购买。因此,说股价不可预测是因为任何可用于预测股价的信息已经在股价中被反映出来了,投资者通常只能得到与股票风险相称的收益率。这就是说,股价只对新的信息做出上涨或下跌的反应。根据常识,新信息是不可预测的,如果它们是可预测的,则可预测的

信息就会成为已知信息的一部分。这样,随不可预测的新信息变动的股价必然是不可预测的。这就是股价遵循的随机漫步(Random Walk)理论。

二、有效市场是竞争的结果

有效市场的定义容易使人们质疑：股价的预测分析和研究是不是就没有用处了？如果不是的话,是否与有效市场的定义相矛盾；如果是的话,为什么还有那么多投资机构和散户在进行这方面的研究。美国学者格罗斯曼和斯蒂格里茨回答了这个问题。他们认为,有效市场是竞争的结果,因此,有效市场假定与证券研究并不矛盾。市场之所以有效,有关信息之所以可以广为投资者所知,就是因为投资者进行了信息的搜集和有关的分析与研究,掌握了必要的信息,或者媒体和其他方式分享了有关的研究成果或信息。市场的有效性在于这些信息可以迅速地在投资者之间传播,而不是由少数人长时间的垄断。市场有效理论认为预测和研究并不能确保获利,因为研究者不知道还有多少其他投资者也在进行同样的研究并获得了相同的信息。如果投资者肯定知道有数量众多的其他投资者在进行相同的研究并获得了相同的信息,他可能就不愿进行这样的研究,因为这种研究毕竟要花费很多时间和费用；如果投资者肯定知道没有人进行这样的研究,那么,他的研究就肯定可以获得套利的机会和大量的盈利。正是这种不确定的情形,使投资者愿意不断地进行股价的预测和研究,希望自己可以得到他人得不到的信息,或者优先他人一步,早一点知道有关的信息,以获得获利的空间。也正是这种不断寻找套利机会,并不断地套利使市场变得有效起来。结论是,一般情况下,你要想获得额外的信息,就需要付出额外的努力,也就是冒更高的风险,才有更高的期望收益。如果不是这样,要打折扣的不是有效市场理论,而是市场的有效程度。

三、有效市场假说

美国学者法马1965年在多位学者研究的基础上提出了有效市场的假说,对理论界与实务界产生了巨大的影响。他在文章中指出股价已经反映了所有已知信息,这种观点叫做有效市场假说(Efficient Market Hypothesis,EMH)。有效市场假说按市场有效性的程度分为三种情况。

1. 弱式有效市场

弱式有效市场(Weak Form)认为股价已经反映了全部能从市场交易数据中得到的信息,这些信息包括过去的股价、交易量等数据。因此,对市场的价格趋势进行分析是徒劳的。因为过去的股价资料是公开的,可以毫不费力地获得。弱式有效市场认为,如果这样的数据曾经传达了未来业绩的可靠信号,那所有投资者肯定已经学会如何运用这些信号,随着这些信号变得广为人知,它们的价值会消失。所以,在弱式有效市场的情况下,技术分析没有任何价值。

2. 半强式有效市场

半强式有效市场(Semi-strong Form)认为与公司前景有关的全部公开已知信息一定已经在股价中反映出来了。除了过去的价格信息外,这种信息还包括公司生产经营管理方面的基本情况、统计数据、技术状况、产品状况、各种会计与财务数据等。因此,如果某投资者能从公开已知渠道获取这类信息,可以认为它也已经被反映在股价中了。半强式有效市场否定了基本分析的意义。

3. 强式有效市场

强式有效市场(Strong Form)认为股价反映了全部与公司有关的信息,甚至包括仅为内幕人员所知的信息。由于证券法规禁止公司管理层和了解公司经营活动和决策过程的内幕人士利用他们所知道的有关信息进行股票交易的盈利活动,因此从理论上说,一个机制完善、监管严格的市场是不存在利用内幕消息进行交易的。从这个意义讲,是无所谓强有效假定的。但实际上,首先,内幕交易很难界定,法律无法确定所有在尚未广为人知之前就获得信息的投资者全是违规投资者。其次,市场监管也难以做到没有违规交易发生。当然,要求一个市场的股价能反映包括内幕信息在内的全部公司有关信息,是一个太高的要求,在现实中并不存在这样的市场。它的意义和价值在于从理论上确定理想市场的标准,为内幕交易的违法性提供理论上的根据。

四、积极与消极的资产组合管理

投资者之间的竞争保证了任何容易实现的股票评估方法都将被广泛利用,以致任何由此得到的买卖信息都将在股票价格中得到反映。或许只有那些大公司花费人力、物力与资金研究的方法会产生交易利润?然而投资者能肯定大公司具有发现定价不当股票的能力或资源吗?还有,是不是任何不当定价都足以补偿主动投资管理的费用?

有效市场假说的拥护者相信,主动管理基本上是白费精力或者未必值得花那么多费用。因此,他们提倡一种被动投资策略(Passive Investment Strategy),该策略并不试图战胜市场。被动策略的目的只在于建立一个充分分散化的证券投资组合,而不去寻找那些过低或过高定价的股票。被动管理常被描述为一种买入并持有策略。因为有效市场理论指出,当给定所有已知信息时,股价的水平是公正的,频繁地买入或抛出股票是没有意义的,只会浪费大笔经纪佣金而不会提高其业绩。

被动管理的一个常用策略就是建立一个指数基金(Index Fund),它被设计成一个代表包含广泛股票的指数的股票基金。例如"上证50指数基金",该基金持有的股票种类与"上证50指数"中的成分股相同,其持有的每种股票数量与"上证50指数"中成分股的权重成正比。"上证50指数基金"的业绩因而反映了"上证50指数"的走势。它的管理费用可以降至最低,因为基金经理无需付钱给分析家来评估股票前景,也无需为高周转率而付出交易费用。这种基金的投资者仅花较少的管理费就可获得广泛的多样化。

五、资产组合在有效市场中的作用

如果市场是有效的,何不随意选择一些股票而不是理智地构造一个组合呢?这是一个从"证券定价是公平的"这个命题中得到的吸引人的结论,但这个结论绝非轻易得到。即使在完全有效的市场中,理性的资产组合管理也有重要作用。

在组合选择中的一条基本原则就是分散化。即使所有的股票价格都是公正的,每一种股票仍具有厂商特定风险,而这种风险是可以通过分散化来消除的。因此,即使在一个有效的市场中,理性的投资者也需建立与其风险厌恶水平相适应的充分分散化的资产组合。在国外,理性的投资者在证券选择时还要求考虑赋税。高税阶层的投资者通常不愿购入对低税阶层有利的证券。理性资产组合管理的第三个观点与投资者的特定风险范畴有关。例如,上海汽车公司的一个经理,其红利视公司的利润水平而定。通常他不应在汽车股上进行额外的投资,因为其薪水已经反映公司的业绩,该经理已经在"上海汽车"上过度投资了,不应再使其单一投资情况更加恶化了。

因此,即使在有效的市场中,资产组合管理仍具作用。投资者资金的最佳部位将随税赋、风险厌恶程度以及职业等因素而变化。有效市场中的资产组合经理们的任务是确保资产组合适应这些需要,而不是冲击市场。

第二节 有效市场的检验

一、弱式有效市场检验

弱式有效市场是比较容易检验的,也是人们最早进行实证检验的效率市场形式。弱式有效率市场强调的是证券价格的随机游走,不存在任何可以识别和利用的规律。因此,对弱式有效率市场的检验主要侧重于对证券价格时间序列相关性研究上,具体来讲,这种研究又分别从时间序列的自相关、操作试验、过滤法则和相对强度等不同方面进行。

1. 时间序列的自相关检验

时间序列的自相关是指时间序列的数据前后之间存在着相互影响,如果股票价格的升降对后来的价格变化存在着某种影响,那么在时间序列上应表现出某种自相关关系。但对股票价格的时间序列自相关性的研究表明,价格变化并不存在这种自相关关系,即使少数交易量和交易次数较少的股票价格的自相关系数稍大,但仍无法用于价格预测。关于股票价格变化的自相关研究肯定了随机游走理论的正确性。

法马在1965年检验了股票价格是否存在"趋势",即是否存在连续上升或连续下降的自相关现象。法马将道·琼斯30种工业指数股票分为正向变化、负向变化和零变化三组,以检验是否存在可利用的趋势。他的研究表明,并不存在与弱效率市场相矛盾的现象。尽管股票价格变化存在着轻度的自相关,但这种趋势很弱,考虑到证券交易成本,这种趋势不能够被用来谋取超额利润。

2. 操作检验

操作检验是一种非参统计检验方法。这一方法将股票价格的变化方向用正负号来表示,价格上升为正,下降为负。如果价格变化的自相关性较强,应能看到一个较长的同号序列,表示价格的连续下降或连续上升。但研究者们并未发现这种序列,因此,这一检验也肯定了随机游走模型。

3. 过滤法则检验

过滤法则检验是通过模拟股票买卖过程来检验随机游走理论的可信性。这一方法将股票价格变化作为买入卖出股票的指示器,如果股票价格上升,表明股市看好,则在次日买入一定比例的股票;如果股票价格下降,表明股市看跌,次日卖出一定比例的股票。如股票价格变化存在着某种相关关系,这种买入卖出方法的收益应显示出一定的特性。但经过许多学者的研究,都未能找到价格变化对投资决策有重要影响的证据。

4. 相对强度检验

相对强度检验也是模拟证券投资过程对随机游走理论进行的检验。检验者首先选择一个与股票价格变化有关的指标,然后按照这一指标数值的指示决定买入卖出某种股票的数额。研究结果并未找到价格变化对投资决策有重要影响的证据。

二、半强式有效市场检验——事件研究

事件研究(Event Study)描述了一种经验财务研究技术,运用这种技术可以使观察者评估某一事件对一个公司股价的影响。

例如,要分析一项已公开的红利变化的影响。在任何一天,股价都对广泛的经济信息诸如最新的 GDP 预测、通货膨胀率、利率、公司盈利能力等做出反应。但需要把由红利变化公告引起的那部分股价变动分离出来。研究人员经常运用统计方法来测度由于某一信息发布而产生的影响,这种方法结合了市场有效理论和指数化模型。由某一事件引起的非期望收益就是真实股票收益与在给定市场业绩下的期望收益之间的差异。

实践中使用的是改进的指数模型。如美国美林证券使用标准普尔 500 指数作为市场组合的替代,它依靠最近 60 个月每月的观测值来计算回归参数,模型使用总收益而不是超额收益来做回归。他们以这一方法估计了指数模型的一个变形,即用:

$$r_i = a + br_m + e_i \tag{11-1}$$

去替代:

$$r_i - r_f = \alpha_i + \beta_i(r_m - r_f) + \varepsilon_i \tag{11-2}$$

为了了解这一分离效应,将上式重新写成:

$$r_i = \alpha_i + (1-\beta_i)r_f + \beta_i r_m + \varepsilon_i \tag{11-3}$$

比较式(11-1)与(11-3),可以看到,如果在某个样本期间上,r_f 为常数,则这两个等式具有相同的独立变量 r_M 和残值。因此,在这两个回归中斜率系数相同。但是,被美林证券称为截距的 a 实际上是 $\alpha_i + (1-\beta_i)r_f$ 的一个估计。采用这一程序的明显理由是,按月为基准的 $(1-\beta_i)r_f$ 较小。

下面运用美林证券改进的指数模型。股票收益 r_t 在一段给定的时间 t 上,可以用数学公式表达为:

$$r_t = a + br_{Mt} + e_t \tag{11-4}$$

r_{Mt} 是在该时间段上市场的收益率,e_t 是由厂商特定事件引起的那部分证券收益率,系数 b 表示该股票对市场收益的敏感程度,a 是股票在市场收益为 0 的时期实现的平均收益率。因此,上式把市场因素和厂商特定因素分解开来。厂商特定收益应被解释为由事件引起的非期望收益。对上式变换得:

$$e_t = r_t - (a + br_{Mt}) \tag{11-5}$$

上式有一个简单的解释:要确定股票收益中厂商特定因素的部分,要从股票收益率中减去由给定的市场变化而使股票相应获得的收益。剩余部分 e_t 是在给定股票对市场的敏感度时,股票在该期间基于市场变化预测之外的收益。

例如,假定分析家估计某股票的 $a=0.5\%$,$b=0.8$。在某一天市场上涨了1%,你将可以预知股票将会上升一个预期值为 1.3%(0.5%+0.8×1%)。如果股票事实上涨了2%,分析家会推断那天的厂商特定信息引起了 0.7%(2%-1.3%)的股票额外收益。有时把 e_t 称为非常规收益(Abnormal Return),即来自市场变动之外的收益。

事件研究中的一个通常策略是在某个股票的新信息在市场发布的那几天对非常规收益进行估计,并且把股票的非正常行为归因于新信息。该研究的第一步是对研究中的每一种股票的参数 a 和 b 进行估计,这些工作通常利用指数回归模型计算事件发生前一段时间的数据,用这种方法求出参数。用事件前一段时间的数据进行估计,可以使参数的估计不受事件的影响。第二步,要记录每一公司的信息发布日期。例如,在研究收购企图对目标公司股价的影响时,发布日期就是指公众得知收购企图的那一天。最后,计算在发布日期前后每一家公司的非常规收益,评估有代表性的非常规收益的统计显著性和规模以决定新发布信息的影响力。

使事件研究变得复杂的一件事就是信息的泄露。泄露是指与一件相关事件有关的信息在官方公布之前已经发布给一小群投资者。在这种情况下,股价可能会在官方公布日的几天前或几周前上升(假设这是个好消息)。这样,官方公布日的任何非常规收益对于信息发布的影响便是一个粗略的指示器。一个较好的指示器将会是累积非常规收益（Cumulative Abnormal Return），即该期间所有非常规收益的简单加总。这样，当市场对新信息做出反应时，累积非常规收益便包含了在整个期间厂商特定股票的全部变化。

图 11-1 展示了一个相当典型的事件研究的结果。这项研究的发起者对收购公布之前的信息泄露感兴趣并构造了一个由 194 家收购目标公司组成的样本。在大多数收购中，被收购公司的持股人把他们的股份以高于市值的价格卖给收购者。收购的公布对目标公司的持股人是好消息，因为会引起股价跃升。

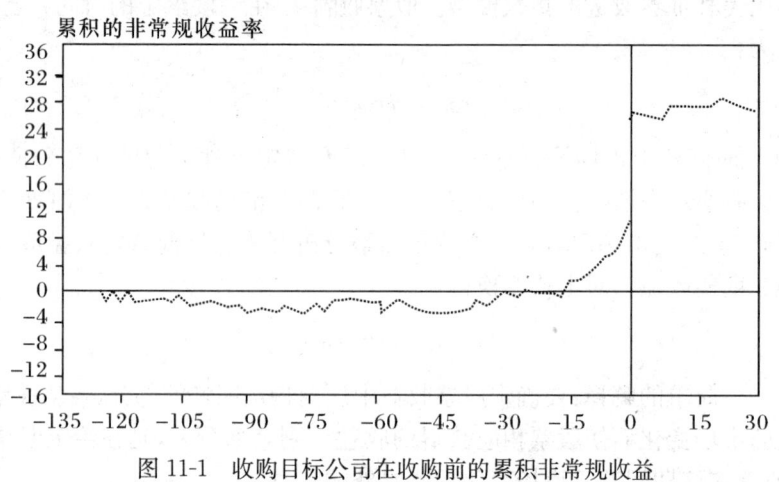

图 11-1　收购目标公司在收购前的累积非常规收益

上图证实了好消息发布的本质。在信息发布当天（假定它为第 0 天），目标样本中的目标公司的平均累积非常规收益大幅上升，表明了公布日有大量正的非常规收益。注意，在紧接着公布日的几天中，累积非常规收益不再显著上升或下跌。这是与有效市场假定一致的，一旦信息被公开，股价几乎立刻跃升以响应好消息。公布日之后的累积非常规收益的缺乏波动也是一个有效的市场将信息体现在股价之中的最清晰的证据。从公布日前几天的收益模式可以得出一些关于有效市场和信息泄露的有趣的证据。如果内幕人员交易规则被严格遵守且得到完全实施，则在信息发布之前股价不应显示存在非常规收益，因为在公布之前不可能获得任何厂商特定信息。

三、强式有效市场检验

如前所述，强有效率市场是一个极端的假设，对这一假设的检验主要是对内部人员的股票交易和专业投资机构的股票交易的盈利状况的检验。

公司内部人员从事股票交易要受到严格限制，他们只能在法律允许的范围内从事合法交易。如果公司人员利用内幕消息进行非法交易，他们无疑是可以赚钱的。但是，由于合法与非法的界限非常精细，在实际区分时比较困难。对公司内部人员的合法交易的研究结果是不明确的。有些研究发现公司内部人员从事股票交易可以获得额外利润;有些研究发现公司高级职员(如总裁,经理人员等)的股票交易收益要高于其他公司内部人员;但也有些研究认为公司内部人员作为一个整体在股票投资收益方面并没有太突出的表现。

专业投资机构由于拥有专业投资人员,具备专门的分析技巧和预测方法,同各股份公司的联系密切。人们通常认为他们能够比一般投资者掌握更多的信息和资料,能够发现一些在股票价格中未曾反映出来的信息,因此其投资收益也应优于一般投资者,但大量事实表明,这些投资机构的表现并不突出。这一发现,是对强有效率市场假设的支持。

总之,早期的各项实证研究对弱式有效市场和半强式有效市场假设给予了较充分的肯定,但对强有效率市场假设的支持则明显不足。

四、市场上的异常事件

最后,需要对有效市场理论的一些广为人知的异常事例作一个简短的回顾。市场异常即表明市场无效。异常因素存在于有效市场理论的任何形式之中,但大多数情况下它都是在半强式有效市场理论下出现。市场异常事件是指任何可能产生超额利润的事件。研究人员对这些异常事件进行了深入的分析,即通过研究过去的股价变动同异常事件的相互关系来加以检测。后验(Back Testing)的结果是显而易见的,只要这种异常事件发生,股价相互有所变动,这种效应就会发生。这里主要说明四种类型的异常事件:季节异常、事件异常、公司异常和会计异常。

1. 季节异常

季节异常(Seasonal Anomaly)只与时间有关。例如,一月异常就是指股票价格在一月份(及十二月份)存在上升的趋势。一月效应是世界性的。一月份全球指数的平均月收益率为 2.35%,这明显高于其他任何一个月。周末异常是指证券价格在星期五趋于上升,在星期一趋于下降的现象。这种现象在假日之前的周末更为显著。此外,还发现以下几种与时间有关的异常现象:

(1) 工作日异常:证券价格在一天中的最初 45 分钟和最后 15 分钟趋于上升。

(2) 季节异常:季节销售额高的公司在高销售时期价格趋于上升。

(3) 假日异常:在某假日前的最后一个交易日有正值收益。

2. 事件异常

事件异常(Event Anomaly)是指某种容易辨明的事件发生后的价格变动。另一种这一类型的异常是指分析家们的推荐。分析家们对某种证券的推荐越多,在不久的将来这种证券的价格越有可能下跌。这种令人困惑的结果可以解释如下:当一两个分析家发现了某种价格被低估的股票时,就会向他们的客户推荐这种股票,当客户们购买这种股票时会把价格抬高。价格的上升吸引了其他分析家的注意,他们随即也推荐这种股票,从而把价格推向更高的水平。这种价格上升的压力会延续下去,直到分析家们开始从购买推荐

变为建议抛出为止,随后价格下跌。此外,还有以下几种事件异常现象:

(1) 内幕知情人交易:购买某种股票的内幕知情人越多,这种股票的价格越有可能上升。

(2) 价值线指数成份股变动:在价值线指数把某种股票纳入后,该证券价格将继续上升。

(3) 上市:在某种证券宣布它将在某交易所挂牌交易后,该种证券价格将会上涨。

3. 公司异常

公司异常(Firm Anomaly)是由公司本身或投资者对公司的认同程度引起的。例如,在排除风险因素之后小公司的业绩好于大公司,这种异常被称为规模效应(Size Effect)。一种与之类似的异常是忽略公司效应(Neglected Firm Effect),分析家对某一特定证券的了解越少,其平均收益就越大。这种异常可能是规模效应的一种,因为被忽略的公司往往是小公司。此外,还有以下几种公司异常现象:

(1) 封闭式共同基金:以折价交易的封闭式基金的收益率较高。

(2) 机构持有的公司:为少数机构所持有的公司趋于较高收益。

4. 会计异常

会计异常(Accounting Anomaly)是指在会计信息发布后发生的股价变动。主要有以下几种异常现象:

(1) 市盈率:市盈率较低的股票往往有较高收益率。

(2) 盈余意外:实际盈余大于预期盈余的股票甚至在宣布盈余后,价格仍会继续上升。

(3) 市净率:如果市净率(价格与账面价值比)较低,那么这种股票股价有上涨潜力。

(4) 股利收益率:如果股利收益率高,那么这种股票有一定的投资价值。

(5) 盈余增长:盈余增长率持续增长的公司,其业绩往往好于其他同类的股票,其股票具有投资价值。

尽管对有效市场理论有很多争论,但一般地说,市场还是有效的。许多人听过这样一个笑话:路上掉了一张 100 元的钞票,有两位散步路过的经济学家看到了,一位要去捡,另一位劝阻道:"别费劲了,如果是真的,别人早捡走了。"教条主义害死人。投资者一定不能认为:既然市场是有效的,再对股价进行分析研究还有什么意义。实际上,当市场具有充分竞争性时,任何想象的优异投资策略都值得怀疑,但特别的勤奋、智慧和创造性也一定会得到应得的回报。

相关链接

关于个股和共同基金的市场有效性信息。

http://my.zacks.com
http://www.wsrn.com
http://www.corporateinformation.com
http://www.businessweek.com/investor

思考与练习

1. 列出并简短定义有效市场假设的三种形式。
2. 试述现实中不同程度上支持三种形式的有效市场的例子。
3. 公司刚刚宣布其年收益增加的好消息,但其股价却下跌了,可否对这一现象做出合理的解释?
4. 试用有效市场理论评价技术分析与基本分析。
5. 讨论组合资产管理者在绝对有效市场中所扮演的角色。

第十二章 行为金融学

行为金融学是金融理论领域的一次革命，它打破了期望效用最大化理论和有效市场假说的传统范式的统治地位，构建起了新的框架和新的基本观念。过去几十年的金融研究发展中一直存在着一个趋势，假设所有人类行为是严格理性的，人们利用信息也是完美的。而行为金融学的兴起和发展是这种趋势的一个自然逆转。一方面，传统的金融理论已经发展成一个比较完善的体系，推进这种范式发展的研究也带来了许多有用的模型和见解。但另一方面，人们也意识到传统金融理论中的某些结论是不正确的，至少是起着很大程度上的误导作用。对金融学来说，行为金融革命是一个折中道路的回归，它不再局限于一个狭窄的理论框架，而是将其他社会科学的理论和见识纳入考察范围，特别是心理学，当然还包括社会学、政治科学和人类学。本章在对行为金融学进行概述的基础上主要介绍四方面的内容：一是行为金融对认知偏差的研究；二是前景理论；三是行为金融学的主要理论模型；四是行为金融学对异象的解释。

第一节 行为金融学概述

一、行为金融学的定义

随着自然科学与社会科学的发展，越来越多的学科开始走向相互融合、相互促进的发展道路。各种交叉学科也不断涌现，行为金融学就是其中之一。顾名思义，所谓"行为金融"，就是将行为与金融相结合的科学。如果把行为学派(Behaviorism)视为心理学的分支，那么行为金融学可以视为心理金融学的一个分支。但是，行为金融学不仅融合了心理学，也引入许多其他科学的研究内容，如社会学。因此，难以将行为金融学的学科归属加以明确的区分，而且这种区分也无多大意义。简单来说，行为金融学是以心理学和其他相关学科的成果为基础，并尝试将这些成果应用于探讨和解决金融问题的科学。

作为一个新兴的研究领域，行为金融学至今还没有一个为学术界所公认的严格定义。但是，不少学者提出了自己的看法。

泰勒(Thaler)认为，行为金融学只是为了解释金融学实证之谜而有必要认为一些代理人的经济行为有时并非完全理性，因此他将行为金融理论称为思路开放式金融研究

(Open-minded Finance),只要对现实世界关注,考虑经济系统中的人有可能不是完全理性的,就可以认为是开始研究行为金融理论了。

席勒(Shiller)从以下几个层次定义行为金融学:其一,行为金融学是心理学和决策理论与经典经济学和金融学相结合的学科;其二,行为金融学试图解释金融市场中实际观察到的或是金融文献中论述的与传统金融理论相违背的反常现象;其三,行为金融学研究投资者如何在决策时产生系统性偏差。

林特纳(Lintner)认为,行为金融学是研究人类如何解释信息以及根据信息如何做出决策。

Olsen声称行为金融学并不是试图去定义"理性"的行为或者把决策打上偏差或错误的标记,而是寻求理解并预测市场心理决策过程的系统含义。

Statman在对行为金融学进行总结时指出,行为金融学与现代主流金融学本质上并没有很大的差异,它们主要目的都试图在一个统一的框架下,利用尽可能少的工具构建统一的理论,解决金融市场中的所有问题。唯一的差别就是行为金融学利用了与投资者信念、偏好以及决策相关的认知心理学和社会心理学的研究成果。

Hsee则认为,行为金融学是将行为科学、心理学和认知科学的成果运用到金融市场中产生的学科。它的主要研究方法,是基于心理学实验结果,提出投资者决策时的心理特征假设,来研究投资者的实际投资决策行为。

综合以上学者的观点,可以认为行为金融学主要有如下几个特征:

(1) 以心理学和其他相关学科的研究成果为依据;

(2) 突破了传统主流金融理论只注重用理性投资决策模型对证券市场投资者实际决策行为进行简单测度的范式,强调了投资者在更多时候是非理性或有限理性的;

(3) 以人们的实际决策心理为出发点,研究投资者的投资决策行为规律及其对市场价格的影响;

(4) 使人们可以更加透彻、真实地了解和刻画金融市场。

二、行为金融学与传统主流金融学的关系

传统主流金融理论把金融投资过程看作一个动态均衡过程,根据均衡原理,在理性假设和有效市场的基础上,推导出证券市场的均衡模型。有效市场假说被认为是传统主流金融理论的核心之一,它充分地反映了传统金融的研究脉络。史莱佛(Shleifer)归纳为有效市场建立在以下三个不断弱化的假设条件之上:其一,投资者是理性的,可以理性地评估证券价格;其二,即使投资者是不理性的,由于他们交易的随机性,能抵销彼此对价格的影响;其三,若部分投资者有相同的不理性行为,市场可以利用"套利"行为使价格恢复理性。

有效市场理论诞生后,各种质疑不断涌来。金融噪声理论、分形市场假说、协同市场

假说均对其进行批评和修正,但真正具有挑战力的只有行为金融学。行为金融学是行为理论与金融分析相结合的研究方法与理论体系。它分析人的心理、行为以及情绪对人的金融决策、金融产品的价格以及金融市场发展趋势的影响,也是心理学与金融学结合的研究成果。20世纪90年代以来,行为金融学通过实验手段,从人类决策行为的非理性角度出发,对市场有效性假说提出了质疑。其基本结论是:证券的市场价格并不只是证券自身包含的一些内在因素所决定,而且还在很大程度上受到各参与主体行为的影响。换句话说,证券市场并不是有效的。行为金融学在对传统理论的假设进行质疑的基础上,就资本市场的价格发生、预测等重大问题初步形成了独具特色的研究框架。

Van Raaij 提出的"经济心理学"的一般模型很好地解释了行为金融学与传统金融理论的差异。首先,经济环境反映出一般经济状况的改变。但由于个人因素的差异,不同的人对经济情况会有不同的认知与感受,加上个人主观的价值判断,进而通过行为表现与经济环境产生复杂的互动关系。换言之,不同的个体对市场或经济状况会有相同或不同的"认知"(Perception),进而转化为行为和彼此间的相互作用,最后再反馈到市场和经济中。以股票价格的决定为例,股价的变动可能来自公司本身基本面的变化(市场和经济状况的变动),也可能反映了投资者个人预期的改变(心理因素),或者两者兼而有之。传统金融理论将人视之为理性,认为价格变动的原因主要来自于基本面的变化(盈利水平、宏观经济环境等),而忽视了个人和群体决策的作用。相反,行为金融学则大大提升了"人"的地位。

行为金融学试图用以人为中心的范式去代替传统金融理论的机械式的力学范式。尽管如此,行为金融学也承认传统金融理论的范式在一定的范围内仍然是正确的。从研究方法上看,行为金融学与传统主流金融理论是基本相同的,都是在某种假设的基础上建立模型,并对金融市场的现象做出相应的解释。所不同的是,行为金融学关于投资者行为的假设是以心理学对人们实际决策行为的研究成果为基础的。因此,研究行为金融学的理论基础,建立适合金融市场实际情况的行为模型,提供基于行为金融学的投资策略,成为目前行为金融学的研究框架。

表 12-1 给出了传统主流金融学与行为金融学的对比,更清晰地分辨两者之间的区别。

表 12-1

传统主流金融学与行为金融学的区别

	传统主流金融学	行 为 金 融 学
理论基础	"理性人"假设	投资者实际决策模式(应变性、偏好多样化、追求满意方案等)
分析方法	推理和数学模型	综合运用经济学、数学、实验经济学、心理学等多种方法

(续表)

	传统主流金融学	行为金融学
涉及学科及领域	经济学、金融学、数学	经济学、金融学、数学、心理学、生物学、社会学、系统动力学等
研究视角	将复杂的经济现象抽象为简单的数学模型	探究决策过程中投资者的实际行为和心理依据,并基于此对经济现象加以解释

三、行为金融学的产生

在传统主流金融理论发展的同时,有关金融市场的经验研究发现实际中存在着许多主流金融理论所不能解释的异象。这激起了许多学者对交易者风险偏好、信念的反思和修正。这时,以心理学对投资人决策过程的研究成果为基础,重新审视整体市场价格行为的行为金融学逐渐获得重视。

19世纪勒庞(Gustave Lebon)的《乌合之众》(The Crowd)和马凯(Charles Mackey)的《投资与骗局》(Speculation and Fraud)两本书就已经开始研究投资市场群体行为了。1936年,凯恩斯的"空中楼阁理论"开始关注投资者自身的心理影响。该理论主要从心理因素角度出发,强调心理预期在人们投资决策中的重要性。他认为决定投资者行为的主要因素是心理因素,投资者是非理性的,其投资行为是建立在所谓"空中楼阁"之上的,证券的价格决定于投资者心理预期所形成的合力,投资者的交易行为充满了"动物精神"(Animal Spirit)。

真正意义上的行为金融学理论是由美国奥瑞格大学商学院Burrel教授和Bauman教授于1951年最先提出来的,他们认为,金融学家们在衡量投资者的投资收益时,不仅应建立和应用量化的投资模型,而且还应对投资者传统的行为模式进行研究。1972年,心理学教授Slovic发表了一篇启发性的论文,开始从心理学的角度出发研究了投资决策的过程。但是由于20世纪七八十年代正好是传统金融理论迅速发展的时期,其金融理论体系的完美性,加之大量实证结果的支持,使得行为金融理论处于相对弱势的地位。

这一时期的行为金融研究主要以斯坦福大学教授特维斯基(Tversky)和普林斯顿大学卡纳曼(Kahneman)为代表人物。Tversky和Kahneman的两篇论文对行为金融学的创立和发展影响深远,其研究核心是人在面对不确定未来世界时是否总能保持理性。1974年在《科学》杂志中,他们讨论了直觉驱动偏差(Heuristic-driven Error),1979年《经济计量学杂志》发表了他们讨论框架依赖(Frame Dependence)的论文。而直觉驱动偏差和框架依赖正是行为金融学的重要论题。

行为金融理论作为一种新兴金融理论真正兴起于20世纪80年代后期,1985年德邦(Debondt)和泰勒(Thaler)发表了题为《股票市场过度反应了吗?》一文,引发了行为金融理论研究的复兴,因而被学术界视之为行为金融研究的正式开端。此后,行为金融研究有了突破性的进展,主要因为,一是经济学重新重视经济行为主体本源的规律性挖掘,金融学则顺应这种转向越来越注重对微观金融现象的研究;二是大量异常现象的产生和一些心理学实验研究表明传统金融存在基础上的缺陷;三是对研究方法论的再思考,行为金融理论研究首先关注的是"实际是什么",注意对现实的研究,再试图找出这些现象背后深层次的经济学解释;四是卡纳曼和特维斯基提出的前景理论得以进一步发展并得到广泛认可。

泰勒研究了股票回报率的时间序列、投资者心理账户(Mental Account)以及行为生命周期假说(The Behavioral Life-cycle Hypothesis)等问题。席勒从证券市场的波动性(Volatility)角度,揭示出投资者具有非理性特征,同时他在羊群效应、投机价格和流行心态的关系等方面也做出了卓著的贡献。2001 年 Clark 经济学奖得主拉宾(Rabin)将人的心理行为因素引入经济学的分析模型,他关注在自我约束的局限下,人们会出现"拖延"(Procrastination)和"偏好反转"(Preference Reversal)等行为,这些有趣的研究成果对储蓄、就业等问题都具有一些有意义的启示。除此以外,史莱佛对噪声交易者(Noise Traders)和套利限制(Limited Arbitrage)的研究,Odean 对"处置效应"(Disposition Effect)的研究,Kim 和 Ritter 对 IPO 定价的异常现象的研究等都受到了广泛的关注。

20 世纪 90 年代以来,大量学者将注意力投向这个领域,行为金融研究进入深化阶段,其影响力也与日俱增。由于心理因素是影响投资决策和资产定价不可缺少的影响因素,这个时期的行为金融理论更加关注基于投资者心理的最优组合投资决策和资产定价研究。1994 年,Shefrin 和 Statman 提出了行为资本资产定价模型(Behavioral Asset Pricing Model,BAPM),2000 年他们又提出行为组合理论(Behavioral Portfolio Theory,BPT)。

随着影响的日益扩大,行为金融理论已经开始为主流经济学家们所关注并逐渐接受。2002 年度的诺贝尔经济学奖颁给行为金融学奠基人之一的卡纳曼,就充分反映了主流经济学的认可,同时也彰显了行为金融学在未来学科发展中不可忽视的位置。不管暂时这个理论有多少不足和缺陷,对它的认可本身就给主流经济学带来了巨大的冲击和挑战,预示着经济学的一场革命。

第二节 行为金融对认知偏差的研究

行为金融学对投资者认知偏差的研究主要吸收了认知心理学(Cognitive Psychology)的研究成果。认知心理学是研究人的高级心理认识过程,如注意、知觉、表象、记忆、思维和语言等的学科。目前西方心理学界通常所指的认知心理学,是指狭义的认知心理学,也就是所谓的信息加工心理学。它把投资行为看做是系统的信息处理过程,认知就是信息的加工。在这个过程中,投资者受到诸多因素的影响,每个阶段都可能对信息的理解发生偏离,从而导致投资者认知偏差的产生。

一、投资者认知偏差的原因

解决问题的策略多种多样,应用哪种策略即依赖于问题的性质和内容,也依赖于人的知识和经验。总的说来,人所应用的问题解决策略可分两类,即算法(Algorithm)和启发法(Heuristics)。算法是解题的一套规则,精确地指明解题的步骤。如果一个问题有算法,那么只要按照其规则进行操作,就能获得问题的解,这是算法的根本特点。启发法是凭借经验的解题方法,也可称为经验规则。启发法与算法不同,它不能保证问题一定得到解决,但却常常有效地解决问题。心理学的研究表明。人们在面对复杂、不确定的、缺乏现成算法的问题时所采取的是启发式法,寻求解决问题的捷径。这种方法会导致人们形成一些经验规则,这些经验规则往往使得人们处理问题和决策判断时有了一些相对迅速、简单的方法和标准。但是当涉及与统计有关的投资行为时,大量的行为科学研究发现,人并不是良好的直觉统计处理器(Intuitive Statistical Processor)。人的心理状况会扭曲推理过程,常常会导致一些不自觉的偏误,这些错误的推理结果就表现为一系列心理偏差,即所谓的"启发式偏误"(Heuristic Bias)。此外,人们在决策时存在"框架信赖",而非现代金融理论"框架独立"的假设。下面将结合心理学理论来分析投资者在金融市场上行为特征和偏差的表现。

1. 代表性启发法

Kahneman,Slovic 和 Tversky(1982)认为,人们在不确定性条件下,会关注一个事物与另一个事物的相似性,以推断第一个事物与第二个事物类似之处。人们假定将来的模式会与过去相似并寻求熟悉的模式来做判断,并且不考虑这种模式的原因或者模式重复的概率。认知心理学将这种推理过程称之为代表性启发法(Representative Heuristic)。它是指人们倾向于根据样本是否代表(或类似)总体来判断其出现的概率。

代表性启发法与贝叶斯规则的预测在某些特定场合可能是一致的,从而造成人的概率推埋遵循贝叶斯规则的印象。它是思想在处理现实世界问题时所走的捷径,这在大多数时候是很有效的。人们运用代表性启发法判断问题时存在这样的认知倾向:喜欢把事物分为典型的几个类别,然后,在对事件进行概率估计时,过分强调这种典型类别的重要性,而不顾有关其他潜在可能性的证据。常见的表现有,人们习惯用大样本中的小样本去代替大样本;或者凭经验掌握了一些事物的"代表性特征",当人们判断某一事物是否出现时,他们常常只看这一事物的"代表性特征"是否出现。

代表性启发法导致的偏差在股票市场中也表现出来。如果公司过去几年的业绩不错,那么未来的高利润的可能性就比较大。De Bondt 和 Thaler(1985)发现,由于受到代表性启发法的影响,投资者认为过去的状况会持续,对于股市中过去的输家会过度悲观,而对过去的赢家会过度乐观追捧,结果使得股价和基本面价值的差异越来越大。

2. 可得性启发法

可得性启发法(Availability Heuristic)是指人们倾向于根据一个客体或整体在知觉或记忆中的可得性程度来评估其相对频率,容易知觉到的或回想起的被判定为更常出现。可得性在评估频率和概率时是有用的线索,因为大集合(更容易得到的事件)的例子通常比小集合(不容易得到的事件)能更好更快地获得。因此,可得性启发法在事件的可得性与其客观频率有高度相关时是非常有用的,然而,依靠可得性进行预测可能会导致偏差。

投资者很多时候只是简单地根据信息获取的难易程度来确定事件发生的可能性。之所以造成这种现象,是因为个人不能完全从记忆中获得所有相关的信息,因此往往对容易记起来的事情更加关注,认为其发生的可能性较大。比如,具体事情比抽象概念容易记住,因此给人印象更深刻。Shiller(2000)通过调查发现,由于20世纪90年代后的股市繁荣伴随着网络的迅速发展,网络使用者们倾向于将股市繁荣归功于网络的发展。由于网络发展给人的印象比较深刻,相对于其他的事情而言,这些投资者认为网络在这一轮牛市行情中起着更重要的作用。

3. 锚定与调整启发法

在判断过程中,人们最初得到的信息会产生锚定效应(Anchoring Effect),从而制约对事件的估计。人们通常以一个初始值为开端进行估计和调整(Adjustment),以获取问题的答案。这些初始值的设定,会受到很多影响,围绕初始值的调整也是不充分的,而且不同的初始值会产生不同的最终估计。锚定效应在复杂事件的风险评估过程中尤其显著。

金融市场中常见的对价格反应不足等现象与锚定与调整启发法有着密切的关系。Cutler,Porterba和Summers(1989)发现,当重要消息发生时,股票价格只有少许变动,随后在没有什么重大信息透露时发生巨幅变动。他们在1991年也发现短于一年的短期收益率呈现正自相关的现象,此种正自相关的现象意味着价格对消息一开始反应不足,然后逐渐消化并反映出来。Bernard和Thomas(1989)发现公司股票价格会延迟反映公司盈余的消息。

La Porta(1996)发现分析师预期的低盈利成长的公司在盈利宣布日股价会上升,而分析师预期的高盈利成长的公司股价在盈余宣告日会下跌。他认为该现象的原因主要在于分析师(包括市场)过度依赖过去的盈利变化来做预测,而且当盈利的消息产生时,调整的速度相对较慢。Shefrin(2000)也认为分析师和投资者对于新信息的反应都比较保守。

4. 框架依赖

由于人们对事物的认知和判断过程中存在着对背景的依赖,所以事物的表面形式会影响对事物本质的看法,事物的形式(Form)被用来描述决策问题时常称之为"框架"(Frame)。"框架独立"(Framing Independence)是指形式与行为无关。传统金融学的拥护者认为框架是透明的,表明证券市场的专业人士可以通过不同的方法看到现金流是如何被描述的。然而许多框架不是透明的而是隐晦难懂的,当一个人通过不是透明的框架来看问题时,他的决定将很大程度上取决于他所用的特殊的框架,这就是所谓的"框架依赖"(Framing Dependence)。由框架依赖导致认知与判断的偏差即为"框架偏差"(Framing Bias),它是指人们的判断与决策依赖于所面临的决策问题的形式,即尽管问题本质相同但因形式的不同也会导致人们做出不同的决策。

二、投资者认知偏差的表现行为

1. 过度自信

过度自信(Over-confidence)源于人们的乐观主义(Optimism),大多数人对自己的能力和对未来的预期能力表现出过分的乐观自信。Alpert(1982)认为这种过度自信会导致投资者主动承担更大风险,从而偏离行为理性的轨道。Odean(1998)对过度自信作了阐述,他认为过度自信导致投资者将投资成功归结于自己能力的结果而不是归结为运气,而且随着成功投资次数的增加,投资者会变得更加过度自信。过度自信往往还受到环境的影响,一般地说,牛市往往会导致更多的过度自信,比如20世纪90年代末期股市的网络热潮。过度自信对投资者处理信息有很大的影响。一方面,投资者会过分依赖自己的信息而忽视公司基本面的状况或者其他投资者的信息;另一方面,投资者在审视信息时,会故意注重那些能够增强他们自信心的信息,而忽视那些明显伤害自信心的信息。

过度自信还体现在交易过度上。按照传统金融理论的分析,如果没有任何信息的披露,投资者不会盲目地参与交易,也就是说市场交易量会保持在一个相对低的水平上。然而事实并非如此,20世纪50年代以来,纽约股票市场的年换手率平均为18%,而某些年份如1987年却高达73%,对这种过度交易(Over-trade)的行为,Benos(1998)和Odean(1998)认为,投资者的交易决策,总是基于自己的某种判断,或是基于某种信息,或是基于技术面分析,或是基于基本面分析。理性的投资者交易的基本原则是:卖出预期表现较差的股票买进预期收益较好的股票;或者表述为卖出预期损失较大的股票换成预期至少没有损失的资产。如果投资者对自己的信息处理能力和决策能力过度自信,就会进行一些非理性的交易。他们交易的股票(买或卖)在未来的表现往往与预期并不一致。投资者越是过度自信,所获得的收益与预期相比越低。Odean通过对近80 000个投资者交易账户数据的实证分析,发现散户会在卖出股票后很快又买进另一种股票,但是平均来说第一年的时候,即使不算交易成本,他们卖的股票也明显比买进的股票表现要好。这就验证了投资者过度自信的存在。

过度自信与"后见之明"的心理偏差有着密切的关系。人们经常在某件不确定事件结果出现后,自我觉得似乎"我早就知道很可能是这个结果"。这种过分相信自己具有"先知先觉"能力,称之为后见之明(Hindsight)。它帮助人们构建一个对过去认知似乎合理的事后法则,使得人们为自己的判断能力感到自豪。

2. 过度反应与反应不足

反应过度(Over-reaction)与反应不足(Under-reaction)可以说是行为金融学挑战传统金融理论的一个领域，而且由于过度反应等所导致的股价异常现象也是对传统金融理论攻击的主要切入点之一。许多实证结果表明，股票市场上短期的股价收益率呈现正相关现象，而长期的股价收益率呈现负相关现象。行为金融学认为，以上现象的产生主要是投资者对信息的反应过度和反应不足所造成。Kahneman 和 Tversky(1973,1982)的研究表明：投资个体对预测的直觉性使他们倾向于对一些醒目的信息(如近期信息)过分关注，而轻视不醒目的信息(如以往信息)。Arrow(1982)进一步认为，对现有信息的偏激反应存在于所有的证券市场和期货市场。Russell(2000)归纳了投资者基于新信息而对未来预期的行为分布，发现尽管有 80% 的投资者能够对信息做出正确的反应，但仍然有 10% 左右的投资者存在着明显的反应过度或者反应不足。

De bondt 和 Thaler(1985)在文章《股票市场反应过度吗？》中着力对反应过度进行深入的研究，正式系统地提出了"反应过度"说，指出投资者在实际投资活动中会对一些突发性的、戏剧性的信息产生"反应过度"，并且他们基于 50 多年的经验数据对此假说进行实证检验。他们认为所谓的"反应过度"是和贝叶斯规则中的"恰当反应"相对而言的。在贝叶斯规则中，投资者是完全理性的，因此他们对信息的理解是一致的、无偏倚、对信息会产生适当的反应，是自身的修正行为。"反应过度"无疑打破这一观点，投资者并没有依照贝叶斯所提出的客观法则调整他们的信念，从而高估新信息的重要性，低估旧有的较长期的信息。也就是说，他们对信息的评判是依据启发法，而不是根据历史几率所做的客观计算，从而产生反应过度，造成估价过低或过高。通过有关"反应过度"假说，反映投资者在实际投资行为中所表现的非理性特征，从而揭示出市场存在的非有效性。基于"反应过度"假说，De bondt 和 Thaler(1987)对"价格反转现象"(Price Reversal)进行了解释：投资者在前期的交易中反应过度，导致价格偏离太远，后期进行自我纠正，因而出现了前期"亏损"组合在后期有更好的收益率表现的现象。同样他们也对"市盈率"现象进行了解释：低市盈率股价的形成是因为投资者对其一贯较差的信息太过悲观，股价一直被低估，当其信息面有了意外改观，投资者在进行自我纠正时，低市盈率股就会有突出的表现。

反应不足是人们对信息反应不准确的另一种形式，也可称之为"保守主义"(Conservation)，它主要是指人们思想一般存在着惰性，不愿意改变个人原有信念，因此当有新的信息到来时，人们对原有信念的修正往往不足。特别是当新的数据并非显而易见时，人们就不会给它足够的重视。与个人投资者对新信息往往反应过度相反的是，职业的投资经理人以及证券分析师们更多地表现为反应不足。这些人往往对证券市场有着很深的研究，但正因如此，他们对自己的判断比较自信，不会轻易改变自己的决策，从而对新信息反应不足。Dwards 最先提出保守主义，他认为个人并不会按照理性的贝叶斯规则在新信息出现时修正他们之前的观点。通常认为，导致"保守主义"的主要原因是因为处理新信息和更新观点所需要的成本非常大。有证据表明,人们对很容易处理(或者说成本比较小)的信息倾向于反应过度,而对难以处理(或成本较大)的信息则反应不足。

隔离效应(Disjunction Effect),是指个人在决策时存在这样一种倾向,即使将要披露的信息对决策没有太大关系,或者在不知道该信息时,也可以作出相同的决策,但其还是愿意等到信息披露后才作出决策。Shiller(1999)认为,隔离效应可以用来解释在信息披露时股票价格和交易量的变化情况。比如,某些股票在重大事件发布之前,价格波动性比较小而且交易量萎缩,但在事件宣布之后会出现很大的价格波动性及交易量的放量增长。

3. 损失厌恶与后悔厌恶

前景理论(Prospect Theory)的重要贡献之一,就是发现人们在决策过程中。其内心对利害的权衡是不均衡的,赋予"避害"因素的考虑权重远大于"趋利"因素的权重,也就是表现出所谓的"损失厌恶"(Loss Aversion)特征。Kahneman 和 Tversky 通过实验发现,人们在面临的损失时所带来的负效用是同样数量收益带来的正效用的2倍左右。除了普通的"损失厌恶"以外,还有一种与之相关的心理偏差特征也是非常常见的。我们知道,从长期角度而言,股票的长期收益常常会伴随着周期性的短期损失。一些短视的投资者往往会过分关注短期的损失,从而不愿意承担风险,Benartzi 和 Thaler(1995)将这种现象称为"短视的损失厌恶"(Myopic Loss Aversion)。导致这种心理主要有两个因素:一个因素是"损失厌恶",即人们对一项亏损的忧虑程度是从同等收益中获取欢乐程度的2倍;另一个因素就是短视的问题。人们在短视的情况下总是不停地清点自己的资产,他们对短期收益和损失异常关心,对长期的表现反而不在意。事实上,如果投资者每年评估一下他们的资产,很大程度上暂时的损失会使得投资者放弃投资股票的长期高回报率,而投资于有稳定回报率的债券。这些投资者可能没有意识到,通货膨胀的影响可能都远远超过了这些稳定的低回报率,如果人们将注意力集中到长期收入上,他们可能会拥有更多的权益资产。事实证明,一个世纪以来,股票的长期回报率远远高于债券的回报率,这是所谓的"股权溢价之谜"。

后悔厌恶(Regret Aversion)是指当人们做出错误决策时,对自己的行为感到痛苦。为了避免后悔,人们常做出一些非理性行为。与后悔厌恶相关的是认知失调(Cognitive Dissonance)。所谓认知失调是指当人们面临的结果与他心中的想法和判断不同时所产生的一种心理冲突,有学者认为认知失调是对自己错误观点和判断的后悔,因此也可以被看成是后悔厌恶的一种表现形式。Festinger(1957)认为个人可能会采取行动以尽量降低认知失调,比如避免新信息甚至极力提出一些歪道理来为自己错误的想法辩解。Erlich、Guttman、Schopenbach 和 Mills(1957)发现,刚刚新买车的人在购买完成后会有选择性地避免阅读其他车型的广告,而仅仅关注他自己所选择车子的广告。Erlich 等解释说购买车子的顾客是为了避免"认知失调",因此尽量避免新信息。Mcfadden(1974)利用人们忘记对自身决策不利证据的概率,构建了"认知失调"过程的理论模型,并论述了这一概率是怎么样扭曲主观概率的。

在共同基金市场,有一种奇怪现象:资金流入绩效好的基金的速度比资金从绩效差的基金流出的速度要快很多。Goetzmann 和 Peles(1993)认为"认知失调"可以用来解释的这一现象,他们认为持有业绩较差基金的投资者不愿意轻易赎回他们的基金,因为这样要面对自己投资损失的事实。这一点和"处置效应"(Disposition Effect)中投资者不愿意抛掉已经亏损的股票的原因是相似的,都是不愿面对损失带来的痛苦。

4. 心理账户

人们常常错误地将一些资产的价值估计得比另一些低。如赌场赢得的资金、股票市场获得的财富、意想不到的遗产等。人们倾向于更轻率地或愚蠢地使用这些被低估的资产。人们根据资金的来源、资金的所在和资金的用途等因素对资金进行归类,这种现象被称为心理账户(Mental accounting)。个人投资者自然地认为在他们的投资组合中有一个受最低风险保护的安全部分和一个设计投资致富的风险部分。Shefrin 和 Thaler(1988)认为人们把他们的收入来源分为三类:当前的工资和薪金收入、资产收入和未来收入,并且区别地支出这些不同收入的现值。例如,人们不愿意支出未来收入,即使它肯定会到来。

心理账户还可以对弗里德曼一萨维奇困惑进行解释,即:为什么投资者会同时购买保险和彩票这两种风险和期望收益完全矛盾的资产?为什么不将与本国股票相关性极低的外国股票纳入股票组合之中?这些问题从不同的心理账户以及相应的预期回报和风险承受能力角度作出了合理解释。对于股利之谜即股东要求分红的现象,心理账户从投资者对投资收益的"资本账户"和"红利账户"两个局部账户,区别理解资本账户损失和红利账户损失,从而对股利之谜作出了解释。

5. 时间偏好

传统经济学假定效用是随时间以指数的方式贴现的,人的偏好在时间变量上一致的。拉宾(Rabin M.,1996)认为,人们倾向于推迟执行那些需要立即投入而收益滞后的任务。而马上执行那些立即带来收益而投入滞后的事情。如果你需要在今明两天之间做出选择,即使知道拖到明天去做也许比今天做多费点劲,你可能仍然出于本能要把它拖到明天,如果这是一件愉快的事,你会倾向于今天就去做。这是所谓的时间偏好(Time preferences)。大量的心理学实验表明,人们是按照双曲线而不是指数曲线来贴现将来预测的效用值的。双曲线的特征是:人们对近期的增加时差要比远期增加的时差的贴现值更大一些。

人们的时间不一致偏好,在经济的各个领域中都有普遍的表现。这样的偏好对于消费和储蓄决策很重要,因为当期消费的利益是立时可现的,而储蓄所允许增加的未来消费,在时间上是滞后的。有学者发展了储蓄行为的时间不一致模型,它认为人们有较高的现在消费倾向,这种情况下自我控制就显得十分重要。特别是对于习惯性商品的需求来讲更是如此,因为这种习惯上瘾,意味着今天追求的消费愿望要在将来付出代价。

第三节　行为金融的基础理论——前景理论

Kahneman 和 Tversky 将个人的选择和决策过程分成两个阶段,并且利用两种函数来描述个人的选择行为:一种是价值函数(Value function);另一种是决策权重函数(Decision weighting function)。其中价值函数取代了传统预期效用理论中的效用函数,决策权重函数则将预期效用函数的概率转变成决策权重。如果说预期效用理论定义了人类的理性行为的话,前景理论则描述了投资者的真实行为。预期效用理论可以对某些简单清楚的决策问题中的选择作清楚的描述,但现实生活中更多决策问题却复杂繁乱,因此需要更复杂的行为模型,前景理论就是其中之一。

一、前景理论的理论基础

行为心理学家们通过大量实验研究发现,人们在决策过程中不仅仅存在直觉性偏差,其风险态度和行为模式经常会偏离传统经济金融理论的最优行为模式假设。Kahneman 和 Tversky 指出传统的预期效用理论无法完全描述个人在不确定情况下的决策行为。他们以大学教授和学生为基础进行问卷调查,发现大部分受访者显示许多偏好违反传统预期效用理论的现象。他们将这些违反传统预期效用理论的部分归纳成下列三个效应来说明。

(一) 确定性效应

确定性效应(Certainty Effect)是指相对于不确定的结局(Outcome)来说,个人对于确定的结局过度重视。确定性效应表明,在特定情况下,人们会低估一些只是可能性的结果而相对高估确定性的结果,它直接导致面临条件相当的盈利前景时更倾向于接受确定性盈利。

(二) 反射效应

个人在面对损失时有风险偏好的倾向,这种现象称为反射效应(Reflection Effect)。确定性效应认为人们存在着对不确定性的厌恶,但反射效应告诉,这一结论只在面对收益时表现出来,而面对损失时刚好相反。这种现象不仅在涉及金钱时存在,日常生活人们面临痛苦时也会表现出风险偏好,如许多人为了解除长期病痛的困扰,而甘愿冒手术失败的风险。

(三) 分离效应

人们在分析评估不同的"待选择前景"(Prospects)时,经常暂时剔除掉各种前景中的相同因子。但是通常情况下一组"待选择前景"可以用不止一种方法被分解成相同和不同的因子,这种分解方式的多样性会导致人的偏好和选择的不一致性,这种现象被称为分离效应(Isolation Effect)。

Kahneman 和 Tversky 的工作不仅限于上述对预期效用理论的批判,他们还在其 1979 年的文章中提出了一种替代的模型框架。与预期效用理论的公理形式不同,前景理论是描述式的。他们在一系列心理实验结果的基础上提出了主要观点:人们更加看重财富的变化量而不是最终量;人们面临条件相当的损失时倾向于冒险赌博,而面临条件相当的盈利时倾向于接受确定性盈利;盈利带来的快乐与等量的损失带来的痛苦不相等,后者大于前者,等等。综合这些结果和观点,他们给出了解释人们在不确定条件下的决策行为的模型。

二、个人的风险决策过程

预期效用理论认为投资者面对不确定状态下的投资决策是基于期末财富和结果发生的概率大小而做出的。传统主流金融理论假设下的投资者的决策框架依据自身的财富水准和对结果发生的概率而做出一种预期效用的优化选择,这种决策模式建立在对各种信息资讯的充分占有和对情景的全面分析基础之上。

但是在金融市场的现实中,投资者由于受到外部环境的变迁、投资者的知识水平、信息占有的不对称、分析判断工具的先进性及自身心理素质等种种因素的制约,上述的预期效用最优决策是不可能实现的。因此,前景理论对投资者的决策框架进行了修正,他们认为:个人在做选择和决策的时候会经历两个阶段:事件的发生以及人们对事件结果及相关信息的收集、整理为第一阶段,称之为编辑阶段(Editing Phase);接下来才是第二阶段,进行评估和决策,也就是评价阶段(Evaluation Phase)。在决策的编辑阶段往往会依据个人决策偏好而对各种备择方案进行编码;在决策评价阶段,相对于参考点,投资者对收益和风险的预期决定了最终决策方案的制定。

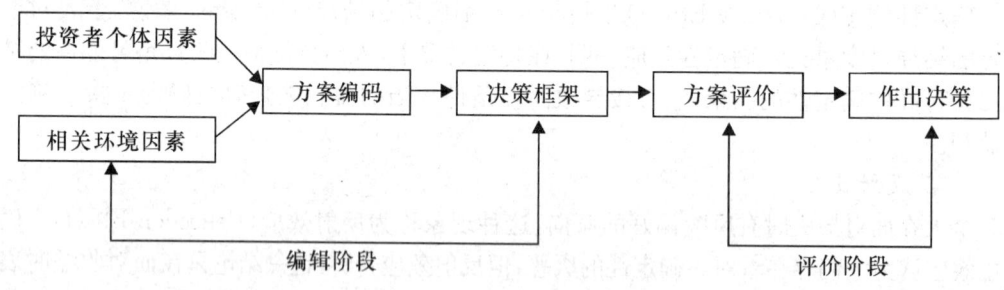

图 12-1 前景理论对投资者的决策框架

三、价值函数

大量心理学证据表明,人们通常考虑的不是财富的最终状况,而是财富的变化状况。前景理论一个非常重大的突破就是用价值函数 $v(\cdot)$ 替换了传统的效用函数,从而将价值的载体落实在财富的改变而非最终状态上。

事实上,这一点从人们日常生活的体验中也可以理解。比如人们在感知温度、光线时，首先会根据过去经验和现在的环境背景确定一个适应水平(参考点)。然后通过对比当前刺激和参考点而获得该刺激的感知水平。比如人从黑暗的房间中出来，会觉得光线特别强。而一直在室外的人会觉得光线并不是很强。同样的原理也适用于财富、健康、荣誉等给人们带来的效用，不难理解，200元对于一个富人来说不算什么，但对于一个乞丐却具有极大的价值。

下面为价值函数的重要特性：

(1) 单调递增。对于个人来说，任何情况下收益总是比损失要好的，而且收益越大，价值越高(或者损失越小，价值越高)。因此毫无疑问，价值函数应该是一个单调递增的曲线。

(2) 以参考点为原点。价值函数是定义在相对于某个参考点的利得和损失，而不是一般传统理论所重视的期末财富。也就是说，$v(x)$ 中的 x 是指相对于参考点的变化，如果没有利得或损失，则价值为 $0, v(x)=0$。因此，在以参考点为原点，以收益(正轴为收益，负轴为损失)为自变量的坐标图上，价值函数是一条通过原点且单调递增的曲线。

(3) S型。根据"反射效应"，价值函数应该是以原点为中心，向收益和损失两个方向偏离的反射形状，也就是呈S型。在面对利得时是凹函数，体现风险厌恶；而面对损失是凸函数，体现出风险偏好的特性。

(4) 下陡上缓。价值函数在损失部分(负轴)上的斜率比获利部分(正轴)上的斜率要大。投资者在相对应的利得与损失下，其边际损失比边际利得要敏感，在图形上就表现为损失部分的曲线要陡于收益部分的曲线。心理学的证据表明，对财富变化态度的一个重要特征就是损失的影响要大于收益，损失一单位的边际痛苦大于获得一单位的边际利润。

综合以上四点特征，可以得到价值函数的大致图形，见图12-2。

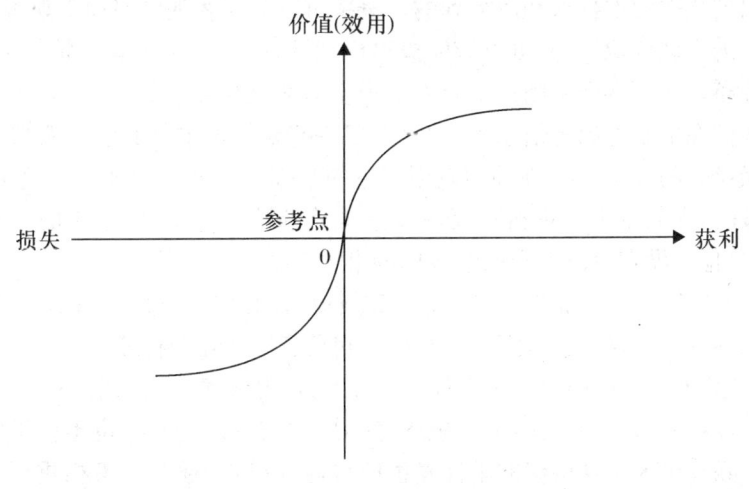

图12-2 价值函数

四、参考点

价值函数中一个非常重要的特点就是参考点(Reference Point)的存在。图 12-2 中 0 点的位置就是参考点,在 0 点右方是凹函数,左方是凸函数,因此,参考点也就是数学意义上的拐点。

人们在评价事物或做出选择时,总会有意无意地将其与一定的参照物做出对比,当对比的参照物不同时,即使相同的事物也会得到不同的结果。因此,参考点作为一种评价标准,它是个人主观确定的。而且会因评价主体、环境、时间等的不同而发生变化。因此,Kahneman 和 Tversky 就指出,可以通过改变参考点的方法来操纵人们的决策。比如百货商场在举行促销活动时,常常会将原价标得特别高,这样使得顾客在做判断时如果以原价为参考点,就会形成该商品很便宜的错觉。Thaler 和 Johnson 发现,在某些情况下,利得会增加个人参加赌局的意愿,这称为"私房钱效应"。

参考点的选择有很多,人们通常以目前的财富水准为基准,但也不完全如此。参考点可能会因为投资人对未来财富预期的不同,而有不同的考虑。除了证券的买价之外,价格的未来走势也会影响到参考点的决定。比如,假设有人在房地产正要繁荣之前以 10 万元买了一套房子,预期房地产市场开始火爆时该房子价值可达 20 万元。此时若要他出售房子的话,其参考点就不再是初始买价了,而变成了预期财富 20 万元。

五、决策权重函数

面临不确定性决策时,人们常常需要通过概率来估算不同结果发生的可能性。传统的预期效用理论认为,风险情境下最终结果的效用水平是通过决策主体对各种可能出现的结果按照出现概率的加权求和后得到的。概率可以分为客观概率和主观概率。客观概率不依赖于人的主观认识,人们可以借助概率论和统计方法,基于客观情景的分析,计算出客观概率分布。而主观概率则在于个人主观上对客观事物的认识,以及个人的经验和偏好。而且人们在加工不确定信息时,常常会犯一些认知偏差,因此,主观概率和客观概率往往是不相符合的。Savage 在预期效用理论的基础上发展出主观预期效用,他认为事实上在做决策时,人们对于客观概率无法到达准确的认知,因此所使用的只能是主观概率,但遗憾的是他并没有给出主观预期效用的形式。

Kahneman 和 Tversky 摒弃了传统的客观概率,在心理学研究的基础上发展出了"决策权重函数"(Decision Weighting Function)。它具有以下几个特征:

(1) $\pi(\cdot)$ 是 p 的递增函数。决策权重 $\pi(p)$ 与客观概率 p 相联系,$\pi(\cdot)$ 是 p 的递增函数,$\pi(0)=0$,$\pi(1)=1$。但 $\pi(p)$ 不是概率,它并不符合概率公理,也不应被解释为个人的主观概率。除了个人主观认定的事件发生的可能性以外,通常决策权重还会受到与事件相关的其他因素影响,比如个人喜好。人们在做决策过程中,对于自己比较偏好的结果常常会赋予较大的权重。在购买彩票时,尽管人们明确知道中奖的可能性比较小,但情感的支配(非常希望中奖,或者认为老天会垂青自己等)使得购买者一厢情愿地认为自己中奖的可能性比较大。

(2) 重视小概率事件,忽略大概率事件。在概率 p 很小的时候,$\pi(p) > p$,这表示个人对于概率很小的事件会过度重视;但当概率 p 一般或较大时,$\pi(p) < p$,这说明个人在过分注意概率很低的事件的同时,往往忽略了例行发生的事情。

(3) 次确定性(Subcertainty)。各互补概率事件决策权重之和小于确定性事件的决策权重。对于所有的 $0 < p < 1, \pi(p) + \pi(1-p) < 1$。

(4) 亚比例性(Subproportionality)。当概率比一定时,大概率对应的决策权重的比率小于小概率对应的权重比率。用数学式子可以表示为:

$$\text{对任意的 } 0 < p, q, r \leqslant 1, \text{有 } \pi(pq)/\pi(p) < \pi(pqr)/\pi(pr)$$

(5) 概率极值时的不确定性。当逼近确定性事件的边界时,也就是当概率 p 非常接近于 0(极低概率)或者 1(极高概率)时,个人对概率的评价处于非常不稳定的突变状态,此时权重常常被无端忽视或者突然放大。而且,到底多少可以算做极低的概率或者极高的概率是由投资者的主观判断所决定的。在有些情况下,人们对极低概率事件有高估倾向,这使得人们对可能性很小的盈利表现出风险偏好,同时对可能性很小的损失表现出极度的厌恶。这就解释了彩票和保险为什么具有如此大的吸引力,因为它们都是以较小的固定成本换取可能性小但十分巨大的潜在收益。

综合以上五个特征,大致可以描绘出决策权重函数的近似图像,见图 12-3 的虚线部分。权重函数是客观概率的非线性函数,单调上升,在低概率段,$\pi(p) > p$,而在相对高概率部分,则 $\pi(p) < p$。

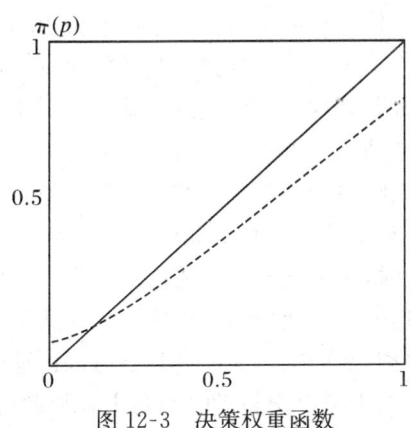

图 12-3 决策权重函数

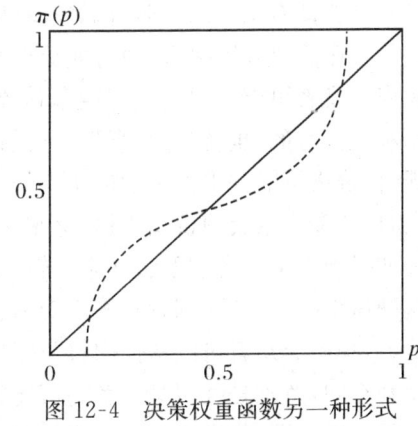

图 12-4 决策权重函数另一种形式

需要注意的是,在一些情况下,人们对极低概率事件也会有着将其忽略的倾向。也就是说，人们有时会把可能性极小的事件简单地视之为不可能事件，从而将其决策权重赋为0，同时把极可能发生的事件的权重赋为1。此时，决策权重函数的图形就要做一些变动，如图12-4所示。此时，在概率非常靠近0的一小部分，$\pi(p)=0$，在概率非常靠近1的领域里，$\pi(1)=1$。

第四节 行为金融学的主要理论模型

模型化是学科发展走向成熟的标志。行为金融发展至今，尚未形成一个完整的理论体系，但是行为金融理论的先行者们在行为金融理论的范式基础上已经成功地进行了一些理论创新。他们不仅仅对传统主流金融理论加以批判，还对一些现象从理论建模上加以解释，而且针对传统的资产组合理论和资本资产定价模型，行为金融也提出了相应的理论和模型，这标志着行为金融理论开始逐步走向系统化。本节对行为金融学的几种常见模型做简单的介绍。

一、噪声交易模型

Black把不拥有内部信息却非理性地把噪声当做有效信息进行交易的人称为"噪声交易者"。金融市场中的"噪声"具有如下特点：第一，它是虚假或失真的信号，是与投资价值无关的信息。第二，从其来源看，可能是市场参与者主动制造的虚假信息，也可能是被市场参与者误判的信息。按照有效市场假说隐含的价值判断，只有根据与基础资产价值有关的信息进行交易才能取得效用最大化，但是这些信息是否与基础资产的内在价值相关却无法先验地判断，而投资者在决策时对所谓"信息"进行评价的标准仍是主观的，因此交易者主观认为与价值相关的信息从整个市场的角度来看却可能只是一系列的"噪声"。

交易者拥有不同的经验、偏好和反应机制，因此即使是对同一组信息也可能做出不同的决策。作为风险厌恶者，他可能放弃套利机会，不与噪声交易者的错误判断相对抗。从而噪声交易者可能获得高于理性套利者的收益。这种非理性预期变动的风险是相对于短期套利者而言的，也就是说，当噪声交易者的投资理念进一步偏离其均值时，套利者进行变现时，价格可能并未发生如他所料的逆转。例如，当噪声交易者今天对某一资产持悲观态度时，空头力量会使价格下跌，套利者此时进行交易是因为他认为价格在不久就会恢复。如果噪声交易者的看法并未扭转，反而更加悲观时，短期套利者就可能遭受损失。由于这种风险的存在，套利者对噪声交易者的对抗力量削弱，从而可能使价格明显偏离于基础价值，噪声交易者可以从他们自身创造的风险中获利，从而噪声交易者自己可以创造短期套利空间，特别是噪声交易者的市场影响很大时。由于噪声交易者收益高于套利者，在示范效应影响下，新进入市场的交易者会模仿噪声交易者，同时部分进行套利的交易者也会转变为噪声交易者。从一定时期来看，噪声交易者暂时主导了整个市场，从而使市场有效性很弱。这样,由于噪声交易者的存在,套利者除了将面对系统风险(System Risk),还必须面对噪声交易者风险(Noise Trader Risk)。

Delong,Shleifer,Summers 和 Waldmann 提出了噪声交易的基本模型(简称 DSSW 模型),他们认为,当理性套利者进行套利时,不仅要面对基础性因素变动的风险,还要面对"噪声交易者"(Noise Trader)非理性预期变动的风险。该模型证明了非理性交易者不仅是能够在与理性交易者的博弈中生存下来的,而且,由于噪声交易者制造了更大的市场风险,他们还将有可能获得比理性投资者更高的风险溢价。

二、行为资产定价模型

行为金融学家坚持认为对投资者行为进行研究是至关重要的,行为金融研究的目的就是要修正 CAPM 的假设,使其更接近现实。Shefrin 和 Statman(1994)构筑了 BAPM (Behavioral Asset Pricing Model)作为主流金融学中 CAPM 的对应物。BAPM 将投资者分为信息交易者(Information Traders)和噪声交易者(Noise Traders)两种类型。信息交易者即 CAPM 下的投资者,他们从不犯认知偏差,而且不同个体之间表现有良好的统计均方差性;噪声交易者则是那些处于 CAPM 框架之外的投资者,他们时常犯认知偏差,不同个体之间具有显著的异方差性。将信息交易者和噪声交易者以及两者在市场上的交互作用同时纳入资产定价框架是 BAPM 的创意。在 BAPM 模型中,两类交易者互相影响共同决定资产的价格。当信息交易者在市场上起主导作用的时候,市场是有效的;当噪声交易者在市场起主导作用的时候,市场是无效的。

BAPM 中证券的预期收益决定于其行为贝塔系数(Behavioral Betas)。即正切均值方差有效(Tangent Mean Variance Efficient)资产组合的贝塔。因为噪声交易者对证券价格的影响,正切均方差有效资产组合并非市场组合(Market Portfolio)。比如,噪声交易者倾向于高估成长型股票的价格,相应地,市场组合中成长型股票的比例也就偏高。为了纠正这种偏差,正切均值方差有效资产组合较之市场组合要人为调高成熟型股票的比例。行为贝塔系数的估计是一个难点,因为正切均方差有效资产组合随时都在变化,这个月还在起重要作用的行为因素下个月可能变得微乎其微,很难找到它的有效的替代物。

当然,这些问题都不能阻止金融学家们对资产定价模型的追求。CAPM 也好,BAPM 也好,这些资产定价模型都是经济学中供求均衡基本思想的一个翻版。供求曲线既决定于理性趋利特性(如对产品成本、替代物价格的分析),也决定于消费者的价值感受(如口味等)。在 CAPM 中,供求仅仅决定于理性趋利特性下的标准贝塔,在三因子 APT 中,供求决定于公司规模(Size)、市净率以及市场组合本身,但对公司规模和市净率的判断是具有理性趋利特性的客观标准,还是反映了投资者的价值感受特性,Fama 和 French (1992)持前一种观点,Brennan、Chordia 和 Subrahmanyam(1992)则持后一种观点。

BAPM涵盖了包括理性趋利特性和价值感受特性的诸多因素,比如钦佩(Admiration)。《财富》杂志每年都对职业经理人和投资分析家最钦佩的公司做一次调查。Shefrin和Statman(1995)发现,回答者明显偏爱其钦佩的公司的股票。而且这种偏爱已经明显地超越了预期回报(理性)的解释能力。在股票市场上,人们对成长股的追捧同样超越了理性。事实证明,价值感受特性和理性趋利特性一样,应当成为决定预期收益的参数。

另外,BAPM还对在噪声交易者存在的条件下,市场组合回报的分布、风险溢价、期限结构、期权定价等问题进行了全面研究。在BAPM模型中,由于既考虑了价值表现特征,又包含了效用主义特性,因此,它一方面从无法战胜市场的意义上接受市场的有效性;另一方面从理性主义意义出发拒绝市场有效性,这对金融研究的未来发展有着深刻的启示。

Hirshleifer(2001)总结认为,证券预期收益是由风险和错误估价(Misvaluation)共同决定的,少数人的非理性甚至造成了整个市场系统性的偏差。证券收益是由贝塔系数和错误估价共同决定的。而错误估价是由于投资者的各种认知偏差(如过度自信)引起的。

三、行为组合理论

以均值—方差模型为核心的现代投资组合理论忽略了投资者的心理因素及个体差异,缺乏对个体投资者行为的研究,从而导致在理性人假设、风险态度等方面存在局限性,这是造成资产组合理论受到批评的主要原因。为更好地契合现实,Shefrin和Statman(2000)借鉴资产组合的有益部分建立了行为资产组合理论(Behavioral Portfolio Theory,BPT)。该理论认为,现实中的投资者无法在均值—方差有效无边界上选择最优的组合配置,他们实际构建的资产组合是基于对不同资产的风险程度的认识以及投资目的所形成的一种金字塔式的资产组合,位于金字塔各层的资产都与特定的目标和风险态度相联系,而各层之间的相关性被忽略了。而且,BPT认为投资者将通过综合考虑期望财富、对投资者安全性与增值潜力的欲望、期望水平以及达到期望值的概率五个因素来选择符合个人意愿的最优组合,从而使理论与投资行为更为接近。行为组合理论有两种分析模型:单一账户行为组合理论(BPT—SA)和多重账户行为组合理论(BPT—MA)。

(一)单一心理账户行为组合理论

投资者关心投资组合中各资产间的相关系数,把所有资产放在同一个心理账户中。该理论关于资产组合的选择类似于均值方差模型中的证券组合选择。依据该理论,投资者将通过有效边界最大化函数$U[E_h(W)、D(A)]$来选择最优证券组合。$E_h(W)$是期望财富$E(W)$受到感情因素的影响与支配后的变形;$D(A)$是用大于某一投资期望值的概率$Prob\{W \geqslant A\}$表示的对安全或者风险的度量。SMA将投资者对待风险的态度纳入到模型中,突破了现代资产组合理论投资者风险态度假设的局限性,更符合投资人在投资时只考虑投资后的将来财富水平降低到某一水平的风险的实际投资决策过程。

(二) 多重心理账户行为组合理论

投资者在构造投资组合时把资产放在不同的心理账户中,并对各账户的资金具有不同的风险态度,同时也忽略了各账户之间的相关系数。Shefrin 和 Statman(2000)提出投资者具有两个心理账户,分别对应高、低两个期望值。投资者的目标就是将现有财富 W 在两个账户间分配以使整体效用达到最大。因此,投资者实际构建的资产组合是基于对不同资产的风险程度的认识以及投资目的所形成的一种金字塔式的行为资产组合(如图 12-5 所示),资产组合的每一层都对应着投资者特定的投资目的和风险特性(方差)。一些账户内的资金投资于较低资产,主要用于保障投资者的生活需要,安全是主要考虑因素。另一些账户的资金则投资于较高层次资产,用来争取变得更富有。投资者根据自己的判断赋予两个心理账户不同的组合权重。

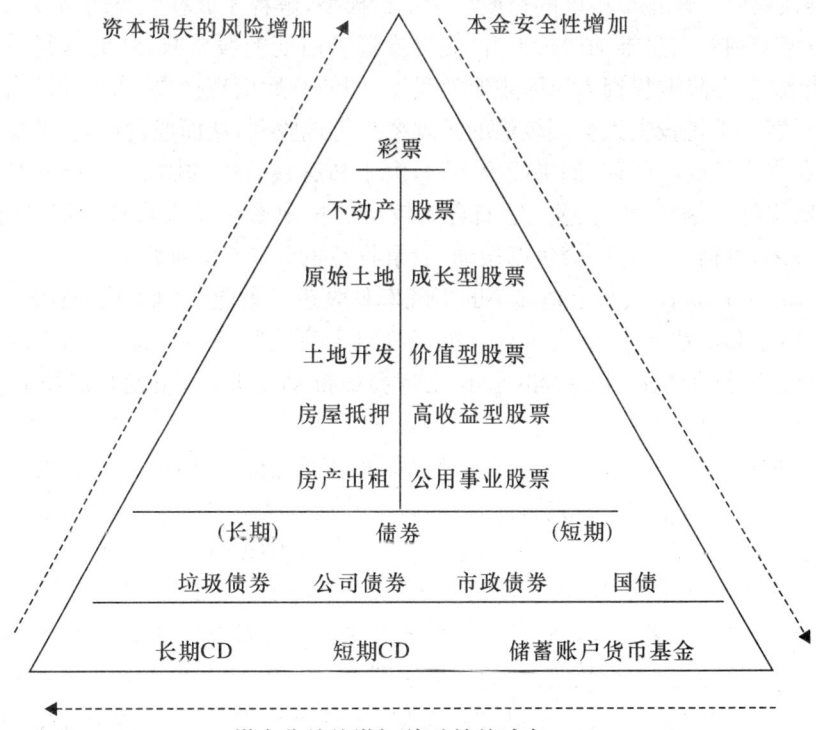

图 12-5 金字塔形结构的资产组合

行为资产组合理论的投资者通过设定不同的风险和期望值而将资产放入不同的心理账户,有利于提高投资者对风险的自控能力。但实际上,不同心理账户内的资产并没有什么不同,只是投资者自己通过心理预设而在投资行为当中产生的心理偏差。

第五节 行为金融学对异象的解释

上一章介绍了证券市场的种种异象,这些实证研究中发现的无法解释的问题,引发了人们对传统理论假设的重新思考。在这种背景下,以投资者的决策过程为基础,重新审视整体市场价格行为的行为金融学逐渐获得关注。从 20 世纪 80 年代开始.尤其是进入 90 年代以后,行为金融理论在众多学者的努力下迅速发展,并有力地解释了许多用传统理论无法解释的现象。

一、行为金融学对"波动性之谜"的解释

Barberis,Huang 和 Santos 综合了前景理论中的损失厌恶和 Thaler 和 Johnson 所提出的"私房钱效应",修正了传统的一般均衡定价模型,解释了股权收益的高波动性。他们认为,现金流的利好消息推动股价上升,使得投资者前期的股票收益(资本利得)增加,此时"私房钱效应"会降低投资人风险规避的程度,即使其后出现损失,痛苦的冲击也被前一次利得所减轻。于是投资人会用较低的折现率来折现股利,从而股价更高,造成股价相对于当前股利水平偏高。同理,如果股价下跌,由于私房钱效应的影响,投资者对风险的容忍度比以前更低,对损失更敏感。他们会用较高的折现率折现未来现金流,因此股价更低。这样一来,价格红利比将会过度振动,股票收益也更具有波动性。

Barberis 和 Huang 认为个别股票的折现率是股票过去业绩的函数,假如股票过去的业绩较好,由于私房钱效应,投资人会认为该股票风险较低,从而用较小的折现率来折现未来现金流。在这种情况下,价格/股利比将会被推动上升,这也使得股票收益波动率变大。

投资者对私有信息的过度自信也可以解释波动率之谜。比如,一个投资者通过公开信息形成对未来现金流增长的先验信念,而后自己收集信息并对这些信息过度自信,投资者会高估私有信息的准确性,并给予其比先验信念更大的权重。如果私有信息是正面的,投资者将把股价推到相比当时红利高得多的价位,因此引起价格红利比的过度波动。

另外,投资者对未来红利增长信念的形成方式也可以解释波动率之谜,原因在于代表性偏差,特别是被称之为"小数定律"的推理法则,使其相信平均红利增长率比实际的波动更大。在看到红利增长后,投资者很快会认为红利增长率提高了,于是其相应的买入行为将价格推高到与红利不相适应的水平;同时,在看到红利下降后,投资者很快会相信平均的红利增长率降低了,相应的卖出行为也会将价格压低到与红利不相适应的水平。

二、行为金融学对"股权溢价之谜"的解释

Benartzi 和 Thaler 提出,根据前景理论,人们有规避损失的倾向,特别是大部分投资

者由于"短视的损失厌恶"心理,使得他们在短期内不愿意持有股票。相对于无风险的政府债券而言,股票必须具有非常大的收益才能吸引投资者。

进一步,Barberis,Huang 和 Santos 也解释了股权溢价之谜。他们认为,Benartzi 和 Thaler 的理论只考虑损失厌恶并不能完全解释股权溢价。还必须考虑"私房钱效应"。因为如果不考虑过去历史,投资人的风险规避程度不会随时间变化而变化,股价失去最重要的波动性来源,这样,波动率小的收益导致风险也相应减小,无法解释很大的股权溢酬。因此他们另外引进 Thaler 和 Johnson 所提出的"私房钱效应",也就是说考虑前一次收益是如何影响损失厌恶的。上面我们介绍了 Barberis,Huang 和 Santos 的观点可以解释股权收益的高波动性,而高的波动率可以导出高的股权溢酬,因此也就可以解释股权溢价之谜。事实上,直观的理解就是:由于"私房钱效应"的存在,价格的变化会导致损失厌恶程度的变化,而损失厌恶程度的变化又会导致股价的过度波动,并且损失厌恶本身又使得投资者不愿意看到股市的过度频繁的波动。因此他们对持有的风险资产要求更多的溢酬。

另外,投资者的模糊厌恶也可以解释股权溢价之谜。由于投资者通常不能确切地知道股票收益率的分布,当面对模糊时,人们宁可选择自己心中最坏的估计。Maenhout 指出投资者为了弥补他们采取错误的股票收益模型所带来的风险,他们将要求更高的股权溢价。

三、行为金融学对"时间序列收益可预测性"的解释

"收益的时间序列可预测性"包括"短期股价收益的正自相关性"以及"长期收益的负自相关性"。传统理论认为"收益的时间序列可预测性"可以有很多来源。Fama 认为这些可预测性可以源自预期收益随时间变化(Time Varying)的特性,因此未必是市场无效率的证据。此外,买卖差价(Bid-ask Spread)与非同步交易(Nonsynchronous Trading)等市场摩擦因素也会造成个股收益的自相关性。

行为金融学对此表示出了不同的看法。短期收益的正自相关一般被视为反应不足,因为短时间内收益正自相关现象反映消息慢慢地对股价产生作用。而长期收益的负自相关则是过度反应的结果。

Delong,Shleifer,Summers 和 Waldmann 认为噪音交易者会引起过度反应,因此在长期来看,收益会呈现负的自相关性。在资产价格上涨太高或下跌太深时,将可能会修正并回归。另外,过度反应同时也导致股票收益的过度波动。Odean 提出一个以过度自信为基础的单一风险性资产的静态模型。当投资者认为自己所得到的信息比实际的信息要准确时,对这个信息市场价格会发生过度反应。然而当真实状况发生后,市场价格会再修正回来。对信息的过度反应和价格反转趋势会引起价格的过度波动和长期收益的负自相关。

Barberis,Shleifer 和 Vishny 构建了一个描述投资者信念动态更新过程的模型。他

们假定公司盈利变化的真实过程是遵循随机游走的,而投资者则认为公司的盈利过程由两种机制中的一种来决定:一种是"均值回归",一种是"趋势",并且产生盈利的机制是随时间而外生变化的。因此投资者的主要任务就是确定当前是哪一种机制在决定盈利的变化。BSV模型主要基于两种重要的认知心理:保守性偏差和代表性法则。其中"趋势"机制主要描述投资者的代表性法则,即投资者倾向根据少量的盈利的信息而做出"趋势"的错误判断。而"均值回归"机制则描述投资者的保守性心理,即投资者轻视有关盈利的最新信息,坚持认为新消息的冲击在下一个时间会逐渐回转。

对单个的未预期的盈利增长(正盈利冲击),由于投资者的保守性偏差,他们对正盈利冲击反应不足,而真实的盈利是随机游走的,那么下一次盈利公告常常会给投资者带来"惊喜",从而产生公开事件的价格惯性和惯性效应。在经历了一系列正盈利冲击后。投资者不仅会调整自己的保守心理,而且在代表性推断的影响下。投资者会认为这种盈利有增长的趋势,并且不断将价格推高到一个与当前盈利不相符合的水平。由于真实盈利是随机的,从长期平均来说,之后的盈利公告可能会让投资者"失望",由此产生价格的长期反转。

Daniel,Hirshleifer 和 Subrahmanyam 的解释则是利用了人的过度自信(Overconfidence)和自我归因偏差(Self-attribution)。过度自信是指投资者对自己的能力估计过高。简而言之,自我归因偏差。是指个人在行动获得成功的时候,把原因归为是自己的能力强,而在行动失败的时候,则把原因归咎为外部因素。过度自信使得投资者对自己的判断或私人信息不断反应过度,对公共信息反应不足。随着公共信息的不断披露,投资者的对私人信息的反应过度将得到校正。但是短期股价的上涨。通过自我归因偏差,一方面强化了投资者的过度自信,导致他们对自己的判断能力估计过高,另一方面它也阻碍了投资者根据新的公共信息来对自己的过度反应进行校正,使得校正成为一个长期过程。结果就使得股票收益率在短期表现出正的自相关性(惯性)和在长期表现出负的自相关性(反转),并且长期中的负自相关性是短期正自相关性所导致的结果。

Hong 和 Stein 的解释则是假设有两类投资者,信息挖掘者(News Watcher)和惯性交易者(Momentum Trader)。每一类投资都是理性的,但是他们交易所依赖的信息集都不完整:基本面信息在信息挖掘者之间逐渐传播,在短期内,每个信息挖掘者只能观察到部分基本面信息,并根据这部分私人信息来估计股票的价值;而惯性交易者看不到基本面信息,他们只能根据过去股票价格的变动趋势进行交易。这样,最开始的时候,股票价格取决于信息挖掘者的行为。因为基本面信息在信息挖掘者之间是逐渐传播的,这就导致股票价格对信息的反应是逐渐的。即短期内反应不足。这就给惯性交易者提供了一个套利的机会。惯性交易者根据股票价格的变化趋势作同方向的交易,例如在股价上涨的时候买进。这将推动股价进一步上涨,使得股价在短期表现出惯性。股价的上涨进一步刺激惯性交易者买入,致使股票价格的上涨超过适当的幅度,背离了基本面价值。当长期股价最终向基本价值回归的时候,就表现为反转。

Grinblatt 和 Han(2001)则用处置效应来解释惯性。在公司有利好(空)消息的时候,股价会随之上涨(下跌),使得投资获利(亏损)的投资者人数增加,在处置效应的趋势下,投资者会选择卖出(持有)股票,这样就阻缓了价格的上涨(下跌),使得股价对新信息反应不足。但是这种反应不足又会吸引新的投资者买入(卖空)股票,导致价格继续上涨(下跌)。这样就导致价格具有了惯性。

四、行为金融学对"封闭基金之谜"的解释

Lee,Shleifer 和 Thaler 提出了一个简单的行为观点。他们认为:封闭基金的部分个人投资者是噪声交易者,他们对于未来的基金回报有时过分乐观有时又过分悲观,从而导致基金价格的忽高忽低以及连动变化。这时,投资者就面临两种风险:基金价值的变动和噪声交易者情感的波动,那么,对第二种风险理性交易者就会要求得到补偿,这就是基金折价交易的原因。这同样也可以解释溢价发行,投资家总是选择投资者预期良好的时候创立封闭式基金,这时将其以超过实际价值的价格出售。另外,当封闭基金清偿时,因为价格必须等于净资产价值,投资者不再担心噪声交易者情感的变化,也就不再要求对该风险的补偿,基金价格回升到净资产价值水平。另外,对基金价格的联动现象解释如下:某一基金的噪声交易者变得悲观或乐观,并影响了持有其他基金的噪声交易者,导致了基金价格的联合下跌或上扬。

相关链接

麻省理工学院开放课程之行为金融学。

http://ocw.mit.edu/courses/economics/14-127-behavioral-economics-and-finance-spring-2004/index.htm

思考与练习

1. 什么是行为金融学?
2. 举例说明证券市场中存在的认知偏差。
3. 请用行为金融学理论解释封闭基金折价交易现象。
4. 简述前景理论的主要内容。
5. 投资者心态模型有哪些?请简要说明。
6. 试分析行为金融学不完善之处。

第十三章 债券价值与风险

对于债券投资者来说,债券价值与风险有着非常重要的意义。从理论上说,任何金融资产的内在价值都是其所带来的未来收入的贴现值。因此,债券价值评估的重要因素有二:一是现金流量;二是投资者要求的必要收益率。本章在假设债券收益率已经给定,并将这一收益率作为贴现率的前提下,介绍了债券价值的评估方法。知道了债券价值或价格,就可利用债券价值评估的逆过程分析债券收益率。债券的到期收益率与到期期限之间的关系,称为收益率曲线,又称为利率期限结构,旨在解释为什么期限不同的债券所提供的收益率会有差异。相对股票来说,债券的收益比较确定,但这不等于说债券没有风险。债券风险也有系统性风险与非系统性风险之分,其中系统性风险最主要表现为利率风险,其大小可由债券价格对利率变化的敏感程度来衡量;而非系统性风险最主要表现为违约风险,需要依靠债券评级来确定。本章主要内容有四:一是债券价值评估;二是债券收益率;三是利率期限结构;四是债券风险分析。

第一节 债券价值评估

一、债券价值评估概述

债券主要有两种偿还方式:一是在到期日前持有人不能得到任何现金支付,到期按票面额支付本金,或到期一次还本付息,人们称之为零息票债券;二是每年定期偿还一次或两次利息,到期偿还本金,人们称之为息票债券。可见,不管那种偿还方式,债券的利息与本金支付都发生在未来,投资者为获得这些利息与本金支付所愿意承担的价格取决于在将来收到的一定量的现金流量的现值。因此,债券也可以利用合适的贴现率来计算其未来的现金流量的总现值。

评估债券价值的重要因素有二:一是现金流量。由于债券本身具有明确的现金流量,且通常是不变的,较易获得。二是贴现率。这一贴现率应该反映投资者理想的收益率,包括无风险收益和风险价值补偿两部分。贴现率可以通过对某一具体债券或某一合适的债券指数的最终收益进行分析而得到。不难理解,作为贴现率的投资者必要报酬率却是经常变化的,并因此导致债券价值的变动。当投资者必要报酬率高于票面利率时,债券价值低于票面价值,此时债券将以折价方式出售;当投资者必要报酬率低于票面利率时,债券价值高于票面价值,此时债券将以溢价方式出售;当投资者必要报酬率等于票面利率时,债券价值等于票面价值,此时债券将以平价方式出售。

比较说来,由于决定债券价值的关键变量较易估算,因此债券价值评估看上去也较为简单。但如果考虑诸如违约风险、市场利率变化、无法预见的通货膨胀等因素,债券分析也是相当复杂的。如果投资者还希望找到那些价值被高估或被低估的债券,就必须设法确定未来现金流量及合适的贴现率,从而要求对整个经济、债券市场、公司等对债券投资收益与风险产生影响的因素进行全面的评估。

二、债券价值评估基本公式

由于债券所产生的现金流量包括到期之前支付的利息和到期时最终支付的面值,因此:

$$债券价值 = 利息的现值 + 面值的现值$$

对于有固定利率和到期期限的债券,其价值公式为:

$$V_0 = \frac{C_1}{(1+r)^1} + \frac{C_2}{(1+r)^2} + \cdots + \frac{C_N + M_N}{(1+r)^N} = \sum_{t=1}^{n} \frac{C_t}{(1+r)^t} + \frac{M_N}{(1+r)^N} \tag{13-1}$$

式中,V_0 为债券价值;C_t 为第 t 期债券的利息收益;r 为贴现率;N 为债券剩余的期数;M_N 为债券的票面金额。

当每期利息收入相同时,(13-1)式可以转化为:

$$V_0 = C \left[\frac{1 - \frac{1}{(1+r)^N}}{r} \right] + \frac{M_N}{(1+r)^N} \tag{13-2}$$

【例1】 某公司债券年息为 8%,20 年到期,面值为 1 000 元,每年支付利息一次。假设贴现率为 10%,则该公司债券的价值为:

$$V_0 = 0.08 \times 1\,000 \left[\frac{1 - \frac{1}{(1.10)^{20}}}{0.10} \right] + \frac{1\,000}{(1.10)^{20}} =$$

$$80 \times 8.514 + \frac{1\,000}{6.727} = 829.77(元)$$

三、债券价值与利息支付频率

1. 永久性债券

永久性债券是指没有到期日,一直定期支付利息的债券。永久性债券的价值计算公式为：

$$V_0 = \frac{C}{(1+r)^1} + \frac{C}{(1+r)^2} + \cdots + \frac{C}{(1+r)^\infty} = \frac{C}{r} \qquad (13\text{-}3)$$

【例2】 假定某一永久性公债的年利率为12%，面额为1 000元，贴现率为15%。则其价值为：

$$V_0 = \frac{C}{r} = \frac{1\,000 \times 12\%}{0.15} = 800(元)$$

2. 零息债券

如前所述，这种债券在到期日前持有人不能得到任何现金支付，到期日按票面额支付本金。零息债券的价值计算公式为：

$$V_0 = \frac{0}{(1+r)^1} + \frac{0}{(1+r)^2} + \cdots + \frac{M_N}{(1+r)^N} = \frac{M_N}{(1+r)^N} \qquad (13\text{-}4)$$

式中，M_N 是债券在到期日价值；N 是距到期日的时间间隔。

【例3】 现有一零息债券，面值1 000元，20年到期，贴现率为10%。那么，该零息债券的价值为：

$$V_0 = \frac{M_N}{(1+r)^N} = \frac{1\,000}{(1+10\%)^{20}} = 148.65(元)$$

至于到期一次还本付息的债券，实际上也是一种零息债券，只不过到期日不是按票面额支付而是按本利和一起作单笔支付。其价值决定公式为：

$$V_0 = \frac{M(1+r)^N}{(1+r)^N} \qquad (13\text{-}5)$$

【例4】 现有一国库券，5年到期，面值1 000元，票面利率12%，到期一次还本付息，贴现率为10%，试计算其价值。

$$V_0 = \frac{M(1+r)^N}{(1+r)^N} = \frac{1\,000(1+12\%)^5}{(1+10\%)^5} = 1\,094.28(元)$$

3. 平息债券

平息债券是指利息在到期时间内平均支付的债券。支付的频率可能是一年一次、半年一次或每季度一次等。平息债券价值的计算公式为：

$$V_0 = \sum_{t=1}^{Nm} \frac{M(i/m)}{(1+r/m)^t} + \frac{M_N}{(1+r/m)^{Nm}} \qquad (13\text{-}6)$$

式中，m 为年付息次数；i 为票面利率。

【例5】 有一债券面值1 000元,票面利率8%,半年付息一次,5年到期,贴现率为10%。则该债券的价值为:

$$V_0 = \sum_{t=1}^{10} \frac{1\,000(8\%/2)}{(1+10\%/2)^t} + \frac{1\,000}{(1+10\%/2)^{10}} = 922.78(元)$$

第二节 债券收益率

在评估债券价值时,我们假设债券收益率已经给定,并将这一收益率作为贴现率来计算债券价值。这一小节阐述的是债券价值评估的逆过程,即在给定债券价值或价格情况下,计算债券收益率。

一、当前收益率

债券当前收益率(Current Yield),又称本期收益率、直接收益率,指债券的年利息收入与买入债券的实际价格之比率。当前收益率反映了投资者的投资成本带来的收益。其计算公式为:

$$R_C = \frac{C}{P_0} \times 100\% \tag{13-7}$$

式中,R_c为债券当前收益率;C为年利息;P_0为市场价格。

【例6】 某债券面值1 000元,年利率8%,尚有10年到期。现在市场价格为1 150元,试计算该债券当前收益率。

$$R_C = \frac{C}{P_0} \times 100\% = \frac{1\,000 \times 8\%}{1\,150} = 6.69\%$$

不难理解,上述确定债券当前收益率的方法类似于股票投资收益率的计算方法,显然不尽合理。因为它没有充分考虑债券投资与股票投资的不同特点。债券虽然与股票一样都属于有价证券,但是股票是无期限的,而债券是有期限和具体要求的(即债券需要按期付息或到期一次性付息,且到期必须还本);股票的年收益率是变动的,而债券的年收益率是固定的。因此,直接收益率只是部分地反映了债券的收益。这是因为:第一,债券的价格随着到期日的到来将逐渐接近其面值。例如,实际收益率R或者高于R_C或者低于R_C,这取决于债券是否是折价购买或溢价发行等。第二,债券价格因市场条件的变化而在不同的持有期是不一样的,对于不打算持有到偿还期的投资者来说,当前收益率没有考虑到价格变动所引起的资本收益和资本损失。

二、到期收益率

在现实中,投资者不是根据债券的票面利率来决定是否购买债券的,而是必须综合考虑债券价格、到期日、息票收入等因素来推断债券在它的整个生命期内可提供的回报。债券到期收益率(Yield to Maturity, YTM)是衡量投资者投资债券的实际全部收益的指标，被定义为使得债券的未来投资收益的现值等于债券价格或初始投资额的利率水平，一般用 y 表示。

为了计算到期收益率，我们要解出在给定债券价格下关于利率的债券价格方程，具体可根据债券的不同特点用公式(13-1)、(13-2)、(13-3)、(13-4)、(13-5)以及式(13-6)去计算。

计算到期收益率有以下几个假设：

(1) 持有债券直至到期日；
(2) 全部的现金流量(利息和本金)都按债券的规定实现(发行者如期如数履约)；
(3) 在债券到期日到来之前，发行者不能回购其债券；
(4) 利息所得将用于再投资，收益率等于到期收益率。

必须指出，计算那些有固定期限，并定期支付利息的债券的到期收益率是极其繁琐的。这是因为利用以上各种公式计算到期收益率时，要解高阶多项式。在以前，通常是用试错法，而今，随着计算机的普及，很多财务软件基本能解决这个问题。

【例7】 债券 A 为零息债券，10 年到期，现市场价格为 558.40 元，到期支付面值 1 000 元；债券 B 为息票债券，2 年到期，现市场价格为 946.93 元，到期支付面值 1 000 元，息票率为 5%，每年付息一次。试计算债券 A 和 B 的到期收益率。

设债券 A 和 B 的到期收益率分别为 y_a 和 y_b，按贴现方法计算：

由 $\dfrac{1\,000}{(1+y_a)^{10}}=558.4$ 元，得到 $y_a=6\%$

由 $\sum_{t=1}^{2}\dfrac{1\,000\times 5\%}{(1+y_b)^t}+\dfrac{1\,000}{(1+y_b)^2}=946.93$ 元，得到 $y_b=8\%$

由于计算到期收益率比较麻烦，人们找出了计算方便，又可以近似代表到期收益率的准到期收益率。计算公式为：

$$R_A=\dfrac{C+\dfrac{M_N-P_0}{N}}{\dfrac{P_0+M_N}{2}}\times 100\% \tag{13-8}$$

式中，R_A 为准到期收益率；C 为年利息；M_N 为到期日债券面值；P_0 为债券的购买价格；N 为至债券到期日的年数。

公式(13-8)实际上是衡量债券持有期内平均收益率，主要考虑了两方面的收益，即债券的利息收益和债券买卖价格与债券面值的差额收益。

【例8】 某债券三年到期，到期支付面值 1 000 元，息票率为 5%，现市价为 946.5 元。则准到期收益率为：

$$R_A = \frac{1\,000 \times 5\% + \frac{1\,000 - 946.5}{3}}{\frac{1\,000 + 946.5}{2}} = \frac{50 + 17.83}{973.25} = 6.97\%$$

三、持有期收益率

持有期收益率(Holding Period Return, HPR)衡量的是持有至到期日的债券的平均收益率。在现实生活中,投资者通常关心的是在某一特定持有期内的债券收益率,即持有期收益率,它等于某个期间的收入(包括资本收益和资本损失)与期初债券价格的比值。

对于付息债券,HPR 的计算公式为:

$$HPR_t = \frac{P_{t+1} - P_t + I_{t+1}}{P_t} \tag{13-9}$$

式中,HPR_t 为 t 期持有收益率;P_t 为债券发行或购买价格;P_{t+1} 为债券到期日或卖出价格;I_{t+1} 为 t 期获得的利息。

【例9】 某投资者于1月1日购买了一种债券,价格为800元,面值为1 000元,利息率为12%,每半年支付一次,分别是1月1日和7月1日。该投资者于7月1日将这一债券售出,出售价格为850元。试计算 HPR。

$$HPR_t = \frac{850 - 800 + \frac{0.12 \times 1\,000}{2}}{800} =$$

$$\frac{50}{800} + \frac{60}{800} =$$

$$0.0625 + 0.075 =$$

$$13.75\%$$

四、赎回收益率

到期收益率是假定债券持有至到期日的情况下计算的。但某些债券的发行条款可能允许发行者在债券到期日之前赎回部分或全部债券(即提前偿还),因此我们还需要计算它的赎回收益率(Yield to Call)。赎回收益率的计算与到期收益率的计算基本相同,只要以赎回日代替到期日,以赎回价格代替面值即可。

五、预期收益率

在进行债券投资时,投资者必须考虑每一种债券的预期收益率(Expected Rate of

Return)。对于没有任何违约风险的债券(如国库券),如果投资者一直将其持有至偿还期,到期收益率就是预期收益率。如果债券存在违约风险,并且不是持有至偿还期,收益水平将随着不同的持有期而发生变化。因此,债券承诺的到期收益率是债券有可能达到的最大收益。预期到期收益率必须考虑违约的可能性,在计算时将发债公司未来可能偿还的本息作为得到的本息代入到期收益率的计算公式,就可得出预期到期收益率。

【例10】 假定某公司20年前发行了一种息票债券,面值1 000元,息票率为9%,每半年付息一次。现在债券距离其到期日还有10年,但公司面临财务困境。投资者相信公司会照常支付今后的利息,但到到期日时,公司可能会被迫破产,投资者只能收回面值的70%。目前债券的价格为750元。其预期到期收益率为:

$$\sum_{t=1}^{20}\frac{1\,000\times\frac{9\%}{2}}{(1+r)^t}+\frac{700}{(1+r)^{20}}=750\,\text{元},\text{得}\,r=11.6\%$$

如果到期支付全部面值的话,该债券的到期收益率为13.7%。可见,债券承诺的到期收益率要高于投资者预期的到期收益率。

第三节 利率期限结构

一、收益率曲线

一般说来,债券到期期限不同,利息率也不同。为了更好地了解债券的收益率,我们引进收益率曲线这一概念。在某一时点,品质相同而期限不同的债券的到期收益率与到期期限之间的关系,称为收益率曲线(Yield Curve),又称为利率期限结构(Term Structure of Interest Rates)。在一般场合下,收益率曲线或利率期限结构是对国库券而言的。图13-1给出了四种常见的收益率曲线的类型。

图(a)显示的是一条向上倾斜的收益率曲线,表示期限越长的债券收益率越高,这种曲线形状被称之为"正向"的收益曲线;图(b)显示的是一条向下倾斜的收益曲线,表示期限越长的债券收益率越低,这种曲线形状被称为"相反的"或"反向的"收益率曲线;图(c)显示的是一条"平直的"收益曲线,表示不同期限的债券收益率相等,并不随着到期期限的变化而变化;图(d)显示的是一条降起的或称拱形收益率曲线,表示随着期限的增长,收益率先上升后下降。

需要注意的是,这四种情况都只是一种理论上的假设状态,现实经济中债券的收益率与到期期限之间的关系并非如此完美。

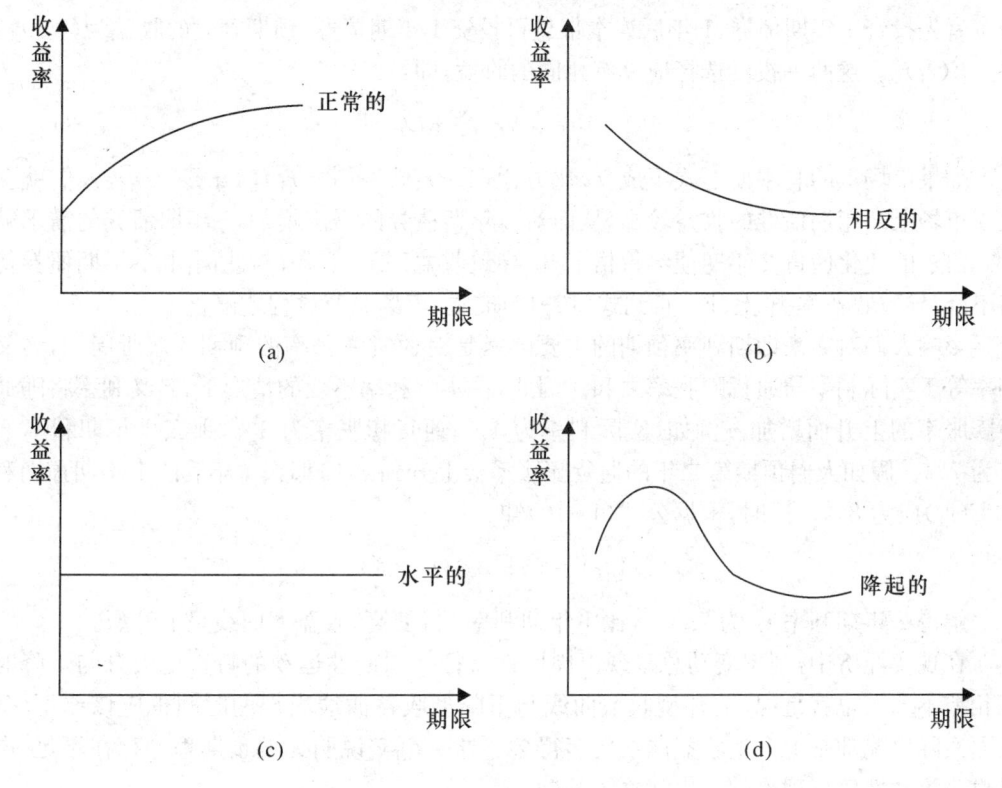

图 13-1 收益率曲线

二、利率期限结构理论——对收益率曲线形状的解释

所谓利率期限结构理论是指说明长短期债券利率水平的关系的理论。主要有三种，即无偏预期理论（Unbiased Expectation Theory）、流动偏好理论（Liquidity Preference Theory）和市场分割理论（Market Segmentation Theory）。

（一）无偏预期理论

最简单的期限结构理论是无偏预期理论。这一理论认为，远期利率等于市场整体对未来相应时期即期利率的预期。换句话说，利率期限结构完全取决于对未来利率的市场预期。如果预期未来利率上升，则利率期限结构会呈上升趋势；如果预期未来利率下降，则利率期限结构会呈下降趋势；如果预期未来利率不变，则利率期限结构会保持水平。

我们可以用例子加以说明。设 1 年期利率为 r_1，2 年期利率为 r_2。人们预期 1 年后的 1 年期利率为 $E(r_1)$。债券投资者将面临两种投资选择：一是"一次到期"投资方式，即投资者直接投资 2 年期债券，到期时的收益率为 $(1+r_2)^2$；二是"结转再投"投资方式，即投资者先投资1年期债券,1年后连本带息再投资1年期债券,预期到时的收益为$(1+r_1)[1+E(r_1)]$。这两种投资选择应具有相同的收益,即:

$$(1+r_2)^2 = (1+r_1)[1+E(r_1)] \qquad (13\text{-}10)$$

如果市场上的利率使上式不成立,比方说$(1+r_2)^2 > (1+r_1)[1+E(r_1)]$,人们就会发现市场上2年期债券的收益较高,从而对2年期债券的需求增加,1年期债券的需求减少。需求的变化使得2年期债券价格上升,导致收益率r_2下降;与此同时,1年期债券价格下降,导致收益率r_1上升。直到式(13-10)成立,市场调节过程才停止。

影响人们对未来即期利率预期的主要因素是对通货膨胀率的预期。众所周知,名义利率等于实际利率与通货膨胀率之和。因此,在实际利率不变的情形下,名义利率将随通货膨胀率的上升而增加。例如,实际利率为4%,通货膨胀率为3%,那么1年期利率r_1应为7%。假如人们预期第二年的通货膨胀率会上升到4%,那么1年后的1年期预期利率$E(r_1)$应为8%。这时,根据公式(13-10)知

$$(1+r_2)^2 = (1+7\%)(1+8\%)$$

解得2年期利率r_2为7.5%,比1年期利率7%要高,收益率曲线呈上升型。

在现实经济中,利率变动总呈现出周期性特征。周期性运动的特性是上升与下降时期相差不多。也就是说,上升型收益曲线与下降型收益曲线出现的时间也应该差不多。然而实际情况却是上升型收益曲线要多得多。这一事实说明无偏预期理论存在不足,同时也为流动性偏好理论的产生建立了基础。

(二)流动偏好理论

流动偏好理论认为,考虑到资金需求的不确定性和风险产生的不可精确预知性,投资者在同样的收益率下,更偏好于选择短期投资。也就是说,对于无偏预期理论给出的式(13-10)的情形,人们更倾向于选择等式右边"结转再投"的方式。这一偏好的存在迫使长期资金的需求者提供更高的收益率以吸引人们去购买长期债券。换句话说,人们对放弃1年后"结转再投"选择的流动性而带来的风险,要求给予相应的收益上的贴补。这样,远期利率不再只是对未来即期利率的无偏估计,还包含了流动性溢价。在现实经济中,长期资金的需求者也愿意支付较高的利息,因为对比多次发行短期债券而言,一次性发行长期债券可以节约广告、推销等融资成本,同时也使融资更为稳定。

流动偏好理论承认预期理论的基本结论,但同时认为,即使人们预期通货膨胀率不发生变化,但由于流动性偏好的存在,收益曲线也表现为上升型。可见,流动偏好理论很好地解释了上升型收益曲线多于下降收益曲线这一现实。

(三)市场分割理论

无偏预期理论与流动偏好理论都暗含着这样一个假定,不同期限的债券相互可以替代,长、短期债券利率是由共同的市场均衡决定的。而市场分割理论认为,由于存在着法

律、信息、习惯等因素的限制,不同期限的债券市场之间存在一定程度的隔离,从而阻碍了资金在不同期限债券市场之间的无成本自由转移。因此,不同期限的债券各有自己独立的均衡价格。短期债券的供求关系决定了短期债券的均衡利率水平;长期债券的供求关系决定了长期债券的均衡利率水平。因此,收益曲线的形状是由不同期限市场的均衡利率决定的。也就是说,当长期市场的均衡利率高于短期市场的均衡利率时,收益曲线就呈上升型;反之,当短期市场的均衡利率高于长期市场的均衡利率时,收益曲线就呈下降型。

市场分割理论受到了较多的批评,认为这不是市场的主流,也与实际不符合。在现代金融社会中,人们在长、短期资金和债券市场之间的选择具有相当大的自由性,市场的隔离程度越来越低。经验证据表明,无偏预期理论和流动偏好理论比市场分割理论更具有说服力。

第四节 债券风险分析

一、债券投资风险种类

相对股票来说,债券的收益比较确定。但这不等于说债券没有风险。债券投资的风险主要包括以下几类:

(1) 利率风险(Interest Rate Risk)。利率风险是指由于市场利率波动带来的债券投资收益的不确定性。一般说来,债券价格与市场利率反方向变化,即当市场利率上升时,债券价格下跌;市场利率下降时,债券价格上升。如果债券价格上升,投资者将获得资本收益;相反,债券价格下跌,投资者将蒙受损失。

(2) 再投资收益率风险(Reinvestment Yield Risk)。前已述及,债券的到期收益率是投资债券的内部收益率。如果我们假定债券的任何利息可以在相当于到期收益率的水平上进行再投资,则到期收益率可以被看做为债券生命期内的收益的复利率。而在实际经济中,利率带有很大的不确定性,因此利息再投资的收益率水平也是未知的。如果市场利率下降,投资者不得不以较低的收益率进行再投资以致最终实现的收益比购买债券时所确定的收益要低。这种风险便是再投资风险。

(3) 购买力风险(Purchasing Power Risk)。购买力风险又称通货膨胀风险。如前所述,债券的名义收益率等于预期实际收益率加上预期通货膨胀率。如果通货膨胀率发生意外变化,将影响到债券投资的实际收益率。具体说来,若实际通货膨胀率高于预期通货膨胀率,则实际收益率就低于预期收益率;反之,若实际通货膨胀率低于预期通货膨胀率,则实际收益率就高于预期收益率。

(4) 信用风险(Default Risk)。信用风险又称违约风险,指的是债券发行人在规定的时间不能及时支付利息或偿还本金,从而使投资者蒙受损失。

(5) 流动性风险(Liquidity Risk)。流动性风险又称变现风险,指的是债券不能以合理的价格及时出让的风险。当然,对于准备将债券持有到期的投资者来说,流动性风险不重要。

(6) 回购风险(Call Risk)。可回购债券是指债券发行人具有可以选择在债券到期之前偿还本金的权利。通常,发行者会选择市场利率下降时赎回债券,这时,债券投资者就面临较大的再投资风险。此外,这种回购条款还使得债券投资者面临现金流不确定、资本增值潜力有限(可回购债券价格上升将以既定的回购价格为上限)等风险。

上述六类风险中,前三类属于债券的系统性风险,因为它们同时作用于全部债券;后三类属于非系统性风险,因为它们并不从总体上影响债券市场。不难理解,债券的非系统性风险的主要表现是违约,需要依靠债券评级来确定。这里主要阐述债券系统性风险指标,因为影响债券价格或收益变化的主要是系统性风险。

二、债券的利率风险分析

如前所述,债券的系统性风险主要有两个来源:一是市场利率变动对债券价格及再投资收益的影响;二是通货膨胀变动对固定收入债券的影响。比较而言,购买力风险比较容易测定,为此,我们重点讨论债券的利率风险。

我们已经了解到债券价格与收益率之间存在着反向变动关系,且利率带有很大的不确定性。随着利率的涨落,债券持有人的资本也会相应地增加或损失。即便持有的债券是国债,本息的支付都有保证,但利率的波动仍然使固定收入的投资具有风险。

债券利率风险大小可由债券价格对于利率变化的敏感程度来衡量。

1962年,马尔凯尔(Burton G. Malkiel)最早系统提出了债券价格与利率(债券收益率)的五条关系,有时这五点也被称为马尔凯尔债券—定价关系。

(1) 债券价格与债券收益率呈反向变化。也就是说,当债券价格上升时,债券的收益率下降;反之,当债券价格下降时,债券的收益率上升。

【例11】 债券A,5年到期,面值为1 000元,息票率为8%,每年付息一次。如果现在该债券的收益率为8%,则债券的市场价格为:

$$V_0 = 80 \left[\frac{1 - \frac{1}{(1+0.08)^5}}{0.08} \right] + \frac{1\,000}{(1+0.08)^5} =$$

$$319.42 + 680.58 = 1\,000(元)$$

即该债券的价格正好等于面值。如果该债券的收益率上升为10%,则债券的市场价格为:

$$V_0 = 80\left[\frac{1-\frac{1}{(1+0.10)^5}}{0.10}\right] + \frac{1\,000}{(1+0.10)^5} =$$

303.26+620.92=924.18(元)

即该债券的价格低于面值。如果该债券的收益率下降为5%,则债券的市场价格为:

$$V_0 = 80\left[\frac{1-\frac{1}{(1+0.05)^5}}{0.05}\right] + \frac{1\,000}{(1+0.05)^5} =$$

346.38+783.53=1 129.91(元)

即该债券的价格高于面值。

(2) 利率风险与债券的息票利率呈反向关系。也就是说,在收益率变动幅度给定的条件下,息票率越低的债券价格变动幅度越大。

【例12】 债券 A 和 B 除了息票率以外,其他方面都相同(详见表13-1)。如果债券 A 和 B 的收益率均为10%,则可得债券 A 和 B 的市场价格分别为810.46元和924.18元。现在假设两种债券的收益率均增加1个百分点,即从10%上升到11%,则新的市场价格分别为 778.24 元和 889.12 元,其价格波动幅度分别为—3.98%和—3.79%。可见,息票率低的债券其价格变动幅度更大些。也就是说,较低息票率的债券比较高息票率的债券更能承受较大的资本利得(或损失),以得到较高(或较低)的到期收益率。

表 13-1

利率风险与债券息票利率的关系

	债 券 A	债 券 B
面值(元)	1 000	1 000
期限(年)	5	5
息票率(%)	5	8
年息(元)	50	80
到期收益率(%)	10	10
市场价格(元)	810.46	924.18
新到期收益率(%)	11	11
新市场价格(元)	778.24	889.12
价格波动幅度(%)	—3.98	—3.79

(3) 债券到期收益率的上升导致价格下降的幅度低于到期收益率下降同一幅度而引起的价格上升幅度。换句话说,收益增加比等比例的收益减少引起的价格变化幅度要小。

【例 13】 接[例 12]的资料。如果到期收益率均减少 1 个百分点,即从 10% 下降为 9%,则新的市场价格分别为 844.41 元和 961.10 元,其价格波动幅度分别为 4.19% 和 3.95%(详见表 13-2)。可见,对于在原收益率 10% 基础上,债券到期收益率下降 1 个百分点而引起的债券价格上升幅度要高于由于到期收益率提高 1 个百分点而引起的债券价格下跌幅度。

表 13-2

债券收益率升降变化与价格变化幅度

		债 券 A	债 券 B
原始状况	到期收益率(%)	10	10
	市场价格(元)	810.46	924.18
到期收益率增加 1 个百分点	到期收益率(%)	11	11
	市场价格(元)	778.24	889.12
	价格波动幅度(%)	−3.98	−3.79
到期收益率减少 1 个百分点	到期收益率(%)	9	9
	市场价格(元)	844.41	961.10
	价格波动幅度(%)	4.19	3.95

(4) 长期债券的价格比短期债券的价格对收益率更具有敏感性。也就是说,给定债券收益率的波动幅度,偿还期越长,债券价格波动的幅度越大。

【例 14】 有三种品质相同的债券 A、B 和 C,除了期限不同外,其他方面都相同。如果三种债券的到期收益率分别为 9%、10% 和 11%,则可得债券的市场价格分别为 1 000 元、938.55 元和 856.18 元。现假设每种债券的到期收益率均下降 10%,即分别为 8.1%、9% 和 9.9%,那么,与之对应的债券新的市场价格分别为 1 035.84 元、1 000 元和 931.15 元,其价格波动幅度分别为 3.58%、6.55% 和 8.76%(详见表 13-3)。可见,偿还期越长,价格波动幅度越大。

(5) 随着期限的增加,债券价格对收益率变动的敏感性以一个下降的比率增加。换句话说,债券价格对收益增长变化的敏感性低于相应的债券期限的增加。

就[例 14]中的债券而言,10 年期与 5 年期债券的价格波动差别为 2.97%(6.55%−3.58%),而 15 年期与 10 年期债券的价格波动差别为 2.21%(8.76%−6.55%)。可见,随着期限的增加,债券价格的波动比率下降。

表 13-3

长、短期债券的价格对利率的敏感性

	债券 A	债券 B	债券 C
年利息(元)	90	90	90
面额(元)	1 000	1 000	1 000
期限(年)	5	10	15
到期收益率(%)	9	10	11
市场价格(元)	1 000	938.55	856.18
新到期收益率(%)	8.1	9	9.9
新市场价(元)	1 035.84	1 000.00	931.15
价格波动幅度(%)	3.58	6.55	8.76

1972年,霍默和利伯威茨(Sidney Homer & Martin L. Liebowitz)又补充了一条。

(6) 债券价格对收益率变动的敏感性与债券当期出售时的到期收益率呈反向关系。

【例15】 债券A和B具有相同的面值、期限、息票率和付息方式,但到期收益率不同。其中,债券A的到期收益率为10%,债券B的到期收益率为6%,即债券A具有比债券B更高的收益率。按照债券价值评估公式可得债券A和B的市场价格分别为908.72元和1 385.59元。如果债券在20年后出售,并假设当时的收益率出现不变、下降10%和上升10%三种情况,此时债券A的价格变动率分别为5.4%、8.2%和1.7%,而债券B的价格变动率分别为18.5%、16.7%和20.64%(详见表13-4)。可见,不论20年后债券出售时的到期收益率是否变化,较低的初始到期收益率的债券B的价格变动幅度均远远大于较高的初始到期收益率的债券A的价格变动幅度。这就意味着持有较低的初始到期收益率的债券未来承受的价格风险更大。

表 13-4

不同到期收益率的债券价格对收益率的敏感性

	债券 A	债券 B
面值(元)	1 000	1 000
期限(年)	25	25
息票率(%)	9	9
年息(元)	90	90
到期收益率(%)	10	6
市场价格(元)	908.72	1 385.59

(续表)

			债券 A	债券 B
20年后出售	到期收益率不变	出售价格(元)	961.39	1 127.95
		价格波动幅度(%)	5.4	18.5
	到期收益率下降10%	出售价格(元)	980.45	1 154.15
		价格波动幅度(%)	8.2	16.7
	到期收益率上升10%	出售价格(元)	924.62	1 099.47
		价格波动幅度(%)	1.7	20.64

三、债券利率风险的测度

由上面的分析可知,决定债券价格利率风险大小的因素主要包括偿还期和息票利率[①],还需要找到某种简单的方法,定量评估债券价格的利率风险程度。最常用的指标有两个,即久期和凸性。

(一) 久期

1. 久期的计算

久期(Duration)这一概念最早由经济学家弗雷德里克·麦考利(Frederick Macaulay)于1938年提出,用以代替当时用期满日计算回收现金流的平均时间的传统做法。由于大多数债券是定期支付利息的,因此,投资者在债券到期之前就可得到利息收益。既然每笔现金流收回的时间不同,仅仅用最后一笔现金流的回收时间来测定所有现金流的回收时间就显得很不合理。债券的久期是债券各期现金流的加权平均年份,权数是每一现金流的现值占总现金流现值的比例。具体计算公式为:

$$D=\sum_{t=1}^{N}t\times w_t \quad (13-11)$$

式中,D 为久期;t 为现金流入的时期 $t=1,\cdots,N$;w_t 为时间 t 上支付的现金流的现值占总现金流现值的比例。

结合前述的债券价值评估公式,那么我们可以将公式重新表述为:

$$D=\frac{\sum_{t=1}^{N}\frac{tC_t}{(1+y)^t}+\frac{NM_N}{(1+y)^N}}{\sum_{t=1}^{N}\frac{C_t}{(1+y)^t}+\frac{M_N}{(1+y)^N}} \quad (13-12)$$

---

① 事实上,除了这两个因素外,付息方式也会影响债券价格的利率风险。付息方式包括是否定期付息以及每年付息次数等。

式中，D 为久期；t 为现金流入的时期 $t=1,\cdots,N$；N 为债券的期限或者至到期日的剩余时间；C_t 为 t 期的利息；y 为到期收益率；M_N 为债券的票面金额。

从公式可知，久期是考虑未来各期现金流的现值大小和回收期长短后的平均现金流期限，可以理解为"加权平均本息回收期"。久期越短，说明债券价格对利率的敏感度越低，风险越小；久期越长，说明债券价格对利率的敏感度越高，风险越大。

【例16】 债券 A 的到期收益率为 9%，面值为 1 000 元，票面利率为 6%，每年付息一次，偿还期 10 年，试计算其久期。

根据上述资料，该债券的久期计算过程如表 13-5 所示。

表 13-5

债券 A 久期的计算

年	现 金 流	现金流现值	现金流现值×t
1	60	55.0459	55.0459
2	60	50.5008	101.0016
3	60	46.3310	138.9930
4	60	42.5055	170.0221
5	60	38.9959	194.9794
6	60	35.7760	214.6562
7	60	32.8221	229.7544
8	60	30.1120	240.8958
9	60	27.6257	248.6310
10	1 060	447.7554	4 477.5540
合计		807.4703	6 071.5334

债券价格=807.47 元

久期=6 071.5334/807.4703=7.52 年

2. 久期与债券价格变动的关系

因为：
$$P=\sum_{t=1}^{N}\frac{C_t}{(1+y)^t}+\frac{M_N}{(1+y)^N}$$

两边关于 y 求导，得：

$$\frac{dP}{dy} = -\frac{1}{1+y}\left[\sum_{t=1}^{N}\frac{tC_t}{(1+y)^t} + \frac{NM_N}{(1+y)^N}\right]$$

由于：
$$\frac{dP}{P} = \frac{dP}{dy} \times \frac{1}{P} \times dy$$

所以：
$$\frac{dP}{P} = -\frac{1}{1+y} \times \frac{\sum\frac{tC_t}{(1+y)^t} + \frac{NM_N}{(1+y)^N}}{\sum\frac{C_t}{(1+y)^t} + \frac{M_N}{(1+y)^N}} \times dy$$

定义：
$$D = \frac{\sum\frac{tC_t}{(1+y)^t} + \frac{NM_N}{(1+y)^N}}{\sum\frac{C_t}{(1+y)^t} + \frac{M_N}{(1+y)^N}}$$

则：
$$\frac{dP}{P} = -\frac{1}{1+y} \times D \times dy$$

可见，当利率变化时，债券价格变化的比率与到期收益率的变化相关，即

$$\frac{\Delta p}{p} = -D \times \frac{\Delta(1+y)}{1+y} \tag{13-13}$$

上式表明，债券价格的变化率等于(1+债券收益率)的变化乘以债券的久期，前面的负号表明债券价格与债券收益率呈反方向变化。由于久期相当于债券价格波动相对于市场利率波动的倍数，久期自然也成为利率风险暴露程度的测度指标[①]。久期长的债券比久期短的债券的价格风险大。

习惯上人们常将久期与 $1+y$ 的比率称作"修正久期"，用 D^* 表示。这样，公式(13-13)就可重新表述为：

$$\frac{\Delta p}{p} = -D^* \Delta y \tag{13-14}$$

式中，$\frac{\Delta p}{p}$ 为债券价格波动的百分比；D^* 为债券的修正久期；Δy 为债券到期收益率的变动程度，用增减百分点表示。

公式(13-14)表明了修正久期的意义，即它是关于收益率变动所引起的债券价格变动百分比的近似值。

【例17】 某债券的久期为 4.16 年，现价为 828.39 元。假设到期收益率从 12% 上升至 14%，债券价格将会发生什么样的变化？

---

① 只有当收益率变动很小时，用久期来估算价格变动幅度才比较准确。当债券收益率变动较大时，用久期来估算价格变动幅度时误差就会很大，详见后述的凸性。

公式(13-14)告诉我们,债券到期收益率上升2个百分点,债券价格将下降61.54元。即

$$\Delta P = -(D^* \Delta y) \times p = \frac{4.16}{1.12} \times 0.02 \times 828.39 = -61.54$$

3. 久期法则

以下五个法则能帮助我们加深对久期的理解。

法则1:零息票债券的久期等于它的到期时间。

法则2:到期时间和到期收益率不变,债券的久期随着息票率的降低而延长。

因为一切息票利息支付都将减少债券的加权平均时间。息票利率越高,较早支付的利息在债券所有支付流的平均期限中所占的权重就越大,从而加权平均期限就越短[①]。这一法则应对了上述马尔凯尔债券一定价关系中的第二点,即利率风险与债券的息票利率呈反向关系。

法则3:当息票利率不变时,债券的久期通常随着债券到期时间的增长而增长。这一法则应对了马尔凯尔债券一定价关系中的第四点,即给定债券收益率的波动幅度,偿还期越长,债券价格波动的幅度越大。

必须指出,久期并不总是随着到期时间的增长而增长。对于贴现率很高的债券而言,久期可能会随着到期时间的增长而下降。

法则4:在其他因素都不变的情况下,债券到期收益率越低,息票债券的久期较长。

这一法则应对了上述霍默和利伯威茨补充的债券一定价关系。这是因为较低的到期收益率使得债券的再投资收益率低,从而影响债券现金流回收期限[②]。

法则5:永久债券的久期为$(1+y)/y$。

【例18】 当收益率为10%时,每年支付100元的永久债券的久期为:

$$D = 1.10/0.10 = 11(年)$$

法则5表明久期和到期时间的差别可以非常显著。永久债券的到期日是无限的,当收益率为10%时,它的久期仅为11年。永久债券生命期内早期现金流的加权现值决定了久期的计算。

(二)凸性

1. 凸性的含义

久期用来计算收益率微小变动时债券价格的变动幅度是可行的,但当收益率有较大变动时,久期在计算价格变动幅度时误差就会很大。这是因为债券的价格—收益曲线是

---

① 永久债券的久期只与收益率有关,与息票率无关。
② 这一法则适用于息票债券。对于零息债券,不管到期收益率多大,久期一定等于到期时间。

一条有凸性(Convexity)的曲线,而久期公式实际上构成了该曲线上某一点的切线①,$\dfrac{\mathrm{d}p}{\mathrm{d}y}$ 是债券价格在市场收益率为 y_0 时的导数,也是在 Q 点上债券—价格曲线的切线斜率,如图 13-2 所示。

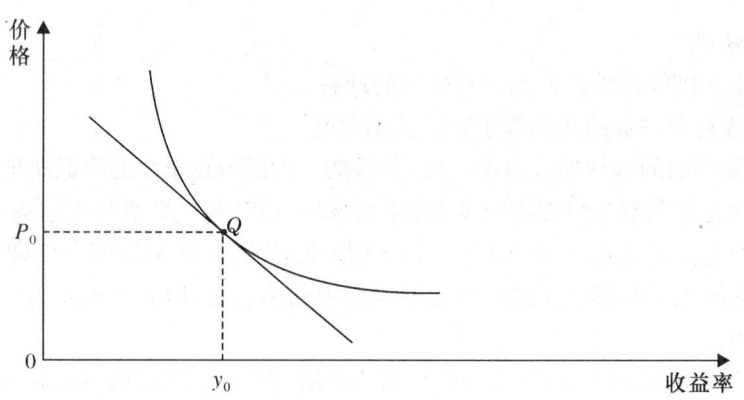

图 13-2 关于久期与凸性的几何解释

由上图可知,随着市场收益率偏离 y_0,用切线估计的债券价格与用债券价格理论公式估计的价格理论公式估计的价格间的距离会逐渐扩大。

我们继续讨论例 16。当到期收益率提高到 11% 时,债券价格(P_1)按照债券价值评估公式(13-2)计算的结果为 705.53 元,下降 12.62%。而按照久期公式(13-13)计算的债券价格(P_2)将下降 $13.8\% = \left(\dfrac{7.52}{1.09} \times 0.02\right)$。两种方法相差 1.18 个百分点。为提高使用久期估计的债券价格的准确性,必须对债券价格进行凸性分析。

凸性就是指价格—收益曲线的弯曲程度,曲线越弯曲,凸性越大。前已述及,按久期估计的债券价格与实际价格的误差是由于凸性造成的,凸性越大,价格误差就越大。

2. 凸性的度量

根据泰勒扩展序列公式,债券价格变化能近似地表述如下:

---

① 因为从数学上讲,市场收益率的微小变化引起债券价格的变化,是债券价格的一阶导数,由于:
$$\mathrm{d}P = -\dfrac{1}{1+y} \times D \times P \times \mathrm{d}y$$
因此,债券的新价格为:
$$P = P_0 + \mathrm{d}P = P_0 - \dfrac{1}{1+y} \times D \times P_0 \times \mathrm{d}y$$
式中,P_0 为市场收益率为 i 时的债券价格;P 为市场收益率变动后的债券价格。
$P = P_0 + \mathrm{d}P = P_0 - \dfrac{1}{1+y} \times D \times P_0 \times \mathrm{d}y$ 为一条直线,是债券价格曲线在市场收益率为 y 时的切线。

$$\Delta P = \frac{dP}{dy} \cdot dy + \frac{1}{2} \cdot \frac{d^2 P}{dy^2} (dy)^2 + e \tag{13-15}$$

这里 e 为 $(dy)^3$ 及其以上的各阶无穷小的量的和。因此:

$$\frac{\Delta P}{P} = \frac{dP}{dy} \cdot \frac{1}{P} \cdot dy + \frac{1}{2} \cdot \frac{d^2 P}{dy^2} \cdot \frac{1}{P} \cdot (dy)^2 + \frac{e}{P} \tag{13-16}$$

公式(13-16)等号右边第一项就是前面讨论过的由久期决定的债券价格变化,而等号右边第二项包含了债券价格在市场收益率为 y 时的二阶导数,我们建立一个新的定义:

$$凸性 = \frac{1}{2} \cdot \frac{d^2 P}{dy^2} \cdot \frac{1}{P} \tag{13-17}$$

其中:

$$\frac{d^2 P}{dy^2} = \sum_{t=1}^{N} \frac{t(t+1)C_t}{(1+y)^{t+2}} + \frac{n(n+1)M_N}{(1+y)^{N+2}} \tag{13-18}$$

在建立了凸性概念之后,我们可以通过久期和凸性来更好地估计债券的价格变动率,即:

$$\frac{\Delta P}{P} = \frac{-D}{(1+y)} \cdot \Delta y + \frac{1}{2} \cdot \frac{d^2 P}{dy^2} \cdot \frac{1}{P} \cdot \Delta y^2 \tag{13-19}$$

我们继续讨论刚才的例子。该债券的价格—收益凸性为:

$$凸性 = \frac{1}{2} \cdot \frac{d^2 P}{dy^2} \cdot \frac{1}{P} = $$
$$\frac{1}{2} \times \left[\sum_{t=1}^{10} \frac{60 \times t \times (t+1)}{(1+9\%)^{t+2}} + \frac{10 \times (10+1) \times 1\,000}{(1+9\%)^{12}} \right] \times \frac{1}{807.47} = 31.39$$

因此,因凸性而使债券价格上升的幅度为:

$$31.39 \times (2\%)^2 = 1.26\%$$

所以,由于久期和凸性的共同作用,债券价格下跌的幅度为:

$$-13.8\% + 1.26\% = 12.54\%$$

这一变动幅度与债券理论价格下跌 12.62% 已经非常接近了。

3. 凸性的投资含义

前面我们介绍了凸性可以改进在给定的收益变化下债券价格变化的近似值。凸性还具有另一个重要的投资含义,即在其他方面相同的情况下,投资者应选择凸性大的债券。这一点可借助图 13-3 来加以说明。

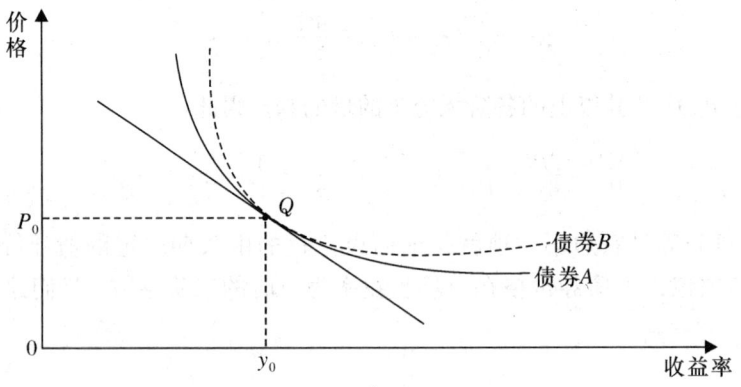

图 13-3 债券 A 和 B 的凸性比较

图中显示的两种债券除了凸性不同外，其他方面均相同。不难发现，债券 B 的凸性比债券 A 大，且不管收益率是上升还是下降，债券 B 都会有比债券 A 更高的价格。换句话说，如果收益率上升，债券 B 的资本损失较小；如果收益率下降，债券 B 的资本收益较大。因此，在持续期限、收益相同的情况下，凸性较大的债券的利率风险较小。

相关链接

http://www.chinabond.com.cn——中国债券信息网

http://www.chinamoney.com.cn——中国外汇交易中心

http://bond.eastmoney.com/calculator/winbond.htm——东方财富网债券收益计算器

思考与练习

1. 简述债券定价原理。
2. 债券收益率指标有哪些？各有什么区别？
3. 债券收益曲线的类型有哪几种？
4. 如何理解债券的利率期限结构理论？
5. 试结合当前国内的利率政策，分析并说明国债指数的走向。
6. 假定有一种债券，息票率为 10%，到期收益率为 8%，如果债券的到期收益率不变，则 1 年以后债券的价格会如何变化？为什么？
7. 试计算哪种债券有较高的实际年利率？

债券 A：票面额为 100 000 元，售价为 97 645 元的 3 个月短期国库券。

债券 B：售价为票面额，每半年付息一次，票面利率为 10% 的债券。

8. 假定投资者有 1 年的投资期限，想在三种债券间进行选择。三种债券有相同的违约风险，都是 10 年到期。第一种是零息债券，到期支付 1 000 元；第二种是息票率为 8%，每年付 80 元的债券；第三种债券息票率为 10%，即每年支付 100 元。

(1) 如果这三种债券都有 8% 的到期收益率，那么它们的价格各应是多少？

(2) 如果投资者预期在下年年初时，它们的到期收益率为 8%，则那时的价格又各为多少？

9. 当前 1 年期零息债券的到期收益率为 7%，2 年期零息债券到期收益率为 8%。财政部计划发行 2 年期债券，息票率为 9%，每年付息一次，债券面值为 100 元。

(1) 该债券售价为多少？

(2) 该债券的到期收益率是多少？

(3) 如果收益率曲线的预期理论是正确的，则市场预期明年该债券售价为多少？

10. 一种收益率为 10% 的 9 年期债券，久期为 7.194 年。如果市场收益率改变 50 个基本点，债券价格改变的百分比是多少？

11. 已知一种息票率为 6% 的债券每年付息一次，如果它离债券到期还有 3 年且到期收益率为 6%，求该债券的久期。如果到期收益率为 10%，久期又为多少？

12. 一种债券息票率为 6%，半年付息一次，在几年内的凸性为 120，以票面的 80% 出售，而且按到期收益率为 8% 来定价。如果收益增至 9.5%，估计因凸性而导致的价格变动的百分比为多少？

13. 以下是期限不同的几种零息债券的价格表。试计算每种债券的到期收益率。

期　限（年）	债券价格(元)
1	943.40
2	898.47
3	847.62
4	792.16

第十四章 证券投资管理与业绩评价

前述的证券投资一般都是就个人而言的。每个人都是根据自己的偏好选择证券,同时还根据个人的特长、性格、知识背景选择一定的证券分析方法。事实上,对我们大多数人来说,都不具备高水平的证券投资的经验和知识,同时又不甘心把全部积蓄投入无风险资产。这一矛盾需要依靠专门的金融投资机构来解决。一方面,金融机构可组织具有专门知识的人员选择和组合证券;另一方面,它们可根据广大投资者的不同需求去设计不同种类的证券组合以供人们选择。因此,随着证券市场的不断发展,投资基金逐步取代个人投资者而成为证券市场的核心力量。而个人投资者只需根据自身的经济结构、风险偏好、消费节奏等因素,通过选择不同类型的投资基金来满足自己的投资需求。作为普通投资者,他们一般都会偏好那些业绩卓越的投资基金。此外,随着投资基金规模的不断扩大,一个大的投资基金下面往往有很多小的投资基金,投资基金高层经理必须通过合理的考核制度来激励下面各相对独立基金的管理层的积极性。因此,无论是从外部投资者的角度看,还是从投资基金内部考核激励的角度看,都面临着如何度量投资组合业绩的问题。本章主要介绍专门的投资机构所采用的证券投资方法及其业绩衡量,具体内容有三:一是证券组合管理;二是债券组合管理;三是证券组合投资业绩评价。

第一节 证券组合管理

一、证券组合的含义与类型

1. 证券组合的含义

在投资实践中,无论是个人投资者还是机构投资者,都会有意或无意地将资金投资在不同种类的金融产品,如同时投资于股票和债券,或者将投资分散在同一类型的金融产品的不同品种,如同时投资于不同的股票或者不同的债券,以构成自己的投资组合。因此,证券组合是指投资主体持有的各种有价证券的集合。

2. 证券组合的类型

按投资目标的不同,证券组合通常分为若干种类:

(1)避税型证券组合。避税型证券组合一般投资于地方和中央政府的免税债券。

(2) 收入型证券组合。收入型证券组合追求基本收益(即利息、股息)的最大化,一般投资于保守的优质股票、公用事业股票以及优先股票。

(3) 增长型证券组合。增长型证券组合旨在追求高的资本增长率,一般投资于潜在的成长型股票,投资风险较大。

(4) 收入和增长混合型证券组合。收入和增长混合型证券组合追求基本收益和资本增长并重,一般投资于优质的普通股票,承担的风险小于增长型证券组合。

(5) 货币市场型证券组合。货币市场型证券组合一般投资于到期期限在1年以内、具有高度流动性的货币市场上的证券,如国库券、高信用等级的商业票据等。

(6) 指数化型证券组合。指数化型证券组合旨在跟踪、复制某种市场指数,即按所选定指数的成份股在指数中所占的比重,选择同样的资产配置模式投资,以获取该目标指数所代表的资本市场的平均收益率。

二、证券组合管理

1. 证券组合管理的意义和特点

证券组合管理是指投资管理人根据对不同证券品种的收益—风险特性的分析和投资者的收益—风险偏好,运用证券组合理论,将资金按不同比例配置在不同的证券上,以构造符合预定投资目标的证券组合,并按照市场情况的变化对投资组合进行评估和修正的行为。因此,证券组合管理的特点主要表现在两方面:① 多元化投资。证券组合理论认为,证券组合的风险随着组合所包含证券数量的增加而降低,尤其是证券间关联性极低的多元化证券组合可以有效地降低非系统风险,使证券组合的投资风险趋向于市场平均风险水平。因此,组合管理强调构成组合的证券应多元化。② 风险与收益相匹配。资本资产定价理论认为,资产的收益率与其承担的系统性风险存在着线性关系。换句话说,投资收益是对承担的系统性风险的补偿。系统性风险越大,收益越高;系统性风险越小,收益越低。因此,组合管理强调投资的期望收益应与风险的承受能力相适应。

2. 证券组合管理的基本步骤

证券组合管理的全过程通常包括五个基本步骤:

(1) 确定证券投资政策。证券投资政策是投资者为实现投资目标应遵循的基本方针和准则,包括投资目标、投资规模和投资对象以及应采取的投资策略和措施等。投资目标是指投资者在承担一定风险的前提下,期望获得的收益率。不难理解,投资者在设立投资目标时会受个人性格、收入、知识等主观因素的影响,而投资管理人不可能去把握每个投资者的上述主观因素,只能根据证券的收益—风险特征去组合出具有不同特色的金融商品以供选择。由于证券投资属于风险投资,且风险和收益之间呈正相关关系。因此,投资目标的确定应兼顾风险和收益两方面。投资规模是指用于证券投资的资金数量。投资对象是指证券组合管理者准备投资的证券品种,它是根据投资目标而确定的。确定证券投资政策是证券组合管理的第一步,它反映了证券组合管理者的投资风格,并最终反映在投资组合所包含的有价证券的类型和特征上。

(2)分析证券投资对象。证券投资分析是证券组合管理的第二步,旨在对第一步所确定的个别证券或证券组合的具体特征进行考察分析,了解这些证券的价格形成机制以及价格与价值的偏离情况。

(3)构建证券投资组合。构建证券投资组合是证券组合管理的第三步,旨在确定具体的证券投资品种和在各证券上的投资比例。在构建证券投资组合时,投资者需要注意个别证券选择、投资时机选择和多元化这三个问题。个别证券选择主要是预测个别证券的价格走势及波动情况;投资时机选择涉及预测和比较各种不同类型的证券的价格走势及波动情况;多元化则是指依据一定的现实条件,构建一个在收益一定的条件下风险最小的资产组合。

(4)修正投资组合。投资组合的修正作为证券组合管理的第四步,实际上是定期重温前三步的过程。随着时间的推移,现有的证券组合也许已不再是最佳组合了。这可能是因为投资者改变了投资目标,或者是投资管理者的预测发生了改变。为此,需要对现有的资产组合产品进行挑选或增补。必须指出,任何修正都必须考虑证券交易成本,包括佣金、买卖差价和价格冲击的影响,以确保修正后的资产组合价值减去原资产组合价值和交易成本后的价值净增值最大化。这样,最好的修正方案不一定就是理论上说的最优资产结构。当达到最优资产结构的交易成本很高时,我们一般满足于达到一个次优的资产结构。

(5)评价投资组合业绩。证券组合管理的第五步是评估投资组合的业绩。与投资目标相适应,投资业绩评估也包括投资收益和所承担的风险两方面。

3. 证券组合管理的方法

根据投资管理者对市场效率的不同看法,证券投资管理分为被动型和主动型两类。

所谓被动型投资管理,是指按照市场现行的证券比例建立一个充分分散化的证券投资组合的投资管理方法。主张这种方法的管理者认为,证券市场能够有效地反映供求方面各种因素的变化,使证券的价格与其内在价值一致。因此,任何企图预测市场行情或寻找那些过低或过高定价的证券,并借此频繁调整持有证券的行为都不可能提高期望收益率,反而会增加交易成本。单纯购买持有策略是被动型投资管理的典型例子,他们所持有的证券组合要么就是市场组合的替代组合——指数化型证券组合,要么是适合于那些与普通投资者具有不同偏好和要求的投资者的特别组合。

所谓主动型投资管理,是指经常预测市场行情或寻找那些过低或过高定价的证券,并借此频繁调整证券组合以获得尽可能高的收益的管理方法。主张这种方法的管理者认为,证券市场不能有效地平衡供求双方,证券的价格往往偏离其内在价值,需要经常地调整证券组合比例。

三、证券投资的形式

以证券组合为基础的投资可以有不同的实施形式,它们涉及证券选择、资产配置和市场时机选择等环节的配合使用。

1. 证券选择

这种投资形式要求投资管理者首先对所有可投资的各个证券的预期收益、收益的标准差以及收益之间的协方差作出预测;然后计算出证券组合可能达到的最佳风险收益交替关系,即证券组合有效边界;最后根据投资委托人的偏好,选择相应的具有最佳风险收益交替关系的证券组合比例。

图 14-1 给出的是单纯使用证券选择方法的证券投资形式。

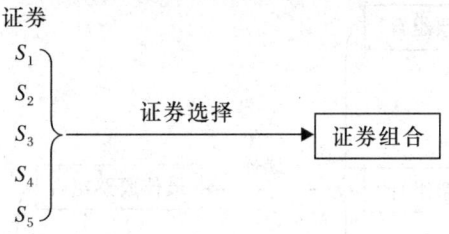

图 14-1　证券选择投资形式

2. 资产配置

资产配置是指在证券选择的基础上,按照投资委托人的偏好,将委托人的资金在选定的股票组合与债券组合之间进行分配。图 14-2 给出了证券选择与资产配置相结合的证券

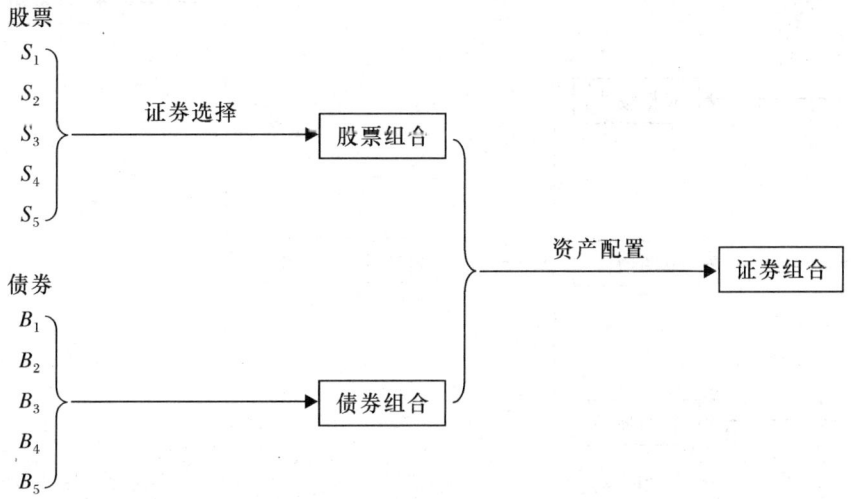

图 14-2　证券选择和资产配置投资形式

券投资形式。这种投资形式首先要求同时对最佳股票组合和最佳债券组合这两个组合的预期回报率和标准差进行预测,并预测这两个组合的协方差;然后确定由这两个组合构成的所有新的组合的预期回报率和标准差;最后在由这些新的组合组成的有效边界上,根据投资委托人的偏好确定应该选择的最佳组合。很明显,证券选择和资产配置投资形式可以得到具有分明内部结构的证券投资组合。

如果将股票和债券先按其特征分类,再将证券选择和资产配置方法引入,就构成了内部结构更为精细的证券投资形式,如图 14-3 所示。这种投资形式首先要求按证券的风险收益特征分为若干组(类),在各组(类)中用证券选择的方法确定组(类)内的最佳证券组

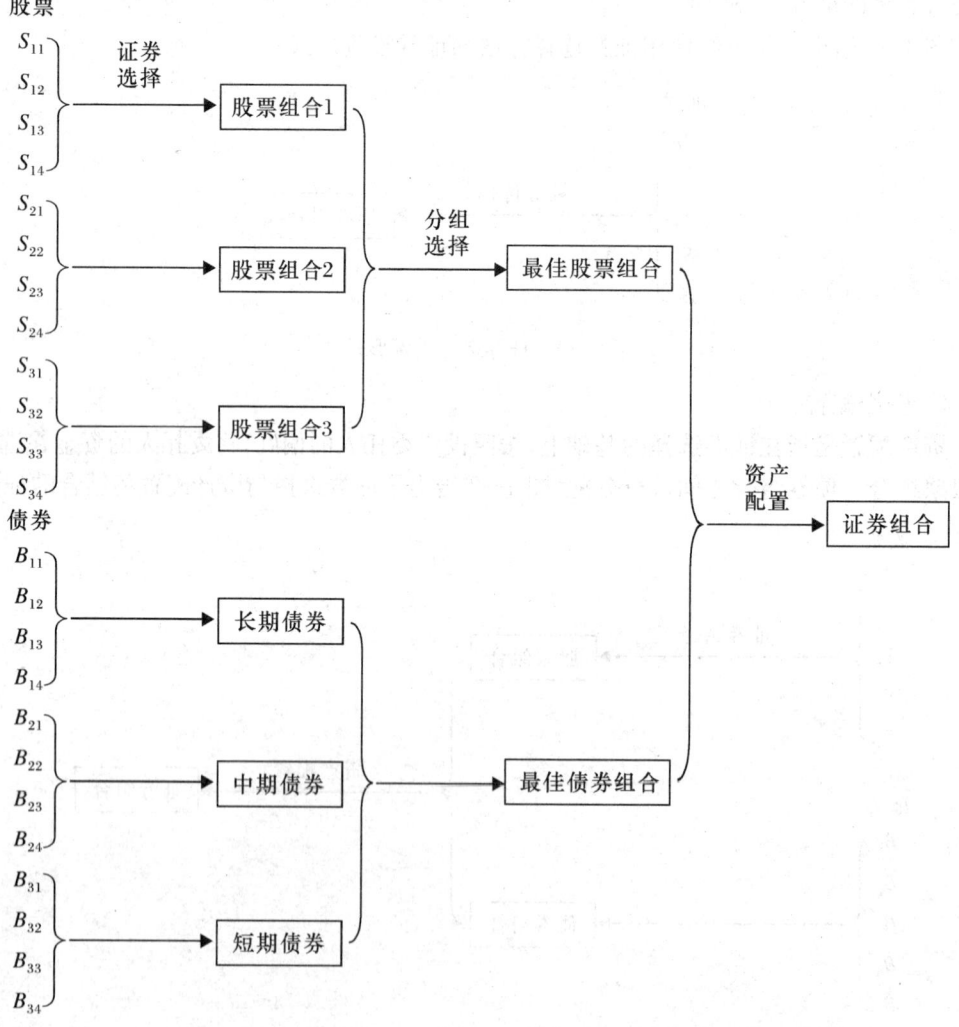

图 14-3 证券选择、证券分组选择和资产配置投资形式

合;然后将不同类别的股票和债券分别进行再组合,得到最佳的股票组合和债券组合;最后按投资委托人的偏好进行资产配置。股票一般按产业分类,如工业、公用事业、金融业等,这是因为同产业的股票通常具有较高的相关性。债券一般按到期期限分类,因为相同到期期限的债券一般具有相同的利率和利率风险。

3. 市场时机选择

除了上面所介绍的投资形式之外,还有一种捕捉证券买卖时机的投资形式,称为市场时机选择。换句话说,所谓市场时机选择,是指投资组合管理人在预期市场将处于牛市行情时就采取更加进取的投资策略,即将更多的资金投资于风险资产;而预期市场处于熊市的情况下,则将更多的资金投资于无风险资产。因此,市场时机选择与前述的各种投资形式的不同之处在于,它涉及如何在一个替代的市场组合(通常既包括股票又包括长期债券)和一种无风险资产(如国库券)之间分配投资的积极决策。图 14-4 给出的是市场时机选择投资形式。在风险证券组合中,只按市场的份额比例被动地选择证券,然后根据证券市场的行情,不断地调整有风险资产和无风险资产在总资产中的比例。

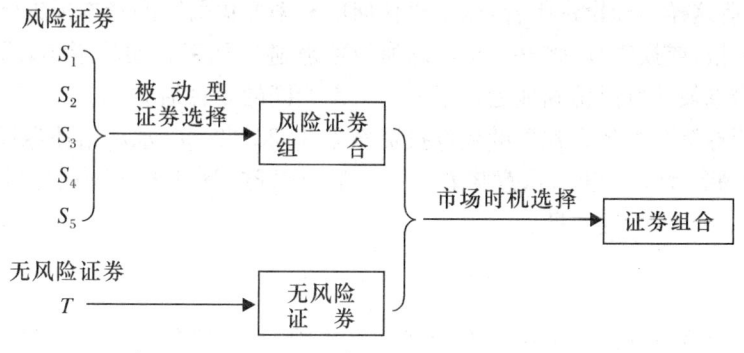

图 14-4 市场时机选择投资形式

主动型投资管理并不意味着在证券、资产配置的各个环节,或一个环节的各个方面都实施分析、预测和选择决策。这样太费力,也不可能。一般根据投资管理者的特长、经验、知识背景等,专注于一个或几个方面。根据投资管理者注重的环节的不同,投资管理可分为若干类型:① 证券选择型,旨在证券选择环节实行主动选择,其他环节只作被动选择。② 资产选择型,旨在资产配置环节实行主动选择,其他环节只作被动选择。资产选择型可以包括市场时机选择这一特殊形式。③ 分组轮换型,只在证券组类中的一个或几个认为有必要的环节或方面实施主动选择,其他均作被动选择。在实际的投资管理中,大多数投资管理者基本上只选择上面所说的三种类型之一,称为单纯投资类型。也有一些投资管理者采用上述各种类型的组合,称为复合型投资类型。

第二节 债券组合管理

利用债券组合的方法可以抵销掉个别债券违约的非系统性风险,而只承担债券的系统性风险。这种组合管理的方法与股票没有什么本质上的区别。这也是我们前面经常使用证券组合和证券投资管理一词的原因。在这一节里,我们旨在介绍一些只有债券投资才会遇到的问题。

一、债券的利率免疫

1. 免疫策略

前已述及,债券的价格与利率变化呈反向关系。当利率上升(下降)时,债券的价格便会下跌(上涨)。利用不同到期日的债券组合的方法,可以使债券组合在未来的某一确定时间的总价值不随市场利率的变化而变化,这就是债券的利率免疫。换句话说,所谓免疫策略,是指构造这样一种投资组合,以至于任何由利率变化引起的资本损失(或利得)都能被再投资的回报(或损失)所弥补。免疫之所以能够避免利率波动的影响,原理在于一只给定久期的附息债券可以精确地近似于一只久期相同的零息债券。

假设某债券资产管理人收到的债券投资额为 8 820 262 元,承诺给债券投资人的年利率为 12.5%,期限为 5.5 年。这意味着 5.5 年后,该资产管理人必须向债券投资人一次性支付本息 16 858 555 元。即:

$$8\,820\,262 \times (1+0.125)^{5.5} = 16\,858\,555 (元)$$

如果这位管理人在市场上购买了一种 5.5 年到期、息票利率为 12.5%、按面值出售的面额为 8 820 262 元的债券,并持有到期,那么,5.5 年后,该管理人能实现 16 858 555 元的目标价值吗?

众所周知,投资附息债券后的现金流入来源于三方面:债券面值、中途出售后的资本损益和利息再投资收入。债券到期后一定会按面值偿付,因此,这笔现金流与利率变化无关。中途出售时的价格受当时利率水平的影响,必然会引起资本损益。然而,本例假设该管理人购买债券后一直持有到期,所以不需要考虑这个问题。这样,剩下的就是利息以什么利率水平进行再投资的问题了。如果利息收入能以 12.5% 的年收益率进行再投资的话,他就能实现其目标价值;如果在该期间内,市场收益率降低,使得利息收入只能以低于 12.5% 的年收益率进行再投资,他的目标价值则无法实现;如果市场收益率上升,则他将实现高于目标价值的累积价值。因此,如果投资于一种到期收益等于目标收益并且期限等于投资期限的息票债券,并不能保证目标价值的实现。

第十四章 证券投资管理与业绩评价

那么,假设该管理人按 8 820 262 元的票面价值购买期限为 15 年、票面利率为 12.5%、到期收益率也为 12.5% 的债券,他能否实现目标价值呢?同理,如果市场收益率不变,利息收入可按 12.5% 的年收益率进行再投资,管理人可实现其目标价值。如果市场收益率上升,尽管利息收入可按较高的利率进行再投资,但是债券的市场价格将下降,两者相抵后的净值低于管理人的目标价值。如果市场收益率下降,尽管利息收入只能以较低的利率进行再投资,但是债券的市场价格将上升,两者相抵后的净值高于管理人的目标价值。因此,投资于一种到期收益等于目标收益,期限大于投资期限的息票债券,仍然不能确保其实现目标价值。

再假设管理人投资于一种到期收益为 12.5%、1 年到期、息票利率为 12.5%、以面值出售的面额为 8 820 262 元的债券。这时,债券到期的本息立刻再投资债券,到 5.5 年时可再获得一份利息收入。不难理解,管理人虽然可以免遭利率风险,但仍然面临着再投资风险。只有在市场收益保持在 12.5% 或更高的水平时,目标价值才会实现。因此,通过投资于一种到期收益等于目标收益,期限小于投资期限的息票债券,同样不能确保其目标价值的实现。

上述例子告诉我们:市场收益率上升使未到期债券遭受价格损失,却给予已到期债券和利息更好的投资收益机会;反之,市场收益率下降使未到期债券的价格上升,却致使已到期债券和利息面临更坏的再投资机会。债券的利率免疫利用的就是债券的价格风险正好与它的再投资收益率风险相互抵销的机制,以确保债券组合在预定时间内的价值保持不变。因此,该资产管理人应寻找具有以下特征的债券:不管市场收益怎么变化,债券的价格风险(损失或收益)正好与它的再投资收益率风险(增加或减少)相抵销。

我们继续讨论刚才的例子。假设该管理人投资于一种期限为 8 年、到期收益率为 12.5%、息票利率为 10.125%、出售价格为 8 820 262 元的债券。在这种情况下,无论市场收益如何变化,其目标价值都能实现。这是因为当市场收益上升时,利息的再投资收入增加抵销了价格下降的变化后还有剩余;而当市场收益下降时,价格的上升超过了利息的再投资收入的减少,从而保证了目标价值的实现。

如果我们对上述四种债券求一下它们的久期(分别为 4.14 年、7.12 年、0.50 年和 5.5 年)便可以发现,正是债券久期与持有期相同(5.5 年)的债券,才保证了不管市场收益率如何变动,都将实现其目标价值。

于是,我们可以得出结论:为使一种债券组合的目标价值或目标收益免受市场收益率变动的影响,即保证债券或债券组合的现金流量等于未来负债的现值,就必须使得债券或者债券组合的久期等于负债的投资期限。

下面用数学形式来表达上述结论。

设有 n 种债券参与组合,期限各不相同,用 $K_i(i=1,2,\cdots,n)$ 表示。其中投资于债券

i 的资金为 A_i,总资金 $A=\sum_{i=1}^{n}A_i$。在利率由 r 变化为 r' 的条件下,T 时后,持有债券组合的总价值为:

$$\sum_{i=1}^{n}A_i\frac{(1+r)^{K_i}}{(1+r')^{K_i-T}}=A(1+r)^T$$

式中右边的 $A(1+r)^T$ 表示我们希望投入债券的总资金 A 按眼下的利率 r 得到收益,即不受市场利率变化的影响。左边的表达式 $(1+r)^{K_i}/(1+r')^{K_i-T}$ 应这样来理解:当债券 i 的期限为 $K_i>T$ 时,其价值为债券到期时的本息 $A_i(1+r)^{K_i}$ 元按利率 r' 贴现,贴现的期限为 (K_i-T) 年。所以,债券 i 在 T 年时的总价值为 $A_i(1+r)^{K_i}/(1+r')^{K_i-T}$。当债券 i 的期限为 $K_i<T$ 时,债券到期的本息立即再投入债券,相当于按利率 r' 复利,复利的期限为 $(T-K_i)$ 年。因此,债券 i 到 T 年时的总价值为 $A_i(1+r)^{K_i}\times(1+r')^{T-K_i}$。

令 $A_i/A=W_i$,则可得到满足债券组合对利率免疫的条件方程:

$$\begin{aligned}W_1K_1+W_2K_2+\cdots+W_nK_n=T\\W_1+W_2+\cdots+W_n=1\end{aligned} \quad (14-13)$$

假设一个债券组合管理者有一个期限为 2 年、金额为 12 100 元的负债,负债的现值为 10 000 元。现在该管理者希望通过持有一次还本付息的 1 年和 3.5 年的债券对负债进行利率免疫。现行市场利率为 10%。根据给定的条件,满足债券组合对利率免疫的条件方程为:

$$\begin{aligned}W_1\times 1\text{年}+W_2\times 3.5=2(\text{年})\\W_1+W_2=1\end{aligned}$$

得到 $W_1=0.6$,$W_2=4$。所以,应投资 1 年期的债券 6 000 元,3.5 年期债券 4 000 元。表 14-1 列出了利率变化对债券组合价值的影响。可以看出,债券组合已对利率免疫。

表 14-1

不同利率水平下的债券组合价值

	利率降为 8%	利率为 10%	利率升为 12%
1 年期债券到期本息 6 600 元再投资 1 年后的本利和(元)	6 600×1.08=7 128	6 600×1.10=7 260	6 600×1.12=7 392
3.5 年期到期本利和 5 584 元贴现到 2 年后的价值(元)	5 584/1.08$^{1.5}$=4 975	5 584/1.10$^{1.5}$=4 840	5 584/1.12$^{1.5}$=4 711
债券组合价值(元)	12 103	12 100	12 103

2. 免疫策略的局限性

债券利率免疫组合的方法,是在对现实作高度简化的情形下得出的。在实际应用中存在一些局限性。

(1) 债券违约与赎回风险。债券免疫组合是假设债券按时还本付息,而且在到期前不会被赎回的条件下得出的。当债券发生违约或被赎回,债券组合对利率变化就无免疫性了。

(2) 非平坦型的利率变化。债券免疫组合方法还以收益率曲线是平直的假设为基础,且收益率曲线的任何变动都是平行的,即当利率发生变化时,所有不同期限的利率都发生等量的变化。事实上,短期利率一般比长期利率具有更大的变动性,平行变化的情况是很少见的。这就使得债券免疫组合的实际结果不可避免地具有随机风险。

(3) 重新调整问题。债券免疫组合后,随着时间推移,部分债券付息或到期,以及市场利率的变化,都将使债券组合不再具有免疫性。因此,需要重新调整债券组合。

(4) 多种备选方案问题。由于在现实市场上,存在很多种不同到期时间的债券组合可供我们选择。例如,对于一个2年投资期的债券免疫,可以用1年与3年的组合债券,也可以用1年与5年的组合债券。债券管理者如何做出选择呢?一般来说,选用债券的期限越靠近免疫投资期,免疫性受其他因素的干扰越小。就上例而言,1年与3年组合的债券就优于1年与5年组合的债券。

二、主动型债券投资管理

债券组合资产主动管理建立在债券市场不是完全有效的假设基础上,其投资管理将涉及债券选择,以识别哪些债券被不恰当定价,或涉及市场时机选择等若干种主动型管理方法。

1. 水平分析法

水平分析法认为,一种债券在任何既定的持有期中的收益率,在一定程度上取决于债券的期初和期末价格以及息票利率。由于期初价格和息票利率都是可知的,水平分析法主要集中在对期末债券价格的估计上,并以此来确定现行市场价格是偏高还是偏低。因为,相对于一个既定的期末价格估计值而言,如果一种债券的现行价格相对较低,其预期收益率则相对较高;反之,如果一种债券的执行价格相对偏高,则其预期收益率相对较低。

我们知道,在任何持有期中,债券的收益包括资本收益和利息收益。资本收益率会受到时间推移和收益率变化两个方面的影响。在水平分析法中,把资本收益率变动分为两部分:一部分是时间推移的影响,不包括收益变动因素,即随着到期日的推进,债券价格日益接近票面价值;另一部分是收益率变动的影响,不包括时间因素,即随着收益率增加,债券价格下降,或随着收益率下降,债券价格上升。此外,还有息票利息额与利息再投资收

入共同构成的利息收益,所以还要估计一个再投资的利率。简而言之,某种债券的全部货币报酬用公式表示为:

全部货币收益＝时间影响＋收益率变化的影响＋息票利息额＋息票利息的利息

在这四项中,由于收益率变化影响是不确定的,因此要对其进行进一步的分析。通过估计不同的期末收益率,可以计算出不同的总收益率;通过这些收益率发生概率的估计,可以判断债券的风险,从而为资产管理人员的投资决策提供依据。可见,对未来收益率的预测是水平分析方法中的关键。

2. 债券掉换

债券掉换的目的是找出市场定价过低和定价过高的债券,然后用定价过低的债券来替换持有的定价过高的债券。当市场修正其定价时,持有的债券便可获得一分资本增值收益。

在实践中,债券掉换方法大体可分为四类:

(1) 替代掉换。同类债券具有相同的到期时间,由于市场的不完全有效,致使债券具有不同的到期收益率。因此,用较高到期收益率的债券来替换较低到期收益率的债券。

(2) 市场内部价差掉换。当市场上两种债券之间存在着一定的收益差幅,且该差幅有可能发生变化时,资产管理者就会进行市场内部价差掉换,卖出一种债券的同时买进另外一种债券,以期获得较高的持有期收益率。

(3) 利率预期掉换。它是直接利用对整个市场利息率的预期变动来获取利润。比如说,在预期收益率将上升的条件下,用短期债券来替换相应金额的长期债券。这是因为在收益率上升时期,长期债券价格下跌的幅度一般比短期债券大;反之,在预期收益率将下降的条件下,用长期债券来替换短期债券,因为在收益率下降时期,长期债券价格上升的幅度一般也较短期债券大。

(4) 纯收益率掉换。它着眼于长期的收益变动,而不愿意对短时间内的未来收益率或收益率差幅作任何预测,用长期收益高的债券来替换长期收益较低的债券。

3. 适时免疫

这是一种主动型与被动型相结合的投资管理方法。对持有的债券组合,选定一个收益率的下限,当市场情况变化对投资者的目标有利,而债券组合的收益率又在给定的下限之上时,管理者可采用主动的债券选择方法,以期增加债券组合的收益率。当不利情况发生使债券组合的收益水平下降到预定的下限时,管理者必须采用免疫组合方法,以保障债券组合的收益。

4. 骑乘收益率曲线

这种资产管理方法的使用者主要是那些目的在于债券的流动性的投资者。当收益率曲线向上倾斜时,如果投资者预测收益率曲线在投资期内保持不变,就可以采用骑乘收益率曲线的方法获得更高的回报率。具体策略有二:一是购进短期固定收入债券并持有这类债券,到期后若不需要这部分资金,则可再投资于同类短期债券。二是购买比要求的期限稍长的债券,然后在债券到期前售出,从而获得一定的资本收益。用例子说明如下:假设半年期和1年期零息债券的到期年收益率分别为6%和8%。投资者只打算持有债券半年。但若买入1年到期支付面额为100元的债券,按到期年收益率8%贴现只需要92.59元。半年后,该债券按6%贴现为97.13元。按此价格卖出,则年收益率为9.8%,即:

$$\frac{97.13-92.59}{92.59} \times \frac{12}{6}=9.8\%$$

可见,这一收益率是直接购买半年期债券收益率的1.63倍。

但采用骑乘收益率曲线的方式必须满足两个条件:① 收益率曲线向上倾斜,即长期债券的收益率较短期债券高;② 投资人确信收益率曲线将继续保持上升的态势。

必须注意,市场利率和利率期限结构都是不断变化的,这就给骑乘收益率曲线的投资者带来了风险。骑乘收益率曲线时会同时发生购买和售出债券这两种交易行为,因此,骑乘收益率曲线的交易成本也会较高。

第三节 证券组合投资业绩评价

个人投资者在现有的种种投资组合中选择一个或者几个作为投资的对象时,总要先比较各种组合以往的投资业绩,分析投资业绩来自于运气还是经营水平,预测投资业绩的变动趋势。这些正是投资组合业绩评估的主要内容。

一、单因素整体业绩评价模型

如前所述,证券投资收益与风险之间的关系是正向的。有些投资组合表现似乎良好,但是它的风险也比其他组合更高。因此,简单地将投资收益相比是不科学的。一方面,我们至少必须在对收益进行风险调整后,才能做出初步结论。另一方面,任何评价都只是相对的,都会有一个参照物。投资组合的业绩评价最主要目的是评价相比基准而言的投资表现,因而应该首先选择适当的基准的投资组合作为参照体系,据此再来进行业绩评价。

马克维茨的均值—方差理论以及夏普的资本资产定价模型的出现,为较为精确地评估投资组合的业绩提供了基准。但是这一模型涉及计算所有资产的协方差矩阵。而当我们面对上百种可选择的资产,模型本身的复杂性也就制约了实际应用。杰克·特雷纳(Jack Treynor,1965)、威廉·夏普(1966)以及詹森(1968)基于CAPM模型,各自提出了具有深远影响的业绩评价模型,从根本上简化了投资组合整体绩效评价的复杂性。基于它们均是以 CAMP 模型为基础,因此,被统称为单因素整体业绩评价模型。

(一) 特雷纳指数评估模型

特雷纳指标(测度)(Treynor's Measure)是以单位系统风险收益作为基金绩效评估指标的。他利用美国 1953~1962 年间 20 个投资基金(含共同基金、信托基金与退休基金)的年收益率资料作为研究样本,进行基金绩效评估的实证分析,其计算公式为:

$$T_P = \frac{r_P - r_f}{\beta_P} \tag{14-1}$$

式中,T_P 为特雷纳绩效指标;r_P 为该投资组合在样本期内的平均收益;r_f 为该时期的无风险利率;β_P 为该投资组合在样本期内的系统风险。

特雷纳指数表示的是该投资组合承受每单位系统风险所获取风险收益的大小,其评估方法是:首先计算样本期内各种基金和市场的特雷纳指数,然后进行比较,较大的特雷纳指数意味着较好的绩效。从经济学理论看,如果进行足够分散化的组合,那么,应该不存在非系统的异质性风险。事实上,很多投资组合并没有能够或者没有计划分散这种原则上可以通过分散化投资抵销的风险。可见,特雷纳指标的局限性是比较直观的,它隐含了非系统风险已全部被消除的假设,旨在衡量单位系统风险的收益。因此,它能反映投资组合经理的市场调整能力,但不能评估经理人分散和降低非系统风险的能力。如果非系统风险没有全部消除,则特雷纳指数可能给出错误信息。

由于市场指数的 β 值为 1,因此,市场指数的特雷纳指标为:

$$T_M = r_M - r_f$$

资产组合 P 的平均超额收益为:

$$r_P - r_f = \alpha_P + \beta_P(r_M - r_f)$$

因此,投资组合 P 的特雷纳指标测度即为:

$$T_P = \frac{r_P - r_f}{\beta_P} = \frac{\alpha_P + \beta_P(r_M - r_f)}{\beta_P} = \frac{\alpha_P}{\beta_P} + (r_M - r_f) = \frac{\alpha_P}{\beta_P} + T_M \tag{14-2}$$

公式(14-2)是特雷纳指标的另一种表示法。式中的第二项对所有参与比较的投资组合都是一样的,影响投资业绩优劣的仅仅是第一项 α_P/β_P,即资产组合每单位系统性风险所具有的超额收益率。这正是特雷纳指标的实践意义。

(二) 夏普指数评估模型

夏普指数(测度)(Sharpe's Measure)是用资产组合的长期平均超额收益(相对于无风险利益)除以这个时期该资产组合的收益的标准差。夏普利用美国 1954~1963 年间 34 只开放式基金的年收益率资料进行了绩效的实证研究,计算公式为:

$$S_P = \frac{r_P - r_f}{\sigma_P} \tag{14-3}$$

式中，S_P 为夏普绩效指标，σ_P 为投资基金组合 P 收益率的标准差，反映基金投资组合所承担的总风险，包括系统风险和非系统风险。当采用夏普指数评估模型时，首先要计算市场上各种组合在样本期内的夏普指数，然后进行比较，较大的夏普指数表示较好的绩效。

不难理解，夏普指数衡量的是该投资组合每单位总风险所带来的收益。我们来说明夏普指数的实践含义。

令 σ_{ps} 表示证券组合 P 的系统性风险，由 Beta 系数的定义知：

$$\beta_p = \frac{\sigma_{ps}}{\sigma_m}$$

对于资产组合 P 而言，我们有：

$$S_P = \frac{r_P - r_f}{\sigma_P} = \frac{\alpha_P + \beta_P(r_M - r_f)}{\sigma_P} = \frac{\alpha_P}{\sigma_P} + \frac{r_M - r_f}{\sigma_m} \cdot \frac{\sigma_{ps}}{\sigma_P} \tag{14-4}$$

式中第二项的 $(r_m - r_f)/\sigma_m$ 对所有的资产组合都一样，它是资本市场线的斜率，表示每单位系统性风险应得到的收益率补偿。第二项中的 σ_{ps}/σ_p 则表示资产组合系统性风险占总风险的比例。在理想的状态下，非系统性风险完全被分散掉，σ_{ps}/σ_p 达到最大值 1。因此，夏普指数评价投资业绩的依据是资产组合中每单位总风险所具有的超额收益率和系统性风险要求的收益率补偿。

夏普指数和特雷纳指数一样，能够反映投资管理经理人的市场调整能力。此外，由于夏普指数同时考虑了系统风险和非系统风险，即总风险，它还能够反映经理人分散和降低非系统风险的能力。如果证券投资组合已完全分散了非系统风险，那么夏普指数和特雷纳指数的评估结果应该近似于相同。如果证券投资组合分散非系统风险水平较低，那么采用夏普指数的评价值比较低，采用特雷纳指数的评价值则比较高。

由于夏普指数和特雷纳指数所提供的关于基金业绩的信息不同，业绩比较时可能产生很大的差异。比如，利用夏普指数衡量投资组合 A 比投资组合 B 好，而利用特雷纳指数，则结论是投资组合 B 比 A 好。那么，个人投资者如何选择较好的基金呢？最终的结果要取决于投资者对风险度量的概念。因为，当投资者所要评价的投资组合构成了该投资者在某特定资产类别中的主要甚至是全部投资时，非系统风险一般不能得到充分分散。这种情况下，要用全部风险来对其收益进行调整，即用投资组合收益的标准差来衡量风险是较为适当的；而当所要评估的投资组合仅仅构成该投资者在特定资产类别内投资的较小一部分时，可以认为非系统风险已被充分分散了，所面临的主要是系统风险。在这种情况下，用该组合的 β 值度量风险就更为恰当。

(三) 詹森指数评估模型

詹森指数(测度)(Jensen's Measure)是建立在 CAPM 模型基础上的。詹森利用美国 1945~1964 年间 115 个基金的年收益率资料以及标准普尔 500 指数计算的市场收益率进行了实证研究,计算公式为:

$$J_P = \alpha_P = r_P - [r_f + \beta_P(r_M - r_f)] \tag{14-5}$$

式中,J_P 为詹森绩效指标,r_M 为市场投资组合(或者基准投资组合)在某一时期的收益率。詹森指数为绝对绩效指标,评价投资业绩的依据是资产组合的超额收益率。由于市场组合的詹森指数恒等于 0,因此当其值大于 0 时,表示该投资组合的绩效优于市场投资组合绩效。当投资组合之间进行业绩比较时,詹森指数越大越好。

詹森模型奠定了投资组合绩效评估的理论基础,也是至今为止使用最广泛的模型之一。但是,用詹森指数评估投资组合整体绩效时同样隐含了一个假设,即投资组合的非系统风险已通过投资组合被彻底地分散掉,因此,该模型只反映了收益率和系统风险之间的关系。如果投资组合并没有完全消去非系统风险,则詹森指数可能给出错误信息。例如,A、B 两种投资组合具有相同的平均收益率和系统风险,但组合 A 的非系统风险高于组合 B。按照詹森指数来评估,两种投资组合绩效相同。但实际上,组合 A 承担了较多的非系统风险,因而 A 组合的经理人分散风险的能力弱于 B 组合的经理人,组合 A 的绩效应该劣于组合 B。由于该模型只反映了收益率和系统风险的关系,因而投资组合经理的市场判断能力的存在就会使 β 值呈时变性,使投资组合绩效和市场投资组合绩效之间存在非线性关系,从而导致詹森模型评估存在统计上的偏差。因此,特雷纳和马祖(Treynor & Mazuy)在模型中引入了二次回归项,默顿和赫里克森(Merton & Heriksson)也提出了双 β 值市场模型,并利用二次回归项和随机变量项对投资组合经理人的选股能力与市场运用中的时间选择能力进行了进一步的研究。

总之,夏普指数与特雷纳指数均为相对绩效度量方法,而詹森指数是一种在风险调整基础上的绝对绩效度量方法,表示在完全的风险水平情况下,投资组合经理人对证券价格的准确判断能力。特雷纳指数和詹森指数在对投资组合绩效评估时,均以 β 系数来测定风险,忽略了投资组合中所含证券的数目(即投资组合的广度),只考虑获得超额收益的大小(即投资组合的深度)。另外,当投资组合的 β 系数处于不断变化的过程中时,詹森的 α 系数和特雷纳比率都无法恰当地评价投资组合的表现。而在衡量投资组合的绩效时,投资组合的广度和深度都必须同时考虑。因此,比较而言,夏普指数模型和特雷纳指数模型对投资组合绩效的评估较具客观性,詹森指数模型用来衡量投资组合实际收益的差异较好。

(四) 估价比率

估价比率(Appraisal Ratio)建立在 CAPM 模型基础上,是一种与詹森指数密切相关的评价指标,由 Treynor 和 Black(1973)提出。

在一段时期内使用股票选择或使用其他技术所增加的回报率都会具有波动性,这些波动性表明了存在于投资管理行为中的风险。对于与股票选择相联系的风险,称为残值风险(亦称跟踪误差或残差)。在投资组合管理中,总是期望在增加投资组合价值增量 α_p 的同时尽可能地减少残值风险。当残值风险较低时,可以以较大的置信度相信 α_p 值是稳定的;而残值风险较高的时候,投资组合的价值增量 α_p 就会有更大的不确定性。为了提高对业绩度量的置信度,应该使价值增量 α_p 与所面临的残值风险的比率达到最大,这一比率称为估价比率(Appraisal Ratio)或者信息比率(Information Ratio)。其计算方法为:

$$APR = \frac{\alpha_P}{\sigma_e} = \frac{投资组合价值增量}{残值风险(跟踪误差)} \tag{14-6}$$

式中,APR 为估价比率,α_P 为詹森绩效指标,即投资组合的价值增量,σ_e 为资产组合残差的标准差,即非系统风险测度。不难理解,估价比率等于用 CAPM 测度的投资组合的超额收益率除以非系统风险,衡量的是每单位非系统风险所带来的超额收益率。

坎诺和科拉杰克(Connor & Korajczyk,1986)对此进行了实证研究,证明根据该比率对投资组合业绩进行排序的稳定性较高,因此适用于预测投资组合的未来相对表现。但是,这一结论的成立是建立在一系列假设的基础上的,包括市场无法预测、收益率服从多元正态分布、所有投资组合经理人的效用函数都是指数型的、所有投资组合持有的所有投资资产都是可交易的等。由于这些约束条件比较严格,因此这一比率在进行投资组合排序时实用性不强。此外,当投资组合经理具有时机选择能力而不断调整组合时,估价比率也会出现失效的情况。

(五)M^2 测度指标

M^2 测度指标是由摩根斯坦利公司的利厄·莫迪利亚尼(Leah Modigliani)及其祖父——诺贝尔经济学奖得主佛朗哥·莫迪利亚尼(Franco Modigliani)对夏普测度进行改进后引入的,其目的是纠正投资者只考虑投资组合原始业绩的倾向,鼓励他们应同时注意投资组合业绩中的风险因素,从而帮助投资者挑选出能带来真正最佳业绩的投资组合。与夏普指标类似,M^2 测度指标也把全部风险作为风险的度量,反映的是资产组合同相应的无风险资产混合以达到同市场组合具有同样的风险水平时,混合组合的收益高出市场收益的大小。其计算方法为:

$$M^2 = r_{p^*} - r_M \tag{14-7}$$

式中,p^* 为一构造的组合,构造方法如下:假设有一个投资组合,当我们把一定量的无风险资产(比如短期国债)头寸加入其中后,这个经过调整的资产组合风险就可以与市场指数的风险相等。比如,某个投资组合 P 原先的标准差为市场指数的 2 倍,那么经过调整后的资产组合应该包括 1/2 的投资组合 P 和 1/2 的无风险资产。我们把经过调整

的资产组合称为 p^*①。

很显然,该测度数值越大,投资组合业绩相对越好。由于调整后的组合和市场指数的标准差相等,即风险相当,因此,我们只要比较它们之间的收益率就可以考察他们的业绩了。因此,同夏普指数相比,M^2 测度指标的经济解释更为直观。

二、多因素整体业绩评估模型

如前所述,单因素模型都是建立在 CAPM 资产定价模型基础之上的,只考虑了市场因素下的经风险调整的收益,无法解释按照市盈率(P/E)、股票市值、账面价值比市场价值(BE/ME)以及过去的收益等股票特征进行分类的投资组合的收益之间的差异。APT 理论的诞生,大大推动了理论界对投资组合业绩表现研究的深入发展。一些学者提出了以 APT 模型为基础的多因素整体业绩评估模型。

Lehman 和 Modest(1987)认为影响证券收益的因素包括市场平均指数收益、股票规模、公司的账面价值比市场价值(BE/ME)、市盈率(P/E)、公司前期的销售增长等。法马(1993)和 French(1996)在 CAPM 模型的基础上,认为影响证券收益的因素除了上述因素外,还应包括按照行业特征分类的普通股组合收益、小盘股收益与大盘股收益之差(SMB)、高账面价值比市场价值的收益与低账面价值比市场价值的收益之差(HML)等因素,并将其引入绩效评估模型。Carhart(1997)在以上因素的基础上,引入了基金所持股票收益的动能效应(Momentum Effect),从而讨论了投资组合表现的持续性问题。

综合他们的评价方法,可以得到多因素整体业绩评估模型的一般表达式:

$$R_i = \alpha_i + b_{i1}I_1 + b_{i2}I_2 + \cdots + b_{ik}I_k + \varepsilon_i \tag{14-8}$$

式中,α_i 表示证券收益率中独立于各因素变化的部分;$I_1, I_2, \cdots, I_k$ 分别表示影响证券 i 的收益的各因素值;$b_{i1}, b_{i2}, \cdots, b_{ik}$ 分别表示各因素对证券收益变化的影响程度。

该模型有两个基本假设:ε_i 具有零期望值,且任意两种证券的剩余收益 $\varepsilon_i, \varepsilon_j$ 之间均不相关;任意两个因素 I_i, I_j 之间及任意因素 I_i 和剩余收益 ε_i 之间均不相关。

多因素模型虽然部分解决了单因素模型存在的问题,模型的解释力也有所增强。但在实证研究中,多因素模型要求能识别所有的相关因素,绩效的评估结果对因素的选取十分敏感。而投资定价理论并没有明确地给出对风险资产定价所需要的所有因素或因素的个数。所以在实证时,因素的选择就受到个人主观判断的影响,而且这些因素的构成可能本身就不稳定,因此基于这些因素构成的多基准投资组合也不一定稳定。

---

① 如果投资组合 P 原先的标准差低于市场指数的标准差,调整方法为卖空国库券,然后投资于组合 P。

三、市场时机选择的业绩评估模型

以市场时机选择为基础的投资管理方法是:不断调整有风险资产与无风险资产之间的组合比例。也就是说,投资组合管理人在预期市场将处于牛市行情时就采取更加进取的投资策略,将更多的资金投资于风险资产,而预期处于熊市的情况下则将更多资产投资于无风险资产。由于单因素模型无条件地采用投资组合的历史收益来估计期望的绩效,因此,它们并未考虑投资组合期望收益和风险的时变性。而实际上,如果投资组合经理人具有市场择时能力,他会主动地改变组合的风险以适应市场的变化并谋求高额的收益;资本资产的价值本身也可能随时间的变化而变化,这些原因都会使 β 值呈现时变性。为此,学者们提出了不同的回归模型来检验组合 β 值变动的有效性。其中,最为典型的是如下三个模型:Treynor 和 Mazuy(1966)提出的 T—M 模型;Henriksson 和 Merton(1981)提出的 H—M 模型;Chang 和 Lewellen(1984)提出的 C—L 模型。

1. T—M 模型

Treynor 和 Mazuy 的 T—M 模型通过在回归模型中加入一个二次项来评估证券投资管理人的市场时机选择能力。他们认为,具备市场时机选择能力的管理人应能预测市场走势。在多头时通过提高投资组合的风险水平以获得较高的收益;在空头时通过降低投资组合的风险水平以避免较大的损失,因此证券特征线不再是有固定斜率的直线,而是一条斜率会随市场状况而改变的曲线。其模型的一般表达式为:

$$R_{pt} - r_{ft} = \alpha + \beta_1 (r_{Mt} - r_{ft}) + \beta_2 (r_{Mt} - r_{ft})^2 + \varepsilon_{pt} \tag{14-9}$$

式中,其中 R_{pt} 为组合收益率;r_{Mt} 为市场基准组合的收益率;r_{ft} 为无风险资产收益率;α 为常数项,反映了组合的证券选择能力(以下模型的 α 也均有此意);β_1 为投资组合所承担的系统性风险;β_2 为择时能力指标;ε_{pt} 为误差项。

如果 β_2 在统计上显著大于 0,表明投资管理人具有市场时机选择能力。

2. H—M 模型

Henriksson 和 Merton 将市场时机选择能力定义为投资组合管理人预测市场收益与无风险收益之间差异大小,并根据这种差异将资金进行有效分配的能力。具备市场时机选择能力的管理人可以先于市场变化调整资金配置,以减少市场收益小于无风险收益时的损失。因此,他们提出了一种较 T—M 模型更为简单的模型。他们假设投资组合的 β 只取两个值:当市场行情看好时取较大值,当市场行情看跌时取较小值。其模型的一般表达式为:

$$R_{pt} - r_{ft} = \alpha + \beta_1 (r_{Mt} - r_{ft}) + \beta_2 \times D(r_{Mt} - r_{ft}) + \varepsilon_{pt} \tag{14-10}$$

这里的 D 为虚拟变量,当市场行情看好,即 $r_{Mt} > r_{ft}$ 时 $D=1$,否则 $D=0$。如果 D 在统计上显著大于 0,表明投资管理人具有市场时机选择能力。

3. C—L 模型

C—L 模型是对 H—M 模型的变形和改进。其模型的一般表达式为：

$$R_{pt}-r_{ft}=\alpha+\beta_1 \text{Min}[0,(r_{Mt}-r_{ft})]+\beta_2 \text{Max}[0,(r_{Mt}-r_{ft})]+\varepsilon_{pt} \quad (14-11)$$

如果 $r_{Mt}-r_{ft}>0$，则 $\text{Min}[0,(r_{Mt}-r_{ft})]=0$，$\text{Max}[0,(r_{Mt}-r_{ft})]=r_{Mt}-r_{ft}$。此时，$\beta_2$ 表示多头市场下的 Beta 系数。如果 $r_{Mt}-r_{ft}<0$，β_2 表示空头市场下的 Beta 系数。如果 β_2 显著高于 β_1，就表明组合管理人具有市场时机选择能力。

附录　量化投资策略[①]

丁鹏　博士　东航金控资产管理部　总经理　中国量化投资学会　理事长

连载 1　量化投资大师西蒙斯的传奇神话

比巴菲特还能赚钱的人

沃伦·巴菲特是投资界人尽皆知的股神，但可能很多投资者不知道詹姆斯·西蒙斯。这位创造了华尔街投资神话的传奇人物，他所管理的大奖章基金的平均年收益率比巴菲特还要高得多，从 1989 到 2007 年间的平均年收益率高达 35%（考虑高达 44% 的收益提成，实际基金的年收益率超过 60%），而股神巴菲特在同期的平均年回报也不过约为 20%。

经历了 1998 年俄罗斯债券危机和 2001 年高科技股泡沫危机后，许多曾经闻名遐迩的对冲基金经理都走向衰落。罗伯逊关闭了老虎基金，梅利韦瑟的长期资本管理公司几乎破产，索罗斯的量子基金也大幅缩水。与之相比，西蒙斯的大奖章基金的平均年净回报率则高达 35%。从 1988 年成立到 1999 年 12 月，大奖章基金总共获得了 2 478.6% 的净回报率，是同时期中的第一名；第二名是索罗斯的量子基金，有 1 710.1% 的回报；而同期的标准普尔指数仅是 9.6%。即使 2008 年面对全球金融危机的重挫，大奖章的回报居然高达 80%。西蒙斯依靠他的交易模型，获得了如此惊人的成就，其最核心的就是量化投资模型。

数学天才

西蒙斯生于波士顿郊区牛顿镇，是一个制鞋厂老板的儿子，3 岁就立志成为数学家。从牛顿高中毕业后，他进入麻省理工学院，从师于著名的数学家安布罗斯和辛格。1958 年，他获得了学士学位，仅仅 3 年后，他就拿到了加州大学伯克利分校的博士学位，1 年后

[①] 丁鹏. 量化投资策略[DB/OL]. http://blog.sina.com.cn/u/2258507374. 2012-02.

他成为哈佛大学的数学系教授。

1964年，他离开了大学校园，进入美国国防部下属的一个非营利组织——国防逻辑分析协会，并进行代码破解工作。没过多久，《时代周刊》上关于越南战争的残酷报道让他意识到他的工作实际上正在帮助美军在越南的军事行动，反战的他于是向《新闻周刊》写信说应该结束战争。当他把他的反战想法告诉老板后，很自然地被解雇了。

他又回到了学术界，成为纽约州立石溪大学的数学系主任，在那里做了8年的纯数学研究。1974年，他与陈省身联合发表了著名的论文《典型群和几何不变式》，创立了著名的陈—西蒙斯理论，该几何理论对理论物理学具有重要意义，广泛应用于从超引力到黑洞。1976年，西蒙斯获得了每5年一次的全美数学科学维布伦奖金，这是数学世界里的最高荣耀。

大奖章基金

大奖章基金主要通过研究市场历史资料来发现统计相关性，以预测期货、货币、股票市场的短期运动，并通过数千次快速的日内短线交易来捕捉稍纵即逝的市场机会，交易量之大甚至有时能占到整个NASDAQ交易量的10%。当交易开始时，交易模型决定买卖品种和时机，20名交易员则遵守指令在短时间内大量的交易各种美国和海外的期货，包括商品期货、金融期货、股票和债券。但在某些特定情况下，比如市场处在极端波动的时候，交易会切换到手工状态。

2006年，西蒙斯被国际金融工程师协会评选为年度金融工程师。

通过西蒙斯的传奇故事，相信读者也都了解了量化投资的威力和魅力，那是不是很想进入这个行业，并创造自己的传奇呢？如果答案是'yes'，那就先从本书开始吧。

连载2　到底什么是量化投资？

量化投资定义

什么是量化投资？简单来讲，量化投资就是利用计算机科技并采用一定的数学模型去实现投资理念、实现投资策略的过程。

传统的投资方法主要有基本面分析法和技术分析法这两种，与他们不同的是，量化投资主要依靠数据和模型，来寻找投资标的和投资策略。

定性投资和定量投资的具体做法有些差异，这些差异如同中医和西医的差异，定性投资更像中医，更多地依靠经验和感觉判断病在哪里；定量投资更像是西医，依靠模型判断，模型对于定量投资基金经理的作用就像CT机对于医生的作用。在每一天的投资运作之前，投资者会先用模型对整个市场进行一次全面的检查和扫描，然后根据检查和扫描结果作出投资决策。

与传统定性的投资方法不同，量化投资不是靠个人感觉来管理资产，而是将适当的投资思想、投资经验、甚至包括直觉反映在量化模型中，利用电脑帮助人脑处理大量信息、帮助人脑总结归纳市场的规律、建立可以重复使用并反复优化的投资策略（经验），并指导我们的投资决策过程。

量化投资策略的优势

量化投资策略有如下五大方面的优势，主要包括纪律性、系统性、及时性、准确性、分散化等。

（1）纪律性：严格执行量化投资模型所给出的投资建议，而不是随着投资者情绪的变化而随意更改。纪律性的好处很多，可以克服人性的弱点，如贪婪、恐惧、侥幸心理，也可以克服认知偏差，行为金融理论在这方面有许多论述。

（2）系统性：量化投资的系统性特征主要包括多层次的量化模型、多角度的观察及海量数据的观察等。多层次模型主要包括大类资产配置模型、行业选择模型、精选个股模型等。多角度观察主要包括对宏观周期、市场结构、估值、成长、盈利质量、分析师盈利预测、市场情绪等多个角度的分析。

（3）及时性：及时快速地跟踪市场变化，不断发现能够提供超额收益的新的统计模型，寻找新的交易机会。

（4）准确性：准确客观评价交易机会，克服主观情绪偏差，妥善运用套利的思想。量化投资正是在找估值洼地，通过全面、系统性的扫描捕捉错误定价、错误估值带来的机会。与定性投资经理不同，量化投资经理大部分精力花在分析哪里是估值洼地，哪一个品种被低估了，买入低估的，卖出高估的。

（5）分散化：在控制风险的条件下，充当准确实现分散化投资目标的工具。分散化即指量化投资是靠概率取胜。这表现为两个方面，一是量化投资不断地从历史中挖掘有望在未来重复的历史规律并且加以利用，这些历史规律都是有较大概率获胜的策略。二是依靠筛选出股票组合来取胜，而不是一个或几个股票取胜，从投资组合理念来看也是捕获大概率获胜的股票，而不是押宝到单个股票上。

连载3　海外量化基金发展迅猛

海外量化基金发展

目前来说，对于量化基金并没有严格的定义。Bloomberg认为量化基金因使用量化投资方法而得名，量化基金通过数理统计分析，选择那些未来回报可能会超越基准的证券进行投资，以期获取超越指数基金的收益。对于一个完全的量化基金来说，其最终的买卖决策完全依赖于量化模型。

在我国证券市场，基本面研究占据市场的主流地位，然而随着证券市场的不断发展，证券数目的增加、衍生品出现以及新业务的推出，基金要想战胜指数的难度也不断增加，量化投资将发挥越来越重要的作用。西方国家多年来资本市场的发展，涌现出了一大批优秀的量投资基金。根据Bloomberg的数据，截至2008年11月4日，1 184只量化基金管理的总资产高达1 848亿美金,相比1988年21只量化基金管理的80亿美元资产来说,年均增长速度高达到20%。而同期非量化基金的年增长速度仅为8%。

连载4 量化投资到底有哪些策略?

量化投资技术几乎覆盖了投资的全过程,包括量化选股、量化择时、股指期货套利、商品期货套利、统计套利、算法交易,资产配置,风险控制等。

量化选股

量化选股就是采用数量的方法判断某个公司是否值得买入的行为。根据某个方法,如果该公司满足了该方法的条件,则放入股票池,如果不满足,则从股票池中剔除。量化选股的方法有很多种,总的来说,可以分为公司估值法、趋势法和资金法三大类。

量化择时

股市的可预测性问题与有效市场假说密切相关。如果有效市场理论或有效市场假说成立,股票价格充分反映了所有相关的信息,价格变化服从随机游走,股票价格的预测则毫无意义。众多的研究发现我国股市的指数收益中,存在经典线性相关之外的非线性相关,从而拒绝了随机游走的假设,指出股价的波动不是完全随机的,它貌似随机、杂乱,但在其复杂表面的背后,却隐藏着确定性的机制,因此存在可预测成分。

股指期货套利

股指期货套利是指利用股指期货市场存在的不合理价格,同时参与股指期货与股票现货市场交易,或者同时进行不同期限,不同(但相近)类别股票指数合约交易,以赚取差价的行为,股指期货套利主要分为期现套利和跨期套利两种。股指期货套利的研究主要包括现货构建、套利定价、保证金管理、冲击成本、成分股调整等内容。

商品期货套利

商品期货套利盈利的逻辑原理是基于以下几个方面:①相关商品在不同地点、不同时间对应都有一个合理的价格差价。②由于价格的波动性,价格差价经常出现不合理。③不合理必然要回到合理。④不合理回到合理的这部分价格区间就是盈利区间。

统计套利

有别于无风险套利,统计套利是利用证券价格的历史统计规律进行套利,是一种风险套利,其风险在于这种历史统计规律在未来一段时间内是否继续存在。统计套利在方法上可以分为两类:一类是利用股票的收益率序列建模,目标是在组合的β值等于零的前提下实现alpha收益,我们称之为β中性策略;另一类是利用股票的价格序列的协整关系建模,我们称之为协整策略。

期权套利

期权套利交易是指同时买进卖出同一相关期货但不同敲定价格或不同到期月份的看涨或看跌期权合约,希望在日后对冲交易部位或履约时获利的交易。期权套利的交易策略和方式多种多样,是多种相关期权交易的组合,具体包括:水平套利、垂直套利、转换套利、反向转换套利、跨式套利、蝶式套利、飞鹰式套利等。

算法交易

算法交易又被称为自动交易、黑盒交易或者机器交易,它指的是通过使用计算机程序来发出交易指令。在交易中,程序可以决定的范围包括交易时间的选择、交易的价格、甚至可以包括最后需要成交的证券数量。根据各个算法交易中算法的主动程度不同,可以把不同算法交易分为被动型算法交易、主动型算法交易、综合型算法交易三大类。

资产配置

资产配置是指资产类别选择,投资组合中各类资产的适当配置以及对这些混合资产进行实时管理。量化投资管理将传统投资组合理论与量化分析技术结合,极大地丰富了资产配置的内涵,形成了现代资产配置理论的基本框架。它突破了传统积极型投资和指数型投资的局限,将投资方法建立在对各种资产类股票公开数据的统计分析上,通过比较不同资产类的统计特征,建立数学模型,进而确定组合资产的配置目标和分配比例。

连载5 量化投资的理论基础是什么?

量化投资涉及很多数学和计算机方面的知识和技术,总的来说主要有:人工智能、数据挖掘、小波分析、支持向量机,分形理论和随机过程这几种。

人工智能

金融投资是一项复杂的,综合了各种知识与技术的学科,对智能的要求非常高。所以人工智能的很多技术可以用于在量化投资分析中,包括专家系统、机器学习、神经网络、遗传算法等。

数据挖掘

数据挖掘(data mining)是从大量的、不完全的、有噪声的、模糊的、随机的数据中提取隐含在其中的、人们事先不知道的、但又是潜在有用的信息和知识的过程。与数据挖掘相近的同义词有数据融合、数据分析和决策支持等。在量化投资中,数据挖掘的主要技术包括关联分析、分类/预测、聚类分析等。

小波分析

小波分析在量化投资中的主要作用是进行波形处理。任何投资品种的走势都可以看做是一种波形,其中包含了很多噪音信号。利用小波分析,可以进行波形的去噪、重构、诊断、识别等,从而实现对未来走势的判断。

支持向量机

支持向量机(Support Vector Machine,SVM)方法是通过一个非线性映射p,把样本空间映射到一个高维乃至无穷维的特征空间中(Hilbert空间),使得在原来的样本空间中非线性可分的问题转化为在特征空间中的线性可分的问题。正因为有这个特点,使得

SVM 特别适合于进行有关分类和预测问题的处理,这就使得它在量化投资中有了很大的用武之地。

分形理论

分形理论既是非线性科学的前沿和重要分支,又是一门新兴的横断学科。分形理论在量化投资中得到了广泛的应用,主要可以用于金融时序数列的分解与重构,并在此基础上进行数列的预测。

随机过程

随机过程(Stochastic Process)是一连串随机事件动态关系的定量描述。随机过程论与其他数学分支如位势论、微分方程、力学及复变函数论等有密切的联系,是在自然科学、工程科学及社会科学各领域研究随机现象的重要工具。其中,马尔科夫过程很适于金融时序数列的预测,是在量化投资中的典型应用。

连载 6 量化投资在中国前景无限!

正因为 A 股市场不是特别有效的市场,量化投资策略正好可以发挥其纪律性、系统性、及时性、准确性、分散化的各种优点而捕获国内市场的各种投资机会。

量化投资适合 A 股市场

相比定性投资,现阶段 A 股市场的特点更适合采用客观、公正而理性的量化投资风格。股票市场复杂度和有效性的增加已对传统定性投资基金经理的单兵作战能力提出了挑战。相对于海外成熟市场,A 股市场的发展历史较短,有效性偏弱,市场上被错误定价的股票相对较多,留给定量投资策略去发掘市场的无效性、寻找超额收益的潜力和空间也就更大。

百花齐放的量化基金产品

对于量化基金的产品设计,虽然量化基金一般都是采用多因素模型对股票进行分析和筛选,但不同的量化基金的侧重点是不一样的,也就是包括投资思路、观察角度、分析方法在内都是不同的。

在个股筛选和分析的角度、行业分析的角度、大类资产的配置等方面均有不同的思路,可以体现出各自不同的投资理念和各自的投资特色。

这里所指的量化基金产品包括但不限于量化共同基金产品、指数基金产品、指数增强型基金产品、行业指数基金产品、风格类指数基金产品、策略指数基金产品、ETF 产品、收益分级型产品等。

从量化投资提供的工具和方法来看,可以给投资者提供的基金产品可以说是百花齐放,也可以做到有的放矢,满足投资者不同风险收益偏好的投资需求。

量化投资本土化前景

量化投资可以为投资者带来更多更丰富更有特色的各类基金等产品,丰富机构的产品线。只有建立完善的产品线,才能满足不同投资者的需求,才能在不同的市场状况下获得发展,才能有强大的基金公司。机构可以从量化投资所带来的无限量基金产品线上获益良多。

量化投资不仅可以增加基金的产品线,而且量化投资策略本身也是对机构投资者传统投资的一个强有力的补充和增强。量化投资的好处是可以将各种适合不同经济环境、不同市场环境的投资理念明确的刻画出来,并可以加以建议。那些成功的投资理念通过量化的方式就可以方便的加入投资决策中去。量化投资策略对提升机构投资者的投资决策能力无可限量。

总而言之一句话:量化投资在中国,前景无限!

相关链接

http://www.chinaamc.com——华夏基金管理公司
http://www.simuwang.com——私募排排网
http://cn.morningstar.com——晨星中国网

思考与练习

1. 试比较主动型和被动型投资管理的异同。
2. 证券投资形式有哪几种?
3. 为什么评估投资组合业绩时要确立合理的基准?
4. 什么叫债券的利率免疫?债券的利率免疫应满足的条件是什么?
5. 什么叫债券的主动性组合管理,常用的有哪几种方法?
6. 什么是特雷纳指数、夏普指数和詹森指数?它们在评价投资组合业绩时各有什么优点和缺点?
7. 什么是评估比率?它成立的条件是什么?
8. 如果你管理着一价值100万元的资产组合,你的目标久期为10年。可以从两种债券中选择:5年期零息债券和永久债券,每种债券的当期收益率均为5%。
(1)你愿意持有两种债券的份额各为多少?
(2)如果现在的目标久期为9年,则明年的持有比例会如何变化?
9. 现有3种共同基金9年的年回报资料,并且以S&P500指数作为市场证券组合,联邦短期债券作为无风险资产,使用Sharpe指数、Treynor指数和Jensen指数判断这三种共同基金的业绩。三种共同基金A、B、C以及S&P500和联邦短期债券的回报(%)如下:

年	A	B	C	S & P 500	R_f
1	−38.7	−16.0	−33.0	−26.0	7.9
2	39.6	39.4	30.0	36.9	5.8
3	11.1	34.3	18.2	23.6	5.0
4	12.7	−6.9	−7.3	−7.2	5.3
5	20.9	3.2	4.9	6.4	7.2
6	35.5	28.9	30.9	18.2	10.0
7	57.6	24.1	34.7	31.5	11.5
8	−7.8	0.0	6.0	−4.8	14.1
9	22.8	23.4	33.0	20.4	10.7

参 考 文 献

[1] 曹凤岐,刘力,姚长辉.证券投资学[M].3版.北京:北京大学出版社,2013.
[2] 吴晓求.证券投资学[M].北京:中国人民大学出版,2004.
[3] 孙洛平,杨南昌.证券投资学[M].南昌:江西科学技术出版社,1994.
[4] 中国证券业协会.证券投资分析[M].北京:中国金融出版社,2012.
[5] 陈松男.投资学[M].上海:复旦大学出版社,2002.
[6] 陈守东,赵振全,赵云立.证券投资理论与分析[M].长春:吉林大学出版社,2001.
[7] 汉姆·列维.投资学[M].任淮秀等,译.北京:北京大学出版社,2000.
[8] 史建平,杜惠芬.投资学[M].武汉:武汉大学出版社,2005.
[9] 丁忠明、黄华建.证券投资学[M].北京:中国金融出版社,2006.
[10] 邢天才,王玉霞.证券投资学[M].大连:东北财经大学出版社,2003.
[11] 史树中.金融经济学十讲[M].上海:上海人民出版社,2004.
[12] 斯蒂芬 A.罗斯.公司理财[M].吴世农等,译.机械工业出版社,2000.
[13] 滋维·博迪,亚历克斯·凯恩,艾伦·J·马科斯.投资学精要[M].7版.初晨,谢蕊莲,胡波译,陈雨露校.北京:中国人民大学出版社,2010.
[14] Zvi Bodie,Alex Kane,Alan J. Marcus,Investment.(英文版,5版)[M].北京:机械工业出版社,2002.
[15] 罗伯特·A·哈根.现代投资学[M].郭世坤等,译.北京:中国财政经济出版社,1992.
[16] 朱宝宪.投资学[M].北京:清华大学出版社,2002.
[17] 安德瑞·史莱佛.并非有效的市场——行为金融学导论[M].赵英军,译.北京:中国人民大学出版社,2003.
[18] 李心丹.行为金融学——理论及中国的证据[M].上海:上海三联书店,2004.
[19] 饶育蕾,刘达锋.行为金融学[M].上海:上海财经大学出版社,2003.
[20] 类承曜.固定收益证券[M].北京:中国人民大学大学出版社,2005.